THUCYDIDE,
LA FORCE ET LE DROIT

CORNELIUS CASTORIADIS

THUCYDIDE, LA FORCE ET LE DROIT

CE QUI FAIT LA GRÈCE, 3

Séminaires 1984-1985
(LA CRÉATION HUMAINE, 4)

Texte établi, présenté et annoté par
Enrique Escobar, Myrto Gondicas et Pascal Vernay

précédé de
« Le germe et le *kratos* : réflexions
sur la création politique à Athènes »
par Claudia Moatti

CET OUVRAGE EST PUBLIÉ AVEC LE CONCOURS
DU CENTRE NATIONAL DU LIVRE

ÉDITIONS DU SEUIL

Ce livre est publié
dans la collection « La Couleur des idées »

ISBN : 978-2-02-103662-6

www.seuil.com

Avant-propos

Dans son enseignement à l'École des hautes études en sciences sociales, Cornelius Castoriadis a consacré quatre années à la Grèce ancienne, de 1982-1983 à 1985-1986. *Thucydide, la force et le droit*, qui reprend douze séminaires de 1984-1985, est ainsi le troisième volume «grec» de *La Création humaine*, édition de l'ensemble des séminaires dont nous assurons la publication ; et probablement le dernier puisqu'une bonne part de ceux de l'année suivante a été publiée dès 1999 sous le titre *Sur* Le Politique *de Platon*. Nous essaierons cependant, selon un rythme qui dépendra des contraintes de notre travail, de donner sur le site de l'Association Castoriadis (association@castoriadis.org) des versions électroniques de séminaires non retenus car abordant des thèmes déjà traités ailleurs mais où l'on peut trouver des formulations qu'il serait regrettable d'enterrer dans des archives.

Nous avons déjà signalé, dans les avant-propos des deux volumes où sont repris les séminaires de 1982-1983 (*Ce qui fait la Grèce, 1*, publié en 2004) et 1983-1984 (*La Cité et les Lois*, 2008), quelle fut la place de la Grèce ancienne dans la réflexion et l'enseignement de Castoriadis au cours de ces années. Dans le volume que nous présentons, il continue de réfléchir sur un thème – naissance en Grèce d'un questionnement interminable sur la vérité et sur la justice, apparition de sociétés se mettant explicitement en question – sur lequel il travaille depuis les

7

années 1970[1]. L'enseignement des années précédentes a été pour l'essentiel consacré à la double création de la démocratie et de la philosophie, aux racines de l'imaginaire grec dans le monde homérique et la mythologie (1982-1983), puis au phénomène singulier que fut la démocratie athénienne et à ses institutions d'auto-limitation, comme la tragédie (1983-1984). *Thucydide* en est le prolongement direct. L'importance accordée à cet auteur est doublement justifiée : la création d'un récit historique qui est autre chose que l'énumération des hauts faits des rois est partie intégrante de la grande mutation grecque du Vᵉ siècle sur laquelle se penche Castoriadis depuis des années ; et puis s'attarder sur Thucydide, c'est aussi revenir sur la *polis* des Athéniens, telle qu'elle est présentée dans la célèbre Oraison funèbre prononcée par Périclès et que l'historien rapporte au livre II de sa *Guerre du Péloponnèse*.

*

La place accordée ici à ce discours de Périclès est remarquable non seulement par l'intérêt de son commentaire (qui est, on le verra, considérable), mais aussi par ce qu'elle nous apprend sur la façon de travailler de Castoriadis. Répétons-le, il y a eu dans ce travail un va-et-vient continuel entre les textes publiés dans *Les Carrefours du labyrinthe* et l'enseignement : certains articles contiennent le programme de ce qui va être fait dans les séminaires (dans le cas de la Grèce : «Une interrogation sans fin», en 1979, ou «La *polis* grecque et la création de la démocratie», en 1979-1982) ; d'autres donnent au contraire un résumé de ce que les séminaires ont développé ou préparé. Dans «La *polis* grecque… », Castoriadis consacre à l'Oraison funèbre deux pages éblouissantes. Il y revient sur sept pages,

---

1. 1975 : *L'Institution imaginaire de la société* ; «Valeur, égalité, justice politique : de Marx à Aristote et d'Aristote à nous». 1976 : «L'exigence révolutionnaire». 1979 : «Une interrogation sans fin» ; «La pensée politique».

nullement répétitives, dans un séminaire de mars 1983. Vient enfin la quarantaine de pages des deux séminaires de février 1985 que nous publions ici. Cet « agrandissement » n'est en aucune façon un délayage : Castoriadis explicite, approfondit, argumente… Ces séminaires nous font toucher du doigt ce que l'œuvre publiée était à bien des égards : des fragments émergeant d'une activité de réflexion qui ne s'est jamais arrêtée. Et on verra à la lecture de ces pages tout ce qu'il pouvait tirer d'une analyse serrée du texte. Certes, il n'était guère intimidé face à l'auteur qu'il avait devant lui, fût-ce Platon ou Aristote, et sa réflexion le portait toujours un peu au-delà ou ailleurs ; il était peu respectueux parfois de la lettre – pas très « professionnel » en ce sens. Cela n'a jamais plu aux professionnels. Il y aura donc toujours quelque spécialiste du *Timée*, du *Politique* ou du *De anima* (ou de Thucydide) pour lui reprocher – ne fût-ce qu'implicitement, en taisant son nom – de ne pas avoir été le spécialiste qu'il ne voulait pas être. Mais le regard d'autres lecteurs peut être différent. Quoi qu'il en soit, on pourra aisément constater en lisant cet ouvrage que Castoriadis fait cours avec son Thucydide toujours à portée de la main.

*

Dans son introduction de 1998 à la traduction par Denis Roussel de la *Guerre du Péloponnèse*, Pierre Vidal-Naquet cite un érudit des dernières années du xviiie siècle, Lévesque : « Thucydide est, de tous les historiens, celui qui doit être le plus étudié dans les pays où tous les citoyens peuvent avoir un jour quelque part au gouvernement. » Et, en effet, Thucydide, dont l'œuvre est une sorte de « physiologie et de pathologie du pouvoir » (Lesky), n'a pas cessé d'être soumis ces deux derniers siècles à des lectures – surtout chez les historiens eux-mêmes – mettant en regard les problèmes qu'il étudie et ceux des démocraties modernes, et cela parfois au risque des plus étonnants anachronismes. Le cas le plus flagrant est celui de certains néo-conservateurs américains

qui, il y a quelques années, ont succombé au mirage de l'identi-
fication de la puissance américaine à l'«empire démocratique»
d'Athènes, cherchant chez Thucydide des arguments puisés, dans
le meilleur des cas, dans le discours des Athéniens à l'Assemblée de Sparte au livre I (ils sont poussés à l'extension de leur
empire par la crainte, par le souci de leur prestige et par l'intérêt), mais aussi parfois dans l'apologie athénienne de la force
nue face aux Méliens du livre V. Le fait est que la tendance à
lire Thucydide «dans le miroir du présent» a toujours été forte.
Le Thucydide que présente Castoriadis – théoricien des rapports
entre puissances, du conflit comme mélange inextricable de
calcul et de passions – n'est pourtant ni un anachronisme ni une
projection. Que nous n'ayons pas à lire son *Histoire* en y important les préoccupations du présent, c'est certain ; que Thucydide n'ait rien à nous apprendre sur notre présent, c'est moins
sûr. Et la question thucydidéenne par excellence : que des biens
qui nous semblent précieux à l'intérieur de certaines frontières
ne semblent plus valoir au-delà, où ne prévaut que la force, est
malheureusement plus actuelle que jamais.

Il s'est produit ces dernières décennies divers glissements dans
l'interprétation de ce qui fait l'importance de Thucydide : du
pionnier de l'histoire «scientifique» à l'artiste et au moraliste ;
du théoricien froid, voire apologiste de l'impérialisme athénien,
au critique de ce même impérialisme au nom de valeurs traditionnelles. Et, tout récemment, se sont multipliées les analyses
consacrées aux aspects formels et langagiers, ou les interprétations philosophico-politiques plus ou moins tributaires de Leo
Strauss. On pourrait formuler sur chacune de ces tendances de
très nombreuses observations, parfois de sérieuses objections :
nous avons essayé de donner dans nos notes complémentaires les
indications bibliographiques nécessaires. Castoriadis ne se fait
pas l'écho de ces débats. Il présente Thucydide en s'en tenant
au texte, sans faire allusion, à quelques remarques près, aux
innombrables commentaires. Il ne fait exception à cette règle
que dans un séminaire, le seizième, pour répondre aux interro-

gations d'un participant sur l'interprétation que donne Nicole Loraux de l'Oraison funèbre dans *L'Invention d'Athènes*. On verra de quelle franchise et de quelle rigueur il pouvait faire preuve dans des confrontations de ce type – auxquelles il était très peu porté car il savait qu'en droit on ne saurait leur assigner de limite, et qu'elles font perdre un temps précieux.

*

Dès nos premières publications des séminaires, nous nous sommes heurtés au fait qu'il y a toujours, dans une intervention orale paraissant de façon posthume, des «blancs» (ou des taches) qu'il n'est pas question de laisser en l'état, ne fût-ce que parce que l'auteur, de son vivant, ne l'aurait certainement pas fait. Et il y a aussi des éléments : l'inflexion, le ton, la moue ou le sourire, le geste de la tête ou de la main, le soupir même, que les familiers de l'auteur devinent, et qui modifient parfois substantiellement le texte. Il faut essayer de suppléer à tout cela. Avec beaucoup de prudence, bien entendu. Mais nous nous sommes déjà expliqués dans les différentes présentations des volumes publiés sur les principes qui ont guidé notre travail d'édition. L'une d'entre nous en a d'ailleurs récemment présenté un exposé un peu plus étendu[2].

Rappelons seulement, une fois de plus, quelques conventions. Dans la translittération du grec, nous n'indiquons ni les iotas souscrits ni les accents, et nous ne tenons compte des quantités que pour ε, η, o et ω (*e*, *è*, *o* et *ô*). Surtout, toutes les interventions des éditeurs dans le texte (le plus souvent des références bibliographiques en bas de page) sont signalées par des crochets obliques ou «brisés» : < >. Des lacunes de la transcription, là où nous ne disposions pas d'enregistrements, sont également signalées par des crochets brisés, de même que certaines options des éditeurs quand il a fallu choisir la lecture la plus vraisem-

---

2. M. Gondicas, «Réécrire Castoriadis?», *in* «Castoriadis et les Grecs», *Cahiers Castoriadis*, n° 5, Bruxelles, FUSL, 2010, p. 17-25.

blable. Les annotations marginales de l'auteur sur les transcriptions de Zoé Castoriadis figurent entre crochets carrés : [ ], et sont précédées de la mention *annot. marg.* afin d'éviter toute confusion. Elles ont été incorporées dans le texte quand elles s'y intégraient sans rompre le cours de l'exposé ; sinon, elles ont été rabattues en bas de page. Enfin, toutes les rééditions au Seuil des ouvrages de Castoriadis ayant été assurées dans la collection « Points », nous n'avons pas voulu alourdir les notes en répétant chaque fois cette précision.

Thucydide, la force et le droit ne reprend que douze séminaires de l'année 1984-1985. Quant aux trois premiers (7, 4 et 21 novembre 1984) et aux trois derniers (22, 29 mai et 5 juin), les intégrer aurait nui à la relative homogénéité de l'ensemble. Nous n'avons pas trouvé trace de quatre séminaires de janvier 1985. Comme précédemment, nous donnons en annexe le compte rendu d'enseignement de l'EHESS et des notes complémentaires qui, ainsi que nous l'écrivions en 2004, ont « pour seule ambition de fournir des compléments bibliographiques aux lecteurs et n'apprendront certainement rien aux spécialistes », et enfin une table analytique.

Michel Casevitz et Alice Pechriggl ont à nouveau relu notre travail, et Sophie Klimis s'est jointe à eux cette fois-ci. Leurs remarques nous ont permis d'introduire d'utiles corrections. Qu'ils en soient une fois de plus remerciés. Nous remercions également Claudia Moatti d'avoir bien voulu apporter quelques réflexions sur la création politique à Athènes en guise d'introduction à l'ouvrage.

E. E., M. G., P. V.

Le germe et le *kratos*
Réflexions sur la création politique à Athènes

par Claudia Moatti

« Ah, vous êtes spécialiste de Rome ? Citez-moi un mathématicien romain ! » me lança Cornelius Castoriadis quand je le rencontrai en 1984. Puis il partit de son grand rire communicatif. Cette phrase, et ce rire joyeux du philosophe en sandales, je les retrouve dans ce séminaire, comme si nous n'avions jamais cessé de converser, par-delà les contingences de la vie. Bien vu, cher Corneille, il n'y eut jamais à Rome de grands mathématiciens. Et cette question n'a cessé de me tourmenter, m'incitant à chercher où se cachaient l'abstraction et même l'autonomie – la raison – romaines.

Castoriadis ne pratiquait pas l'« estrangement » dont parle Montaigne. La référence à Rome, mais tout aussi bien à Byzance, était une manière de faire comprendre, par antiphrase, l'exceptionnalité d'Athènes. Les Romains prétextaient que leurs guerres étaient justes ; pas les Athéniens, qui avouaient sans détour que le plus fort imposait toujours son droit. Les Romains avaient un rapport juridique, c'est-à-dire pratique et casuistique au monde ; les Athéniens, eux, découvrirent la philosophie, c'est-à-dire l'art de la démonstration abstraite. Les Romains étaient des oligarques, un peuple d'hétéronomie ; les Athéniens inven-

13

tèrent la démocratie, c'est-à-dire l'autonomie, mais aussi la science, la tragédie, l'histoire.

Nulle trace ici, on le voit, du « principe d'interprétation charitable », dont Donald Davidson et Willard Quine ont fait l'arme nécessaire de tout comparatisme et qui consiste à imputer du sens à l'autre. Castoriadis n'était pas un comparatiste, mais un penseur de la démocratie qui enquêtait sur l'expérience athénienne et sur la conscience que les Grecs avaient de leur création politique. Après les présocratiques, puis les tragiques[1], il consacre l'année 1984-1985 à l'œuvre de Thucydide, historien de la guerre du Péloponnèse ; et notamment à l'Oraison funèbre (ou Épitaphe), ce discours que Thucydide fait prononcer à Périclès en l'honneur des premiers morts de la guerre en 431 avant notre ère, et qui présente un éloge des institutions athéniennes[2].

Le germinal et le paradigmatique

Pour Castoriadis, la démocratie athénienne ne peut être érigée en *modèle* : induire de l'ensemble de ses phénomènes un concept unique serait faire bon marché de sa temporalité et de la hiérarchie des éléments qui la composent ; et du reste peut-on induire d'un fait une norme ? Il ne s'agit pas non plus pour lui de considérer l'expérience athénienne comme la genèse de la démocratie, dont on pourrait ensuite étudier le devenir plus ou moins chaotique. Loin d'une histoire des idées ou d'une approche généalogique,

---

1. *Ce qui fait la Grèce, 1 : D'Homère à Héraclite. Séminaires 1982-1983*, Paris, Seuil, 2004 ; *Ce qui fait la Grèce, 2 : La Cité et les Lois. Séminaires 1983-1984*, Paris, Seuil, 2008.
2. Six thèmes sont annoncés : la conception de l'histoire chez Thucydide ; l'institution athénienne ; le rapport entre le droit et la force ; la théorie de la guerre chez Thucydide ; la conception de la guerre du Péloponnèse comme guerre civile entre le *démos* et les *oligoi* ; le modèle tragique pour l'histoire et pour la réalité.

toutes deux marquées par un continuisme intolérable, Castoriadis voit en la démocratie athénienne avant tout un *germe*, une *origine*, aurait dit Walter Benjamin, non pas au sens où elle serait fondatrice, mais au sens où elle fut la manifestation originale d'une Idée, à la fois inscrite «dans le devenir et le déclin[3]», et toujours actuelle. Peu lui importe ce qui, de cette réalité, nous est réellement accessible. Castoriadis prend les sources pour ce qu'elles disent à un moment précis, afin d'en tirer ce qui peut être utile à la pensée et l'action politiques actuelles : «[…] cette Athènes, telle qu'elle est pensée par Thucydide dans l'Oraison funèbre, fût-elle inventée et rêvée par lui, un Athénien dont nous savons qu'il a vécu entre 460 et 400 environ, cette Athènes-là a un sens qui nous parle encore aujourd'hui».

À la différence du *paradigmatique* qui suscite imitation et reproduction, le *germinal* révèle des possibles qui parfois se réalisent, parfois restent à l'état virtuel, parfois sont oubliés, mais toujours resurgissent au cours des siècles, chaque fois dans leur singularité : «Nous imitons des paradigmes, des modèles, et nous n'avons pas à imiter Athènes. Mais voilà : nous pouvons peut-être faire quelque chose de ces germes, alors que nous pouvons difficilement faire quelque chose de la politique des empereurs Tang, quels que soient par ailleurs son intérêt historique ou sociologique, l'art remarquable qui a fleuri pendant cette période, etc. Germe en un premier sens : en tant qu'indice de possibilité» (p. 180).

Précisément, la singularité d'Athènes, par rapport aux autres cités qui connurent la démocratie, sa bizarrerie, mais aussi sa crise à la fin du Vᵉ siècle, tout cela permet de comprendre les potentialités que porte l'idée démocratique.

De cette particularité athénienne, les sources témoignent

---

3. *Origine du drame baroque allemand*, Paris, Flammarion, 1984. «L'origine, bien qu'étant une catégorie tout à fait historique, n'a pourtant rien à voir avec la genèse des choses. L'origine ne désigne pas le devenir de ce qui est né, mais bien ce qui est en train de naître dans le devenir et le déclin» (p. 43).

abondamment. Castoriadis aurait pu aussi relever que, dans le discours de Périclès, Thucydide parle non pas de démocratie, mais de «ce régime auquel on donne le nom de démocratie», comme s'il cherchait à garder à Athènes son caractère exceptionnel (II, 37). Au lieu de réduire l'expérience politique de sa cité à une catégorie générale et à un régime type, Thucydide la pense dans son *extension* spécifique. Et Castoriadis lui emboîte le pas. L'autonomie athénienne est, pourrait-on dire, une œuvre qui relève de la démocratie, comme *Hamlet* est une œuvre qui relève du tragique théâtral, sans qu'à eux seuls ils recouvrent tous les possibles démocratiques ou tragiques. On ne doit donc pas chercher à les imiter, mais on peut en saisir l'intérêt pour notre temps, à condition de prendre aussi en compte, comme à rebours, la faillite de nos expériences – celle de la représentation notamment : «Je me suis tué à vous répéter que je ne parle pas de la Grèce comme modèle mais comme germe, qui peut nous faire voir ce qu'est l'exercice du pouvoir par la collectivité elle-même, sans histoires à dormir debout comme la représentation, et en toute conscience du fait qu'elle est responsable de son propre sort» (p. 223-224).

La démocratie comme altéronomie

Sans être historien, Castoriadis interroge l'*historicité* de la démocratie athénienne : comment l'idée d'autonomie est-elle devenue pensable ? Et, plus généralement, comment à partir de catégories traditionnelles peut-on penser *autrement* ? Et pourquoi cela fut-il possible dans certaines sociétés (telle la société athénienne) et non dans d'autres (l'Empire byzantin par exemple) ? Questions que devraient se poser les historiens un peu attentifs au mouvement de l'histoire, c'est-à-dire aux conditions de possibilité d'une pensée autre – que j'appellerai l'*altéronomie* –, une alternative possible au mode de pensée majoritaire. «Nous avons d'ailleurs à faire face au même problème lorsque nous affrontons les questions de l'institution de la société et de l'action politique, par exemple sous la forme de la vieille discussion : pour changer la société, il faut changer les hommes ; et pour changer les hommes, il faut que la société soit différente. Il faut donc que les individus qui agissent aient des *habitus* différents. Mais qui va leur inculquer ces *habitus* différents sinon la façon dont ils sont éduqués et donc la société dans laquelle ils vivent ? Il en va de même quand nous parlons d'autonomie comme possibilité pour la société d'altérer lucidement sa propre institution… » (p. 60).

Cette discontinuité – l'émergence de l'autonomie dans un monde d'hétéronomie – n'a rien à voir avec une rupture, un changement d'*épistémè* ou de paradigme, pour reprendre les catégories de Michel Foucault ou de Thomas Kuhn, mais avec le surgissement, à l'intérieur d'un « paradigme », d'un événement de la pensée, une *création*, l'équivalent d'une révolution. De cette irruption, toutefois, Castoriadis ne cherche pas ici à rendre compte, mais il trouve dans l'œuvre de Thucydide un écho partiel à son interrogation. La guerre est en effet pour ce dernier un observatoire privilégié des multiples discontinuités à l'œuvre dans l'histoire, en ce qu'elle introduit de la sédition dans la cité, jusque dans la langue, jusque dans le sens que les hommes donnent aux choses, révélant aussi, pour qui sait mener l'enquête, pour qui donc sait faire l'histoire, non seulement les causes, mais les logiques et les enjeux cachés des choses. De ce point de vue les discours, et notamment l'Oraison funèbre, portent d'étonnantes révélations – sur lesquelles cependant les commentateurs continuent de débattre.

L'écriture de l'histoire

Pour Nicole Loraux[4], par exemple, le discours de Périclès est idéologique : il donne à voir des citoyens unis par un consensus idéal, une communion d'âmes, et laisse dans l'ombre les conflits politiques et sociaux, dont un autre passage de la *Guerre du Péloponnèse* résume les méfaits (III, 82). La cérémonie des funérailles nationales était, dit-elle, une innovation athénienne : au lieu de laisser les vivants pleurer leurs morts en privé, comme cela se faisait ailleurs, la cité démocratique les rassemblait et insufflait aux vivants l'héroïsme à venir par un discours public. Ce genre d'éloquence avait de fait une vocation bien précise : exalter la communauté, inspirer de l'amour pour la patrie, et Socrate témoignait du trouble que faisaient naître en lui les oraisons funèbres. Dans ce discours fortement symbolique, dont on peut penser qu'il reflète des paroles réellement prononcées, le Périclès de Thucydide se montrerait donc manipulateur, par souci d'efficacité ; bien plus, différents détails (l'accent très aristocratique mis sur la vertu, l'*arétè*, l'absence de référence précise au fonctionnement des institutions athéniennes) empêcheraient même de trouver dans ce texte l'affirmation de principes démocratiques.

À la demande d'un auditeur, Castoriadis revient sur cette interprétation : « ce que Nicole Loraux – ou d'autres historiens modernes, d'ailleurs – considère comme étrange dans l'Épitaphe, c'est cela même qui à mes yeux en fait toute la force » (p. 235). On ne peut être plus clair. Sans nier le caractère « convenu » de ce morceau d'éloquence, Castoriadis considère comme indéfendables la méthode de l'historienne et ses conclusions. Dans l'Épitaphe il trouve un discours réflexif sur la démocratie. Et peu importe, au fond, qui en est l'auteur : il s'intéresse au fait qu'un

---

4. *L'Invention d'Athènes*, Paris, EHESS, 1981 ; nouv. éd. remaniée, Paris, Payot-Rivages, 1993.

tel discours ait été possible à ce moment de l'histoire d'Athènes. La révélation, c'est la démocratie, ses valeurs, sa dynamique. Reste ensuite à analyser les significations de ses formes – sans revenir ici sur la question de l'esclavage.

Sans être exclusives l'une de l'autre, ces deux interprétations peuvent, aussi bien, être dépassées. D'une part, la fonction symbolique de l'éloquence funèbre ne peut pas ne pas avoir une influence sur le contenu même du discours ; d'autre part, l'interprétation idéologique ne tient pas assez compte de la dimension critique du discours. Or ce que le texte donne à voir, ce n'est pas seulement la réalité athénienne, ni l'idée que Périclès ou Thucydide veulent donner de la démocratie, c'est l'*image de soi* de la cité, son *imaginaire*, au sens lacanien. Thucydide porte un diagnostic : au-delà des causes rationnelles des événements, il montre la façon dont les projections imaginaires, et les passions qui leur sont liées, sont à l'origine des catastrophes, il met à nu les dérives du discours identitaire athénien, comme il le fait ailleurs pour Sparte ou encore pour Corinthe. D'où l'insistance sur les « manières d'être » de ces peuples, qui sont autant de symptômes et de signifiants : des *tropoi*, au double sens de « comportements » et de « formes symboliques ».

L'Oraison n'est pas plus un discours idéologique qu'un moment de réflexivité, c'est aussi une mise en scène de l'imaginaire d'Athènes, plusieurs années après la guerre, dans la solitude de l'exil – comme le sont de nombreux autres discours de la *Guerre du Péloponnèse*. À Rome, au Ier siècle avant notre ère, Salluste, contemporain de la mort de César et de celle, tragique, des tyrannicides, proposera lui aussi, à l'instar de Thucydide, et dans un isolement identique, un même diagnostic sur la *psychè* du peuple romain et des oligarques après la destruction de Carthage. Chez les deux historiens, l'écriture de l'histoire vise à rendre compte de manière critique de ces imaginaires. Et chez tous deux, la guerre en est le moment révélateur – de quoi tirer des leçons pour le futur.

Le droit du plus fort

Si la guerre est au cœur du dispositif historiographique, c'est aussi parce que la violence est un moteur essentiel de la transformation des sociétés, de leur corruption également. Loin d'une vision purement morale qui opposerait l'*hubris* des uns à la modération des autres, même si cette dimension reste présente, Thucydide, écrit Castoriadis, met en scène l'affrontement des puissances et la « dynamique autonome » de la domination (p. 185-186 et 259-260). Trois principes se dégagent des récits et discours : la guerre a pour but de dominer – et atteindre une certaine puissance, c'est être obligé de l'augmenter ; entre êtres inégaux, seuls dominent la force et l'intérêt de chacun ; enfin, la justice ne vaut qu'entre égaux. Un texte est de ce point de vue paradigmatique : le fameux dialogue entre les Méliens, qui veulent conserver leur neutralité dans le conflit, et les Athéniens, qui exigent leur soumission ; un dialogue qui permet d'illustrer la logique de la puissance, mais surtout l'arsenal des justifications qui lui sont données.

Les Athéniens prennent le parti du réalisme. Leur discours reprend un des thèmes les plus importants de la pensée sophistique, l'opposition entre la loi *(nomos)* et la nature *(phusis)*, dont Machiavel et Hobbes retrouveront les accents. Pour certains sophistes, en effet, tel Calliclès mis en scène plus tard par Platon dans le *Gorgias*, la domination est naturelle, et l'homme ne peut être juste par nature, encore moins dominer avec justice. L'originalité de Thucydide est de développer ces thèmes à partir d'une situation historique et de les construire sous forme de « dialogue », qui fait ressortir la rigueur de la domination athénienne. C'est apparemment l'envers de l'Oraison funèbre, qui exaltait la mission éducatrice d'Athènes, mais, comme le souligne Castoriadis, le discours de Périclès était aussi un éloge de l'empire (p. 145). Et même Thucydide y sous-entendait, comme il le faisait explicitement ailleurs, que la domination impériale transformait la civilisation en servitude – une leçon que retiendra Tacite[5] : « Ce prestige que notre cité doit à notre empire, il est juste que vous le défendiez puisque vous en tirez tous gloire. C'est une responsabilité à laquelle vous ne pouvez pas vous dérober, à moins de renoncer aux honneurs qu'elle comporte. Ce qui est en jeu dans ce combat, ne l'oubliez pas, ce n'est pas seulement la question de savoir si nous resterons libres ou si nous deviendrons esclaves. Il s'agit encore de ne pas perdre notre empire et d'échapper à la menace que font peser sur nous les haines suscitées par notre domination. Et vous n'avez plus la possibilité de vous démettre […]. Car vous régnez désormais à la façon des tyrans qui passent pour injustes en prenant le pouvoir, mais qui ne peuvent plus abdiquer sans danger » (*Guerre du Péloponnèse*, II, 63).

Hannah Arendt voyait juste lorsqu'elle définissait le politique comme le domaine où l'homme lutte avant tout pour s'attirer une gloire mémorable. Cette perspective justifie les moyens les plus radicaux aux yeux des Athéniens comme elle explique l'engrenage hégémonique dans lequel ils sont pris. Sur ce sujet Castoriadis pointe une différence qui lui paraît fondamentale : « Pour le monde grec, Rome est une cité inouïe : chaque fois qu'elle fait la guerre, elle prétend mener une guerre juste. Rome a conquis le monde connu de l'époque en ne menant jamais que des guerres justes, ses ennemis étaient toujours dans leur tort. Un discours juridique masque déjà là la réalité. Dans le monde grec, il n'en est pas ainsi : on ne dit pas que la force crée le droit, on dit que depuis toujours le plus faible doit obéir au plus fort et qu'il ne peut être question de droit et de justice qu'entre égaux. Ce qui, bien sûr, crée des problèmes énormes, abyssaux : qui sont les égaux ? Qui dit qui est égal ? » (p. 67-68).

Les Grecs seraient-ils pour une fois plus pragmatiques que les Romains ? Pas si simple. Désigner une guerre comme « juste et pieuse » peut assurément manifester un légalisme excessif et cacher de mauvaises raisons, on l'a vu de nos jours dans la guerre

---

5. Thucydide, *Guerre du Péloponnèse*, I, 98-99 ; Tacite, *Agricola*, 21.

contre l'Irak ; mais en aucun cas ce légalisme ne peut être réduit à une manipulation[6]. En ce qui concerne le juridisme romain, il signifiait d'abord que la guerre avait pour but de protéger la patrie et celle des alliés de l'attaque d'un ennemi et qu'elle était destinée à restituer un *statu quo* antérieur ; et surtout pour être « juste » la guerre devait être « notifiée à l'avance », donc entreprise selon des règles précises : le rituel du droit fétial, propre à s'attirer la protection des dieux. Ce rituel, qui liait dieux et hommes par un lien de *fides* ou bonne foi, faisait de l'attaqué un « pur » *(pius)* et permettait de rejeter la responsabilité sur l'adversaire. Il est vrai que dans le cas de Carthage, après deux guerres défensives, les Romains avaient cherché des prétextes pour entrer une troisième et dernière fois en guerre, et avaient, pour cela, cherché à faire croire notamment que Carthage n'avait pas respecté les traités : l'accuser de perfidie, c'était la mettre hors du droit et donc justifier la guerre à outrance. On le voit, une guerre juste pouvait devenir une guerre de domination, et Cicéron le reconnaissait dans le *De officiis*, en écho aux débats qui avaient suivi la destruction de Carthage. Peut-on dominer avec justice ? s'interrogeait-il après les Grecs Polybe, Panaetius, Posidonius. Dans le *De republica* aussi, il faisait ainsi dialoguer Laelius, défenseur d'un impérialisme juste, et Philus, qui affirmait l'instinct de domination des peuples et proclamait précisément qu'il y avait plus de sagesse à conquérir qu'à rendre à chacun son bien : pour lui cette « sagesse » l'emportait même sur la justice.

Entre le Ve siècle athénien et la fin de la République romaine, le débat n'avait donc cessé de se poursuivre entre ceux qui avaient une vision légaliste et tentaient de mettre sinon de la justice, du moins du droit dans l'empire, et ceux qui, tels Calliclès, Carnéade, Philus, voyaient les choses de manière réaliste : pour eux, l'*anthrôpeia phusis*, la nature humaine, poussait à dominer autrui ; quant au droit, il n'existait qu'entre égaux en puissance.

---

6. Voir le dossier réuni par M. Walzer, *Guerres justes et injustes*, trad. S. Chambon et A. Wicke, Paris, Belin, 1999.

Quel écho un tel débat avait-il vraiment dans la cité? La démocratie n'est-elle pas le lieu parfait de la régulation des instincts, de la justice et de l'égalité? Mais quelle justice, quelle égalité? Il faut encore retourner au discours de Périclès et s'arrêter cette fois à ce qui y est dit des institutions d'Athènes.

La capacité du peuple

À travers une analyse minutieuse et lumineuse de l'Oraison, Castoriadis dégage un point fondamental: la démocratie n'est pas seulement le pouvoir de la majorité (p. 149-150), ni la participation directe à la vie de la cité par le suffrage, qui du reste se pratiquait dans les oligarchies; c'est avant tout la capacité de délibérer et d'agir donnée à tous les citoyens, et la mise en place de garanties pour préserver cette capacité – à Athènes les salaires citoyens, qui n'existent pas dans d'autres cités grecques ni à Rome, les liturgies, les tribunaux, etc. (p. 160).

«Capacité d'agir», tel est précisément le sens de *kratos*, comme l'a bien montré l'historien américain Josiah Ober, qu'il s'agisse de domination, de gouvernement, de capacité individuelle. Utilisé comme suffixe, explique-t-il, ce *kratos* concerne uniquement l'espace public, le bien commun: d'où le fait qu'il n'y a pas de «monocratie» ou d'«oligocratie». « *Demokratia*, qui émerge avec l'auto-affirmation du *démos* au moment de la révolution, se réfère ainsi à la capacité collective du *démos* de faire advenir des choses. Cela signifie que *demokratia* ne désigne pas en premier lieu le contrôle par le *démos* d'une autorité institutionnelle pré-existante […]. La démocratie, c'est le peuple *empowered*, c'est-à-dire régime où le peuple a une capacité collective de changer les choses […], de constituer le domaine public à travers l'action[7].»

---

7. J. Ober, «The Original Meaning of "Democracy": Capacity to Do Things, Not Majority Rule», paper presented at the annual meeting of the American

Castoriadis y a insisté tant de fois : la démocratie ne peut être définie par des institutions ; c'est un régime en mouvement, une continuelle auto-institution de la société, c'est-à-dire un espace où les citoyens ont les moyens de remettre constamment en question les lois, les règles, les notions mêmes de justice et de liberté. Voilà qui explique le lien fondamental entre démocratie et philosophie car toutes deux se définissent comme « mise en question de l'institué » (p. 252) : « Démocratie : elle consiste en ceci que la société ne s'arrête pas à une conception de ce qui est le juste, l'égal ou le libre, donnée une fois pour toutes, mais s'institue de telle sorte que les questions de la liberté, de la justice, de l'équité et de l'égalité puissent toujours être re-posées, dans le cadre du fonctionnement normal de la société. Et par distinction avec ce que j'ai appelé le politique [ce qui a trait au pouvoir explicite] il faut dire que la politique […] concerne l'institution globale de la société, et les décisions concernant son avenir[8]. »

Loin d'être réductible à une définition juridique, la démocratie apparaît donc comme un processus dynamique, marqué par un *ethos* – un « imaginaire collectif instituant », un état d'esprit révolutionnaire, qui anime le peuple et renforce sa puissance. D'où l'importance de la temporalité dans toute approche du phénomène démocratique – et de l'éducation qui développe l'esprit critique et rend possible cette dynamique (p. 221).

La démocratie naît au moment même où le peuple prend en main son destin et s'engage dans une création continuée, qui participe elle-même à son éducation : si le peuple est rendu *capable* par la révolution, l'agir politique accroît continûment sa *capacité*. Analyser ce *kratos* en mouvement, sous tous ses aspects, y compris jusqu'aux plus grands errements, tel est le projet de l'historien grec – et de Castoriadis. On est bien loin de la descrip-

---

Political Science Association, Marriott, Loews Philadelphia, and the Pennsylvania Convention Center, Philadelphia, PA, 31 août 2006, http://www.allacademic.com/meta/p150545_index.html, p. 4.

8. *La Montée de l'insignifiance. Les Carrefours du labyrinthe, 4*, Paris, Seuil, 1996, p. 162.

tion typologique qu'en ont donnée les philosophes politiques depuis Platon et qui clôt la signification même de la démocratie.

À lire ces séminaires, on comprend ce qui fait la beauté et la force du texte grec : Thucydide y montre où peut mener une telle puissance d'agir et, se faisant à la fois juge et analyste, porte un diagnostic sur ce qui, dans le discours que la cité tient sur elle-même, contient sa perte. C'est en ce sens que la *Guerre du Péloponnèse* relève à la fois de l'enquête et de la tragédie, dont le *démos* est le protagoniste magnifique et émouvant, tantôt face aux autres peuples, tantôt face aux *oligoi* (p. 193 et 205). Castoriadis a pour cela raison d'y voir un chef-d'œuvre dans cette œuvre d'art humaine, c'est-à-dire imparfaite, que fut, à ses yeux, la démocratie athénienne.

Imparfaite et mortelle. L'expérience démocratique s'achève avec le Ve siècle, écrit-il, tout comme l'écriture de l'histoire, car nul historien n'atteindra par la suite la profondeur de l'enquête thucydidéenne. C'est injuste pour Polybe, auquel il ne reconnaît qu'un peu de talent et une pointe d'hégélianisme (p. 112), mais c'est globalement assez juste pour l'histoire politique.

L'opposition entre Rome et Athènes prend alors tout son sens. Il est clair que jamais le peuple romain n'a bénéficié d'une pareille capacité d'agir et de transformer le monde. Sans doute connut-il des poussées démocratiques, mais elles furent constamment refoulées comme des séditions ; et même une expérience d'autonomie, mais elle fut avant tout intellectuelle et individuelle, en aucun cas comparable à celle, collective et politique, des Athéniens[9]. À Athènes, où primait l'idée d'égalité, les citoyens étaient à la fois gouvernants et gouvernés selon l'exacte formule d'Aristote, tandis qu'à Rome, où l'emportait le modèle de la loi, source de liberté, les gouvernants, qui formaient un groupe social séparé, se sentaient les plus libres de tous et se disaient l'incarnation de la cité.

---

9. Voir C. Moatti, *La Raison de Rome. Naissance de l'esprit critique à la fin de la République romaine*, Paris, Seuil, 1997.

Cette « représentation identitaire » caractérisa pendant longtemps les pratiques républicaines. Du moins jusqu'à la mise en place de la représentation par délégation, destinée à contrecarrer les efforts de la Révolution française pour réactiver la puissance du peuple. À partir de ce moment, on ne parla plus que de « démocratie représentative », ce qui introduisit une grande confusion entre république et démocratie ; mais sous ce vocable obscur, la réalité était claire : tout en rejetant l'Antiquité comme modèle, les politiques pensaient en fait avec Rome contre Athènes, et, décidant d'oublier le *kratos* du peuple, exaltaient le gouvernement et la loi. Avec une exigence salutaire, Castoriadis incite ses lecteurs à explorer de nouveau les possibles de la démocratie contenus en germe dans l'expérience athénienne – et à retrouver un peu d'imagination politique.

Claudia Moatti

IV

Séminaire du 28 novembre 1984

Nous allons aborder aujourd'hui un sujet où toutes les questions semblent inextricablement mêlées, et cela peut-être plus que dans n'importe quel autre domaine. Ce sujet n'est pas au centre des thèmes traités cette année mais les conditionne : il s'agit de la politique, ou plus précisément du projet d'une société autonome. L'enchaînement me semble clair. Pourquoi diable parlons-nous de ce minuscule peuple d'il y a 2500 ans, mort et enterré autant qu'on peut l'être, de ces petites cités qui, comme Athènes à son apogée, regroupaient peut-être 30000 citoyens ? La réponse, bien entendu, c'est que nous croyons trouver là les premiers germes de l'autonomie, aussi bien de l'individu que de la société. Mais comme il nous faut – moi, du moins, j'en éprouve le besoin – élucider ce que nous entendons par là, ce que sont l'autonomie, l'individu autonome, la société autonome, nous voilà au cœur de la question politique. Ce qui ne manquera pas d'éclairer, rétrospectivement, la façon dont nous avons abordé la Grèce ancienne, mais aussi dont nous aborderons le christianisme ou les Révolutions américaine ou française, c'est-à-dire non pas comme des philologues ou des archéologues, mais comme des individus qui, tout en respectant autant que faire se peut la vérité propre de ces sociétés et de ces phases de notre histoire, essaient d'y trouver des critères, des germes, des incitations – mais aussi des butées, des objections ou des obstacles – pour ce qu'ils visent par ailleurs politiquement. Le projet d'une société autonome et d'individus autonomes dans cette société, et cela dès aujourd'hui et non pas dans un avenir lointain, soulève d'innombrables questions. J'essaierai d'en énumérer quelques-unes, puis d'en approfondir certaines. Il sera question ici de la politique au sens vrai du terme, non pas des élections munici-pales ni des « avions renifleurs » chers à M. Giscard[1], mais de l'institution totale de la société, sans restriction de principe ; de la *polis*, donc, au sens le plus large du terme, que nous voudrions ou que nous voulons, des raisons pour lesquelles nous la voulons ainsi, des arguments que nous pourrions avancer si nous devions défendre ce projet devant quelqu'un qui l'attaquerait en paroles – si c'était en actes, ce serait bien entendu une autre histoire.

Il est difficile de ne pas voir que quand nous parlons d'insti-tution totale de la société, le mot « total » a des résonances très fortes (et même en partie sinistres : « total » a donné « totali-taire »). Jusqu'à quel point l'institution de la société peut-elle être totale[2] ? [*Annot. marg.* : Elle l'est en fait toujours – sauf le point à l'infini que représente la monade psychique.] Jusqu'à quel point peut aller la volonté de reprendre lucidement l'ins-titution de la société ? À ces questions il n'y a pas de réponse catégorique, donnée une fois pour toutes. J'ai déjà rappelé que la rupture la plus radicale que l'on puisse imaginer n'est jamais totale, qu'elle est malgré tout le fait de gens qui sont déjà là, qui parlent une langue qui est déjà là, et que cette langue charrie une infinité de significations qui viennent de toute une tradi-tion historique. Aucune discussion sérieuse n'est donc possible avec des gens qui veulent réaliser une telle rupture ; pas plus d'ailleurs qu'avec de prétendus philosophes du politique qui veulent réfuter l'idée d'un changement radical dans la société

---

1. <Scandale politico-financier des années 1970. *Cf.* C. Castoriadis, *Une société à la dérive* (dorénavant *SD*), Paris, Seuil, 2005, p. 174, 205.>
2. <*Cf. L'Institution imaginaire de la société* (dorénavant *IIS*) (1964-1965), Paris, Seuil, 1975, p. 97-108, 118-124, 130-138, 151-157, rééd. p. 112-118, 127-134, 141-150, 164-170 ; « L'exigence révolutionnaire » (1976), in *Le Contenu du socialisme* (dorénavant *CS*), Paris, UGE, coll. « 10/18 », 1979, p. 328-331, 346-352.>

en disant : il n'y a jamais de changement total. En effet, il n'y en a jamais : cet argument est une tautologie vide, ou une sottise, comme on voudra. On ne saurait jamais faire table rase, bien entendu ; mais il y a pourtant une différence radicale entre l'Athènes d'après Clisthène et les *poleis* aristocratiques de la Grèce du temps d'Homère, entre la Nouvelle-Angleterre après la guerre d'indépendance et avant, entre la France de 1793 et celle de Louis XIV ou de Louis XI. C'est ce type de différence radicale que nous visons. Nous savons que, contrairement à ce que disent ces prétendus philosophes avec une mauvaise foi insigne, à partir d'un certain moment il y a eu philosophie, qu'avant il n'y en avait pas – et c'est là encore une rupture radicale. Nous savons aussi qu'à partir d'un certain moment il y a eu démocratie dans une cité complexe, alors qu'avant il n'y en avait pas. Je parle de « cité complexe » parce qu'il ne s'agit pas ici de « démocratie primitive », de la recherche du consensus, dans telle ou telle tribu amérindienne, pour faire ou non la guerre. Nous avons là des procédures explicites, une institution explicite du pouvoir comme pouvoir de la totalité des citoyens tel qu'il s'incarne chaque fois dans les décisions majoritaires, et cela dans une société complexe qui a à faire face à des problèmes eux-mêmes extrêmement complexes, comme c'est déjà le cas dans l'Athènes du Ve siècle (rappelons que, compte tenu de l'état des techniques à l'époque, l'expédition de Sicile vaut bien l'envoi d'un cosmonaute sur la Lune).

Quand je parle d'institution totale de la société, la question reste pour moi concrète : il est évident qu'il y a des choses qui ne font pas, qui par leur nature même ne peuvent pas faire l'objet d'une institution explicite, en tout cas pas dans leur totalité ni dans leur dimension essentielle. Le langage, par exemple, même s'il change en fonction du développement général de la société, et en particulier pendant une période de transformation radicale. Mais une législation explicite sur le langage est illusoire – laissons de côté le cas de l'utopie totalitaire, comme le *newspeak* dans *1984* d'Orwell. Prenons un problème comme celui de la fabrication des individus sociaux (sur lequel nous reviendrons), c'est-à-dire celui de l'éducation des enfants (éducation/instruction, jolie querelle qui est en train de resurgir maintenant), et la question de savoir si c'est là l'affaire de la collectivité, et jusqu'à quel point, ou bien celle des parents, et jusqu'à quel point. C'est une véritable question de fond, substantielle, sur laquelle je n'ai pas l'intention de prendre maintenant position, mais disons tout de suite que rien ne me paraît évident là-dedans, et surtout du point de vue politique. Les parents ont-ils le droit d'éduquer leurs enfants comme ils le veulent ? Jusqu'à quel point ? Jusqu'à quel âge ? La collectivité, qu'il s'agisse du *Meilleur des mondes* de Huxley, de Sparte ou d'innombrables sociétés archaïques, peut-elle prendre en charge comme elle l'entend (même si physiquement ils restent confiés à leurs parents) toute l'instruction des enfants, que ce soit là d'ailleurs le résultat d'une législation explicite ou d'une coutume tribale présente depuis des temps immémoriaux ? Dans les îles Samoa de Margaret Mead (je ne discute pas ici de l'exactitude de sa description), les enfants des diverses classes d'âge s'éduquent et se surveillent entre eux, la part de la famille étant minime. Ce rôle de la communauté enfantine villageoise a d'ailleurs été considérable dans certaines parties de l'Europe jusqu'à il n'y a pas si longtemps. La question des limites de cette institution totale est elle-même une question politique concrète. La seule chose que j'affirme, c'est qu'il n'y a pas de limites « de principe » ni « par principe » – étant entendu que l'institution de la société ne peut évidemment pas décréter le changement de sexe des individus, par exemple.

Nous avons déjà parlé de cette ré-institution de la société dans le cas de la Grèce. Nous avons vu comment le mouvement démocratique (ou, si l'on préfère ce nom commode, « Clisthène ») commence par changer l'organisation même des tribus pour instaurer un corps civique dont l'articulation n'est plus naturelle, géographique ou professionnelle mais obéit essentiellement aux impératifs de la démocratie, afin que toutes les tribus aient une

représentation égale et qu'il y ait une rotation entre magistrats.
Clisthène reprend des données prétendument «naturelles» et
intangibles du monde social et les change pour faciliter la participation démocratique des citoyens au pouvoir – et ce mouvement s'approfondira encore. Il est sans doute inutile de souligner
qu'à nos yeux, après coup, il reste limité quant à des aspects
tout à fait importants : la position de la femme, l'esclavage,
bien entendu, ou certains éléments qu'il ne venait à l'idée de
personne de mettre en question, comme la religion de la cité[3].
Alors que le mouvement démocratique en Europe occidentale
met en question d'autres aspects de l'institution de la société,
y compris, quand il arrive à une première phase culminante à
la fin du XVIIIe siècle, le rôle de la religion dans la législation,
dans la constitution de la cité; ou bien, même s'il n'y réussit
pas dans un premier temps, l'institution de l'esclavage. On a
beau parler du rôle du monothéisme ou du christianisme dans
la naissance de l'individualisme, le christianisme a été religion
officielle pendant quinze siècles et l'esclavage était toujours
là. L'esclavage a disparu en Europe pour d'autres raisons; il y
a d'ailleurs été remplacé par le servage. Mais il a survécu en
plusieurs endroits et a été introduit en Amérique sous la bannière
du Christ. Il n'a commencé à être mis en question que par les
révolutions de la fin du XVIIIe siècle. Et encore, avec un rythme
particulier, puisque s'il y a des critiques qui se font jour dès
le XVIe siècle (Montaigne, etc.), pour les Pères fondateurs de
la Révolution américaine, pour Jefferson par exemple – grand
homme et très grand penseur politique –, l'esclavage va encore
de soi. Et l'on sait qu'il faut attendre le milieu du XIXe siècle
pour que le mouvement démocratique abolisse effectivement
l'esclavage, qu'il ne sera aboli au Brésil qu'en 1888, et qu'il
y a encore de nos jours des pays, qui ont bien entendu signé

---

3. [*Annot. marg.* : Mais il faut dire que la position *de principe* est posée tout
à fait correctement par Aristote (*Pol.*, critique de la *Politeia* de Platon): la terre
appartient à la collectivité mais *il n'est pas bien* de la collectiviser ! Tout y est.]

toutes sortes de conventions sur les droits de l'homme, etc., où il subsiste, plus ou moins masqué.

On peut s'étonner de la complexité, de la démarche en crabe de l'histoire. Il est de bon ton, quand on compare démocratie antique et démocratie moderne, de mettre en avant l'existence de l'esclavage en Grèce ancienne. C'est là un fait, même si, comme vous me l'avez souvent entendu dire, fidèle en cela pour une fois à Marx, l'esclavage n'est pas le fondement de la démocratie antique[4]. Ceux qui parlent ainsi oublient l'esclavage dans le monde moderne et le quasi-esclavage colonial. Par rapport à celui-ci, d'ailleurs, il serait également fallacieux de prétendre, comme l'ont fait ou le font encore les tenants du marxisme vulgaire – et ils ne sont pas les seuls –, qu'il a été la condition du régime bourgeois démocratique-libéral dans les métropoles. Il n'en était pas la condition, mais il « allait avec » ; et pour autant qu'il y a encore exploitation des pays sous-développés, il va toujours avec, il n'est pas la condition de ce régime. Si un cataclysme mondial engloutissait le monde tout entier sauf les États-Unis ou les pays de la CEE, cela entraînerait, bien entendu, d'inévitables, de très importants remaniements économiques ; mais cela ne signifierait nullement l'effondrement automatique de leur système socio-économique. L'Amérique latine ou l'Afrique ne sont pas la condition de l'existence du capitalisme aux États-Unis ou en Europe, même si les rapports avec ces continents « vont avec ». En quel sens, c'est une autre histoire, qui nous entraînerait trop loin. Quant au statut des femmes, dont on parle en général moins dans ces comparaisons, faut-il vraiment rappeler qu'elles n'ont accédé que très récemment à la plénitude des droits politiques dans la plupart des pays ? Et là encore, il est sans doute inutile d'insister sur la différence entre l'aspect formel et l'aspect réel : les femmes continuent d'être sous-représentées quand il s'agit des postes

---

4. <*Cf.* en particulier C. Castoriadis, *La Cité et les lois* (dorénavant *CEL*), Paris, Seuil, 2008, p. 37-41, 62-67, 78-80.>

importants. Dans nos régimes oligarchiques-libéraux, il reste des éléments patriarcaux très forts.

Troisième vague, celle du mouvement ouvrier et socialiste ; puis d'autres mouvements modernes beaucoup plus récents, mettant en cause d'autres aspects de l'institution de la société qui limitent l'autonomie, des questions que le mouvement démocratique bourgeois, dans sa dimension centrale, avait ignorées ou écartées (ou auxquelles il avait donné des réponses d'un autre type, comme celles de Jefferson) : régime économique, rapport aux moyens de production, répartition des richesses... Or, comme vous le savez, il se produit dans l'évolution même du mouvement ouvrier et socialiste des choses bien étranges. Il est à l'origine très radical, comme on peut le voir en consultant les premières publications ouvrières anglaises et françaises. J'en ai donné quelques citations dans l'« Introduction » à *L'Expérience du mouvement ouvrier*[5], vous en trouverez bien d'autres dans le très beau livre de l'historien anglais E.P. Thompson *The Making of the English Working Class*, qui va, je crois, être publié prochainement en français[6]. Il y a au début toute une littérature, aussi bien ouvrière que chez les socialistes dits utopiques, où sont remis en question des aspects essentiels de l'institution de la société, y compris l'éducation, la famille, etc. Et puis, à partir d'un certain moment, le marxisme apparaît et s'introduit de l'extérieur – Lénine ne croyait pas si bien dire – dans le mouvement ouvrier. Car ce qu'il écrivait sur l'introduction de l'extérieur des idées socialistes dans la classe ouvrière[a] est tout à fait faux si nous parlons d'idées effectivement socialistes, mais parfaitement vrai, évidemment, si nous parlons du marxisme lui-même, qui a bien été introduit de l'extérieur, avec des conséquences catastrophiques : privilège des problèmes

---

5. <*L'Expérience du mouvement ouvrier, 1 : Comment lutter*, Paris, UGE, coll. « 10/18 », 1974, p. 84-89, 118-119.>

6. <E.P. Thompson, *La Formation de la classe ouvrière anglaise*, préface de M. Abensour, Paris, Gallimard-Seuil, coll. « EHESS », 1988 ; rééd. EHESS, 2007 (éd. originale anglaise 1963).>

économiques et des rapports de production et élimination de tous les autres problèmes de l'horizon du mouvement, position du marxisme comme théorie détentrice de la vérité dans le domaine social et historique, avec les suites que l'on connaît. Et en particulier ce corollaire, encore formulé de façon explicite il y a une dizaine d'années, et que l'on retrouve de fait chez les marxistes dès que l'on gratte un peu le vernis moderniste : la révolution résoudra le problème du pouvoir et de la propriété, et tous les autres problèmes (femmes, éducation, bonheur, etc.) se résoudront d'eux-mêmes. Bref, je ne vais pas dire qu'on a un progrès uniforme dans le mouvement vers l'institution explicite, nous savons tous qu'on a pu faire face aussi à des dérapages, à des régressions catastrophiques, mais l'histoire nous montre cependant une sorte d'élargissement du mouvement. Et cela suffit pour que nous puissions dire aujourd'hui que les limites au projet de réinstitution explicite de la société, pour autant qu'elles existent et qu'elles ne sont pas triviales, ne sont pas de principe : elles sont chaque fois à discuter et à décider concrètement.

Bien entendu, nous nous contentons pour l'instant d'énumérer certains points que nous approfondirons plus tard. Nous avons parlé jusqu'ici de l'institution totale et des origines historiques du projet (qui vont être au centre du séminaire de cette année). Mais il faudra aussi voir quelle est la signification du projet, ce que veulent dire société autonome, individu autonome, autonomie et liberté, de quelle liberté nous parlons et comment cela peut se traduire concrètement dans une institution sociale. Une autre question tout aussi importante est celle de la légitimité de ce projet : pourquoi l'autonomie plutôt que l'hétéronomie, ou que n'importe quoi ? Reste enfin la question de la réalisation d'un tel projet, non pas seulement de sa cohérence – cohérence logique, sur le papier, ce qui déjà ne va pas de soi –, mais aussi, et surtout, de sa possibilité effective compte tenu de la situation social-historique présente, au sens le plus large du terme. Car s'il s'agit du projet d'une société autonome, et d'individus autonomes dans une telle société, il est évident qu'il ne peut résulter que d'un mouvement historique d'une très grande ampleur. Il faut que les hommes et les femmes veuillent suffisamment cette société, en sachant plus ou moins ce qu'ils veulent. Or la question se pose toujours, et notamment aujourd'hui, dans la conjoncture historique dans laquelle nous vivons. Car il ne suffit pas qu'il y ait des gens convaincus que c'est ainsi qu'il faut vivre, que cela serait préférable pour tout le monde, et qui agissent en conséquence ; il faut encore le désir, traduit en volonté effective, de la grande majorité des gens dans la société de changer les conditions dans lesquelles ils vivent. C'est là-dessus que nous terminerons l'année, avec une espèce de longue revue de la situation sociale et historique contemporaine – dont la couleur serait du gris tirant plutôt vers le noir.

Revenons à la question du sens de la société autonome, en reprenant ce que je vous ai déjà dit de Rousseau, du *Contrat social* et de la façon dont il formule le problème politique. Nous aurions pu aussi commencer par d'autres auteurs, comme ces joyeux gauchistes pour qui le problème politique est celui de la victoire totale du principe de plaisir sur le principe de réalité ; qu'il suffise de dire que cela aboutirait – à supposer qu'une telle chose fût possible – au monde des *120 Journées de Sodome*, bref, à un monde monstrueux. Il est sans doute préférable de revenir à Rousseau, et à sa formulation du problème politique dans le *Contrat social*, édition de la Pléiade, vol. III, page 360 : «Cette difficulté ramenée à mon sujet peut s'énoncer en ces termes : "Trouver une forme d'association qui défende et protège de toute la force commune la personne et les biens de chaque associé, et par laquelle chacun s'unissant à tous n'obéisse pourtant qu'à lui-même et reste aussi libre qu'auparavant"[7].» Je vous disais déjà l'autre fois qu'en lisant cette phrase on ne peut que se demander quel est le sens de cet «auparavant». De quoi s'agit-il ? D'une simple référence à l'état de nature ? Ce serait

---

7. <Nous modernisons çà et là l'orthographe.>

sans doute injuste à l'égard de Rousseau, même s'il lui arrive de s'y référer explicitement. Une meilleure ligne de défense est celle qu'on pourrait appeler kantienne, évidemment anachronique, Kant venant après Rousseau (qu'il cite et qu'il admire énormément), mais peu importe : c'est l'opposition entre la question de droit et la question de fait, le *quid juris* et le *quid facti*. L'opposition remonte d'ailleurs à Platon, mais elle est centrale chez Kant. J'avance tel énoncé, *x*, vous me dites : peut-être, mais vous êtes soûl. Or la question n'est pas de savoir si je suis soûl ou pas, elle est de savoir si l'énoncé *x* est vrai ou pas : c'est cela, la question de droit, le *quid juris*. Quant à mes motivations, mon degré d'ébriété, le fait que j'aie été éduqué de telle façon, que j'aime ceci et pas cela, c'est une autre histoire. Cette séparation, et son caractère absolu, fait problème, bien entendu, mais il est certain qu'elle joue un rôle central chez Kant, et chez Rousseau ; et que dans « reste aussi libre qu'auparavant », cet « auparavant » n'est ni temporel ni empirique, mais logique et transcendantal : chacun reste aussi libre que de droit il l'est en tant que sujet humain. « De droit » : en dehors et indépendamment de toute institution, société ou « politie ». « Politie » est un mot qui vient du grec et que Rousseau utilise dans le *Contrat social* – il demande d'ailleurs explicitement que l'imprimeur ne corrige surtout pas ce mot, qui n'est pas une faute mais la francisation de *politeia*, la constitution/institution de la société. Avant la politie, il y a un individu qui de droit est libre ; la question est donc de « trouver » une politie dans laquelle chacun obéissant à tous n'obéisse qu'à lui-même, et reste aussi libre qu'il l'était, de droit, avant elle.

Comme je vous l'ai déjà dit, cette formulation du problème est inacceptable parce que nous ne pouvons pas penser un individu avant la politie. Soit dit en passant, c'est la raison pour laquelle, aussi respectable que soit la lutte effective pour la défense de ce qu'on appelle les droits de l'homme, la tendance contemporaine à vouloir les fonder ou à les présenter comme un absolu qui se fonde lui-même indépendamment des opinions ou institutions politiques et social-historiques est complètement dérisoire. Tout en étant prêt à mourir pour les droits de l'homme, je dis qu'il n'y a là aucune évidence auto-fondatrice, comme certains voudraient le faire croire, par exemple quand il s'agit de critiquer les régimes des pays de l'Est. Cette formulation – «n'obéisse qu'à lui-même, s'unissant à tous, et reste aussi libre qu'auparavant» – n'a donc pour moi guère de sens : il n'y a pas de lieu – ni philosophique, ni social-historique, ni autre – dans lequel on puisse penser ce sujet pleinement constitué de droit, libre, et qui, par son accord implicite avec d'autres sujets semblables à lui, fonde la société instituée/constituée. Ce sujet est une fiction philosophique. Reste qu'il est de fait un postulat indispensable de la pensée à certains moments de son parcours : si nous discutons sérieusement, je postule que je suis et que vous êtes en tant qu'interlocuteurs l'équivalent de ce sujet libre. C'est-à-dire que je ne vous présente pas des objections uniquement parce que je suis ivre, pour vous troubler ou vous mettre en colère ; je les présente parce que, en tant que sujet rationnel, je pense que c'est cela la vérité, et vous, vous agissez de même. Cela vaut aussi pour mon activité de pensée : quand je pense ou quand j'écris, ou du moins quand j'écris sur certains sujets, j'essaie précisément de me dégager de toutes mes déterminations empiriques, psychologiques, de mes passions, de mes amours et de mes haines. Il va de soi qu'il est très difficile d'écrire, par exemple, sur la question politique ou sur des questions liées à l'institution de la société sans aucune passion – et, par exemple, de traiter des phénomènes Staline ou Hitler comme s'il s'agissait de variétés d'arthropodes. Sans doute détestons-nous les scorpions, et aussi les araignées – les femmes en particulier les détestent ; mais pour un entomologiste un scorpion ou une araignée est une bestiole aussi digne d'attention que n'importe quelle autre. On ne peut pas avoir cette attitude à l'égard du monde humain quand on pense et quand on écrit politiquement, et celui qui dit le contraire est soit hypocrite, soit inconscient. Mais en même temps nous reprocherons tous son attitude à un physicien qui, parce qu'il déteste un collègue ou parce qu'il veut démontrer que le dernier prix Nobel a été mal attribué, se livre à des intrigues, fausse les résultats d'expériences, etc. – cela s'est vu. Bref, nous essayons d'appliquer une règle de coïncidence la plus grande possible avec la norme idéale du sujet transcendantal. Mais nous ne pouvons pas prendre cela comme le fondement de l'institution de la société, pour la très simple raison qu'un individu libre au sens où le dit Rousseau, ontologiquement, n'est possible que dans ou par la politie, c'est-à-dire dans ou par la société.

Or le plus étonnant dans cette affaire est que cela, Rousseau le sait. Avant de le quitter cette année – nous y reviendrons plus tard[8] –, je voudrais commenter ici quelques passages du début du *Contrat social*. Inutile de vous rappeler son importance, c'est à certains égards le plus radical des penseurs de la démocratie moderne ; bien plus que Locke et, dans le domaine politique, beaucoup plus que Marx – qui a été profondément influencé par lui, même si, autant que je m'en souvienne, il ne le cite guère, je ne crois pas que l'on trouve grand-chose dans l'index de l'édition Rubel. Le chapitre I du *Contrat social* commence par la célèbre phrase : « L'homme est né libre et partout il est dans les fers. » Le « est né », bien entendu, est ici transcendantal, Rousseau ne peut pas penser que le nouveau-né qui meurt dans les vingt-quatre heures si on ne s'occupe pas de lui est libre. Suite de la phrase – très belle sinon neuve car elle a, là encore, des précédents chez les Anciens : « Tel se croit le maître des autres qui ne laisse pas d'être plus esclave qu'eux. » Autrement dit, comme il m'est arrivé de l'écrire[9], quand nous parlons de l'hétéronomie de la société, il s'agit d'une hétéronomie toutes classes confondues, les soi-disant maîtres sont tout aussi hétéronomes

8. <Voir en particulier, pour l'année 1986-1987, *Sujet et vérité dans le monde social-historique* (dorénavant *SV*), Paris, Seuil, 2002, p. 193-197. Aussi, en 1983-1984, *CEL*, p. 113-118, 186-187.>
9. <*IIS*, p. 151 ; rééd. p. 163-164.>

que ceux qu'ils maîtrisent. «Comment ce changement s'est-il fait? Je l'ignore» – voilà le *quid facti*. «Qu'est-ce qui peut le rendre légitime? Je crois pouvoir résoudre cette question» – et voilà le *quid juris*. Nous nous trouvons alors, comme cela arrive souvent avec les très grandes œuvres philosophiques, et même la *Critique de la raison pure* de Kant n'y échappe pas, face à un énorme paradoxe. Rousseau affirme d'emblée qu'il croit pouvoir résoudre une question. Laquelle? Celle de savoir ce qui peut rendre légitime un changement. Lequel? Le fait que l'homme, qui naît libre, est partout dans les fers. Or il ne résout pas la question, si ce n'est de façon tacite et implicite, en laissant entendre [10] que rien ne peut rendre légitime ce changement. C'est-à-dire qu'en fait tous les régimes existants de son époque et ayant existé peut-être depuis la plus haute Antiquité, sauf rarissimes exceptions, sont des tyrannies et des régimes où ne règne pas la loi [11]. Voilà la réponse que l'on peut tirer du *Contrat social*. Rousseau ne la livre pas explicitement. Et je ne pense pas que ce soit excès de prudence ou timidité de sa part, mais plutôt, sans vouloir être trop irrévérencieux, flottement de sa pensée, car <compte tenu de la nature de l'ouvrage, il aurait dû plutôt écrire> : je crois pouvoir résoudre la question de la légitimité de l'institution en général ; or il dit : je crois pouvoir résoudre la question de la légitimité du passage de la liberté de droit à l'esclavage de fait. Mais cette question, répétons-le, il ne la résout pas, si ce n'est en disant, implicitement et négativement, que ce passage n'est jamais légitime. La seule politie qui corresponde aux droits naturels de l'homme, c'est celle

10. [*Annot. marg.* : Cela découle rigoureusement des propositions centrales concernant les lois, la volonté générale, etc.]

11. [*Annot. marg.* : Conflation de deux questions : *a)* Qu'est-ce qui peut rendre légitimes les institutions *s'imposant* à l'individu? Le contrat social, avec tout ce que cela implique (inaliénabilité, etc.). *b)* Qu'est-ce qui peut rendre légitime ce passage de la liberté à l'esclavage? Réponse (implicite, conséquence de *a*) : *rien*. Et au fond, évidemment, *il y a* passage de la «liberté» à l'«esclavage» – et c'est par là qu'il commence.]

où règne la volonté générale, c'est-à-dire ce que nous appelle-rions la démocratie – pour Rousseau la démocratie a encore un autre sens, mais ne multiplions pas les parenthèses. Pour lui, il est évident que toute loi qui n'est pas la décision de la volonté générale, qui ne résulte pas d'un acte de la collectivité comme telle, n'est pas une loi mais simplement la traduction écrite d'un acte de force. Et cela même si elle a été votée par les préten-dus représentants du peuple, car l'idée d'une représentation de la volonté générale équivaut à un cercle carré. Cette représen-tation n'existe pas. Il n'a d'ailleurs pas tort : on ne représente pas la volonté d'autrui.

Voilà donc le point de départ de Rousseau. Puis vient ce chapitre II où l'on voit qu'il savait bien quel était le fond du problème. Aux pages 350-353, il parle de Grotius, le célèbre jurisconsulte hollandais du début du XVIIe siècle, qui dans son grand traité sur le *Droit de la guerre et de la paix* reprenait toute la question de la fondation, de l'institution de la société et parlait lui aussi d'un contrat social, par lequel il entendait d'ailleurs surtout justifier la monarchie absolue. « Grotius – dit Rousseau – nie que tout pouvoir humain soit établi en faveur de ceux qui sont gouvernés : il donne l'esclavage en exemple. Sa plus constante manière de raisonner est d'établir toujours le droit par le fait. » (Où nous retrouvons la distinction dont je vous parlais tout à l'heure.) « On pourrait employer une méthode plus conséquente » (autant dire que cette méthode non consé-quente est fausse) « mais non pas plus favorable aux Tyrans ». Et Rousseau de rappeler la vieille analogie des partisans des monar-chies (on la trouve déjà chez Platon) : « Les pasteurs d'hommes, qui sont leurs chefs, sont aussi d'une nature supérieure à celle de leurs peuples. Ainsi raisonnait, au rapport de Philon, l'Empe-reur Caligula ; concluant assez bien de cette analogie que les rois étaient des Dieux, ou que les peuples étaient des bêtes. Le raisonnement de Caligula revient à celui de Hobbes et de Grotius. Aristote avant eux tous avait dit aussi que les hommes ne sont point naturellement égaux, mais que les uns naissent pour l'esclavage et les autres pour la domination.» Rousseau pense, bien entendu, à la phrase d'Aristote[12] sur ceux qui sont *phusei douloi*, esclaves par nature, et ceux qui sont *phusei eleutheroi*, libres par nature, que nous aurons à commenter longuement. Mais autant signaler tout de suite qu'à mon avis cette phrase ne dit pas ce qu'on a voulu lui faire dire. «Aristote avait raison – ajoute Rousseau –, mais il prenait l'effet pour la cause. Tout homme né dans l'esclavage naît pour l'esclavage, rien n'est plus certain.» Voilà. Rousseau sait ce qu'est la fabrication sociale de l'individu. Il m'a fallu quinze pages pour essayer de débrouiller cela dans *L'Institution*[13]; Rousseau, il lui suffit d'une demi-ligne. C'est cela, le style classique. «Les esclaves perdent tout dans leurs fers, jusqu'au désir d'en sortir; ils aiment leur servitude comme les compagnons d'Ulysse aimaient leur abrutissement. […] La force a fait les premiers esclaves, leur lâcheté les a perpétués.» On voit que Rousseau va très loin: en un sens, aucun peuple, aucune classe sociale ne peut être opprimée sans y être aussi pour quelque chose. Vieux problème, grand problème, et toujours actuel. Car il est certain qu'aucun système ne saurait tenir uniquement grâce à la répression externe, il ne peut tenir que moyennant aussi un degré d'intériorisation du système par une bonne partie de la population. Et là commence une discussion océanique: jusqu'à quel point est-il possible d'échapper à la manipulation que l'on subit dans la société dans laquelle on est? Le fait est que, en général, on n'en sort pas; et cela, Rousseau le sait: «Tout homme né dans l'esclavage naît pour l'esclavage.» Or l'histoire, c'est pour l'essentiel l'histoire de l'esclavage. En gros, et au total, il n'y a que cela. Mais qu'est-ce donc que cet homme libre qui s'unit à d'autres hommes libres? Il s'unit à partir de quoi? En parlant quelle langue? Et cette langue, quelles significations charrie-t-elle? Quelles

---

12. <Aristote, *Pol.*, I, 3-7, 1253b-1255b, spéc. 1254a 16, 1254b 22; *cf.* C. Castoriadis, *CEL*, p. 200-202.>
13. <*IIS*, chap. VI, «L'institution social-historique: l'individu et la chose».>

idées a-t-il dans sa tête, où les a-t-il prises ? Comment a-t-il été formé ?

Rousseau continue donc, et il critique au chapitre III le droit du plus fort, expression qu'il trouve absurde – et en un sens elle l'est effectivement –, mais en ajoutant des choses assez étranges que nous ne pouvons comprendre qu'en les traduisant. « Le plus fort n'est jamais assez fort pour être toujours le maître… » – en effet, voyez Hobbes : il n'y a aucun homme qui soit suffisamment fort pour résister à la coalition de tous les autres, Hercule lui-même n'y parviendrait pas ; ou le *Discours sur la servitude volontaire* de La Boétie, et ce que je vous disais sur la part des dominés dans la domination – « … s'il ne transforme sa force en droit et l'obéissance en devoir ». Droit et devoir, c'est ici une appellation idéologique et légitimante de ce que nous appelons l'intériorisation de l'institution, et qui ne concerne pas simplement le droit et le devoir mais une quantité fantastique de choses, tout ce qu'un individu fait en société et à travers quoi il intériorise l'institution de cette société. « De là le droit du plus fort ; droit pris ironiquement en apparence, et réellement établi en principe. Mais ne nous expliquera-t-on jamais ce mot ? La force » – nous retrouvons tout à la fois le Platon du premier livre de la *République* et Kant – « est une puissance physique ; je ne vois point quelle moralité peut résulter de ses effets. Céder à la force est un acte de nécessité, non de volonté ; c'est tout au plus un acte de prudence. En quel sens pourra-ce être un devoir ? » Pour finir cette citation, toujours au chapitre III, un joli passage où Rousseau joue à cache-cache avec la doctrine chrétienne : « Obéissez aux puissances. Si cela veut dire, cédez à la force, le précepte est bon, mais superflu, je réponds qu'il ne sera jamais violé. Toute puissance vient de Dieu » – Paul, Épître aux Romains, 13 –, « je l'avoue ; mais toute maladie en vient aussi. Est-ce à dire qu'il soit défendu d'appeler le médecin ? Qu'un brigand me surprenne au coin d'un bois : non seulement il faut par force donner la bourse, mais quand je pourrais la soustraire, suis-je en conscience obligé de la donner ? car enfin le pistolet qu'il tient est aussi une puissance. Convenons donc que la force ne fait pas le droit, et qu'on n'est obligé d'obéir qu'aux puissances légitimes. Ainsi ma question primitive revient toujours.»

Voilà donc comment Rousseau formule la question dont nous allons nous occuper, celle de la légitimité ou de la fondation de l'institution. Cette formulation, nous serons amenés non pas à la contester mais à la contourner ; car il s'agit pour nous de trouver une forme de société qui soit aussi libre que possible, étant entendu que cela signifie que les individus y sont aussi libres que possible, mais aussi, mais surtout – les deux dimensions sont inséparables [14] – que la société instituante n'est pas asservie à la société instituée, qu'il y a institution explicite de la société[b]. On trouve là un mot un peu gênant, parce que chargé de trop de choses, «libre» : nous y reviendrons. <...> Ce sont des thèmes sur lesquels je me suis déjà expliqué dans les séminaires précédents, je dirai simplement que, s'il en est ainsi, c'est parce que l'institution sociale est globalement immanente aux individus et aussi, en un sens, complémentaire. La division sociale du travail n'est qu'un aspect de cette question : il y a aussi ces éléments incontournables dans l'étayage naturel de la société que sont les sexes et les classes d'âge. Bref, il y a une sorte de division sociale de la socialisation elle-même, une réalisation réfractée de l'institution globale de la société moyennant la fabrication des différentes catégories d'individus sociaux ; et l'un des aspects sous lesquels le poids de l'institution sociale se manifeste pour les individus, c'est précisément cette complémentarité. (Je vous avais dit qu'il faudrait être particulièrement patient aujourd'hui, parce qu'il est difficile d'aborder le problème autrement que par différents côtés successivement ; en tout cas, je ne sais pas faire autrement.) Nous savons qu'il n'y a pas d'individu autarcique entouré d'autres individus autarciques que je rencontrerais au hasard, mais que ma vie dans la société, c'est-à-dire ma vie tout

14. <*Cf.* « Pouvoir, politique, autonomie » (1978-1987), in *Le Monde morcelé* (dorénavant *MM)*, Paris, Seuil, 1990, p. 138, rééd. p. 170.>

court, dépend constamment d'une sorte d'échange perpétuel – dont d'ailleurs, pour les 999 millièmes, je n'ai absolument pas conscience. Or, dans certaines philosophies politiques, ce fait est considéré comme une limitation de la liberté et de l'autonomie de l'individu : de là, tout naturellement, l'idée, par exemple, de l'abolition de la division sociale du travail. Vous savez qu'il s'agit d'un grand thème chez Marx – il a bien entendu une racine philosophique chez Hegel, mais il ne faut non plus négliger Fourier, le grand utopiste français : chacun fera, quand il voudra, le métier qui lui plaira. La racine hégélienne : est homme celui qui peut faire tout ce qu'un autre homme peut faire. C'est certainement une idée forte, et on la retrouve dans l'« homme total » des manuscrits de jeunesse de Marx, avec l'idée de la possibilité d'une suppression de la division sociale du travail, etc. Mais il y a aussi une racine grecque ancienne. Non pas en ce qui concerne l'individu – cet aspect ne passera au premier plan que plus tard – mais la cité. Pour les Grecs, la cité libre, la cité indépendante est, suivant l'expression de Thucydide que je vous ai citée tant de fois, *autonomos*, *autodikos*, *autotelès* : elle fait ses lois, juge elle-même ses affaires avec ses propres tribunaux, se gouverne elle-même. C'est la définition institutionnelle et, passez-moi l'anachronisme, transcendantale. La condition de fait de cette cité qui revient constamment chez les Grecs anciens, c'est évidemment l'autarcie : la cité doit autant que possible se suffire à elle-même. Bien entendu, un commerce considérable s'est développé depuis des temps très reculés et, surtout à partir du VIᵉ siècle, on ne saurait donc parler d'une Athènes autarcique. L'idée de l'autarcie – ne pas dépendre des autres – est pourtant là comme idéal, on la retrouve dans les utopies philosophiques comme la *République* ou les *Lois* de Platon, et même chez Aristote : on se souvient de ses considérations sur le bonheur *autarkès*, qui se suffit à lui-même [15]. Mais il est vrai qu'il s'agit là de l'Aristote,

---

15. <Aristote, *Éthique à Nicomaque* (dorénavant *Éth. Nic.*), I, 5, 1097b 5-11 ; X, 6, 1176b 5-6.>

si j'ose dire, post-classique. Cette idée de l'autarcie devient alors, dans ses manifestations politiques modernes, celle d'une limitation qu'imposerait à chacun la division sociale du travail ou même le simple fait – cela a été dit – de l'échange. Idée, bien entendu, tout à fait fausse. Marx dit : dans la société communiste, il n'y aura plus de peintres ni de poètes, il y aura des hommes qui feront de la peinture ou de la poésie. S'il s'agit d'une critique de la professionnalisation excessive, soit. Quand il ajoute qu'on pourra faire une chose le matin, une autre l'après-midi et une autre le soir, passe encore – c'est d'ailleurs ce que font souvent aujourd'hui les malheureux salariés américains. Mais il ne serait jamais venu à l'idée de Marx de prétendre qu'on puisse être homme le matin, femme l'après-midi et le soir encore autre chose. Mauvaise plaisanterie, exemple trivial, dira-t-on. Je n'en suis pas sûr. Ce qui est méconnu dans tout cela, c'est la dimension positive de la complémentarité, c'est-à-dire l'apport positif de l'autre et des autres à travers les échanges. Car ceux-ci impliquent évidemment une complémentarité – sans quoi il n'y en aurait pas. Comme dit Aristote dans l'*Éthique à Nicomaque*[16], on n'échange pas du blé contre du blé, on l'échange contre des chaussures. D'ailleurs, si nous étions tous des mathématiciens spécialisés dans telle branche de la topologie algébrique et par ailleurs dépourvus de hobbies, la surface d'échanges, la possibilité de contacts sociaux, serait considérablement réduite, voire infime – tout problème de survie mis à part. Nous avons, là encore, un phantasme de maîtrise et de toute-puissance – et en fin de compte de divinité – qui obscurcit toute la question : je devrais pouvoir faire tout ce qu'un autre homme peut faire. C'est absurde. Ce qu'il faut dire, c'est que mon dressage en tant qu'individu humain devrait me rendre tel que je puisse, dans la plus grande mesure du possible, faire mien – mais le terme est mauvais, disons plutôt : saisir, comprendre, mettre à profit – ce que les autres font. Et si je suis mathématicien alors que

16. <*Cf. ibid.*, V, 8, 1133a.>

quelqu'un d'autre est musicien, il n'y a pas là une limitation de mon être [*annot. marg.* : sauf pour l'égocentrisme substantialiste, frustré et revendicateur], mais au contraire une extension de mon être ; et je ne veux pas voir cette extension de mon être remplacée par la folie qui consisterait à dire : je serai à la fois mathématicien, musicien, danseur, charpentier, maçon, etc. (sans d'ailleurs se limiter au présent : je serai non seulement grand peintre ou sculpteur d'aujourd'hui, mais aussi Michel-Ange, Apelle, Praxitèle, etc.).

Méconnaissance donc, dans cette affaire, du problème de l'échange dans la société, conçu non pas uniquement ou essentiellement comme économique mais comme échange au sens le plus large et le plus profond du terme. C'est-à-dire comme, idéalement, organisation de la société de telle sorte que ce que chacun crée ou simplement produit soit, dans la plus grande mesure possible, disponible pour le plus grand nombre possible, dans les meilleures conditions possibles. Deux exemples, dans des domaines très différents. Nous vivons peut-être la fin de la civilisation de l'écriture, mais enfin nous y sommes encore. Savoir lire et écrire est tout à fait fondamental pour des raisons qui ne sont pas seulement, ou pas tellement, professionnelles mais parce que cela nous permet d'être dans la société et dans l'histoire, c'est-à-dire d'être vraiment humains. Or il n'y a rien d'automatique dans la mise à la disposition de tous de la possibilité de lire et d'écrire. Des millénaires après son invention, l'écriture était encore le monopole d'une caste sacerdotale-bureaucratique, qui l'utilisait uniquement pour des questions concernant la religion ou la gestion du royaume. Et puis l'écriture devient, en tout cas chez les Grecs, un bien commun. Les lois sont écrites et exposées en public pour être lues par tous. C'est le début d'une longue histoire qui aboutit à la situation actuelle. Bref, l'importance fondamentale de l'échange et de la complémentarité sociale ne concerne pas seulement les métiers et les divers travaux, il y a aussi d'autres types de complémentarité. Songez par exemple à ce qu'on a appelé, de façon discu-

table, la question du «rôle de la personnalité dans l'histoire».
Elle a deux versants. Né en Suisse en 1850, Napoléon aurait
tout au plus participé à la création de la Croix-Rouge ou serait
devenu un roi du chocolat. Thémistocle n'est possible que dans
Athènes, il n'est possible que dans l'histoire et l'institution
d'Athènes, que moyennant le *dèmos* athénien et les sollicita-
tions permanentes qu'il reçoit de lui. Comme disait Simonide,
polis andra didaskei[17], c'est la *polis* qui enseigne l'homme, qui
l'éduque, qui l'instruit, qui le forme. Mais la survie d'Athènes
aussi, en un certain sens, et moyennant un enchaînement extraordinaire de circonstances critiques, n'a été possible que par
Thémistocle – à qui l'on doit la victoire de Salamine et donc sa
continuation et son épanouissement comme *polis* libre. C'est
bien de complémentarité qu'il s'agit. Cavafy a écrit un très
beau poème sur le sort de Thémistocle après son exil chez le
roi de Perse, dont les faveurs le laissent indifférent, car c'est
bien autre chose qui lui manque : les louanges du peuple et des
sophistes, les bravos rares et inestimables[18]. La différence avec
les autres régimes, c'est que les complémentarités de ce type
en démocratie ne sont pas et ne doivent pas être instituées de
façon permanente, ni transformées en positions qui appartien-
draient de droit à un individu parce que celui-ci, à un moment
donné, a su convaincre le peuple d'approuver telle proposition.

QUESTIONS

– *Où allez-vous chercher un sujet transcendantal ? Existe-
t-il, ou faut-il faire appel à une dimension extra-sociale ?*

17. <Simonide, frag. 53D Page.>
18. <C. Cavafy, «La Satrapie», dont on peut trouver des traductions dans
les recueils de M. Yourcenar et C. Dimaras, Paris, Gallimard, 1958 ; S. Zervos
et P. Portier, Paris, Imprimerie nationale, 1992 ; D. Grandmont, Paris, Gallimard, 1999.>

Je pourrais vous répondre que ce sujet transcendantal, je vais le chercher chez les philosophes et d'abord chez Kant. Mais où vont-ils le chercher, eux, et pourquoi est-ce que je dis qu'à partir d'un certain moment il devient une sorte de postulat incontournable de la pensée ? Il y a toujours deux parcours. D'un côté, je sais que je suis moi, que ce que je dis aujourd'hui, je le pense en fonction de toute mon histoire précédente. Si je suis tant soit peu lucide, je sais très bien que je n'aurais pas parlé de la même façon il y a vingt ans, et encore moins si j'étais né en 1884 en Chine, etc. Qu'il y a des écrivains que j'aime beaucoup et d'autres que je déteste, que je me laisse peut-être parfois emporter par mon sujet ou mes passions, au point de recourir à des sophismes, à des arguments de très basse qualité pour réfuter des gens que je n'aime pas. Je suis un sujet psychologique d'un côté, social-historique de l'autre. On pourrait alors dire – je ne le dirai pas, mais nous discuterons de cela plus tard quand nous parlerons de l'autonomie, car l'idée d'autonomie est directement liée à tout cela – que tout ce que je dis est déterminé ou du moins co-déterminé par ces facteurs. Est-ce qu'on peut en rester là ? Oui, peut-être, mais alors toute discussion devient simple bataille, duel : moi, Castoriadis, je dis ceci, et vous, vous dites cela… Mais s'il est vrai que chacun discute parce qu'il est ce qu'il est, parce que son histoire a été ce qu'elle a été, reste que nous postulons la possibilité de dépasser d'une certaine façon toutes ces déterminations empiriques pour parler en fonction d'une certaine exigence de vérité et quant à la chose même, à la question dont il s'agit. Kant a appelé transcendantales toutes les recherches et toutes les considérations qui ont trait à la question : sous quelles conditions pouvons-nous avoir une connaissance valable ? Il parlait plutôt d'expérience, mais disons que, plus généralement, une recherche transcendantale, c'est cela. Le point de vue transcendantal postule qu'il y a une connaissance valable, qu'il y a donc des énoncés qui sont autre chose qu'une simple expression de l'état du sujet et de son enracinement social-historique et qui essaient de se régler précisément sur une exigence de vérité, de conformité à la chose même, etc. Je dis que ce point de vue est incontournable parce que, en effet, dans toute discussion et dans toute recherche, dans tout moment de la pensée, on trouve aussi une dimension – si je suis conscient, sérieux, etc. – qui a trait à ce point de vue. Et même par exemple si j'avance : moi, Castoriadis, je dis tout cela en 1984 parce que je vis dans la société occidentale, et j'ai voulu ce séminaire parce que je suis moi, et j'accorde cette place à la Grèce parce que je suis moi-même d'origine grecque, et j'ai peut-être tort de le faire – cette question elle-même fait partie du travail concernant la dimension transcendantale, c'est-à-dire que j'essaye d'élaguer le plus possible ce qui correspond à mes déterminations empiriques. Il y a cependant un point où tout bascule et devient illusion : c'est quand je crois qu'effective-ment je suis arrivé au bout et que j'ai tout éliminé… On pourrait presque appeler cela l'illusion nécessaire de la philosophie, ou du moins d'une certaine philosophie. Par exemple, chose très étonnante, Kant est obligé de postuler tacitement – et cela au point que je suis convaincu qu'il n'en a pas conscience et qu'on ne trouvera pas un passage chez lui où il montre qu'il en a conscience – que le fait qu'il écrit en allemand n'influe en rien sur le contenu de sa pensée. Or c'est faux, et la preuve en est que quand on lit en traduction un livre dont on ne peut vraiment pas dire qu'il soit écrit dans une langue poétique, un livre qui est aussi « objectif » que possible comme la *Critique de la raison pure*, et d'ailleurs tant d'autres écrits de Kant, on perd quelque chose – quelque chose de philosophique. On n'aura pas la même expérience avec un traité de mathématiques, dans la mesure où un tel traité est ou tend à être pur algorithme. Les philosophes – je ne parle pas des ethnologues et des linguistes, qui, eux, ont été beaucoup plus lucides sur la question – en sont arrivés à reconnaître, tant bien que mal, qu'il ne faut certainement pas postuler cela. Ainsi Merleau-Ponty qui, si j'ai bonne mémoire, écrit que le langage, comme le sensible, «empiète[19]» sur le tout, expression à mon avis encore trop faible. Le langage coopère activement à la transformation de cette espèce de chaos informe que sont mes représentations et mes pensées non exprimées en quelque chose qui, même si je ne le transmets pas à un autre, même dans mon monde le plus solipsiste, a une véritable existence pour moi. Ou autrement ce n'est qu'une pure sensation, mais je crois qu'on peut se demander s'il peut y avoir une pure sensation dans l'élaboration de laquelle la formation linguistique de l'individu n'ait pas joué un rôle. Je n'entrerai pas dans ce problème maintenant. <Le philosophe qui oublie qu'il parle une langue particulière a donc tort> – même s'il n'y a pas un contenu préformé qui passerait par les fourches caudines du langage, de l'expression, ce qui ferait qu'en parlant français j'imposerais telle déformation et en parlant allemand telle autre. Cette difficulté est d'ailleurs l'une des raisons de lire et relire les idéalistes allemands, jusques et y compris Hegel qui, lui, reconnaît pleinement l'importance du langage et de la langue particulière comme être-là de l'Esprit, et de l'esprit de chaque peuple particulier. Comme vous le savez, dans son système tout doit aboutir au Savoir absolu, et ce Savoir absolu, c'est la philosophie hégélienne – ou alors elle n'est rien. Cette philosophie est construite dans un certain langage par un individu qui s'appelle Hegel et qui appartient à un peuple particulier, le peuple allemand. L'allemand devient alors pour Hegel la langue par excellence, la langue la plus philosophique possible[c]. La transcendantalisation se transpose au niveau de la langue et de la situation historique elles-mêmes, avec toutes les apories qui en découlent. Et en fin de compte nous sommes en droit de dire à Hegel : il se trouve, monsieur, que vous êtes mort en 1831 et que l'histoire

---

19. <M. Merleau-Ponty, *Le Visible et l'invisible*, texte établi par C. Lefort, Paris, Gallimard, 1964, p. 271 ; voir aussi *Signes*, Paris, Gallimard, 1960, p. 24-28. *Cf.* C. Castoriadis, «Le dicible et l'indicible», *Les Carrefours du labyrinthe* (dorénavant *CL*), Paris, Seuil, 1978, p. 125-146, rééd. p. 161-189.>

ne s'est pas pour autant arrêtée[20]. C'est tout bête, mais c'est comme ça. Vous trouverez pourtant des philosophes professionnels qui se contorsionnent pour essayer de concilier la fin de l'histoire dans le système hégélien et le fait qu'on ne peut pas parler d'une fin de l'histoire avec des mots qui aient un sens quelconque. Mais cela est dérisoire. Tout ce qu'on peut dire, c'est qu'avec Hegel il y a bien la fin d'une certaine période de l'histoire, et que de ce point de vue-là, en effet, Hegel lui-même est l'oiseau de Minerve. Et que, tout comme Aristote pour la Grèce, il vient à la tombée de la nuit pour inspecter les œuvres du jour. Mais dans les deux cas, contrairement à ce que pense Hegel, le fait que la nuit tombe déjà fait que non seulement la philosophie ne peut peindre que du gris sur du gris, mais qu'en plus elle n'y voit plus très clair. Et elle n'est pas, elle, nyctalope comme la chouette, l'oiseau de Minerve. Souvent, le regard qu'elle porte sur les œuvres de la journée n'est pas celui qu'il aurait fallu, et c'est ce qui arrive à Hegel avec l'histoire qui le précède, et ce qui arrive aussi à Aristote. Aristote comprend assez bien la *polis* et la démocratie, mais il écrit le premier livre de la *Poétique*, le seul qui reste, qui est un grand livre, très beau, très riche, et il se trouve qu'il ne comprend plus rien à la tragédie[21]. À la tombée de la nuit, il ne voit plus que le contour des choses, parfois avec une imprécision extrême. Il y aurait donc une deuxième possibilité de la philosophie de se fonder, qui serait de dire : je viens à la fin et je récapitule tout le développement. C'est-à-dire de faire coïncider l'effectif et le transcendantal. Mais ce n'est pas possible, parce que le propre de l'effectif, c'est qu'il continue.

— Les mystiques de tous les temps essayent de retrouver par différentes techniques, en tournant le dos à la recherche

---

20. <*Cf. SV*, en part. p. 391-405.>
21. <*Cf. CEL*, p. 141-144 ; *Fenêtre sur le chaos* (dorénavant *FC*), Paris, Seuil, 2007, p. 143-149.>

rationnelle, un moi total, en se débarrassant du petit moi déterminé historiquement et socialement. Ils parviennent ainsi à une expérience complètement intérieure, non transmissible, qui ne peut être exprimée en aucun langage. Que pensez-vous de cette voie, différente de celle de la philosophie ?

C'est une voie qui, comme vous le dites vous-même, implique la sortie du monde. C'est celle que choisissent ceux que Louis Dumont appelle les «renonçants». Ceux qui renoncent non seulement à la bonne chère, au vin, etc., mais aussi à la société des autres hommes. Ce n'est pas du tout notre sujet, et d'ailleurs je n'ai rien d'un expert en mystique, mais il faut bien comprendre les implications de certains choix. On ne peut pas à la fois vivre une expérience mystique absolue et agir dans une réalité sociale et historique dont on pense qu'elle appartient au monde de l'illusion, tout comme le moi conscient, qui est illusion par excellence, comme le croient les bouddhistes en général et en particulier mon ami Kolm[22]. Il faut donc renoncer à ce monde-là et comprendre que cette montre que voici n'a que l'apparence d'une montre…

– *Ce qui n'empêche pas de s'en servir.*

Bien entendu, tout comme cela n'empêche pas Kolm d'écrire des équations sur l'économie capitaliste en 1984 et les causes de la crise et de l'inflation. Mais j'avoue qu'il y a là-dedans quelque chose qui me gêne. Je prends tout à fait au sérieux le mystique qui renonce au monde. À partir du moment où votre expérience vous a fait atteindre un point où vous êtes convaincu de votre néant – donc aussi du néant d'autrui, car on ne rencontre jamais que la pellicule consciente, l'apparence d'autrui –, la seule attitude respectable est de renoncer, comme ces hindous décharnés qui

---

22. <*Cf.* en particulier S.-C. Kolm, *Le Bonheur-liberté. Bouddhisme profond et modernité*, Paris, PUF, 1982 (plusieurs rééd.).>

ont devant eux une écuelle où les passants jetteront peut-être un peu de nourriture et laissent les oiseaux faire des nids dans leurs cheveux. Mais le mysticisme, puis les équations aux dérivées partielles sur l'équilibre général de l'économie, puis le métro pour aller à mes cours... Non. Ou bien on prend la société des hommes au sérieux, et je pense alors que vous, vous n'êtes pas une pure illusion...

– Je vous remercie.

Vous n'avez pas à me remercier, je pense aussi à moi. Je pense que je ne suis pas plus une illusion que vous ne l'êtes, que la vie que vous avez à vivre et que j'ai à vivre est quelque chose d'infiniment sérieux et important, parce que c'est la seule chose que nous ayons, qu'il n'y a pas d'au-delà et que tout ce que nous pouvons faire, nous avons à le faire ici. On peut aussi penser que l'on a accès à un dieu indicible ou à un néant tout aussi indicible. Et si vous me dites que Bouddha au bout d'un certain temps est revenu, et a commencé à enseigner, je vous répondrai que je me demande si Bouddha est cohérent quand il revient pour essayer de persuader les autres hommes de la vérité de son illumination, c'est-à-dire que tout est néant.

<Question inaudible de Bernhard Waldenfels sur vérité de droit et vérité de fait, suivie d'une autre intervention également inaudible.>

Waldenfels ne parle pas au sens historique ou chronologique, il parle en un sens ontologique ou anthropologique, il fait référence à un être ou esprit «sauvage», comme disait Merleau[23]. La question dont nous parlons ici, c'est de savoir jusqu'où peut

---

23. <*Cf.* M. Merleau-Ponty, *Le Visible et l'invisible, op. cit.*, p. 223 *sq.* ; C. Lefort, «L'idée d'*être brut* et d'*esprit sauvage*» (1961), repris dans *Sur une colonne absente. Écrits autour de Merleau-Ponty*, Paris, Gallimard, 1978, p. 8-44.>

aller le projet d'institution explicite d'une société. Le dernier intervenant a dit : il faut préserver un domaine. Si l'on parle concrètement de l'institution d'une société, je ne suis pas partisan de préserver « un petit domaine », je suis partisan d'ouvrir le plus grand domaine possible, pour chaque individu. Mais la question n'est pas là. Quand nous nous plaçons au niveau le plus radical et que nous nous posons la question de ce que l'institution de la société peut faire ou ne pas faire, nous avons toujours la possibilité de dire : elle peut faire cela, mais elle ne doit pas le faire. Je suis par exemple absolument convaincu de ce que la société décrite par Orwell dans *1984*, non pas à l'étape où elle se trouve dans le roman mais quand sera publiée la dernière édition du dictionnaire du *newspeak*, celle où on ne pourra pas dire *Big Brother is ungood* car il s'agira d'une absurdité grammaticale, une telle société est impossible, parce qu'il y a dans les êtres humains la psyché. Là-dessus, on peut invoquer un principe « sauvage », ou rappeler Rousseau ; je pense, moi, à l'inconscient et à ce que j'appelle l'imagination radicale, qui jamais ne pourront être entièrement résorbés par une institution de la société. Pensez aux sociétés les plus totalitaires que nous connaissions. Ce ne sont pas celles du XXᵉ siècle, qui de ce point de vue-là sont beaucoup plus monstrueuses mais en même temps beaucoup plus artificielles ou superficielles : les sociétés les plus totalitaires sont évidemment les sociétés « primitives », « sauvages » ou « archaïques », où il n'est pas question de penser autre chose que ce que l'on vous a appris. Eh bien, dans ces sociétés aussi nous avons des transgressions de la norme sociale. L'irréductibilité de la psyché à la norme sociale ne peut pas se traduire autrement. Un tel fera en cachette l'amour avec sa cousine au premier degré, alors que c'est formellement interdit et aussi incestueux que de coucher avec sa mère. Les premiers ethnologues avaient pourtant dit : non, cela ne se fait jamais. Et puis on va y voir de plus près, et on découvre que, même là, il y a transgression. Dans la société de *1984*, même au moment où sera publiée la dernière édition du dictionnaire du *newspeak*, on ne pourra pas empêcher les gens de rêver la nuit. Si on veut appeler cela « principe sauvage », je n'y vois pas d'inconvénient. Je parle quant à moi de principe psychique, de psyché irréductible, de quelque chose de plus que l'inconscient freudien, qui est l'imagination radicale. Cela, on peut le voir aussi à l'œuvre dans le changement graduel des sociétés archaïques – car, contrairement à ce qu'on a cru pendant très longtemps, celles-ci ne sont pas anhistoriques, elles changent simplement à un rythme incomparablement plus lent que les sociétés que nous appelons historiques au sens fort, celles qui sont caractérisées par l'écriture, la division sociale, l'État, etc. Nous avons donc, d'un côté, l'existence chez l'être humain de quelque chose que l'institution sociale ne pourra jamais maîtriser totalement ; et, d'un autre côté, le fait que, *for all practical purposes*, comme on dit en anglais, pour tout ce qui importe dans la pratique ou dans la *khreia*, comme dirait Aristote, les institutions sociales que nous connaissons ont essayé d'aller et sont allées aussi loin que possible dans cette maîtrise. Dans le cas le plus extrême, celui des sociétés archaïques, elles ont essayé de le faire sans volonté ou idéologie totalitaire, etc., mais simplement parce qu'elles imposaient un seul mode possible d'existence humaine. Un Nambikwara peut bien rêver, mais pendant la journée, en dehors des cas de transgression dont nous avons parlé, il est sur des rails. Dans une certaine mesure seulement, bien entendu, car il y a quand même une spontanéité et une capacité d'adaptation : il le faut bien si le léopard, à la chasse, réagit de façon imprévue ; de même, pendant la fête il y aura un espace toléré ou même encouragé de libre improvisation. Mais pour l'essentiel, la société va aussi loin qu'elle peut dans l'imposition de la norme. Bref, dans l'histoire, il ne semble pas qu'on ait essayé de faire des lois sur les rêves que les citoyens peuvent ou ne peuvent pas faire la nuit, ne fût-ce que parce que l'application d'une telle loi poserait des problèmes pratiques. Mais cela est possible en ce qui concerne tous leurs actes de la vie diurne, et cela a été essayé. Je suis entièrement d'accord avec vous : il ne faut surtout pas le faire. Mais où passe la frontière ? Chez Platon, dans la *République* et dans les *Lois* – même si cet aspect a été édulcoré par des siècles de platonolâtrie –, toute l'éducation ne vise qu'à une chose : réussir à ce que les gens ne puissent pas penser autrement. Le citoyen va absorber les bons principes comme il respire, en regardant les bâtiments de la cité, en écoutant la seule poésie qu'il lui soit permis d'écouter, si tant est qu'il y en ait une, les seuls modes musicaux permis, etc. Nous pensons aujourd'hui que les individus éduqués dans la *politeia* de Platon sont, comme dirait Rousseau, nés dans et pour l'esclavage. Ils sont nés pour faire exactement ce que le législateur a voulu qu'ils fassent, et le législateur n'a rien négligé. Ce citoyen, dira-t-on, ne sait pas ce qu'est la vertu, il ne peut pas faire autrement, il n'a jamais eu la possibilité de penser qu'on peut faire autrement. Platon lui-même se le demande à d'autres moments, et c'est sa grandeur, et c'est pour cela que nous menons un débat avec lui depuis vingt-cinq siècles. Or la vertu, disait Aristote – nous en parlerons la prochaine fois –, est une *hexis proairetikè*, c'est une habitude de faire, mais facultative et discrétionnaire. Ce n'est pas un réflexe pavlovien, et du moment où elle le devient, elle n'est plus vertu. Reste à savoir si l'on peut dresser les hommes de telle sorte qu'ils n'agissent que par réflexes pavloviens. Je crois pour ma part que c'est impossible, mais cela ne change rien au fait que la question de fond : jusqu'où va l'éducation ? jusqu'où va la fabrication sociale des individus ? concerne l'institution totale de la société.

V

Séminaire du 5 décembre 1984[1]

Estin ara hè aretè hexis proairetikè, en mesotèti ousa tè pros hèmas, hôrismenè logô kai hôs an ho phronimos horiseien.

Cette célèbre et merveilleuse définition[a] de la vertu par Aristote dans l'*Éthique à Nicomaque*[2], que je voudrais brièvement commenter tout de suite, contient en germe, en puissance toutes les apories de l'action éthique de l'individu, de l'action politique d'un groupe et envers un groupe, ainsi que tous les problèmes relatifs à l'autonomie dont nous nous occupons ici.

Que dit Aristote? Après avoir énuméré une série de déterminations, débroussaillé le terrain en quelque sorte, il donne sa définition, tel un grand motif qui s'avance après une préparation orchestrale et présente l'essence de la chose. «Est donc l'*aretè*»... J'ai conservé le terme grec parce que pour nous, «vertu», c'est différent. *Aretè* est un mot très ancien, venant du verbe *arariskô*, qui a probablement rapport avec *harmonia*, c'est-à-dire la bonne *Temperierung*, comme dirait Bach pour le clavier: le fait d'être bien organisé, bien articulé, bien mis

---

1. <Une première mise en forme de ce séminaire par P. Vernay a été publiée dans *Areté* (Lima, Pérou), vol. XI, n°ˢ 1-2, 1999, sous le titre «Fragments d'un séminaire sur la vertu et l'autonomie».>

2. <Aristote, *Éth. Nic.*, 1, II, 6, 1106b36-1107a2. Castoriadis est revenu à deux reprises en 1986-1987 sur cette définition aristotélicienne; *cf. SV*, p. 152-154 et 173-174; aussi *Fait et à faire* (dorénavant *FF*), Paris, Seuil, 1997, p. 56-57, rééd. p. 67.>

ensemble. L'*aretè*, dit Aristote, est *hexis proairetikè*. *Hexis*, c'est une disposition acquise, que l'on n'a pas de naissance. Les yeux bleus ou noirs ne sont pas une *hexis*, mais jouer du piano est une *hexis*. C'est un *habitus* non seulement et pas tellement au sens de l'habitude, comme l'habitude de fumer, mais quelque chose qu'on a acquis et qui permet en principe de faire, d'agir. Mais cette *hexis*, cette disposition acquise, elle est *proairetikè*, facultative et discrétionnaire, *en mesotèti ousa tè pros hèmas*, dans une médiété, qui n'est pas la bonne voie moyenne mais une médiété entre deux extrêmes, et *pros hèmas*, quant à nous, par rapport à nous, et non pas dans l'absolu. On ne prend pas le milieu entre le plus grand possible et le plus petit possible concevables dans l'univers, on prend une médiété quant à nous – mais qui est ce nous? J'y reviendrai. Et cette *hexis proairetikè*, cette habitude délibérative, est définie dans et par le *logos* – Aristote aurait pu s'arrêter là: que peut-il y avoir de plus que la définition par le *logos*? – *kai hôs an ho phronimos horiseien*: et comme le *phronimos* la définirait. Je ne veux pas m'égarer dans les détails philologiques, mais *horismenè* aurait pu avoir un iota souscrit et donc se référer à *mesotèti*; ce serait alors la médiété qui serait définie par le *logos* et telle que le *phronimos* la définirait. Ce qui aurait finalement peu d'importance puisque ces déterminations reviendraient finalement encore sur l'*aretè*. Je crois donc qu'il faut garder la lecture sans iota souscrit: c'est bien l'*aretè* qui est définie par le *logos*[b], c'est-à-dire par une faculté raisonnable impersonnelle, que des livres, à la limite, pourraient contenir; et qui est aussi déterminée par le *phronimos*, l'homme qui a la *phronèsis*, mais qu'on ne peut pas mettre, lui, dans un livre. Il faudrait avoir constamment un *phronimos* avec soi, sur le champ de bataille, dans un tribunal, pour nous dire: voilà quelle est, dans ce cas précis, la médiété, le moyen terme entre les extrêmes, et voilà quelle est la *hexis proairetikè*, l'*habitus* facultatif discrétionnaire! *Phronimos, phronèsis*: les Latins ont traduit *prudentia*, qui donne «prudence» en français. Ce n'est pas la faute du français ni même du latin, mais il ne s'agit pas de la même chose. Une partie de la splendeur, de la brillance des langues anciennes et classiques vient du fait qu'elles ont cessé de s'user, contrairement aux marbres de l'époque. Mais, en français, « prudence » s'est usé. L'enfant va à l'école, on lui dit : « Sois prudent, ne traverse pas en dehors des clous » ; ou l'on donne des conseils de prudence aux automobilistes. Tout ça n'a pas grand-chose à voir avec la *phronèsis* et le *phronimos*. D'ailleurs, en grec moderne, le mot est tout aussi usé : « Si tu n'es pas *phronimos*, tu auras une fessée… »

Aristote, qui est lui-même par excellence le plus grand des spéculateurs mais aussi le plus *phronimos* des philosophes, ne se laisse pas emporter par ce qu'il dit mais prend déjà quelque peu ses distances pour exercer sa *phronèsis* philosophique, son jugement, son penser juste dans les situations réelles. Et l'on a donc ce premier balancement entre *phronèsis* et *logos* pour qualifier l'*aretè* comme quelque chose qui est non pas objectivable, mais universalisable moyennant le *logos*. *Logos* a trop de significations pour n'en prendre qu'une seule et l'appliquer à cette phrase. Par exemple, le *logos* d'une chose, chez Aristote, c'est sa définition, mais alors *horismenè logô* voudrait dire « définie dans une définition », ce qui serait à la fois redondant et contradictoire. Le *logos*, c'est aussi la capacité de dérouler une chaîne de raisonnement entre des termes extrêmes, c'est la puissance discursive, qui s'exerce moyennant le langage, dont les termes sont universels. Pourtant cette détermination ne suffit pas : il faut le *phronimos*, l'homme qui a « du plomb dans la tête », pour tempérer, corriger, suppléer, changer, amender, modifier ce que le simple *logos* aurait pu donner.

Et ce balancement, donc, cette aporie centrale, est situé dans une médiété *pros hèmas*, quant à nous. Mais quel « nous » ? De quelle collectivité s'agit-il ? De l'humanité en général ? De l'Athènes du IVe siècle ? Enfin, il y a surtout l'aporie contenue dans *hexis proairetikè*, qu'on pourrait qualifier d'oxymore, accolement de deux mots contradictoires, comme on dit : ô délicieux martyre ! L'*hexis*, c'est une disposition acquise, certes, mais c'est aussi une habitude, une façon très fréquente, sinon prédominante, d'agir, un *habitus*. Et elle est *proairetikè* : *proairetikos* vient de *proairesis*, le choix, cet *habitus* est donc relatif au choix. Et c'est vrai que l'*aretè*, c'est ce qui nous permet de bien choisir entre les choses à faire et à ne pas faire, même si ce n'est pas seulement cela. Elle est donc relative à l'exercice d'un *habitus* lui-même relatif au choix. Et c'est là toute l'aporie : cette habitude/disposition ne doit pas être telle que toute possibilité de choix pour le sujet ait été abolie. C'est, en somme, un cercle carré. Être vertueux, c'est avoir l'*aretè*, c'est avoir l'*habitus* de bien agir, de bien choisir dans les différentes circonstances, mais ne pas être esclave de cet *habitus*. Et c'est bien cela : Aristote, en cette occasion comme en tant d'autres, dit le vrai ; et même si c'est peut-être insuffisant, c'est bien là un noyau de la vérité. Nous avons d'ailleurs à faire face au même problème lorsque nous affrontons les questions de l'institution de la société et de l'action politique, par exemple sous la forme de la vieille discussion : pour changer la société, il faut changer les hommes ; et pour changer les hommes, il faut que la société soit différente. Il faut donc que les individus qui agissent aient des *habitus* différents. Mais qui va leur inculquer ces *habitus* différents sinon la façon dont ils sont éduqués et donc la société dans laquelle ils vivent ? Il en va de même quand nous parlons d'autonomie comme possibilité pour la société d'altérer lucidement sa propre institution. Que cette possibilité soit effective, qu'il y ait chaque fois dans la société le degré nécessaire de liberté objective et subjective, d'indépendance d'esprit des individus et des groupes, de responsabilité à l'égard de la vie en commun, cela dépend déjà de l'institution existante. Il faut, par exemple, que la société ait posé comme règle de droit qu'on est libre d'exprimer ses pensées dans les limites du code pénal (comme dans le premier amendement de la Constitution des États-Unis). Mais il faut aussi que les gens expriment effectivement leurs pensées et ne se taisent pas par conformisme, indifférence, apathie… ; et que ces pensées soient pertinentes par rapport à l'ordre social ou aux décisions que la communauté doit prendre à tel ou tel moment. Donc le paradoxe est là : nous ne pouvons agir selon l'*aretè*, ou dans l'autonomie, qu'en fonction de ce que nous sommes déjà. Et ce que nous sommes déjà non pas nous détermine à être autonomes, ce qui ne veut rien dire, mais a un certain rapport avec cette liberté d'agir, cette autonomie qui est là devant nous comme possibilité ouverte. Je pense que bien des querelles philosophiques auraient pu être évitées si l'on avait réfléchi davantage à ce paradoxe et si, au lieu d'accumuler du commentaire herméneutique ou scolastique, on avait davantage interrogé les implications de cette définition d'Aristote qui expose carrément les termes antinomiques du problème. Mais, comme l'a dit Freud dans un autre contexte, les antinomies n'ont jamais empêché personne d'exister. Nous vivons donc avec cette antinomie, en essayant tant bien que mal de la résoudre, au coup par coup – individuellement et parfois collectivement –, quitte à la retrouver par la suite.

J'ai voulu placer ce que je vais dire aujourd'hui sous le signe de cette définition d'Aristote parce qu'elle éclaire la problématique à travers laquelle nous aurons à cheminer. La dernière fois, nous avions évoqué Rousseau dans sa recherche d'une société où chacun, en obéissant à tous, n'obéirait qu'à lui-même et resterait aussi libre qu'auparavant. Et nous nous étions demandé ce que cet « auparavant » voulait dire. Je vous avais alors proposé une autre formule : viser une société aussi autonome que possible avec des individus aussi autonomes que possible. Reste à éclairer le sens de ce terme d'« autonomie », à élucider l'origine de cette idée, de ce projet, puis à répondre à des questions relatives à son fondement ou à sa légitimation, puis à sa possibilité effective et au contenu effectif de ce que nous entendons par « autonomie », qu'il s'agisse de l'individu ou de la société. C'est à ces questions – qui sont au cœur de nos préoccupations depuis plusieurs années – que je voudrais consacrer le séminaire d'aujourd'hui.

Sur la question du fondement ou de la légitimation, je partirai d'une remarque de Hannah Arendt, dans son très stimulant et très bel *Essai sur la révolution*[3], remarque tout à fait importante et profonde, même si elle n'en tire pas toutes les conséquences. Il s'agit d'une évidence, constamment oubliée comme d'habitude : aussi bien la Révolution américaine que la Révolution française se posent et se pensent elles-mêmes comme des révolutions au sens premier du terme. « Révolution » vient de *revolvere*, tourner et retourner sur soi-même. Je vous rappelle le titre du livre de Copernic : *De revolutionibus orbium coelestium*. La révolution, c'est le retour à un point d'origine, à un état de choses initial. Donc, au sens propre du terme, la révolution, c'est la restauration d'un état de choses antérieur, soit effectif, soit idéal, soit antérieur de fait, soit antérieur en droit, ou les deux – et peu importe que l'histoire de France ait appelé « Restauration » la tentative de détruire la Révolution. Qu'il s'agisse d'un état effectif ou de l'image que les contemporains s'en faisaient, c'est là une recherche historique qui ne nous intéresse pas maintenant. Aux États-Unis, ils pouvaient par exemple penser aux « Pères pèlerins » du *Mayflower* qui arrivaient d'Angleterre au début du XVIIe siècle, ou bien à ce que Paine et Burke, avec des points de vue tout à fait différents, appelaient les droits traditionnels du *free-born Englishman* ; et, en France, ils pouvaient avoir en tête un contrat social comme celui qu'envisageait Rousseau… Peu importe, le fait est qu'ils pensaient « leur » révolution comme la restauration d'un état initial, originaire, donc vrai, et donc meilleur, et donc le seul bon. Vues sous cet angle, les révolutions de la fin du XVIIIe siècle rappellent un passé révolu (effectif ou idéal) et réalisent pleinement pour la première fois ce qui était ou aurait dû être à l'origine. Il y a certes aussi des contre-courants, comme en témoigne la fameuse phrase de Saint-Just : « Le bonheur est une idée neuve en Europe », qui renvoie à une tentative d'instaurer un autre type de société. Mais la caractérisation centrale

---

3. <*On Revolution*, New York, The Viking Press, 1963 ; trad. fr. : *Essai sur la révolution*, Paris, Gallimard, 1967.>

de Hannah Arendt est juste, on la retrouve d'ailleurs, de façon peut-être latérale, secondaire, dans le marxisme, et par exemple dans l'idée d'expropriation des expropriateurs, traduite avec un merveilleux sens pratique, tactique, politique par Lénine en 1917 : « Reprenez ce qui vous a été volé. » Le travail du peuple étant l'origine de toute richesse, faire la révolution socialiste n'est en fait que récupérer ce qui a été pris, revenir à l'état de choses qui aurait existé si chacun avait disposé du produit de son travail[4]. Les révolutions de l'époque baignent dans tout cela. Avec, évidemment, toute la métaphysique dont elles étaient tributaires, c'est-à-dire que le nouveau n'en est pas vraiment un, que tous les nouveaux possibles ont été posés une fois pour toutes au début de l'histoire, dans une sorte de contrat rousseauiste moyennant lequel l'humanité est sortie de l'état de nature, et que la légitimité de la révolution lui vient précisément du fait qu'elle est, avec des majuscules, Répétition de l'Origine.

Mais si la révolution est rupture avec ce qui était là, non pas pour revenir à un ordre originaire fictif mais pour faire être des déterminations nouvelles dans et par l'institution de la société, des lois autres, et si celles-ci ne concernent pas le code de la route ou la passation des marchés publics mais touchent à des dimensions centrales de la vie humaine, se pose la question de savoir s'il peut y en avoir une légitimation ou un fondement. La réponse à mes yeux est immédiate et évidente : non, il ne peut pas y en avoir. Toute légitimation vient après coup et ne peut être le fait que de gens placés en aval, dans le nouvel univers historique, et qui d'une certaine façon partagent, pour les accepter ou les repousser, les significations imaginaires sociales que la révolution a fait surgir et a instituées ou a essayé d'instituer. [*Annot. marg.* : *cf.* les réactionnaires français après 1789 : Bonald,

---

4. [*Annot. marg.* : Centralité de l'« origine » ; c'est le « communisme primitif » ! L'être est « positif » ; il se développe par négation de soi ; mais il redeviendra pleinement « positif ».]

de Maistre, etc. ; ils sont évidemment tributaires des significations imaginaires sociales de la Révolution.]

Il faut ici s'arrêter sur la question même de ce qui légitime ou fonde[5], soulevée par l'un d'entre vous à un autre séminaire. On peut l'aborder à partir d'une expression de Kant dans une brochure[6] qui n'est d'ailleurs pas étrangère au sujet : il y a une lutte entre les facultés universitaires, c'est-à-dire entre les divers départements de la pensée ou de la connaissance qui disent des choses contradictoires. J'avais écrit dans un texte ancien[7] quelque chose d'analogue concernant l'être humain. C'est qu'en effet il y a une lutte entre les facultés, au sens qu'il y a un bâtiment universitaire dans lequel le psychiatre administre aux malades du Largactil, par exemple, et à défaut de les guérir modifie sensiblement leur état ; et un deuxième bâtiment, consacré aux sciences humaines cliniques, comme on dit à Paris-VII, où le psychanalyste tient des discours sur les résistances, les défenses, les refoulements, les névroses, etc., et le cas échéant d'ailleurs peut apparemment « guérir » une grande hystérique simplement en faisant mine de l'écouter. Enfin, dans un troisième bâtiment, celui de la faculté de philosophie, un professeur tient des discours admirables et interminables sur les problèmes de l'union de l'âme et du corps. L'âme, c'est le discours du psychanalyste ; le corps, c'est les molécules de Largactil qui circulent dans le sang. Mais quel est le rapport de l'un avec l'autre ?

De même, pour ce qui concerne le fondement de l'ordre social, on pourrait dire que dans un premier bâtiment il y a un historien de la philosophie qui fait bien son métier et qui, sans essayer de masquer les difficultés, explique aux étudiants qu'aucun grand philosophe n'a jamais pensé fonder pleinement

5. <Sur tout ce qui suit, voir aussi «Fait et à faire» (1989), in *FF*, p. 44-53 et 52-63.>

6. <E. Kant, *Le Conflit des facultés* (1798), trad. J. Gibelin, Paris, Vrin, 5ᵉ éd., 1997.>

7. <« Épilégomènes à une théorie de l'âme que l'on a pu présenter comme science » (1968), in *CL*, p. 29-64, rééd. p. 33-80.>

en raison son discours, et que certains ont même dit explicitement le contraire. Platon le premier, qui sait que tout discours, même mathématique, et *a fortiori* philosophique, s'appuie sur des hypothèses et ne peut pas être fondé – sauf par le fait qu'il fonde ce qui suit. Aussi bien dans la *République* que dans la *VIIe Lettre*, il dit très clairement que la dialectique n'est qu'une préparation pour la vision du vrai. Aristote, pour sa part, dans l'*Éthique à Nicomaque*, affirme que, des termes premiers et derniers, il y a *nous*, c'est-à-dire pensée réfléchissante, et non pas *logos*, activité discursive. Et pour Kant, en vérité, s'il y a un fondement de la critique de la raison pure, c'est le *Faktum* de l'*Erfahrung*, c'est-à-dire le fait qu'il y a de l'expérience ; à partir de quoi il se demande à quelle condition cette expérience est possible, est pensable. Quant à Hegel, il tourne explicitement en ridicule les tentatives de fonder les choses : il y a pour lui une sorte de circularité où tous les points du système philosophique sont solidaires entre eux, le tout étant d'ailleurs solidaire d'un autre cycle ou cercle pris dans le premier comme le seraient deux tores, cercle présenté par la *Phénoménologie de l'Esprit* et qui montre comment un individu empirique peut ou doit nécessairement être élevé à l'idée du savoir. Je ne parlerai pas de Husserl ici parce que, même à cet égard, on a affaire à plusieurs Husserl successifs, et cela nous entraînerait trop loin. Le premier philosophe important, à ma connaissance, qui ait jamais essayé de trouver un fondement inébranlable, un *fundamentum inconcussum*, comme on disait à l'époque, a été Descartes. Le *cogito*, c'est la tentative de trouver un fondement qui soit à la fois incontestable et fécond. Car le problème n'est pas simplement de trouver quelque chose d'incontestable : le principe d'identité est par exemple incontestable, toute discussion le présuppose, mais cette affirmation est stérile ; on ne peut pas passer sa vie à répéter A = A, ou, comme le savant Cosinus, 0 = 0. Le *cogito*, c'est autre chose dans la mesure où Descartes le croit fécond – ce en quoi il se trompe, s'illusionne. Peut-être pourrait-on ajouter, à la suite de Descartes, Fichte ainsi que Husserl à certains égards. En tout cas, mes quatre philosophes : Platon, Aristote, Kant et Hegel, n'ont jamais pensé qu'on puisse fonder le discours philosophique.

Dans un deuxième bâtiment, une deuxième faculté, on aurait un professeur de logique et d'épistémologie qui, s'il fait bien son travail, expliquera que, pour ce qui est des mathématiques par exemple, non seulement tout repose sur des axiomes, c'est-à-dire sur des indémontrables, mais qu'on peut même démontrer qu'il existe des propositions indémontrables, du moins si ces mathématiques sont assez riches pour contenir l'arithmétique des entiers naturels ; et que par contre on ne saurait démontrer que le système est exempt de contradictions. Ce même professeur d'épistémologie, pour ce qui est de la physique, vous expliquera que tout système repose sur des conditions initiales qui ne peuvent être qu'arbitraires et que toute tentative de remonter à des conditions initiales non arbitraires implique une sorte de cercle vicieux.

Dans le troisième bâtiment, à la faculté de droit, un professeur de droit constitutionnel, de droit international public, par exemple, exposera à ses étudiants que toute révolution victorieuse crée du droit, que c'est ainsi du moins qu'a formulé la chose un grand juriste allemand du début du XXᵉ siècle, Georg Jellinek. La force brute qui a prévalu est source de droit : c'est l'adage *might is right*, contesté par quelques juristes, sans doute, mais je ne crois pas qu'ils soient si nombreux. Et si on les consulte pour leur demander ce qu'il faut faire avec Pinochet, Tchernenko, Mengistu…, ils ne peuvent que recommander la prudence, la signature de telle clause, des préalables formels, etc., mais au bout du compte il s'agira bel et bien d'avaliser une situation que la seule force des armes a fait triompher. Dans le monde réel, le président Mitterrand va en Crète pour rencontrer le colonel Kadhafi – il serait même allé je ne sais où rencontrer l'ayatollah Khomeyni, à supposer que ce dernier ait voulu le rencontrer. Ces discussions, ces honneurs officiels font de Kadhafi et Khomeyni des chefs d'État tout aussi légitimes que le président

Mitterrand ou n'importe quel autre. De plus, nombreuses sont les législations internes promulguées par des régimes à la fois instaurés de façon illégitime et reconnus comme tyranniques, voire monstrueux, qui n'ont jamais été abolies par le régime qui leur a succédé. Sauf erreur, lorsque le régime mussolinien a été aboli en Italie, on n'a pas dit : toutes les lois qui ont été promulguées de 1921 à 1943 sont nulles et non avenues. On ne l'a pas dit non plus en Allemagne pour les lois promulguées de 1933 à 1945 – sauf pour certaines, bien sûr, les lois raciales par exemple. Il en a été de même en Grèce en 1974, en ce qui concerne les lois que le régime des colonels a promulguées, ou en Argentine pour les législations imposées par les diverses juntes militaires. D'un point de vue simplement pratique, on n'aurait pas pu faire autrement : la vie d'un État moderne implique des centaines de pages de Journal officiel par semaine, des décrets, des réglementations, etc. Et déclarer brutalement tout cela nul et non avenu créerait un vide juridique intolérable. De toute façon, la survivance en 1984 d'une seule loi promulguée par le régime hitlérien, comme celle de 1937 qui régit les pensions alimentaires en cas de divorce, suffirait à établir ce que je dis : l'efficace pratique du *might is right*... Et si notre professeur de droit international est un peu versé dans l'histoire, il ajoutera peut-être qu'il en a toujours été ainsi mais qu'il faut souligner, à cet égard, la fantastique hypocrisie du monde moderne. Laquelle est un héritage à la fois de Platon, des philosophes qui lui succèdent et, dans une très grande mesure, de Rome. Pour le monde grec, Rome est une cité inouïe : chaque fois qu'elle fait la guerre, elle prétend mener une guerre juste. Rome a conquis le monde connu de l'époque en ne menant jamais que des guerres justes, ses ennemis étaient toujours dans leur tort. Un discours juridique masque déjà là la réalité. Dans le monde grec, il n'en est pas ainsi : on ne dit pas que la force crée le droit, on dit que depuis toujours le plus faible doit obéir au plus fort et qu'il ne peut être question de droit et de justice qu'entre égaux. Ce qui, bien sûr, crée des problèmes énormes, abyssaux : qui sont les égaux ? Qui dit qui est égal ? Mais la position centrale, c'est cela ; et, si l'on passe à la limite, elle est absolument irréfutable : dans n'importe quelle société, on décidera que les enfants de deux, sept ou treize ans n'ont pas le droit de vote, sans leur demander leur avis !

Reste un quatrième bâtiment, dans lequel un professeur de philosophie politique soutient que la force ne crée pas le droit, que les institutions sociales doivent être juridiquement fondées, légitimées. Je ne sais pas comment il argumente, cela dépend de son école de pensée, mais il est évidemment en pleine contradiction avec les autres bâtiments. Je dis pour ma part que cette tentative de fonder *a priori* des institutions sociales ne peut évidemment pas aboutir ; que nous avons dans l'histoire des institutions qui se créent, de grands mouvements des collectivités qui altèrent l'institution de la société et posent une nouvelle institution. Et si l'on prend la chose historiquement, une telle tentative de fonder d'avance cette nouvelle institution, comme je le disais tout à l'heure, n'a même pas de sens parce que celle-ci crée ou fait émerger de nouvelles significations qui n'étaient pas accessibles avant. Pour un homme du XIIe siècle, et même du XVIe siècle, en Europe, ce que dit la Déclaration d'indépendance des États-Unis ou la Déclaration des droits de 1789 est à peu près incompréhensible. On peut alors prétendre qu'il en est bien ainsi de fait, empiriquement, mais qu'en droit, *de jure*, on devrait pouvoir tenir un discours qui fonde la bonne société. [*Annot. marg.* : Et ceci n'importe où et n'importe quand, par exemple chez les chasseurs du paléolithique.] Je crois avoir fait justice plus haut d'une telle prétention : on ne peut exiger du discours politique, de n'importe quel projet politique, de fonder en raison et en droit l'institution de la société qu'il propose, et ce dans l'absolu et sans aucun présupposé, alors qu'on sait que les mathématiciens ne sont pas capables de fonder les mathématiques. Comme disait Aristote, la rigueur consiste aussi à ne pas exiger de l'orateur des démonstrations rigoureuses et à ne pas accepter des justifications simplement plausibles de la part du géomètre[8]. Si on ne demande pas un fondement absolu aux mathématiciens, il faut encore moins en demander un aux politiques. Cela n'épuise pas, bien entendu, la question. Une fois un projet politique posé, affirmé, il peut être argumenté, défendu, explicité. C'est, du moins à mes yeux, le cas du projet d'une société autonome : il peut être élucidé, et élucidé interminablement, si l'autre accepte la discussion raisonnable, renonce à remplacer les arguments par des coups de revolver, renonce à la Révélation, et ne vous dit pas que la vérité définitive est dans l'Ancien Testament, ou dans le Nouveau, ou dans le Coran. S'il concède que la vérité dans les affaires humaines est à établir discursivement entre nous, à partir de ce moment-là je pense pouvoir montrer que le projet d'une société autonome peut être explicité, justifié dans son articulation interne, qu'il est le seul compatible avec certaines idées que nous pouvons avoir sur l'égalité, la liberté, le problème de la justice. Mais, effectivement, tout cela vient après. Cette élucidation n'est possible qu'à partir du moment où on a affaire à quelqu'un, quelques-uns qui acceptent que les choses soient réglées par des discussions raisonnables entre égaux. Ce qui déjà revient à concéder le point essentiel : l'égalité des participants à la discussion, et la liberté aussi, comme on peut le voir assez facilement.

L'option essentielle pour une société autonome ou pour l'autonomie ne peut pas être fondée ; elle est une sorte d'option ultime, dernière, et ce n'est pas la peine d'en discuter longuement. Mais je voudrais ici préciser qu'il ne faut pas confondre cette position avec ce que l'on appelle en philosophie politique le « décisionnisme », c'est-à-dire avec les thèses qu'a défendues le juriste allemand Carl Schmitt[c] – un homme d'avant le nazisme, mais aussi du nazisme –, un théoricien allemand très érudit, pas un vulgaire propagandiste, relayé en France notamment par Julien Freund. Il ne s'agit pas de décisionnisme parce que celui-ci ne voit pas le problème de la création historique. Un thème récur-

---

8. <Aristote, *Éth. Nic.*, I, 2, 1094b 25-27.>

rent de Carl Schmitt, c'est que tout ne peut pas être réglé par des normes, qu'il y a des moments où des décisions doivent être prises quand et comme la situation l'exige. Il est évident que, quant à nous, nous nous plaçons ici à un niveau bien antérieur à celui-là, puisque déjà la formation des situations historiques dans lesquelles les décisions peuvent être prises ou non dépend d'une institution de la société. La situation en tant que telle n'exige rien du tout, jamais. Ce n'est évidemment qu'à partir d'un certain état de la collectivité, lequel présuppose l'institution, une formation des individus, qu'il peut être question de situation, de décision à prendre ou pas. Ce que je dis n'a donc rien à faire avec le décisionnisme. C'est quelque chose de tout à fait différent : pour moi, le projet d'une société autonome ou le projet de penser rationnellement et de soutenir une discussion rationnelle repose sur une option ultime qui ne peut pas être défendue rationnellement contre quelqu'un qui n'accepte pas les critères de la rationalité. En particulier, elle ne peut être défendue contre les tenants d'une vérité révélée, laquelle, évidemment, par essence, propose une loi qualitativement supérieure à tout ce que les êtres humains pourraient jamais élaborer. [*Annot. marg.* : Or de tels gens existent et forment même l'immense majorité de l'humanité « empirique ».]

Il ne s'agit donc pas de décision, et il ne saurait y avoir de fondement ultime ni dans les choses ni dans une nature ou un sujet humain. Ni même dans les nécessités du langage ou de la communication, ce qui serait la version contemporaine et habermassienne du kantisme. Car il peut parfaitement y avoir communication entre hindous, sikhs, musulmans, juifs ou chrétiens fanatiques pour… aller mettre le feu chez les hérétiques ou s'exterminer les uns les autres. Cette communication s'arrête aux limites de la communauté, il en est nécessairement presque toujours ainsi. Et le fait qu'elle ne devrait pas s'arrêter là ne saurait être démontré rationnellement, par les nécessités du langage. Il n'y a donc pour nous ni décision ni fondement, il y a reconnaissance du fait de la création, du fait que l'histoire est création et que nous-mêmes sommes d'abord les produits de cette histoire. Si nous étions nés au IIe siècle, ou au fin fond de l'Ouganda, ou dans une famille de paysans iraniens, nous penserions ce que l'environnement social nous imposerait de penser, sans aucun besoin de répression externe. Nous sommes le produit d'une histoire particulière, ce qui nous permet de penser certaines choses, et bien évidemment c'est là notre rapport à la tradition, au sens véritable du mot. C'est dans cette histoire qu'émerge un vecteur d'autonomie, ce que j'appelle le projet politique d'une société autonome, et dans la mesure où ce projet reste vivant actuellement – ce qui est une question à part –, c'est lui que nous choisissons. Et ce choix, cette option, est en un sens une option ultime qui ne peut être fondée. Tout fondement est circulaire, nous l'élaborons par la discussion, mais une telle discussion n'existe que dans notre monde social-historique et non pas chez les Azandé ni chez les Guayaki de Clastres[9]. Plus généralement, nous savons que vivre sous l'exigence du *logon didonai*, du rendre compte et raison, est loin d'être la seule possibilité historique et anthropologique. Il y en a eu d'autres, et il y en a d'autres qui sont constamment réalisées.

J'en viens au problème de la création d'une société autonome, de sa possibilité effective, que l'on peut examiner sous deux aspects. Le premier, c'est l'élucidation de la cohérence de ce projet : sous réserve qu'on ait expliqué, spécifié tant bien que mal et autant que faire se peut ce que l'on entend par une société autonome, le projet d'une telle société est-il cohérent ? Cette préoccupation est évidemment partagée par tous ceux qui ont écrit, construit des projets de cités, des *politeiai*, à commencer par Platon, qui se soucie de savoir si sa *République* pourrait s'incarner dans une société réelle. Mais concernant non pas une société comme celle de Platon, mais une société autonome,

9. <P. Clastres, *Chronique des Indiens Guayaki*, Paris, Plon, coll. « Terre humaine », 1972.>

les choses sont assez différentes parce qu'il ne peut s'agir d'en fabriquer un modèle, il n'est pas question qu'un politicien ou un penseur se substitue à la société et à l'histoire pour dire : voici le *blueprint*, le modèle de la bonne société autonome. Ce que nous entendons par société autonome implique précisément la reconnaissance du fait que c'est la collectivité qui s'institue elle-même, sans référence à aucun schéma préétabli. Et cette auto-institution ne peut s'exercer que si l'activité collective des citoyens est libérée dans une très grande mesure des entraves qu'elle subit actuellement. Aussi l'élucidation de la cohérence du projet en concerne-t-elle des aspects généraux, l'absence de contradiction interne par exemple. Le triomphe complet du principe de plaisir sur le principe de réalité, dont certains ont parlé, est ainsi quelque chose qu'aucune société autonome et même aucune société tout court ne pourraient tolérer ; mais éduquer les nouveaux êtres humains selon un principe d'égalité entre eux de droits et de devoirs, leur donner cette *hexis proairetikè* évoquée au début, ne présente aucune incohérence. Cela pose des problèmes, mais qui sont à la portée, à la mesure d'une société autonome.

Le second aspect de la possibilité effective d'une telle société, c'est l'existence de porteurs réels ou potentiels du projet : l'existence effective dans la société actuelle et l'histoire contemporaine d'un courant, d'un mouvement historique tendant à réaliser ou à incarner les significations de l'autonomie. Et là il ne faut pas faire l'innocent ni se cacher derrière son petit doigt. Le monde occidental a vécu, il est vrai, pendant au moins deux siècles, d'abord sur l'idée que l'humanité était condamnée au progrès et à la liberté, ensuite sur l'idée que le mouvement ouvrier ne pouvait que renverser la société capitaliste, l'exploitation, l'oppression, l'aliénation et instaurer une société libre. Mais tout cela est déjà assez loin… Il y a eu après d'autres mouvements, et notamment celui des femmes, qui n'est pas si récent, d'ailleurs, car si la situation des femmes a changé, ce n'est pas parce qu'il y a vingt ans Mme Betty Friedan a écrit un livre[10], mais parce que depuis cent vingt ans les femmes ont partout lutté pour modifier leur condition. D'autres mouvements encore ont émergé, où certains – dont moi-même – ont pu lire des manifestations de l'autonomie, ce que d'autres contestent. La discussion reste ouverte. Mais la question demeure, qu'on ne peut esquiver : existe-t-il dans la situation sociale et historique actuelle un mouvement, une activité, des groupes, des gens qui agissent ou semblent disposés à agir dans le sens de l'instauration d'une société autonome ou d'une lutte contre l'hétéronomie ? Il y a eu des moments dans l'histoire où la réponse était clairement positive : une lutte sociale et historique, un mouvement politique ouvraient à l'évidence la possibilité de faire quelque chose. Même si l'on fait la part des illusions et des projections, telle a dû être la situation dans l'Athènes d'après 479, en Nouvelle-Angleterre en 1770 ou en France après 1789 ; et, en gros, dans les pays occidentaux pendant tout le XIXᵉ siècle, peut-être jusqu'en 1914 sinon après. À d'autres moments, on voit bien que l'histoire va ailleurs, si l'on peut utiliser cette expression. Ainsi, la conspiration de Brutus et Cassius pour restaurer à Rome un État républicain – au sens étroit, oligarchique – n'était pas sur les bons rails de l'histoire romaine au milieu du premier siècle av. J.-C. Imaginons maintenant un philosophe aristotélicien, non chrétien et démocrate, admirateur à la fois d'Aristote et de l'Oraison funèbre de Périclès, une sorte de Castoriadis qui vivrait à Constantinople, capitale de l'Empire byzantin, au début du Vᵉ siècle. Que peut-il faire ? Il voit le *dèmos* aller à l'hippodrome, se passionner pour les courses, s'étriper entre partisans des Verts et des Bleus… Subsidiairement, quand ils ne se tuent pas pour les Verts ou les Bleus, ils massacrent les ariens, les monophysites, les monothélètes ou les pauliciens, autant d'hérétiques que les prêtres leur demandent de tuer. Que peut faire

10. <B. Friedan, *The Feminine Mystique*, New York, W.W. Norton, 1963 ; trad. fr. : *La Femme mystifiée*, Paris, Denoël-Gonthier, 1975.>

cet hypothétique philosophe ? Recopier le plus grand nombre possible de manuscrits pour les générations futures ? Sortir sur l'hippodrome et dire à ces chrétiens orthodoxes la vérité sur leur prétendue révélation divine, au risque d'être tué sur-le-champ ? Ou émigrer chez les Saxons, qui sont alors barbares, et leur enseigner Aristote pour que, peut-être, ils deviennent philosophes quinze siècles plus tard – ce qui aurait été le parti le plus sage, vu la suite des événements, mais qui aurait pu le penser à Constantinople au Vᵉ siècle ? Finalement, dans mon exemple, notre philosophe est dans une impasse ; et on ne s'en sort qu'en acceptant que c'est l'existence même d'un philosophe aristotélicien et péricléen à Byzance au début du Vᵉ siècle ou à n'importe quel autre siècle après Théodose, et même avant, qui est pratiquement impossible. [*Annot. marg.* : Et ce dernier énoncé, pourtant très plausible, ne saurait être lui non plus démontré, illustrant ainsi notre discussion et ce que je veux dire.] Or la question peut effectivement se poser : dans quelle phase historique vivons-nous [11] ? Et il y aurait alors une troisième réponse possible : peut-être vivons-nous une époque incertaine, où notre difficile, pour ne pas dire douloureux destin est d'assister à la fin d'un, voire de plusieurs mondes. Il n'empêche que l'on est toujours habité par l'interrogation : la société contemporaine n'est pas morte, peut-être est-elle encore capable de produire quelque chose, ou bien nous accrochons-nous à ce que nous avons été, à ce que nous avons vécu ? Moi, je suis vieux ; vous êtes jeunes, mais même à vingt-cinq ou trente ans on a déjà un passé, on a peut-être traversé une petite organisation plus ou moins gauchiste ; et on ne veut pas se considérer comme un salaud : tout est foutu, faisons de l'argent, de la planche à voile, allons à la pêche... Aussi le problème est-il toujours là, et nous avons à vivre avec cette interrogation, à nous demander ce qui se passe dans notre monde contemporain. Je reprendrai tout cela dans notre prochain séminaire.

11. <Voir aussi *SV*, p. 291-298.>

Je voudrais revenir sur la question de l'autonomie, pour tenter de différencier celle-ci de ce que la philosophie héritée, traditionnelle, appelle « liberté », en lui donnant plusieurs significations. Ce peut être par exemple la capacité de surmonter certaines déterminations empiriques, d'échapper aux mécanismes psychologiques au sens le plus profond, pour obéir à des lois de la raison. Ce qui est quand même aussi le sens de l'autonomie kantienne, et peu importe qu'il y ait, pour Kant, d'un côté un sujet empirique complètement déterminé dans ses actes réels par les lois de la psychologie, science qui étudie mes actes en tant que phénomènes, et d'un autre côté un postulat de liberté, un postulat de la raison pratique suivant lequel je peux échapper à cette détermination psychologique pour obéir uniquement à la loi morale. Comme on le voit, cette liberté n'est finalement que la possibilité de sortir d'une détermination pour tomber sous le coup d'une autre ; de sortir de la détermination passionnelle, par exemple, pour tomber sous celle de la loi morale, de l'impératif catégorique et de ses conséquences telles que Kant croit pouvoir les définir, etc. En fait, ce qui importe ici n'est pas de savoir si tout ce que nous faisons est rigoureusement déterminé ou non, parce qu'à cet égard la réponse est immédiate : un déterminisme intégral pour ce qui concerne l'être humain est immédiatement incohérent, au même titre que le relativisme ou le scepticisme intégral. Si tous mes actes psychiques sont rigoureusement déterminés, alors le sont aussi ces actes psychiques particuliers que sont les actes connaissants, les énoncés auxquels ils aboutissent, les effets qu'ils suscitent… Je n'y peux rien, et vous non plus, vous ne pouvez rien aux objections que vous me présentez ou à l'accord que vous donnez. Et celui qui soutient que cette conception rigoureusement déterministe est vraie le dit sous la même nécessité que celui qui dit le contraire. Plus qu'incohérent, même, tout cela est intégralement vain : vous faites ce que vous faites nécessairement, je fais ce que je fais nécessairement. Alors il peut y avoir une loi pénale pour punir de mort ceux qui ont tué, parce que cela aurait un effet dissuasif.

Mais enfin tuer quelqu'un n'est ni bien ni mal, et ceux qui ont instauré cette loi pénale l'ont fait tout aussi nécessairement... Et j'ajouterai – cet argument vaut ce qu'il vaut – qu'un tel déterminisme intégral contredit notre expérience la plus directe, ce que chacun a pu éprouver : nous sommes la proie aussi bien de mécanismes de répétition que de mouvements pulsionnels ou passionnels qui viennent de nous et qui en un sens ne sont pas nous ou que nous n'acceptons pas pleinement, mais qui s'imposent à nous lorsqu'ils sont là et dont nous aimerions par la suite qu'ils ne se soient pas imposés[12].

Si donc la liberté au sens de la non-détermination par des facteurs réels, physiques, biologiques, sociaux ou psychologiques, existe incontestablement, l'essentiel de la liberté humaine n'est pas là, mais dans la possibilité effective et effectivement réalisée de faire être des choses nouvelles, c'est-à-dire de créer un certain type de formes ou d'*eidè* et de les altérer le cas échéant. Premier point, donc : il n'y a pas de déterminisme intégral des processus psychiques – bien qu'il y ait aussi, il ne faut pas l'oublier, déterminisme ou déterminations dans ces processus. On peut trouver chez Freud, parfois malgré lui, quelques éléments pour appuyer ce caractère non intégral du déterminisme des processus psychiques. Et, par exemple, lorsqu'il parle du « choix de la névrose » par le sujet, expression qui renvoie à quelque chose qui n'est pas joué d'avance : tel enfant devant telle situation va « choisir » la phobie, mais tel autre « choisira » autre chose. Ou bien lorsque, à la fin de sa vie, dans le texte « Analyse terminée et analyse interminable[13] », il reconnaît que certains sujets ne peuvent pas terminer vraiment leur analyse, ou plus exacte-

---

12. <Cf. *SV*, p. 101-163 (séminaires de février-mars 1987).>
13. <Première trad. fr. *Revue française de psychanalyse*, 1938, t. 11, n° 1, p. 3-38. Nouvelle trad. sous le titre « L'analyse avec fin et l'analyse sans fin » in S. Freud, *Résultats, idées, problèmes,* II, Paris, PUF, 1985. Commentaires de Castoriadis, « Psychanalyse et politique » (1987), in *MM*, en part. p. 152-153, rééd. p. 188-189 ; *SV*, p. 142-143 (et, sur la question plus générale du déterminisme psychique, p. 159-162).>

ment ne peuvent pas dépasser un certain point – et attribue ce fait à ce qu'il appelle le «roc», pour lui sombre, de la peur de l'homosexualité chez l'homme et de l'envie du pénis chez la femme, soutenant des résistances qui se révèlent plus fortes que toutes les interprétations. Nous avons là encore quelque chose qui est la singularité, si l'on peut dire, de ces sujets, que l'on ne peut réduire à des lois déterministes générales et qui indique – même pour Freud et malgré ce qu'il affirme par ailleurs – qu'il ne saurait y avoir un déterminisme strict du processus psychique. Mais ce non-déterminisme est là comme une sorte de sol indifférent, puisqu'il est assurément aussi bien possibilité de la psychose ou du meurtre que cadre, condition de l'autonomie. Deuxième point : la possibilité d'autonomie, qui, bien entendu, s'étaye sur cette indétermination et dont il ne pourrait pas être question s'il y avait déterminisme strict. Il s'agit de la possibilité d'autonomie du sujet individuel comme construction d'un autre rapport à son propre inconscient ; c'est-à-dire comme la possibilité à la fois d'élucider ce qu'il est, ce qu'il veut, ce qu'il pense, et d'agir par rapport à cela – dans quoi, encore une fois, entrent toute l'histoire précédente du sujet et son rapport à cette histoire, donc la *hexis* d'Aristote, ce qui a été acquis, ce qui vient du passé. Et quant à ce qui vient du passé, là encore nous retrouvons le même problème : si l'on prend le mot «déterminisme» en un sens qui n'est pas strict, mon passé me détermine tout autant qu'il me libère. Je ne peux être autonome que dans la mesure de ce que j'ai déjà été et des possibilités que cela m'a données ; donc, par là même, je suis d'une certaine façon «conditionné» vers ou pour l'autonomie. [*Annot. marg.* : Il faut élaborer.] Troisième point : la capacité à faire être ce qui n'était pas déjà là, et à le faire être non pas comme effet d'une certaine loi mais comme source de nouvelles déterminations. Mais cette acceptation et création du nouveau – et je terminerai sur l'ouverture de cette énorme question – ne sauraient être confondues avec l'idée de valeur : le Parthénon ou *Macbeth*, mais bien entendu aussi Auschwitz ou le Goulag sont au plus haut point des créations humaines : des *eidè*, des formes qui ont leurs lois. La possibilité de création, chez l'être humain individuel comme dans les collectivités humaines, n'a *a priori* aucune connotation positive quant aux nouvelles formes posées ; leur valeur ou leur non-valeur est une question distincte, mais peut-être encore plus cruciale dès lors que la possibilité du nouveau a été reconnue[14].

QUESTIONS

– Quelle est la part du christianisme, fût-ce à travers ses contradictions, dans l'émergence de l'autonomie ? Faut-il vraiment attendre le monde moderne pour assister à nouveau à cette émergence ?

Votre question est tout à fait légitime mais la réponse ne peut être donnée que par l'ensemble de ce séminaire… Et c'est pour cela que nous allons parler du stoïcisme, de Rome, du christianisme et de la réémergence de l'autonomie dans les Temps modernes. Mais quelques observations tout de suite, quitte à vous laisser sur votre faim. Le christianisme et ses contradictions ont pu conditionner, dites-vous, les éléments d'autonomie apparus dans les Temps modernes. Oui et non. Nous en avons parlé et nous en reparlerons, mais tout dépend de quel christianisme il s'agit[15]. Relisez Paul : Juifs et Grecs, esclaves et hommes libres, nous sommes tous fils de Dieu[16] – mais nous sommes égaux là-haut, pas ici. Aussi : toute autorité vient de

14. <*Cf. Domaines de l'homme* (dorénavant *DH*), Paris, Seuil, 1986, p. 268, rééd. 1999, p. 334 ; *CEL*, p. 158.>
15. <Voir aussi « Nature et valeur de l'égalité » (1981), *DH*, en part. p. 310-312, rééd. p. 388-390 ; *SV*, p. 352-354 et 357-360.>
16. <1re Corinthiens, 12, 13.>

Dieu, et il faut s'y soumettre[17]. Et dans l'Épître à Timothée : ceux qui vivent sous le joug de l'esclavage doivent respecter absolument leurs maîtres, et surtout si ces maîtres sont eux-mêmes des croyants[18]. Quand on lit Paul, qui écrit comme vous le savez avant la rédaction des Évangiles, on est frappé par sa certitude de l'imminence du Jour du Seigneur, de la Parousie[19]. Or quel intérêt peut bien avoir l'inégalité sociale quand vous attendez la fin du monde ? (À cet égard, plus près de nous, Pascal : s'il y a une vie éternelle, notre seule grandeur est de connaître notre état misérable ici-bas, et tout le reste – l'agitation du roi et celle de l'esclave, les plaisirs et les guerres – n'est que divertissement.) Cet aspect du christianisme est certainement celui des origines. Puis il devient religion officielle et donc justification de l'ordre social existant, ce qu'il est resté dans le monde byzantin et russe. Il est vrai qu'en Europe occidentale quelque chose d'autre se dessine, autour des XIIIe-XIVe siècles, et que les mêmes mots – l'affirmation de l'égalité de tous les fils de Dieu – prennent une autre valeur. Des paysans, en Angleterre et ailleurs, s'en emparent. On voit bien là à quel point certaines idées sont ambiguës et peuvent être réinterprétées par les différentes époques. Mais qu'est-ce qui diffère, justement ? Non pas les idées chrétiennes mais quelque chose d'autre, qui émerge dans la société. On peut penser à la surexploitation des paysans – mais les paysans européens ont été surexploités pendant des millénaires. Pour qu'il y ait des explosions révolutionnaires, il a fallu des interactions, par des voies que nous connaissons mal, avec ce qui se passe dans d'autres secteurs de la société, avec ces collectivités politiques qui essaient de se dégager du monde féodal, ces cités bourgeoises où une certaine liberté et une certaine égalité se font jour. Rappelons que, jusqu'au Xe siècle environ, le rapport avec le monde ancien est ici à peu près nul, même

---

17. <Romains, 13, 1.>
18. <Timothée, 6, 1-2.>
19. <2e Thessaloniciens, 2, 1-12. Timothée, 3, 1-9 ; 4, 1-5.>

si, en Irlande et ailleurs, ont pu survivre des restes de la culture ancienne. Il faut attendre la transmission d'Aristote à travers les traductions arabes pour que l'on commence à réapprendre difficilement, malgré les condamnations et les bûchers, ce qu'est penser librement. Puis il y a eu le grand mouvement de transformation culturelle que vous connaissez, nourri par la bourgeoisie des villes… L'histoire, c'est cela : une espèce de fleuve où viennent se mêler toutes les eaux. Dans le domaine des idées, la réinterprétation est la règle : il n'y a jamais d'influence ni de développement linéaire. Et il en est de certaines idées chrétiennes comme du reste.

<Question presque inaudible sur la notion de création.>

Il n'y a pas dans le monde grec de pensée, de thématisation explicite de la création, en particulier dans le monde social. Nous allons parler longuement de l'«Épitaphe» de Périclès, où l'idée qu'Athènes est la création des Athéniens sous-tend tout le discours, sans que cela soit jamais énoncé. Mais nous trouvons au Vᵉ siècle des choses qui, à travers la réflexion sur l'opposition *phusis/nomos*, vont en ce sens : chez les hippocratiques, Hérodote, Démocrite ou les sophistes. Tous ces éléments seront étouffés avec l'arrivée de Platon et l'influence ultérieure, écrasante, du platonisme. Chez Aristote c'est plus complexe, comme on peut le voir par exemple dans sa réflexion sur la *tekhnè* : est-elle pure et simple imitation de la nature, fait-elle exister quelque chose qui n'existait pas auparavant[20] ? Le Dieu de l'Ancien Testament n'est pas, quoi qu'on en dise, créateur ; un peu comme le démiurge de Platon, il possède par-devers soi un critère auquel il se conforme lui-même. Et l'existence du monde n'est pas, en un sens, arbitraire, puisqu'il est fait pour

---

20. <Voir C. Castoriadis, «Technique» (1973), in *CL*, p. 222-226, rééd. p. 291-295 ; *CEL*, p. 260-261 (séminaire du 16 mai 1984) ; *FC*, p. 144-147 (séminaire du 29 janvier 1992).>

l'homme. Puis, chez les théologiens des XIIIe-XIVe siècles comme Duns Scot et Guillaume d'Ockham, apparaît une idée, peut-être la seule idée originale dans ce domaine depuis les Grecs, celle de Dieu en tant que toute-puissance et volonté absolument libre. Les vérités que nous croyons éternelles sont à la fois création divine et contingentes, Dieu aurait pu vouloir un autre monde où 2 et 2 font 5. [*Annot. marg.* : Antinomie : ou bien les « vérités éternelles » sont contingentes ; ou bien elles ne le sont pas et Dieu n'est plus tout-puissant.] Cette volonté divine impose à une matière qu'elle a créée comme il lui plaît les lois qu'il lui plaît, elle se détermine elle-même dans l'arbitraire, la souveraineté et la liberté les plus absolus. Mais aucune théologie n'a pu suivre pendant très longtemps ce chemin : on reviendra à une théologie plus rationnelle, on soumettra donc Dieu lui-même à quelques limitations[21].

21. <Voir aussi *SV*, p. 347-348 (séminaire du 20 mai 1987) ; *FC*, p. 160-164 (séminaire du 29 janvier 1992).>

VI

Séminaire du 19 décembre 1984

Avant d'aller plus loin, je voudrais m'arrêter sur une question dont on débat depuis plus d'un siècle et qui est, en général, présentée sous la forme d'un dilemme : réforme ou révolution ? Dans ce que j'entends par projet d'une société autonome, le passage à une telle société implique une transformation radicale. Jusqu'où va cette transformation ? Disons tout de suite que, si elle est formulée comme simple opposition entre réforme et révolution, la question est fallacieuse. Comme je le remarquais récemment, dire qu'un changement n'est jamais «radical» au sens d'une table rase est sans doute une énorme platitude, voire une tautologie. Mais bon, autant le dire. Tout compte fait, il a fallu attendre Husserl – 2 500 ans de philosophie – pour voir affirmer, idée d'une banalité fantastique, que la conscience est conscience de quelque chose, qu'il n'y a pas de pensée sans objet, et que même quand je pense ma propre pensée, celle-ci n'est plus tout à fait ma pensée puisqu'elle est objet de ma pensée. Toute transformation, aussi radicale soit-elle, ne sera jamais qu'une transformation ou, si l'on veut, qu'une «réforme» de la société, puisque justement il ne peut jamais y avoir de table rase. Ce seront par exemple toujours ces individus-là, tels qu'ils existent – formés par la précédente société, parlant une langue qui était déjà là et qui, quelles que soient les transformations qu'elle ait pu subir, charrie toujours des significations de la période précédente –, qui introduiront cette transformation radicale, et celle-ci ne sera donc jamais radicale absolument ou simplement, *haplôs*, dirait Aristote. Mais en un autre sens, bien entendu, j'ai déjà rappelé que nous ne serions que de misérables sophistes si nous faisions semblant d'oublier les différences énormes qu'il y a entre un système où le roi de France prend en son conseil telle décision qui modifie les attributions de tel parlement régional et ce qui se passe en France entre 1789 et 1795 ; ou entre la succession pendant des siècles et des siècles des dynasties pharaoniques et ce que nous avons vu se passer en Grèce. C'est évidemment une différence de cet ordre que nous visons, et c'est une transformation radicale de ce type que nous recherchons. N'oublions pas non plus, d'ailleurs, qu'il peut y avoir une transformation authentique de ce genre, et non moins radicale, en un sens tout à fait opposé : non pas vers l'instauration d'une société autonome mais vers le rétablissement ou plutôt l'établissement d'un état d'hétéronomie inconnu auparavant dans l'histoire. Ne discutons pas ici du cas de la Russie, qui est très compliqué de ce point de vue. Mais pensons à la transformation, sans aucun doute radicale, qui commence en Allemagne à partir de janvier-avril 1933 et qui n'est pas un retour en arrière : l'état d'hétéronomie qui a existé sous le nazisme en Allemagne, c'est un animal historique nouveau. Il est donc évident qu'il n'est pas question d'attacher à l'idée d'une transformation radicale, en soi, un signe positif. Puisqu'on en est aux banalités, voyons d'abord de quelle transformation il s'agit ; apprenons à nous méfier des mots, et essayons de faire toujours attention au contenu.

Et si nous disons que, effectivement, toute transformation, aussi radicale qu'on la pense, ne sera jamais en un sens qu'une réforme, il faut bien voir ce que l'on entend alors par «réforme». Mais, là aussi, il faut apprendre à dépasser la politique politicarde : derrière la quasi-totalité des «réformes» proclamées il n'y a rien, ou alors des modifications tout à fait mineures du système existant. La France d'après mai 1981 nous en a encore fourni un exemple très éclairant, avec les «réformes» introduites par la majorité socialiste, notamment la nationalisation de certaines entreprises. En première approximation, on peut dire que nationaliser ou non les entreprises est un choix guère plus important que celui de peindre la façade de leur siège social en vert, en jaune, en rose ou en noir. Si l'on y regarde d'un peu plus près, ce n'est pas tout à fait pareil, bien entendu : la bureaucratie managériale qui dirigeait Rhône-Poulenc – plus ou moins cooptée, avec une intervention minimale du capital privé – devient désormais une bureaucratie managériale nommée par les socialistes. Cela fait des places pour des cousins, des caciques locaux du parti, des techniciens et même des électeurs acquis au parti, etc. Mais cette modification n'a rien à voir avec une quelconque avancée vers une société autonome et ne concerne que la répartition du pouvoir et des prébendes entre ceux qui font peu ou prou partie des couches privilégiées et dominantes.

Revenons donc au problème des réformes. La question de la transformation du système institué, transformation qui, à la fois dans la pratique mais aussi, comme nous l'avons vu, par principe, ne peut être que partielle, renvoie à deux autres questions essentielles. En premier lieu : est-ce qu'en procédant à ces transformations on maintient en vérité la visée d'une transformation radicale du système ? On voit bien que c'est dans cet « en vérité » que gît toute la question, et que ce ne sont pas les discours politiciens du dimanche qui nous fourniront la réponse. Et puis : est-ce que ces modifications partielles sont vraiment des modifications et non pas de la poudre aux yeux (et c'est bien le cas de ce qui a été fait en France après 1981) ? On peut aussi se demander, on se demande souvent si elles peuvent être intégrées par le système existant et utilisées par et pour ce système. Cette dernière question est, la plupart du temps, indécidable *a priori*, ou en tout cas indécidable au moment où les transformations sont en cours, où on lutte pour elles. Un exemple massif est fourni par toutes les réformes sociales arrachées par la lutte de la classe ouvrière au sein du régime capitaliste : augmentation des salaires, réduction du temps de travail, la sécurité sociale elle-même, etc. Car on pourrait voir aussi, comme je l'ai fait[1], toute l'histoire du capitalisme et des luttes ouvrières à partir d'un certain moment comme l'histoire de la manière dont ces luttes ont permis au capitalisme de survivre, contrairement aux apparences et contrairement à la conscience de tous les participants. Ce sont ces luttes, par l'élévation du niveau de vie et la réduction du temps de travail, qui ont permis au système à la fois d'élargir énormément ses marchés intérieurs, sans quoi il se serait effondré dans des crises de surproduction, et de résorber l'énorme accroissement de la productivité. Parenthèse : l'une des conditions, au-delà de la conjoncture, de ce qu'on appelle depuis quelques années la « crise » en Occident, c'est bien entendu le fait que, tandis qu'en un siècle la semaine de travail est passée de soixante-douze à quarante heures, pendant le siècle qui s'achève la durée de la semaine de travail n'a guère évolué, et il n'y a pas eu de résorption de l'énorme accroissement de la productivité du travail. On peut donc dire : ces luttes, qui n'ont bien entendu pas été menées par les ouvriers avec cet objectif, ont eu comme résultat la survie du capitalisme. Et ce n'est pas faux. Mais cela ne suffit pas pour porter un jugement sur elles. Or il s'est trouvé des courants – ce fut le cas autrefois des bordiguistes[a], mais ils ne furent pas les seuls – pour cracher sur la sécurité sociale parce qu'elle n'était qu'un moyen pour le capital de maintenir en bon état la force de travail pour mieux l'exploiter. Ne riez pas, ce sont des choses qui ont été écrites noir sur blanc, et des militants tout à fait sincères se sont fait casser la figure en défendant ce genre de position. Et ces militants avaient parfois la même attitude vis-à-vis des simples augmentations de salaires. D'ailleurs, la grande majorité des militants ouvriers révolutionnaires, syndicalistes révolution-

1. <*Cf.* C. Castoriadis, « Le mouvement révolutionnaire sous le capitalisme moderne » (1960-1961), repris in *Capitalisme moderne et révolution*, t. 2, Paris, UGE, coll. « 10/18 », 1979, p. 47-258 ; aussi « Une interrogation sans fin » (1979), in *DH*, en part. p. 248, rééd. p. 308.>

naires ou communistes au bon sens du terme, avant que le mot ne désigne ce que nous savons, défendaient les augmentations des salaires avec l'idée que chaque augmentation arrachée était un coup porté au système capitaliste, au lieu de voir que c'est précisément grâce à cela que le système pouvait survivre – ce que les capitalistes eux-mêmes ont fini par comprendre, à leur corps défendant.

Il y a aussi des cas où la question de savoir si des réformes peuvent ou non être intégrées dans le système existant et utilisées par lui n'est tout simplement pas pertinente. Je veux dire que, aussi partielles soient-elles, on peut y être favorable indépendamment de toute autre considération. C'est le cas, par exemple, de l'instruction ou, pour faire court, de l'alphabétisation universelle. Et, là encore, nous avons tout un chapelet d'arguments « ultra-gauche » : le capital a besoin d'une main-d'œuvre qualifiée, alphabétisée, et si l'on envoie les enfants d'ouvriers ou de paysans à l'école, c'est pour mieux les exploiter par la suite. Ce qui est tout à fait à côté de la question. Car l'essentiel est qu'une société dans laquelle les gens sont alphabétisés, dans les conditions modernes et toutes conditions égales par ailleurs – clause assez lourde –, vaut mieux qu'une société dans laquelle les gens ne le sont pas. C'est une tout autre question que de savoir de quelle instruction on parle, quel est son contenu, quelles sont ses méthodes, etc. Et il n'y a qu'à écouter nos ministres de l'Éducation pour comprendre qu'ici ils n'ont pas de réponse, si ce n'est de dire : il faut que l'école transmette de l'instruction. Voilà ce que j'avais à dire pour l'instant sur le thème « réforme ou révolution ».

Je voudrais maintenant revenir très brièvement sur le problème, que nous avons abordé l'autre jour, de la légitimation ou légitimité d'un régime ou d'un projet politique de transformation radicale. Je vous disais que si une transformation radicale, une révolution, est une rupture par laquelle sont instaurées une nouvelle institution de la société et de nouvelles significations imaginaires, alors toute discussion sur la légitimation ou la fondation dans l'absolu devient assez vaine si elle vient après coup, car elle est faite par des gens qui sont pris dans ce nouvel univers historique créé par la révolution. Même les adversaires de la Révolution française comme Joseph de Maistre ou Bonald écrivent d'une manière qui aurait été inconcevable en, disons, 1700. Ils écrivent contre la Révolution, avec une haine et une rage infinies, et d'ailleurs dans un très beau style – mais ils sont pris eux-mêmes dans ce nouvel univers historique. Ce sont des réactionnaires, certes, mais le réactionnaire «réagit à» quelque chose, à un mouvement qui va ailleurs, qui va «en avant», il est inévitablement influencé par ce à quoi il réagit, obligé d'entrer peu ou prou dans ce monde qu'il veut combattre pour pouvoir le combattre – sinon il est simplement sur une autre planète.

Je ne résiste pas à la tentation d'évoquer, à propos de légitimation, deux faits tirés de l'actualité. Le premier, c'est la «nouvelle» doctrine de politique étrangère des États-Unis que vient de formuler M. Caspar Weinberger[b]. Celui-ci a déclaré que, désormais, il ne faudrait pas que les États-Unis interviennent militairement n'importe où, n'importe comment. Essayer de n'intervenir que quand on a les moyens d'être efficace semble être une simple considération de bon sens. On pouvait croire aussi que les dirigeants américains ne jugeaient bon d'intervenir que lorsque «l'usage de la force est considéré comme vital pour les intérêts des États-Unis et de leurs alliés». Or que disent là-dessus le *Washington Post* et le *New York Times*, grands journaux «libéraux» américains? Ils félicitent M. Weinberger, bien qu'ils aient été contre M. Reagan : voilà enfin une base raisonnable et juste pour la politique étrangère, et notamment pour ce qui est des interventions militaires… Faut-il rappeler que ces mêmes journaux auraient publié des éditoriaux indignés si quelqu'un avait déclaré officiellement que *might is right*, que la force crée le droit ? On a vu deux jours après un correspondant naïf écrire une lettre à l'*International Herald Tribune*, s'étonnant de ce que M. Weinberger puisse affirmer que les États-Unis n'interviendraient que si leurs intérêts vitaux étaient en cause sans rien dire sur le caractère juste ou non des motifs invoqués ou sur les risques pour la paix qu'une telle intervention pourrait éventuellement susciter. À cet égard, la Grenade ne pose pas de problème ; une intervention massive en Afghanistan, ce serait autre chose. Et sans rien dire sur les engagements des États-Unis du point de vue du droit international, notamment qu'ils ont signé la charte de l'ONU qui dit explicitement que les États signataires renoncent à tout usage de la force pour résoudre leurs différends. Il est vrai que tous les pays qui sont en train aujourd'hui de faire la guerre, de façon ouverte ou cachée, ont signé cette charte en 1945. Cela remonte à quarante ans, ils n'ont jamais dénoncé leur signature et continuent de signer des conventions de ce genre. Voilà donc la situation effective.

L'autre fait d'actualité n'est pas sans rapport avec ce que je vous disais ici. On parle beaucoup ces derniers jours en France d'un tout petit coin du monde peuplé de quelque 130 000 habitants, la Nouvelle-Calédonie[c]. Évidemment, là aussi les statistiques ne sont pas neutres, ne nous disent pas tout : entre 35 et 45 % seulement de cette population sont des Canaques, des aborigènes mélanésiens qui peuplaient l'île avant la conquête française, qui remonte à plus d'un siècle. Les autres habitants ne sont pas des Canaques et ne veulent pas d'un État canaque, et il y a parmi eux 37 % environ d'Européens arrivés par vagues successives depuis cent trente ans. Parenthèse : on y trouve des descendants des combattants de la Commune de Paris qui furent déportés, en Algérie, en Nouvelle-Calédonie ou ailleurs. Mais il y a aussi d'autres nationalités, et même des Mélanésiens, ou d'autres Asiatiques, des populations immigrées minoritaires qui comme toujours dans ces cas-là sont plutôt du côté de la puissance dominante (un peu comme les Indiens en Afrique du Sud) ; ces derniers en particulier n'ont aucune envie de voir les Canaques établir un État indépendant, d'autant que ceux-ci disent à peu près : n'ayez surtout pas peur, dès que nous serons au pouvoir, nous vous donnerons des permis de séjour provisoire… Je passe aussi sur toutes les bourdes du gouvernement socialiste français dans cette histoire. Ce qui nous intéresse ici, c'est qu'il s'agit d'un bon exemple du fait qu'il n'y a pas de science rigoureuse des choses politiques, qu'il n'y a pas de fondement à partir duquel on pourrait trancher *more geometrico* dans une telle affaire. Nous nous trouvons face à deux principes. D'un côté, le principe de la majorité. Si l'on parvenait à organiser un référendum en Nouvelle-Calédonie, au besoin en distribuant des tranquillisants, il est plus que probable que la majorité serait contre l'indépendance. Mais l'autre camp invoquera un principe d'«antériorité» : cette majorité ne veut rien dire, elle est artificielle ; ces terres étaient à nous, ils les ont prises et ont commencé à repeupler cette île avec des étrangers. Ce qui est indiscutable. Mais quelles conséquences peut-on en tirer ? Est-ce qu'on dirait que toutes les populations non russes de l'actuelle URSS pourraient, avec le même argument refouler les Russes dans le périmètre, ma foi pas très étendu, du grand-duché de Moscovie ? Faudrait-il chasser tous les Blancs (et les Noirs) des États-Unis et rendre le territoire aux quelque deux millions d'Amérindiens qui y ont survécu ? Dans certains cas la conquête a eu lieu il y a à peine un siècle, dans d'autres cas il y a cent cinquante, deux cents ans... Y a-t-il une limite chronologique ? Remontons encore plus loin. Je demandais récemment à Kundera où étaient donc les Tchèques il y a deux mille cinq cents ans. Je ne sais pas, m'a-t-il répondu, sans doute quelque part en Asie centrale. Aurait-on alors le droit de les chasser de Bohême ? Quant aux Grecs, on peut discuter pour savoir quand ils sont arrivés en Grèce, mais ils n'y étaient certainement pas il y a quatre mille ans. Les Hongrois sont en Hongrie depuis l'an Mil. Les Arabes ne sont arrivés en Afrique du Nord qu'avec la vague d'expansion de l'islam, je ne sais pas si les Berbères actuels sont d'authentiques descendants des Numides de Massinissa qui luttèrent contre les Romains, mais avec ce même genre d'arguments ils pourraient dire aux Arabes : vous n'êtes pas une authentique majorité... En 1974, à Chypre, l'armée turque, grâce à la stupidité des colonels grecs et aux manœuvres de

M. Kissinger, qui voulait modifier effectivement le *statu quo* dans l'île, conquiert 40 % du territoire et commence à y installer des populations turques venues du continent. Pour l'instant elles ne sont pas majoritaires, mais rien ne s'oppose à ce qu'elles le deviennent : il y a presque cinquante millions de Turcs, une forte émigration, notamment vers l'Allemagne, etc. Personne ne peut empêcher qu'il y ait un jour un million de Turcs à Chypre qui diront : organisons donc un référendum sur l'avenir de l'île. Question insoluble par excellence : Israël. Qui est le propriétaire légitime de cette terre qui s'appelait la Palestine ? Admettons que, en 1967, les Israéliens étaient propriétaires « légitimes » de tout ce qu'ils avaient déjà conquis à ce moment-là. Mais depuis dix-sept ans ? Les Arabes ne sont là « que » depuis le VIIe siècle : les héritiers de Byzance, de Rome ou de la Perse ont-ils des droits à faire valoir ? Et avant ? Vous êtes bien conscients, je suppose, du fait que presque tous les peuples aujourd'hui se trouvent là où ils sont par droit de conquête, et rien d'autre au départ. Ce droit de conquête, quand il est remis en cause, l'est par d'autres conquêtes, c'est monnaie courante dans l'histoire. Entre deux guerres, entre deux massacres, quand on ne peut pas le remettre en cause, on dit : *beati possidentes*, possession vaut droit. Le droit romain avait, dans le domaine privé, une règle comme toujours très raisonnable : toute personne qui croyait avoir acquis légitimement quelque bien en était par définition propriétaire au bout de trente ans, mais à une condition, la *bona fides*, la bonne foi. Selon le très beau principe – qui est une autre forme du principe d'identité : *nemo plus juris ad alium transferre potest quam juris habet*, personne ne peut transmettre plus de droits qu'il n'en a lui-même, celui qui prétend transmettre un bien dont il n'est pas propriétaire ne transmet rien du tout. Il faudrait donc – c'est ce que les juristes ont appelé plus tard une *probatio diabolica* – montrer que tous les propriétaires du bien depuis la nuit des temps étaient légitimes. La prescription par possession de bonne foi pendant trente ans permet d'échapper dans la plupart des cas à cette *probatio* effectivement diabolique, puisqu'il suffit alors de remonter à quelqu'un qui se trouve dans ce cas pour dire qu'il a acquis la propriété du bien et peut donc la transmettre. Mais cette règle ne s'applique pas en droit international où, dans certains cas, la conquête est reconnue aussitôt par les autres parce qu'ils ne peuvent pas faire autrement, et, dans d'autres cas, n'est jamais reconnue par ceux qui ont été conquis, qui continuent de lutter contre le conquérant sous une forme ou une autre. Bref, il est impossible de s'appuyer sur quelques axiomes simples et faire découler de ces axiomes des solutions pour toutes les situations réelles qui se présentent. Je ne vais certainement pas donner de réponse ici à la question de la Nouvelle-Calédonie. Il faut, dans chaque cas, exercer son jugement et voir ce que l'on peut faire, politiquement et éthiquement, compte tenu des circonstances concrètes.

J'en viens maintenant au sujet principal du séminaire d'aujourd'hui : la question de la société autonome. Je l'ai déjà abordée pendant le précédent séminaire, je vais reprendre très rapidement le volet de l'autonomie au plan individuel. J'appelle autonome l'individu qui a un fort investissement psychique du vrai, une capacité plus ou moins effective de reconnaître son désir et bien entendu de le distinguer de la réalité, et qui est capable d'agir en connaissance de cause selon ses désirs acceptés et assumés[2]. On peut voir, là encore, qu'en un sens cette définition est presque « éthiquement neutre ». L'individu autonome en ce sens n'est pas forcément un individu bon, au sens le plus simple et le plus profond du terme ; à la limite, on peut par exemple imaginer que cet individu en vienne, pour

---

2. <*Cf.* une première formulation en 1964-1965 in *IIS*, p. 138-146, rééd. p. 150-158. Puis : « La logique des magmas et la question de l'autonomie » (1981), in *DH*, p. 410-418, rééd. p. 513-523 ; « Nature et valeur de l'égalité » (1981), *ibid.*, p. 318-323, rééd. p. 397-405. Aussi : « L'état du sujet aujourd'hui » (1986), in *MM*, p. 209-225, rééd. p. 258-280 ; « Psychanalyse et politique » (1987), *ibid.*, p. 148-152, rééd. p. 182-187 ; *SV*, p. 101-157 (séminaires des 18 et 25 mars 1987) ; « Pouvoir, politique, autonomie » (1988), in *MM*, p. 131-134, rééd. p. 161-165.>

diverses raisons, à tuer quelqu'un d'autre, ce qui n'est certainement pas « bon ». Pour l'instant, nous n'essayerons pas d'aller
plus loin. Que peut-on dire alors de l'hétéronomie au niveau de
l'individu ? Si l'on considère – ce qui n'est évidemment qu'une
abstraction – l'individu en soi, nous dirons qu'est hétéronome
l'individu qui agit sous la domination de ses pulsions, asservi
par un inconscient devant lequel il est par définition aveugle.
De celui-là on peut dire, en reprenant la vieille formule latine,
agitur, non agit : il est agi, il n'agit pas ; il est agi par les forces
aveugles qu'il a en lui-même, mais il ne le sait pas.

Si l'on prend maintenant l'idée d'hétéronomie au niveau de
l'institution sociale, on peut certainement distinguer deux aspects.
D'un côté, il y a l'intériorisation de l'hétéronomie : sont source
d'hétéronomie les éléments sociaux en moi pour autant qu'ils
sont fétichisés et non discutables – les éléments sociaux non pas
en général mais dans la mesure où ils sont devenus tels que je
ne peux absolument pas les mettre en question. D'un autre côté,
l'hétéronomie, c'est aussi l'hétéronomie extérieure, c'est-à-dire
la contrainte exercée par une instance qui est en face de moi,
que cette contrainte soit physique, économique ou bien qu'elle
soit manipulation idéologique, dont les frontières avec ce que
j'ai appelé intériorisation de l'hétéronomie sont très floues. Il
faudrait d'ailleurs réserver ce terme de « manipulation idéologique » aux idéologies explicites des Temps modernes. Bien
entendu ne sont source d'hétéronomie, malgré les différentes
sottises qui ont pu être dites à cet égard, ni la réalité comme telle,
ni le principe de réalité (absurdités du genre : je suis opprimé par
la loi de la gravitation parce que je voudrais voler). Et quand on
parle de réalité, il ne faut surtout pas oublier cet aspect tout à
fait fondamental qu'est la mort. À travers le thème de la mort,
on peut être tenté d'en introduire un autre, qui concerne ce que
certains ont appelé la finitude de l'être humain. Je suis quant à
moi hostile à ce langage et à cette façon d'aborder le problème.
[*Annot. marg.* : développer.] Mais quoi qu'il en soit, on ne peut
pas soutenir que la mort et plus généralement la réalité sont source

d'hétéronomie, tout comme on ne peut pas voir dans l'existence d'autres individus ou de la société une source d'hétéronomie. Il n'y a d'existence que collective, il n'y a d'existence que sociale. Il est ridicule de dire que l'enfer, c'est les autres. Les autres, tout comme la réalité elle-même, s'ils sont source d'obstacles, sont également source de possibilités. Cela va dépendre, aussi et surtout, de ce que je suis.

Nous pouvons alors nous demander jusqu'où peut aller la réduction de cette hétéronomie; et nous voyons qu'en un sens presque tout dépend de l'institution sociale. Je vous disais que l'une des sources de l'hétéronomie est l'intériorisation de l'institution sociale comme indiscutée et indiscutable. Il est évident que cela n'est possible que dans un certain type de société; et, de façon symétrique, que la mise en cause des normes et des valeurs de la société, des représentations héritées, de l'idée de ce qui est ou n'est pas juste, n'est possible que dans un certain type de société. Pour le dire d'un mot, encore une fois, un Socrate babylonien est impossible. La même chose, d'une autre façon, est vraie pour cette deuxième source de l'hétéronomie de l'individu au niveau de l'institution sociale qu'est la contrainte. Celle-ci, bien entendu, est toujours instituée socialement, autrement elle n'a pas de sens, qu'il s'agisse de ce qu'on a appelé le monopole de la violence légitime, c'est-à-dire de l'État, ou de la contrainte exercée par le pouvoir économique, une forte inégalité économique, etc. Mais finalement la même chose est vraie même pour le premier aspect de l'hétéronomie, celui qui a sa source dans l'individu lui-même, dans ses pulsions inconscientes. Car nous avons vu que l'inconscient, c'est-à-dire la psyché, ou plus exactement la socialisation de la psyché, est régulé socialement chaque fois suivant l'institution de la société. Qu'il soit donné libre cours à telle pulsion, alors que telles autres pulsions sont réprimées ou refoulées, cela dépend pour l'essentiel de l'institution de la société, comme on le voit du reste empiriquement; et là encore, c'est vers cette institution qu'il faut se tourner si l'on veut des individus qui établissent un rapport autant que faire se peut autonome avec leur inconscient. Si l'on peut donc dire que l'autonomie de l'individu, c'est la condition de l'éthique, cette autonomie, comme je l'ai dit tout à l'heure, n'est pas identique à l'éthique. Mais une éthique sans politique est une absurdité[3], parce qu'elle ignore les conditions sous lesquelles peut exister un individu capable d'action éthique. <...> Dire que l'on veut l'autonomie individuelle, c'est donc dire que l'on veut l'autonomie sociale ; en reprenant les articulations que j'ai explicitées à l'instant, cela veut dire que l'on veut une société où il y a possibilité de mise en question par chacun de l'institution donnée et suppression de la contrainte sociale. Je ne parle pas de la contrainte qu'exerce la société sur celui qui est en proie à un accès de folie meurtrière, je parle de celle qui est liée, dans toutes les sociétés historiques, à la division sociale et à l'existence d'un appareil d'État séparé de la société. Le projet d'une société autonome revient donc à supprimer non pas le pouvoir, mais la division sociale et l'État comme appareil séparé. Et à ceux parmi vous qui ont suivi le séminaire de l'année dernière, mais nous reviendrons là-dessus cette année, je rappelle ce que je disais de la cité grecque : qu'elle n'est pas un État au sens traditionnel du terme. Reprenons maintenant les termes utilisés.

Autonomie. Autant dire, nous l'avons vu, auto-institution lucide de la société ou auto-institution qui se fait plus ou moins en connaissance de cause – ce qui ne veut pas dire qu'elle se fait dans la transparence totale, et ce qui ne veut pas dire qu'elle est rationnelle. C'est autour de cet *auto* que se noue le problème, et que l'on peut essayer d'élucider la question. Quel est cet *auto*, dans le cas de la société ? C'est la collectivité elle-même, c'est tous. Laissons pour l'instant une autre question, significative mais pas fondamentale, celle de la limite de ce « tous » (qui concer-

3. <*Cf.* C. Castoriadis, « L'exigence révolutionnaire » (1976), in *CS*, p. 336-337 ; « Une interrogation... » (1979), in *DH*, p. 242-243, rééd. p. 300-301 ; « Fait et à faire » (1989), in *FF*, p. 54-62, rééd. p. 63-73 ; « Le cache-misère de l'éthique » (1993), in *La Montée de l'insignifiance* (dorénavant *MI*), Paris, 1996, p. 206-220, rééd. p. 249-266.>

nerait, par exemple, l'âge des individus). Que peut vouloir dire : la collectivité, en tant que collectivité, s'auto-institue ? Nous retrouvons là ce que j'ai appelé le problème de Rousseau. La seule véritable réponse à cette question, c'est qu'une collectivité s'auto-institue lorsqu'il y a participation égale de tous quant au pouvoir instituant. Ce qui nous renvoie à l'idée d'égalité et aussi, pour des raisons dont j'ai déjà parlé l'année dernière et sur lesquelles je reviendrai, à l'idée de démocratie directe.

Égalité. Ici, on assiste à une régression énorme. Pour un peu, certains feraient semblant de croire que vouloir l'égalité, c'est vouloir que tout le monde mesure 1,72 mètre et pèse le même poids, quitte à soumettre toute la planète au même régime alimentaire, etc. Il y a là une sophistique de bas étage, que l'on trouve sous la plume de Friedman, Hayek, etc. Je n'en discuterai pas, cela n'en vaut vraiment pas la peine. Disons, car c'est une question beaucoup plus intéressante, que c'est précisément par le biais de l'égalité, de la participation égale de tous au pouvoir et de la critique de la démocratie « formelle » – expression très mauvaise, il faudrait parler de démocratie ou de participation partielle – que s'est introduite, même en restant au niveau strictement politique, ce qu'on a appelé la question sociale. Je voudrais ouvrir ici une parenthèse qui concerne Hannah Arendt. Cela, parce qu'il s'agit d'un auteur que, vous le savez, j'estime énormément et que je vous ai toujours conseillé de lire[4]. C'est un peu paradoxal : je ne suis presque jamais d'accord avec elle, mais je trouve que ce qu'elle dit fait toujours réfléchir. Je vous ai déjà parlé de la comparaison qu'elle fait entre la Révolution américaine et la Révolution française[5], de la grande supériorité qu'elle reconnaît à la première, qu'elle voit comme presque exclusivement tournée vers les questions politiques et d'organisation du pouvoir, d'égalité des citoyens devant la loi, tandis que la Révolu-

---

4. <*Cf. CEL*, p. 80 *sq.*>
5. <*Ibid.*, p. 80-81, 106-110 ; H. Arendt, *Essai sur la révolution* (1963), Paris, Gallimard, coll. « Les Essais », 1967 (rééd. coll. « Tel », 1985), p. 77-78, 82-165.>

tion française a eu à ses yeux le grand défaut, du point de vue historique, d'introduire dans la politique l'intérêt pour la question sociale, pour les pauvres, de croire que la solution de ces questions est une tâche de la politique. Voilà, schématisée mais non déformée, la position de Hannah Arendt sur la question, telle qu'elle est présentée à plusieurs reprises dans l'*Essai sur la révolution* et dans *The Human Condition*, traduit en français sous un titre, *Condition de l'homme moderne*, dont je vous ai déjà dit tout le mal que je pensais compte tenu du fait que les deux tiers du livre sont consacrés à l'homme grec ancien. Pour Arendt, et je ne crois pas déformer sa pensée, la vie politique des Grecs était grande et belle parce qu'elle ne s'occupait pas des pauvres, l'essentiel n'étant pas d'être pauvre ou riche mais d'être citoyen. Ce qui bien entendu n'est vrai que jusqu'à un certain point puisque sous Solon il y a des distinctions politiques basées sur la fortune et que ces distinctions ne perdront leur importance pratique qu'au milieu du Ve siècle. Reste que la question économique comme telle n'est effectivement jamais apparue au premier plan des activités politiques. Mais laissons pour l'instant de côté la cité grecque. Qu'en est-il à l'époque moderne? L'attitude d'Arendt vis-à-vis de Jefferson est curieuse. Elle est pleine d'admiration pour le grand penseur et l'homme politique que fut l'auteur de la Déclaration d'indépendance. Or Jefferson était tout à fait conscient, de façon très explicite, non pas de la détermination causale, mais du poids, de l'importance des conditions que l'on peut appeler socio-économiques pour le régime politique. C'est d'ailleurs pour cela qu'il était tout simplement opposé à l'industrialisation de la nouvelle république américaine car il voyait celle-ci comme la coexistence d'une multitude de propriétaires agricoles indépendants[6]. Avec des esclaves, soit dit en

---

6. <« *Corruption of morals in the mass of cultivators is a phenomenon of which no age nor nation has furnished an example. [...] While we have land to labor then, let us never wish to see our citizens occupied at a workbench, or twirling a distaff. Carpenters, masons, smiths, are wanting in husbandry; but for the general operations of manufacture, let our workshops remain in*

passant ; mais cela est une autre histoire, et les mêmes qui sont intarissables sur la démocratie grecque « basée sur l'esclavage » préfèrent ne pas insister là-dessus[d]. Quoi qu'il en soit, c'est cela, la conception jeffersonienne de la démocratie, et on peut dire que la fameuse phrase de Marx que je vous ai citée mille fois sur le fait, à mon avis exact, que la condition socio-économique de la démocratie antique était la communauté des petits propriétaires indépendants[7] n'est que l'écho, à soixante ans d'écart, de cette pensée politique jeffersonienne. Pour Jefferson, il est évident qu'il ne faut pas que ces propriétés soient trop inégales les unes par rapport aux autres, car si les uns deviennent de simples ouvriers agricoles et d'autres de gros propriétaires fonciers, si le débiteur vote comme le lui demande le créancier, disparaît alors sinon la base, du moins le pendant socio-économique d'une véritable égalité politique. C'est précisément sur ces questions que s'établit aux États-Unis, à la fin du XVIIIe siècle, l'opposition entre d'un côté les jeffersoniens, les « républicains » comme on les a appelés à ce moment-là, et les fédéralistes, Hamilton et Adams[e]. Les jeffersoniens sont des adversaires de l'industrialisation, hostiles donc à des tarifs douaniers qui pourraient permettre le développement d'une industrie locale, tandis que Hamilton et ses amis sont favorables aux tarifs. À cette époque, les républicains sont pour la plus grande autonomie des États et, à l'intérieur des États, des comtés, etc. ; non seulement l'État fédéral ne doit avoir que les pouvoirs qui lui sont explicitement délégués, mais ceux-ci se réduisent pratiquement à la représentation vis-à-vis de l'étranger et à la défense. Bref, on voit que ce que Jefferson voulait vers 1800, c'est dans une grande mesure une sorte de restauration de la démocratie antique telle qu'il la conçoit : un ensemble de petits

---

Europe » (« Notes on Virginia » [1784], *in* A. Koch et W. Peden [éd.], *The Life and Selected Writings of Thomas Jefferson* [1944], New York, The Modern Library, 1998, p. 259.)>

7. <K. Marx, *Le Capital*, éd. M. Rubel, Paris, Gallimard, coll. « Bibliothèque de la Pléiade », 1963, livre I, 4e section, chap. 13, p. 874.>

propriétaires capables de décider collectivement des affaires communes. Quand Tocqueville, quelques décennies plus tard, publie son premier volume sur la démocratie en Amérique, il voit la base du régime politique, en termes assez jeffersoniens, dans la grande fragmentation de la propriété foncière – et aussi dans la destruction des rangs et distinctions héréditaires – qui caractérise l'« état social » en Amérique[8]. Mais dès 1831-1832, à l'époque du premier voyage en Amérique de Tocqueville avec son ami Gustave de Beaumont, tout cela, c'est déjà dans une grande mesure du passé[f]. Il serait absurde d'en tenir rigueur à ce très grand observateur que fut Tocqueville, mais le fait est là : dans l'Amérique de l'époque, la très grande « fluctuation de la fortune[9] », qui d'après lui empêcherait la plupart du temps que richesse et pouvoir restent entre les mains d'une même famille pendant plus d'une génération, n'a pas en tout cas fait obstacle à une forte différenciation sociale et à la création d'une élite qui accapare le pouvoir, l'élection de Jackson étant d'ailleurs la manifestation de la réaction populaire contre cet état de fait. Et au bout de cette histoire il y a General Motors, IBM et ITT, etc., dont il serait absurde de parler en termes simplement jeffersoniens. Il est difficile d'ignorer cet aspect de la réalité en disant que tout ce qui nous intéresse, c'est la politique et que la pitié pour les pauvres doit rester au plan privé et ne pas interférer avec elle. La question n'est pas d'avoir ou non pitié des pauvres ; la question, c'est que parler d'égalité dans une telle société devient un leurre. Vous me direz que tout cela, ce sont des

8. <A. de Tocqueville, *De la démocratie en Amérique*, t. 1 (1835), préface de F. Furet, Paris, Flammarion, coll. « GF », 1981, p. 112-113.>
9. <« Ce n'est pas qu'aux États-Unis comme ailleurs il n'y ait des riches ; je ne connais même pas de pays où l'amour de l'argent tienne une plus large place dans le cœur de l'homme, et où l'on professe un mépris plus profond pour la théorie de l'égalité permanente des biens. Mais la fortune y circule avec une incroyable rapidité, et l'expérience apprend qu'il est rare de voir deux générations en recueillir les faveurs » *(ibid.)*. Voir les hésitations de Tocqueville sur l'avenir d'une « aristocratie manufacturière » dans le t. 2 (1840), p. 199-202.>

évidences. Je ne les rappelle que parce qu'un auteur aussi important qu'Arendt glisse là-dessus. Il ne saurait y avoir d'égalité politique dans les conditions que nous connaissons, avec une telle concentration du pouvoir économique et tout ce que cette concentration implique ; et cela, que le pouvoir économique prenne la forme classique de la propriété privée ou qu'il y ait confusion du pouvoir économique et du pouvoir politique entre les mains d'une bureaucratie politico-étatique. Nous ne pouvons pas revenir à une société agraire de petits propriétaires indépendants, et même si par impossible nous y parvenions, nous retrouverions le mouvement qu'on pourrait appeler naturel – ou quasi naturel, car l'économie n'est pas «naturelle» – de concentration de la propriété. La disparition de la «frontière» américaine a eu lieu à la fin du XIXe siècle, et il n'y a plus sur terre de société agraire où tout excédent de population pourrait être absorbé dans des territoires «libres». Concentration inévitable de la propriété, cela veut dire inégalité extrême des conditions économiques, avec des conséquences évidentes pour le pouvoir politique et son exercice effectif.

Mais reprenons le fil de notre exposé d'aujourd'hui, et revenons à l'auto-institution et à la définition de cet *auto*, du sujet de l'auto-institution. *Auto*, disions-nous, c'est la collectivité, c'est tous. Il s'agit donc de l'égalité de participation au pouvoir – instituant, législatif, gouvernemental –, et donc aussi de la *possibilité* effective de participation. Dans cette affaire, il n'y a pas de solution *a priori*. Nous avons fait un détour par la question de l'inégalité économique parce qu'il est évident que parler de «droits» égaux pour tous quand il y a une telle inégalité de conditions est une plaisanterie. Mais dire cela ne suffit pas : la question est de savoir jusqu'où peut aller l'égalité dans la possibilité effective de participation. Car cette participation effective dépend de l'intérêt de l'individu, de son investissement de la chose publique, mais aussi de ses capacités. Et là, il est certain qu'il n'y a aucun sens à vouloir égaliser ces capacités comme telles ; mais il convient par contre de les égaliser par rapport à la participation au pouvoir et, comme dirait Aristote, *pros tèn khreian hikanôs*, suffisamment quant au besoin/usage. Cette parenthèse nous ramène à nouveau à l'actualité ; car il faut bien voir que ces questions ne sont pas un sujet de débat académique, c'est elles que l'on trouve derrière la discussion qui a lieu actuellement sur le thème instruction/éducation en France, ou sur le type d'école aux États-Unis. Il est évident que par « participation égale » nous ne voulons pas dire – vous connaissez les slogans des réactionnaires dans ces débats – qu'il faut obliger tous les enfants d'une classe à suivre le rythme du moins doué. Ce n'est pas parce qu'on a dit « égalité effective de participation » que l'on a résolu miraculeusement tous les problèmes. Mais si nous nous demandons ce que veut dire cette égalité, jusqu'où elle va, nous aboutissons tout de suite – et ce n'est pas par hasard que j'ai mentionné le cas de l'éducation – à la question de ce que les Grecs anciens appelaient *paideia* au sens le plus large du terme : éducation, élevage/élévation du *pais*, de l'enfant, de l'individu. Aristote disait que la tâche la plus importante de la cité, ce n'est ni la guerre ni la paix, mais la *paideia pros to koinon*[10], l'éducation en vue des affaires communes – ce qui veut dire instiller chez l'individu à la fois la capacité de participer à l'auto-gouvernement et la conscience du fait qu'il s'agit bien de ses propres affaires. Cette question de la possibilité effective de participation nous ramène ainsi par le biais de la *paideia* au problème de la division sociale et à la question de la justice[11].

Là encore, nous pouvons reprendre non pas la réponse mais la formulation de la question que donne admirablement Aristote, et dire que la question de la justice se pose précisément parce que les individus sont par nature inégaux. « Par nature » voulant dire que l'on naît différents, autres, et que l'institution de la

10. <Aristote, *Éth. Nic.*, V, 2, 1130b 26.>
11. <*Cf.* C. Castoriadis, « Valeur, égalité, justice politique : de Marx à Aristote et d'Aristote à nous » (1975), in *CL*, p. 268-313, rééd. p. 350-409 ; « Socialisme et société autonome » (1979), in *CS*, p. 40-43.>

société doit répondre à la question : qu'est-ce que la société donne, que ce soit sous forme d'éducation, salaire, richesse, lieu d'habitation, etc., à chaque individu ? C'est-à-dire : quoi à qui, et sur quelle base ? Si nous répondons qu'elle doit donner «également» à tous, ce qu'aurait dit aussi Aristote, et d'ailleurs Platon et les citoyens de très nombreuses cités grecques avant lui, il est évident qu'il ne peut s'agir d'une égalité arithmétique, que ce n'est pas en donnant exactement la même chose à tout le monde que l'on établit une véritable égalité. Car les usines de vêtements fabriqueraient alors pour tout le monde des vêtements correspondant à la taille moyenne de la population, et nous recevrions chacun par mois, ou par semaine, un quart de disque de Bach et trois quarts de disque de rock. Je plaisante, c'est extravagant, mais donner «la même chose à tout le monde», c'est cela. La véritable question est : donner quoi à qui, et égaliser quant à quoi ? S'agit-il d'égaliser quant à tout ? Certainement pas, puisque l'altérité des individus, nous en parlions la dernière fois, non seulement n'est pas quelque chose de négatif dans une société, mais bien quelque chose que nous avons à valoriser positivement. Il s'agit d'égaliser *quant au pouvoir*, et ce qui se pose là, bien sûr, c'est la question de l'institution politique concrète : comment égaliser quant au pouvoir autant que faire se peut ? Je dis autant que faire se peut car dans aucun avenir prévisible on ne pourra empêcher qu'il y ait des gens que la gestion des affaires communes passionne tandis que d'autres n'y voient qu'une corvée. Il en sera peut-être autrement un jour, mais pour l'instant on retrouve ce fait sous les formes d'institution de la société les plus diverses. Quand à Athènes, à la plus grande époque, il fallait répondre aux ambassadeurs lacédémoniens pour décider de ce qu'allait devenir la guerre du Péloponnèse, il n'y avait là que 20 000 participants sur un corps civique de 30 000 personnes environ. Et d'habitude il n'y avait guère que 10 000 ou 15 000 citoyens présents à l'*Ekklèsia*[g]. Il est vrai qu'un paysan qui habitait à soixante kilomètres de là ne se rendait en ville que pour les grandes occasions, mais on ne

saurait réduire le problème de la participation à ce genre d'obstacle, il y a aussi des centres d'intérêt différents, et les choses qui
passionnaient Périclès ne passionnaient pas forcément Dicéo-
polis, ni d'ailleurs Sophocle. La réponse à la question : que veut
dire égaliser quant au pouvoir ? n'est donc pas évidente, et c'est
là tout le problème de l'institution politique concrète.

Quant aux limites de cette auto-institution, je vous ai déjà
dit qu'il n'y en a pas en principe, mais que la démocratie doit
quand même s'auto-limiter. La démocratie est le régime où le
peuple peut tout faire, mais ne doit pas faire n'importe quoi ;
mais personne d'autre ne peut lui dire ce qu'il ne doit pas faire.
La démocratie est un régime de risque, et un régime tragique[12].
Nous avons parlé l'année dernière des institutions (la *graphè
paranomôn*, la tragédie elle-même) par lesquelles la démocratie athénienne a essayé de répondre à ce problème. Nous avons
aussi parlé de la réponse qui a été donnée à la question de
l'objet de l'auto-institution comme telle. La question se pose,
en effet, parce que nous voulons l'autonomie individuelle et
collective et, malgré le « Qui cherche dans la liberté autre chose
qu'elle-même est fait pour servir[13] » de Tocqueville, nous disons
que nous voulons la liberté à la fois pour elle-même et pour
pouvoir *faire* des choses, nous valorisons l'autonomie en tant
que telle mais nous voulons aussi faire quelque chose de cette
autonomie. Mais faire *quoi* ? Le contenu de l'activité collective sociale, l'orientation à lui donner, pour autant qu'il ne
s'agit pas de simple régulation, d'une sorte de code de la route
social à grande échelle, est une question de fond pour laquelle,
là aussi, il n'y a pas de réponse écrite d'avance. Nous avons
vu[14], et nous y reviendrons cette année, la réponse que donnait
Périclès dans l'Épitaphe, dans l'Oraison funèbre que rapporte

---

12. <*Cf.* « La *polis* grecque… », *DH*, p. 296-299, rééd. p. 369-375 ; *CEL*,
p. 126-128, 203-205.>
13. <A. de Tocqueville, *L'Ancien Régime et la Révolution* (1856), éd.
J.-P. Mayer, Paris, Gallimard, 1967, p. 267.>
14. <*Cf. CEL*, p. 161-168 (séminaire du 20 mai 1983).>

Thucydide, sur ce qu'était l'objectif de cette société politique libre, autonome, auto-gouvernée : le *philosophein* et le *philokalein* : le vivre dans et par la sagesse et la beauté. Mais la question se pose aussi aujourd'hui, et de façon à vrai dire angoissante, car il est difficile de penser qu'il puisse y avoir un mouvement collectif important susceptible d'aboutir à une véritable transformation de la société s'il était uniquement animé par la visée d'autonomie comme telle. Je crois en effet que si nous assistons un jour à la renaissance d'un mouvement politique capable de transformer radicalement la société, ce sera certes parce que les gens voudront une société plus libre, mais aussi parce qu'ils voudront un certain nombre de contenus, de biens substantiels, dont ils penseront que seule une société libre leur permettrait de les obtenir. C'est-à-dire qu'ils voudront, au sens le plus large du terme, une culture différente[15]. Et c'est sur ce point qu'il y a lieu de s'inquiéter aujourd'hui. Car s'il existe toujours, sous des formes sans doute affaiblies, des tentatives d'obtenir une plus grande autonomie, on assiste en même temps à une sorte de quasi-effondrement des contenus substantifs. J'entends par là qu'on ne voit surgir nulle part quelque chose qu'on voudrait mettre à la place de ce monde qui visiblement se disloque et se décompose. Nous aborderons cette question, ainsi que celle de la volonté politique, dans notre prochain séminaire[16], avant de revenir à la Grèce et de passer à des questions plus générales. Je vous demande de mettre à profit la coupure des vacances pour travailler certains textes : l'Épitaphe chez Thucydide, les dialogues politiques de Platon – je pense à l'*Apologie*, au *Criton*, au *Protagoras*, au *Gorgias*, au *Banquet*, au *Politique*, à la *République*, aux *Lois* –, enfin la *Politique* et l'*Éthique à Nicomaque* d'Aristote.

15. <*Cf.* « Transformation sociale et changement culturel » (1979), in *CS*, p. 413-439, repris in *FC*, p. 11-39 ; « La culture dans une société démocratique », *MI*, p. 194-205, rééd. p. 234-248.>
16. <Séminaire du 20 janvier 1985, perdu, ainsi que le suivant, du 30 janvier 1985.>

QUESTIONS

– Quels sont les rapports entre hétéronomie et aliénation ? Toute société étant par définition extérieure aux individus qui la composent, l'idée de société autonome n'est-elle pas contradictoire ? Enfin, compte tenu des rapports de l'individu avec son inconscient, son autonomie n'est-elle pas forcément impossible ?

La troisième partie de votre question est peut-être la meilleure façon d'entrer dans le sujet. Quelle idée de l'autonomie y a-t-il derrière cette position ? C'est le phantasme théologique : un être qui est cause de lui-même, né de rien et totalement transparent à lui-même, qui se voit de part en part instantanément. Mais ce n'est qu'un phantasme. Je dépends pour mon existence, entre autres choses, de différents métabolismes, et je ne peux pas grand-chose à ces mécanismes. Ceux qui disent que nous sommes forcément hétéronomes veulent-ils dire que nous avons un corps, que nous sommes mortels, que nous vivons dans un univers physique, que nous ne sommes pas tout-puissants, qu'il ne suffit pas de penser à une chose pour qu'elle se réalise, etc. ? Cela, on l'a tous à peu près compris à l'âge de sept ans. Ou est-ce qu'on entend par là autre chose ? Et là j'en reviens à votre première question. Pourquoi est-ce que j'utilise le terme d'« hétéronomie » plutôt que celui d'« aliénation » ? Parce que le terme d'« aliénation » est aussi théologique, il implique (et ce n'est pas par hasard, il vient de Hegel) que l'esprit se perd en s'extériorisant. Il y aurait une substance vraie de l'homme qui se perd ainsi, soit parce qu'elle se matérialise, ou qu'elle s'extériorise, ou que, comme chez Marx, le produit de cette substance vraie, ou les facultés dont elle se compose, est asservi à un autrui, classe ou système impersonnel. Or il n'y a pas de vraie substance de l'homme qui se perde, l'homme ne peut vivre qu'en s'extériorisant, et à partir du moment où il s'extériorise – là encore il faut renoncer au phantasme de la maîtrise – il n'est pas le maître de ce dans quoi il a déposé ou cristallisé son activité, ni de cette activité d'ailleurs. Cette absence de maîtrise de l'activité propre est-elle une aliénation ? Non. Deux exemples : celui du politique et celui de l'artiste. Curieusement, cela, quelqu'un comme Trotsky le savait. Je dis curieusement parce qu'il se voulait marxiste, et même tout à fait orthodoxe. Il écrit pourtant dans *Ma vie* que tout véritable écrivain a connu ces moments où une main plus forte que la sienne guide sa plume ; et que la révolution, c'est cela : «un moment d'inspiration» – «fusion créatrice du conscient avec l'inconscient» – dans l'histoire[17]. Ce qui est bien entendu en contradiction flagrante avec son propre système, les raisons qu'il avance et les «lois» qu'il invoque pour expliquer le caractère «nécessaire» de la révolution en Russie. Contradiction qui prouve que Trotsky, homme profondément cultivé, savait bien cela : que la révolution est une création. Quant au musicien : plus il est grand, moins il est maître de son activité. Mais le psychotique, dira-t-on, plus son cas est grave, moins il est maître lui aussi de son activité. Où est la différence ? Prenez le cas de Chopin improvisant. Entre ici en jeu toute une série de facteurs qui relèvent de son histoire précédente, de sa technique pianistique, de la connaissance qu'il a de l'harmonie, mais aussi de ses propres mains, de ses nerfs, de tout un fond dont il n'est pas conscient, au sens courant du terme, qu'il ne maîtrise donc pas. Il laisse pourtant sortir quelque chose de ce fond, mais pas n'importe quoi. Vous voyez pourquoi j'ai renoncé à utiliser le terme d'«aliénation», lui préférant «hétéronomie» au sens que j'ai essayé de définir[h]. Est hétéronome un individu dominé par son inconscient sans savoir qu'il l'est et sans pouvoir donc introduire dans ce rapport la moindre distance, la moindre élasticité – très différent en cela du grand musicien inspiré qui improvise et, immédiatement ou peu de temps après, quand il passe à l'écriture, trie et biffe. Au niveau collectif, bien entendu, les choses sont diffé-

17. <L. Trotsky, *Ma vie* (1930), trad. M. Parijanine, introduction de A. Rosmer, Paris, Gallimard, 1953, p. 343-344.>

rentes. Avec un point commun : l'institution est toujours création de la société elle-même. Il est vrai que la société s'asservit en général à sa propre institution et la pense comme n'étant pas son œuvre, comme lui étant extérieure, œuvre de Dieu ou, comme dit maintenant M. Hayek, résultat d'une sélection néo-darwinienne des types de société ; donc cela ne dépend pas de nous, donc il n'y a pas de question à poser et notamment pas celle de la justice. Mais d'autres attitudes sont et ont été historiquement possibles.

Vous dites : l'idée d'une société autonome est intrinsèquement contradictoire parce que toute société est extérieure aux individus eux-mêmes. Ce qui est sous-jacent à cette objection, c'est toujours le vieux postulat de la philosophie idéaliste, et aussi libérale : seul l'individu existe vraiment, la société est un artefact ; l'individu est libre, la société est une limitation de sa liberté ; et comme cette société est extérieure à l'individu, l'individu est nécessairement hétéronome ou aliéné à la société. Reprenons encore une fois : je suis un individu, entre autres choses, parce que je parle. Or si l'on m'avait laissé à la naissance sur une île déserte, avec toute la nourriture nécessaire et la compagnie de quelque robot prévenant mais muet, je n'aurais jamais appris à parler. Et si je pense, c'est parce que je peux parler. Ce qui n'est pas quelque chose que je me suis donné ni que j'ai d'une quelconque façon mérité. Cela m'a été donné par la collectivité : aucun individu n'aurait pu instituer cette langue, l'idée même qu'il puisse le faire est une absurdité. L'individu cartésiano-kantien a besoin d'une langue ne fût-ce que pour distinguer ses pensées ou cogitations les unes des autres, et c'est la faiblesse de toutes les philosophies idéalistes et de Kant lui-même de ne pas avoir de bonne réponse là-dessus. Il n'y a pas de sens à dire que la société est ou n'est pas extérieure à l'individu : l'individu est pour une partie qui n'a presque pas de limite assignable, si ce n'est le noyau psychique, une fabrication sociale. Mais cet individu fabrication sociale peut, dans certaines sociétés, revenir sur la question et dire : je, moi, et les autres voulons changer cette société. C'est un de ces phénomènes de l'histoire qui sont irréductibles, originaires, et sur lesquels je ne crois pas que l'on puisse aller plus loin.

– Mais l'inconscient ne reste-t-il pas hétéronome malgré toutes les analyses ?

L'inconscient n'est ni hétéronome ni autonome, je ne vois rien qui justifie ces expressions. Vous restez prisonnier dans ce domaine de l'idée de domination, de maîtrise. Prenez le cas de l'artiste. S'il s'agissait de domination, le grand artiste serait capable de mobiliser à n'importe quel moment son inspiration au maximum. Nous savons tous, artistes ou pas, que ce n'est pas le cas. Voyez les *Lettres à un jeune poète*[18] de Rilke : comme les mystiques, l'écrivain a des heures de sécheresse, l'inspiration ne vient pas. Parfois le bon Homère dort, disait-on dès l'Antiquité. Beethoven est un compositeur immense, on trouve quand même chez lui trois ou quatre choses qui sont de la musique de brasserie ; mais cela ne change rien au fait que les dernières sonates ou les derniers quatuors sont des œuvres absolument uniques. Il n'y a guère de sens à parler d'hétéronomie ou d'autonomie quand il s'agit de l'inconscient. Je peux, en tant qu'instance lucide, établir un certain rapport avec moi-même, et donc aussi avec cet inconscient qui gît dans les profondeurs, puisqu'on ne peut parler de cela que par métaphores spatiales. Un rapport où je ne suis pas forcé de retourner vingt fois à ma voiture pour vérifier que j'ai bien fermé les portes, parce que j'ai réussi à casser ce symptôme obsessionnel en me disant : si elles ne sont pas fermées, tant pis. Quant à l'analyse, en un sens elle n'a rien à faire là-dedans : quelqu'un peut avoir établi ce type de rapport avec lui-même, réussi à ne pas se leurrer systématiquement, sans avoir jamais connu d'analyse pour la très simple raison qu'il a vécu avant 1900.

18. <*Lettres à un jeune poète*, trad. M. Betz, in *Œuvres. Prose*, éd. P. de Man, Paris, Seuil, 1966, p. 304, 326.>

<Question presque inaudible sur autonomie et liberté chez Kant.>

Ce séminaire n'est pas consacré à des problèmes de philosophie, disons, techniques, mais de toute façon mon usage des termes n'a pour ainsi dire rien à voir avec l'usage kantien. Je vous rappelle que, chez Kant, ma liberté, c'est la liberté de me conformer à une loi. Et c'est pour ainsi dire tout. J'ai parlé d'un autre type de rapport à établir, et qui en un sens est pré-éthique, dans la mesure où il ne porte pas sur la question de savoir ce que j'ai à faire. Mais je profite de l'occasion pour vous rappeler que l'*autos* peut devenir *heteros* et que l'*heteros* peut devenir *autos*. L'inconscient, c'est bien moi ; mais si je suis complètement dominé par mon inconscient, je ne suis pas autonome. Quand je lis un auteur, j'écoute un musicien, je discute avec quelqu'un, alors quelque chose s'ouvre devant mes yeux et je le suis ; non pas comme un esclave, mais attentif à cette ouverture ; l'*heteros* est devenu *autos*, l'autre est devenu source de ma liberté.

XI

Séminaire du 6 février 1985[1]

Pourquoi l'histoire – l'historiographie – naît-elle chez les Grecs et non chez d'autres peuples ? On peut répondre brièvement qu'à partir du moment où il y a mise en question de la tradition comme instance souveraine décidant du vrai et du faux commencent aussi bien l'activité politique et philosophique que la recherche historique, et que tout cela procède d'un même mouvement. Car si l'image du monde que donnent les mythes de la tribu, celle des poètes, est fausse, si les lois ne sont pas bonnes simplement parce qu'elles étaient là, il faut alors chercher autre chose ; et si le passé d'Athènes est différent de ce qu'on raconte, pourquoi ne pas essayer de savoir aussi ce qu'il en est des autres peuples ? Ce n'est pas un hasard si l'histoire commence chez Hérodote simultanément comme histoire et comme géographie-ethnographie, si l'enquête sur la lutte entre Grecs et Perses, entre l'Europe et l'Asie, est une enquête non seulement sur le passé, mais aussi, au plan spatial ou synchronique, un effort pour décrire les coutumes et les institutions des autres peuples : Égyptiens, Perses, etc. Et cela, faut-il le rappeler, avec une impartialité qu'on peut essayer d'égaler mais non pas dépasser : Hérodote met les ennemis jurés des Grecs au-dessus d'eux sous plus d'un rapport, mais surtout pour ce qui est de la religion, et signale par exemple que, contrairement aux Grecs,

---

1. <L'enregistrement à partir duquel est faite la transcription ne semble pas commencer au début du séminaire.>

les Perses n'ont jamais donné de forme humaine à leurs dieux[2]. Le refus de l'anthropomorphisme, réservé en Grèce à quelques sages, était la norme chez leurs ennemis. La naissance de l'histoire est donc enquête en même temps sur notre propre passé et sur les institutions (au sens le plus large) des autres. Il est surprenant de lire parfois qu'il ne pouvait naître d'histoire ou de philosophie de l'histoire qu'avec la conception hébraïque ou judéo-chrétienne d'une histoire linéaire, car le fait est que les Hébreux n'ont pas d'histoire mais des chroniques et des traditions ; et que dans un monde qui s'est voulu chrétien pendant une douzaine de siècles, le monde byzantin, et qui parlait la même langue que Thucydide, l'histoire n'est plus qu'une chronique guère fiable où le miracle est partout.

Nous allons parler aujourd'hui de Thucydide. Petite ironie s'agissant d'un homme qui essaye toujours de donner des repères chronologiques, nous en sommes réduits à supposer qu'il est né vers 460 et qu'il est mort vers 400, en tout cas après la fin de la guerre du Péloponnèse en 404. Nous n'en savons guère plus. Les fragments que nous avons des auteurs du IVe siècle, Timée ou Théopompe, montrent qu'ils ne dépassent pas le niveau des *Helléniques* de Xénophon : celui d'un historien capable d'enregistrer et de décrire les événements. L'incroyable profondeur du regard de Thucydide appartient à un monde révolu. Il faut attendre le IIe siècle pour trouver un auteur dont on peut dire qu'il s'agit d'un grand historien, Polybe ; et Polybe lui-même exprime un moment particulier. C'est l'exception dont parlait il y a quelques semaines Waldenfels. Polybe est, à sa façon, hégélien. Il est le témoin de l'ascension de Rome, et puisque Rome monte, puisqu'elle est puissante, qu'elle a vaincu les Macédoniens, qu'elle est en train de battre la Confédération achéenne, elle doit être « meilleure ». Et il écrit son histoire pour comprendre pourquoi. Comme lui-même est, politiquement, plutôt conservateur, son propre conservatisme et Rome

2. <*Cf.* Hérodote, I, 131.>

vont faire bon ménage : il essaiera de montrer que les Romains gagnent non seulement parce qu'ils sont supérieurs sur le plan de l'organisation militaire – en quoi il a tout à fait raison –, mais aussi parce qu'ils ont la meilleure constitution. Celle-ci est, dit-il – mettant ici à profit ce qu'il sait en tant que Grec –, un mixte des trois constitutions possibles : elle a des éléments démocratiques, aristocratiques et monarchiques. Rome est supérieure parce qu'elle a le bon tempérament, la bonne mixture des trois constitutions [3]. Après Polybe, vous avez des chroniqueurs ou des compilateurs qui écrivent à partir de ce que d'autres ont écrit, comme Diodore de Sicile ou même Plutarque, auteur par ailleurs très agréable à lire. Même Procope, qui essaie d'imiter Thucydide au VIe siècle, lui est bien inférieur. Quant aux autres Byzantins, autant ne pas en parler. L'histoire – une histoire qui n'est pas un simple enregistrement des faits et où derrière les faits on n'essaye pas de retrouver coûte que coûte la main de Dieu – ne renaît vraiment en Europe qu'au XVIIIe siècle. (Il y a bien Machiavel et Guichardin au XVIe siècle, mais ils restent isolés.) Cette histoire où l'on essaye de comprendre jusqu'à un certain point les causes réelles des événements et de replacer ceux-ci dans leur complexité est déjà là en un sens avec les réflexions de Montesquieu sur les causes de la grandeur et de la décadence des Romains [4], qui est la reprise d'une histoire critique, et on peut voir facilement tout ce qui la sépare de ce que voulait faire un demi-siècle auparavant Bossuet [5]. Inutile de vous rappeler ce qui a suivi au XVIIIe siècle – Gibbon et d'autres –, puis au XIXe siècle – Macaulay en Angleterre, Thierry ou Guizot en France, Niebuhr et Droysen en Allemagne, etc. On retrouve alors, avec des degrés de réussite variables, l'histoire véritable : recherche de l'exactitude, critique et effort pour lier les événements en un tout, refus de l'anecdote. Bref, on

---

3. <Polybe, VI.>
4. <1734.>
5. <Le *Discours sur l'histoire universelle* est de 1681.>

retrouve Thucydide. Il est bien entendu impossible de ne pas lier cette renaissance de l'histoire au XVIIIe siècle au reste, c'est-à-dire aux Lumières. Le *Dictionnaire* de Bayle[6], au début du siècle, est déjà en guerre ouverte contre la superstition. Mais la critique, la remise en question, doit aller de pair avec la volonté d'atteindre le général, de trouver des lois qui permettraient de guider l'action ou prévoir l'avenir, et même les deux autant que faire se peut. Gibbon, quand il se lance dans sa grande œuvre sur la décadence et la chute de l'Empire romain[7], pense aussi au déclin, un jour, de la puissance anglaise[a]. Il est vrai qu'il était en avance d'un bon siècle et demi, et que si l'on s'accorde les délais nécessaires, on peut toujours prédire sans risque le déclin de quelque chose. Un autre aspect, dans cette recherche des causes les plus importantes de la longue agonie et de la chute de l'Empire romain, est plus directement lié à l'esprit des Lumières. Parmi d'autres facteurs, il met en relief ce qu'il appelle « *the hostile attacks of the Barbarians and Christians*[8] ». Gibbon est un homme qui voyage, et il séjournera longuement en Suisse, dans un pays donc où la liberté d'expression est considérable – encore qu'une servante ait été décapitée en 1782 pour sorcellerie dans le canton de Glaris ; on voit bien en le lisant que sa critique, explicite ou implicite, de la religion instituée va loin. D'autant qu'il reprend au fond celle de Machiavel : à partir du moment où triomphe une religion pour laquelle l'essentiel est le salut de l'âme, il n'y a plus de citoyens et c'en est fait de la cité. Le grand historien suisse Jacob Burckhardt, à qui l'on doit comme vous le savez une histoire de la civilisation de la Renaissance en Italie, est aussi l'auteur d'une histoire de la civilisation grecque publiée après sa mort[9] – œuvre tout à fait monumen-

---

6. <*Dictionnaire historique et critique*, 1696-1697.>

7. <*The History of the Decline and Fall of the Roman Empire* (1776-1788) ; trad. fr. : *Histoire du déclin et de la chute de l'Empire romain*, trad. F. Guizot, Paris, Robert Laffont, coll. « Bouquins », 1983, 2 vol.>

8. <*Ibid.*, chap. LXXI.>

9. <J. Burckhardt, *Griechische Kulturgeschichte* (1898), Leipzig, Körner,

tale, même si le grand Wilamowitz n'a pas hésité à écrire lors de sa parution : pour la science philologique, ce livre *existiert nicht*, ne vaut rien[10] –, et a déjà dit, à propos de l'histoire et de l'ethnographie des Grecs, ce que je ne fais en un sens que répéter : l'histoire naît chez les Grecs, et ce que l'on trouve chez les Égyptiens, les Perses, les Hébreux n'est pas de l'histoire[11]. Repris dans mon langage, cela revient à dire : chez ces peuples, l'hétéronomie est totale ; pour eux, les événements historiques ont toujours eu des causes extérieures à l'action humaine, il ne saurait donc y avoir d'histoire. Ce n'est qu'à partir du moment où l'homme se pose comme origine des processus, comme aurait dit Arendt – je dirais plutôt : comme plus ou moins explicitement créateur –, qu'il peut y avoir à long terme vue historique des actes humains.

Je ne vais pas m'étendre sur la vie de Thucydide, vous trouverez le peu que nous en savons dans les introductions à son œuvre ou dans n'importe quelle histoire de la littérature grecque. Qu'il suffise de rappeler que 460-400, c'est Socrate, Démocrite, les grands sophistes comme Protagoras et Gorgias, la rédaction des écrits hippocratiques ; les grands tragiques, bien entendu ; Phidias, Ictinos… Bref, une époque où l'on trouve en Attique un génie par centimètre carré. Une époque surtout de remise en question générale, parfois sous une forme extrême dans le discours de certains sophistes, qui non seulement n'empêche pas mais va de pair avec la constitution et l'expansion d'une collectivité politique, la démocratie athénienne. La période que l'on appelle, en suivant Thucydide, la « pentécontaétie », les cinquante ans (480-430) qui vont de la bataille de Salamine au début de la guerre du Péloponnèse, est celle de l'acmé d'Athènes, à l'exté-

---

1929 ; trad. fr. : *Histoire de la civilisation grecque*, Vevey (Suisse), Éd. de l'Aire, 2002, 5 vol.>

10. <*Cf.* M.I. Finley, « "Progress" in Historiography » (1977), trad. fr. in *Mythe, mémoire, histoire*, Paris, Flammarion, p. 146-148.>

11. [*Annot. marg.* : *GKG*, III, p. 393-394.] <J. Burckhardt, *Histoire*…, *op. cit.*, t. III, p. 521-523.>

rieur, certes, avec le développement de l'empire, mais aussi à
l'intérieur, avec un approfondissement constant des réformes
et des changements démocratiques, sans qu'à aucun moment
on puisse dire que le régime soit devenu, même de loin, ce que
Platon s'est amusé à dépeindre : *the rule of the mob*, comme on
dit en anglais, le gouvernement par une foule au sens de Gustave
Le Bon[b], instable et irresponsable. De Clisthène (508) jusqu'à
413, date de l'expédition en Sicile, il y a eu presque un siècle
de démocratie, de gouvernement du peuple, où l'on trouvera
difficilement une décision importante qui soit indiscutablement
erronée. Je ne crois pas qu'il y ait dans l'histoire un gouvernement – monarchique, impérial, marxiste-léniniste, oligarchique,
aristocratique ou tout ce que vous voudrez – qui présente un
pareil bilan. Quelque chose se passe pourtant en 413, avec le
désastre de Sicile, qui est sans doute l'aboutissement d'une autre
crise, dont nous parlerons plus tard. Non que nous fassions ici
de l'histoire, mais nous aurons à en parler en fonction de la
conception qu'a Thucydide de l'histoire. Cependant, observe
celui-ci[12], malgré l'étendue du désastre, la meilleure partie de la
flotte et les milliers d'hoplites perdus, les Athéniens ne cèdent
pas. Ils lutteront encore pendant dix ans et on pourrait presque
dire que la défaite de 404 à Aegos Potamos n'est due en fin de
compte qu'à un revers qui n'avait rien d'inéluctable. Voilà ce
dont fut capable cette collectivité politique.

Quelques mots sur la méthode de Thucydide. Élu stratège, il
a été banni à la cinquième année de la guerre pour le punir de
son échec dans la région d'Amphipolis[13], après quoi il a passé
vingt ans d'exil en Thrace, où il avait des propriétés. Peut-être
a-t-il voyagé, et il parle en tout cas de certains endroits ou événements comme s'il en avait une connaissance directe. Il a recueilli
tous les témoignages qu'il pouvait, écrit année après année et
repris sans doute plusieurs fois la rédaction de son ouvrage. Or

12. <Thucydide, VIII, 1.>
13. <*Ibid.*, V, 26.>

cet exilé parle de la démocratie athénienne avec une objectivité extraordinaire. Il ne la glorifie pas comme un sycophante, ni comme un poète, mais il nous transmet l'Oraison funèbre de Périclès, dont le fond est sans doute authentique quels qu'en aient été les termes exacts ; il fait, parfois par la bouche de leurs ennemis comme dans le cas des Corinthiens, un portrait des Athéniens où il n'y a pas la moindre trace d'amertume. Il ne s'agit d'ailleurs pas de neutralité un peu fade, comme celle du professeur d'histoire d'aujourd'hui. Car s'il y a d'un côté le discours des Corinthiens et l'Épitaphe, on trouvera également d'autres commentaires, comme ces quelques phrases sur la révolution de 411 à Athènes [14], qui pourraient faire croire qu'il eût préféré, du moins à cette étape-là de la guerre, une démocratie restreignant les droits des citoyens non propriétaires. Les historiens continuent d'en débattre[c]. L'«objectivité» de Thucydide, c'est le fait qu'on peut encore discuter à l'infini pour savoir quelles étaient ses véritables préférences politiques.

Je vais d'abord rappeler brièvement ce qu'était la conception de l'histoire de Thucydide, puis parler de l'institution des Athéniens telle qu'elle est vue par lui, essentiellement à travers trois grands discours : celui des Corinthiens, puis celui des Athéniens devant les Spartiates au premier livre, quand il s'agit de décider de la guerre, et surtout l'Épitaphe de Périclès, qui va être au centre de notre discussion. Nous parlerons après de la nature de la guerre chez Thucydide, de sa théorie de la guerre ou plus exactement de sa vue – la seule vraie à mes yeux – selon laquelle il ne saurait y avoir de véritable théorie de la guerre [15]. La guerre est pour lui quelque chose d'irrationnel dans son essence, non pas au sens <d'absurde ou d'extravagant>, mais de créateur d'irrationalité dans l'histoire. Nous parlerons enfin de la question du droit et de la force. Thucydide représente très clairement le point de vue grec classique, celui qui a

---

14. <*Ibid.*, VIII, 97.>
15. <*Cf.* C. Castoriadis, «Des guerres en Europe» (1992), in *SD*, p. 109-112.>

prévalu du VIIIe au Ve siècle. Celui-ci est absolument étranger à toute théorie jusnaturaliste, et il n'y a pas pour lui de « droit naturel » qui règle le problème du droit et de la force : en principe le droit n'existe qu'entre égaux, et là où il n'y a pas d'égalité, c'est la force qui prévaut – mais cette force peut quand même être modérée en fonction d'un autre droit.

En ce qui concerne la conception générale de l'histoire chez Thucydide, il faut commencer par dénoncer une fois de plus l'idée absurde selon laquelle les Grecs ne connaissaient que le temps cyclique. Dodds[16] et d'autres ont montré depuis longtemps que l'idée d'un progrès de l'histoire était solidement établie dans les milieux intellectuels en Grèce au V[e] siècle. Quel progrès[17] ? C'est là qu'il faudra lire Thucydide de plus près. Il est certain que ce n'est pas la conception cyclique de l'histoire qui prévaut chez les Grecs[d], même si nous trouvons bien une cosmologie cyclique chez Platon ainsi que chez Aristote pour ce qui concerne le monde supra-lunaire chez Aristote (mais absolument pas pour ce qui est des choses humaines). Il y a certes des énoncés philosophiques – comme le fragment d'Anaximandre que nous avons analysé il y a deux ans qui dit que les êtres doivent payer rétribution les uns aux autres en disparaissant – mais ce n'est pas la même chose. [*Annot. marg.* : voir aussi Hérodote[18].] Le passage du chaos à quelque chose chez Hésiode ne s'inscrivait pas non plus dans une conception cyclique[19]. Mais revenons à Thucydide. On trouve

---

16. <Voir en particulier E.R. Dodds, « Progress in Classical Antiquity », *in* Ph. P. Wiener (éd.), *Dictionary of the History of Ideas*, New York, Charles Scribner's Sons, 1973, p. 623-663, repris in *The Ancient Concept of Progress*, Oxford, Clarendon Press, 1973, p. 1-24 ; trad. fr. : *Les Grecs et leurs croyances*, Paris, Éd. du Félin, 2009, p. 17-46.>

17. [*Annot. marg.* : Cf. A. Thibaudet, *La Campagne avec Thucydide. Cf.* aussi Cole, *Démocrite.*] <Le texte de Thibaudet est repris *in* Thucydide, *Histoire de la guerre du Péloponnèse*, trad. J. de Romilly, Paris, Robert Laffont, 1990, p. 1-140 (l'original est de 1922) ; T. Cole, *Democritus and the Sources of Greek Anthropology*, Ann Arbor, *Amer. Philological Monographs*, n° 25, 1967.>

18. <Cf. *CEL*, p. 243-245, 304-305.>

19. <Cf. *Ce qui fait la Grèce, 1 : D'Homère à Héraclite. Séminaires 1982-1983*

dans le premier livre une série de chapitres (2-19) auxquels on donne traditionnellement le nom d'«Archéologie»[20]. Thucydide, qui a commencé par dire qu'il a entrepris d'écrire l'histoire de ce conflit parce qu'il avait prévu qu'il serait plus important que tous les conflits antérieurs, ajoute immédiatement qu'il en est tout simplement ainsi parce que dans toutes les périodes précédentes les États, les cités étaient, sans commune mesure, plus faibles. Et ce qu'il décrit là est effectivement une progression, mais qui n'a lieu que dans un nombre limité de domaines : il y a perfectionnement des instruments pour tuer et pour produire, des fondements donc de la puissance ; il n'y a pas de perfectionnement de l'être humain, bien au contraire. Il ajoute d'ailleurs une chose à laquelle ne semblent pas avoir suffisamment réfléchi tous ceux qui dissertent sans fin aujourd'hui sur l'opposition entre Grecs et Barbares : que le mode de vie des Grecs du temps jadis était précisément celui des «Barbares d'aujourd'hui[21]». Mais qui sont ces «Barbares d'aujourd'hui» ? Thucydide dit des Grecs d'autrefois qu'ils portaient toujours les armes et qu'ils se livraient au brigandage et à la piraterie sans que cela fût considéré déshonorant, tout comme le faisaient encore de son temps certains peuples grecs un peu marginaux : Locriens, Étoliens ou Acarnaniens. Quand il affirme que le mode de vie de ces peuples, comme celui des Grecs du passé, est analogue à celui des «Barbares d'aujourd'hui», il est évident que Thucydide ne pense pas à ceux qu'il appelle par ailleurs également «Barbares», les Perses ou les Égyptiens, dont il sait bien qu'ils ont des États et des lois et qu'ils ne vivent pas de brigandage. Il a en vue certains Thraces, Illyriens ou Scythes, qui portent toujours des armes (ce qui est encore aujourd'hui considéré comme un droit par les citoyens des États-Unis, tout comme

---

(dorénavant *CQFG 1*), Paris, Seuil, 2004, p. 186-201 (Anaximandre), 171-175 (Hésiode).>

20. <*Ibid.*, p. 271-272.>
21. <Thucydide, I, 6.>

par les Afghans, les Kurdes, etc.). Qu'y a-t-il au fond derrière cette curieuse comparaison entre « Grecs » et « Barbares », où l'on voit que l'opposition est toute relative ? L'idée que, en ce qui concerne les instruments de destruction et de production, tous les peuples sont sur la même trajectoire, et qu'avec le temps la position des uns et des autres change. Sur cette trajectoire, à certains égards, les Grecs sont loin devant les autres, mais il en est également ainsi d'autres peuples comme les Perses, du moins quant à la puissance de leur empire.

Mais il y a aussi quelque chose de plus profond : une vision globale, que l'on peut opposer à celle d'Hérodote. Celle-ci est très explicitement exprimée, et c'est pratiquement celle d'Anaximandre : avec le temps tout ce qui est grand deviendra petit, tout ce qui est petit deviendra grand[22] ; c'est une vision dont les racines vont très loin dans la période pré-classique ou géométrique[e]. Et puis, moyennant Sophocle et aussi Thucydide, quelque chose d'autre apparaît à Athènes. Pourquoi ce passage-là est-il si important ? Parce qu'il y a création historique ? Mais cela se passe tout le temps, les Nambikwara ont eux aussi créé leurs institutions. Ce n'est même pas parce qu'il y a mise en question des institutions existantes : c'est parce que cette création prend conscience du fait qu'il y a création. Nous nous trouvons dans ce que les Modernes appelleraient le moment de la réflexivité : on sait que l'on crée et l'on essaie, du moins jusqu'à un certain point, d'en comprendre le pourquoi et le comment. Si la vision d'Hérodote est donc celle que l'on pourrait appeler anaximandrienne, celle que l'on trouve dans le premier stasimon d'*Antigone* (« Beaucoup de choses sont terribles, mais rien n'est plus terrible que l'homme ») est bien différente, parce que le chœur pose d'emblée que l'homme est l'être le plus terrible qui existe, et il est difficile de croire que Sophocle, même s'il était en proie à la « divine folie » dont parle Platon, ne savait pas ce qu'il disait. Sophocle, dans une tragé-

---

22. <Hérodote, I, 5.>

die couronnée par un peuple qui par ailleurs fait des sacrifices aux dieux, dit littéralement ceci : rien n'est plus terrible que l'homme. Rien, c'est-à-dire même pas Zeus. Et il continue : non qu'il puisse provoquer des tremblements de terre ou des tempêtes – il ne le pouvait pas encore, il le peut plus ou moins aujourd'hui ou le pourra demain, et même pire –, il est terrible parce qu'il crée : des institutions, les lettres, l'agriculture. Cela est d'autant plus étonnant que je ne crois pas que l'on puisse parler, dans la mythologie grecque, de dieux « inventeurs » ou « créateurs »[f]. Quand Prométhée, chez Eschyle, donne les arts aux humains, il les vole aux dieux, mais ceux-ci les possèdent de naissance. C'est un Cyclope qui a donné la foudre à Zeus dans sa lutte contre les Titans, et Athéna, toute sage qu'elle est, n'a jamais rien inventé. L'homme est donc terrible, pour Sophocle, parce qu'il fait être ce qui n'était pas là. Non pas, comme je le fais en ce moment, en sortant de ma poche cette feuille de papier ; mais en faisant être en tant que forme : institution, langage, outil, etc. La conclusion du célèbre stasimon d'*Antigone* est pourtant : tel est l'homme, oui ; mais il sera éternellement déchiré entre deux choses, parce que tantôt il marche, il rampe, *herpei*, vers le mal, *kakon*, et tantôt il va vers le bien, *esthlon*[23]. Et là, il n'y a pas de progrès : dans ce domaine, pour Sophocle, l'être humain est toujours le même. Or la vision de Thucydide n'est pas, en fin de compte, bien différente. Il y a pour lui dans l'histoire un immense progrès, une accumulation de savoir-faire technique et politique, qui a eu lieu et qui continuera ; et puis des régularités dans ce qui se passe. Nous aurons l'occasion d'expliciter cela en parlant de certains énoncés concernant sa théorie de la guerre. Dès le premier livre, dans le proème, il dit déjà qu'il écrit non pas pour un *agônisma es to parakhrèma*, un amusement de l'instant, mais, affirme-t-il avec une audace incroyable que l'événement a justifiée, pour

23. <Sophocle, *Antigone*, 367.>

que l'on ait *ktèma es aiei*, une possession éternelle[24]. Et, en effet, je vous disais il y a quelques semaines qu'on pouvait se demander en quoi ce qui se passait dans une petite péninsule de l'Europe du Sud il y a vingt-cinq siècles nous intéressait encore. On pourrait tout aussi bien se demander, puisque cela a exactement la même valeur, ce que faisait la population du Yunnan entre 700 et 400 av. J.-C. Mais Thucydide pense, et je le pense moi aussi, que dans ce qu'il a vu se trouvaient des germes qui auraient le plus grand intérêt pour les gens de l'avenir – nous, par exemple.

Pour lui, il y a des régularités dans l'histoire ; mais non pas des lois, comme on peut le voir dans le cas de la guerre. Il ne saurait y avoir de conduite rationnelle de la guerre puisque c'est un domaine où intervient l'imprévu, où souvent la fortune change de camp et où les calculs sont déjoués[25]. Il se montre d'ailleurs très prudent en faisant précéder son observation sur les analogies utiles pour l'avenir de cette restriction : à supposer que les choses humaines restent ce qu'elles sont, aussi longtemps qu'elles seront ce qu'elles sont[26]. On pourrait y voir une simple clause de style. Ce n'est pas le cas. Il pense effectivement devoir tenir compte de l'éventualité d'un changement dans les choses humaines ; cependant que l'Ecclésiaste dira : il n'y a rien de nouveau sous le soleil. Thucydide affirme donc : ce que j'ai écrit durera tant que les choses resteront ce qu'elles sont ; les leçons, les aspects généraux resteront, car il y a des constantes. Lesquelles ? D'un côté, on ne trouve plus comme chez Hérodote une *moira*, une sorte de destinée qui pousse inexorablement vers le petit ce qui a d'abord tendu à grandir ; mais, nous l'avons vu, une sorte d'irrationalité immanente, d'imprévisibilité dans la nature même des choses et des actions humaines qui est au-delà et au-dessus de tout progrès technique. D'un autre côté, ce

---

24. <Thucydide, I, 22.4.>
25. <*Ibid.*, I, 140.1 ; IV, 18.>
26. <*Ibid.*, I, 22.4.>

qu'il appelle à maintes reprises l'*anthrôpeia phusis*, la nature humaine[27], tendra toujours vers la puissance, ce qui conduit à la constitution de centres de pouvoir en lutte les uns avec les autres, et rien ne peut faire obstacle à la volonté du plus fort de s'agrandir. Certains l'emporteront et domineront les autres, car le plus fort tient en respect le plus faible – ce qui est presque une tautologie. Mais la vue de l'histoire de Thucydide ne s'arrête pas là, et l'on trouve également un autre aspect. Bien entendu, on ne peut pas parler de progrès moral, de perfectibilité de l'être humain au sens du XVIIIᵉ ou du XIXᵉ siècle : on restera toujours dans cette double poussée vers le bien et vers le mal qu'évoque le chœur d'*Antigone*. Mais il y a tout de même autre chose, et je ne crois pas que ceux qui ont parlé de la philosophie de l'histoire chez Thucydide y aient suffisamment fait attention. Dans l'histoire, nous l'avons vu, la seule constante est un progrès dans les moyens de la puissance (de production et de destruction), et la lutte entre ceux qui possèdent cette puissance. Mais on y trouve aussi, de temps en temps, des floraisons extraordinaires comme la *politeia* des Athéniens, une sorte d'accomplissement unique, explicitement reconnu comme tel dans la description qu'en donne Périclès. Accomplissement qui s'ouvre sur l'avenir, puisque, comme nous le verrons bientôt, Périclès dans l'Épitaphe ne parle pas uniquement de ce qui est, mais laisse penser qu'il peut y avoir non pas une répétition mais une dynamique de cette histoire, de cette création. Une création extraordinaire dont on ne peut tout de même pas dire qu'elle soit également tirée vers le mal et vers le bien, et qui a visiblement l'approbation totale de Thucydide, qui rappelle que la capacité de réaction de la cité après le désastre de Sicile a donné la mesure de sa puissance[28]. Et puis il y a ce fait brut qu'est l'*hubris* – mais Thucydide n'utilise pas le mot – des Athéniens, et la catastrophe. Point sur lequel on n'a pas suffisamment réfléchi : Thucydide, ne serait-ce que

---

27. <Voir par ex. *ibid.*, I, 76.3 ; IV, 61.5.>
28. <*Ibid.*, VIII, 1.>

pour se conformer aux principes de la rhétorique, aurait dû introduire çà ou là, par souci de symétrie, un éloge de Sparte. Or il n'y a pas d'éloge de Sparte dans la *Guerre du Péloponnèse*[g]. Le parallèle établi par les Corinthiens est accablant pour les Spartiates. Les doutes du roi Archidamos lui-même avant la guerre[29] sont suffisamment parlants. On peut se demander, en termes plus généraux, ce qui fait que l'on parle de Sparte, et pourquoi d'ailleurs il faudrait en parler. Certainement pas parce qu'il y a eu des historiens spartiates : sans Athènes, nous ne saurions pour ainsi dire rien de Sparte. Plus positivement, si j'ose dire, on parle d'elle essentiellement comme de la cité qui a réussi à briser la puissance d'Athènes, avec tout ce qui s'ensuivit.

Nous allons nous arrêter là. Nous pourrions nous demander si nous sommes beaucoup plus avancés que Thucydide sur tous ces points. Car s'il est évident qu'il y a toujours progrès dans les instruments de production et de destruction, qu'un microprocesseur vaut infiniment plus qu'un silex et qu'une bombe H vaut infiniment plus qu'une flèche, même empoisonnée, personne n'osera dire que nous sommes «meilleurs» que les chasseurs ou les paysans néolithiques souvent rencontrés dans nos expéditions sur les autres continents. Pourtant il serait absurde de s'en tenir à cela : dans cette histoire, il y a eu quand même des floraisons extraordinaires. Certes, il y a des floraisons partout – mais si nous nous arrêtons sur celle de la Grèce ancienne, et aussi sur la création européenne moderne, force est de constater que c'est grâce à elles que nous pouvons voir le reste et réfléchir sur lui. Elles font certainement une différence – mais rien ne garantissait qu'elles seraient là, et rien ne garantit qu'elles seront toujours là.

29. <*Ibid.*, I, 79-85.>

XII

Séminaire du 13 février 1985

Je parlerai aujourd'hui de l'Épitaphe[a]. Deux mots d'abord
pour situer la chose. Thucydide est de toute évidence un sujet
immense[b], non seulement à cause des événements décrits, mais
aussi, bien entendu, des discours qu'on y trouve. Inutile d'insister sur l'importance de ces discours pour celui qui s'intéresse,
au-delà des événements eux-mêmes, à la représentation que les
participants s'en font et à la philosophie de Thucydide, à ses
vues générales. Il n'est pas question de travailler vraiment sur
lui, il nous faudrait plusieurs années ; nous essaierons simplement de dégager un certain nombre de points centralement
pertinents pour notre sujet, à savoir la création de la démocratie et de la philosophie – en l'occurrence, tout particulièrement,
la création de la démocratie. J'insiste donc très fortement sur
le fait que ce qui nous intéressera, essentiellement dans les
discours, parfois dans les récits, c'est la réponse à la question :
dans quelle mesure cette institution de la démocratie, avec la
rupture historique, la novation fondamentale qu'elle impliquait,
était-elle une création consciente ? Dans quelle mesure y avait-il
chez les Athéniens, pour utiliser le terme moderne, cette réflexivité, cette réflexion sur soi qui fait que non seulement ils créent
– tous les peuples créent leurs institutions –, mais qu'ils sont
aussi, jusqu'à un certain point, conscients de ce qu'ils font ?
La réponse à cette question, encore une fois, il ne faut surtout
pas la chercher chez les grands philosophes, Platon et Aristote,
comme l'a fait, lamentablement, l'érudition moderne depuis

deux siècles. L'un, je vous l'ai dit, est un ennemi farouche de la démocratie, au point de falsifier les faits et de faire preuve d'une inconscience incroyable pour ce qui est des conditions de sa propre existence. On ne le répétera jamais assez : Platon, qui sans arrêt loue Sparte et accable Athènes, ne se pose jamais la question de savoir si lui, Platon, aurait pu naître à Sparte et y être éduqué, s'il aurait pu créer à Sparte une école où aurait été publiquement dénoncé le régime spartiate. Quant à Aristote, vous m'avez souvent entendu dire que, bien qu'il ait été un élève de Platon et qu'il soit mort en 323-322, il est à bien des égards un philosophe du ve et non pas du ive siècle. Il se trouve qu'il est – et là encore les interprétations sont faussées par les préjugés des érudits modernes [1] – infiniment plus près de la démocratie athénienne ; mais il en parle, d'une certaine façon, de l'extérieur. Ce n'est donc pas grâce à eux que l'on peut – si ce n'est, en un sens, très indirectement, à travers la critique de ce qu'ils disent – comprendre ce que fut la démocratie athénienne. Mais nous disposons heureusement d'un texte qui est, en fait, la démocratie athénienne parlant sur elle-même. C'est, bien entendu, l'oraison funèbre prononcée par Périclès.

Cette institution des Athéniens, nous la discuterons donc en commençant par ce sommet (livre II, chapitres 34-46). Mais sa spécificité apparaît de façon tout aussi frappante dans le discours des Corinthiens (I, 68-71) et la réponse des Athéniens (I, 73-78) devant l'Assemblée des alliés, à Sparte, qui doit décider de la guerre. Dans ces deux discours, il est vrai, entrent aussi d'autres considérations – et c'est pour cela que nous commencerons par l'Épitaphe – sur la théorie de la guerre, qui va être notre deuxième thème. Et, là-dessus, vous trouverez des éléments aussi bien dans le premier (I, 140-144) que dans le troisième et dernier discours de Périclès (II, 60-64), ou dans le jugement de Thucydide (II, 65-67) sur Périclès, Athènes et la guerre. Dans

---

1. [*Annot. marg.* : Wilamowitz, *Arist. u. Athen.*] <U. von Wilamowitz-Moellendorff, *Aristoteles und Athen*, Berlin, Weidmann, 1893, rééd. 1985.>

le discours des Athéniens du premier livre, il n'est pas seulement question d'Athènes, mais aussi du problème du droit et de la force, et nous verrons là une fois de plus à quel point sont aberrantes les idées que les Modernes, et même les plus savants d'entre eux, peuvent imputer aux Anciens. Sur ce sujet, il faudra évidemment reprendre toute la discussion entre les Athéniens et les Méliens qui précède l'atroce massacre des seconds par les premiers au livre V (84-96), le discours d'Hermocrate chez les Siciliens (IV, 59-65) et les discours de Cléon et de Diodote (III, 37-50) à Athènes sur le sort des Mytiléniens révoltés. Nous trouverons dans ces discours – et aussi, bien entendu, dans d'autres passages que j'évoquerai – à la fois la conception de la guerre de Thucydide, la conception ancienne du droit et de la force, et la théorie générale de l'histoire dont je vous ai dit un mot la dernière fois. Une théorie aussi des effets de la guerre, dans cette description saisissante des conséquences de la guerre civile à Corcyre au livre III (69-85) où il parle de la situation sur l'île, mais surtout de la guerre en général ; non seulement des pertes humaines et matérielles, mais de ce qu'il faut bien appeler la destruction de toutes les valeurs et du langage même – les mots, comme dans le monde de *1984*, en venant à être utilisés pour dire le contraire de ce qu'ils signifient habituellement.

Passons maintenant à l'Épitaphe. Il n'est peut-être pas inutile de commencer par vous montrer le document que voici. Vous y reconnaîtrez aisément l'aigle et l'emblème nazis. Il s'agit de *Der Schulungsbrief. Das zentrale Monatsblatt der NSDAP*, un bulletin d'information mensuel du parti national-socialiste ouvrier allemand. C'est le troisième numéro de 1939. Eh bien, vous y trouvez la *Rede des Perikles*, le discours de Périclès pour les morts athéniens de la première année de la guerre, proposé aux membres du parti comme un *unvergänglich Dokument*, un document impérissable, *nördlicher Staatsgesinnung*, de la – comment dire ? – disposition d'esprit politique nordique. Périclès né au Spitzberg, mort à Trondheim. Passons. Énorme mystification, bien sûr. Mais vous vous souvenez de ce que je vous ai dit sur les mystères du langage, sur les mots et sur leur ambiguïté. Si vous lisez le discours, vous verrez qu'en fait la tricherie tient à très peu de chose. Sur quoi s'appuie cette opération de mystification[c] ? D'abord, sur le fait que là où Périclès parle de « vie dans la *polis* », la traduction allemande dit – et en un sens *ne peut que dire* – *im staatlichen Leben*, dans la « vie de l'*État* ». Et là où il s'agit de démocratie, l'allemand va dire, de façon tout à fait littérale, tout à fait correcte : *Volksherrschaft. Volk* veut dire « peuple », c'est un très beau mot, qu'y a-t-il à redire ? Il se trouve tout simplement que les nazis en avaient fait un de leurs signifiants centraux, et que si vous êtes en Allemagne en 1939, votre *Volksherrschaft* signifie simplement : *Heil Hitler*[2] ! Bien entendu, dans la théorie de Hitler, qui est aussi celle de Lénine, le *Volk* ne peut pas diriger lui-même, ne fût-ce que parce qu'il y a soixante-dix millions d'Allemands, et il faut donc un parti qui traduise la volonté du peuple ; dans ce parti il y a des petits et moyens *Führers* à différents niveaux, et au-dessus le *Führer*, etc. Je ne vais pas reprendre ici la métaphysique-politique nazie, mais c'est ce que l'on retrouvera derrière cette traduction « littérale » de *dèmokratia* par *Volksherrschaft*, ou dans le fait que là où Périclès dit : nous obéissons aux magistrats, on traduira – ce qui n'est pas non plus « faux » : nous obéissons à l'*Obrigkeit*, l'autorité. Voilà donc ce que l'on peut faire d'un texte historique. Il est vrai que *L'État et la Révolution* de Lénine, par exemple, continue d'être, je suppose, un texte obligatoire dans l'enseignement secondaire et supérieur en Russie. Lénine est Lénine, on peut en penser ce que l'on veut et vous savez ce que j'en pense. Mais il se trouve que dans *L'État et la Révolution* il est dit noir sur blanc que la révolution est incompatible avec l'État et que l'État ne peut que commencer à dépérir dès le premier jour de la révolution. Or cela fait à peu près soixante-dix ans que l'État russe se renforce jour après jour. Ne me demandez

---

2. [*Annot. marg.* : tout comme aujourd'hui crier : *Vive la République populaire démocratique = Vive le KGB.*]

pas comment les professeurs s'en sortent. Je crois qu'ils s'en sortent parce que les élèves savent qu'il est tout à fait stupide de poser des questions trop gênantes. La leçon ne s'arrête pas à la porte de la classe.

L'Épitaphe. On a fait observer depuis longtemps, et Jacqueline de Romilly reprend ce point en présentant le volume de l'édition « Budé » où l'on trouve le discours, qu'il « apparaît – je la cite – comme étranger à la texture serrée du récit[3] ». Chez Thucydide il y a un récit et une analyse des événements – et il y a des discours. J'ai déjà dit l'année dernière[4] ce que je pense de la véracité de ces discours, ou plutôt de la correspondance entre ce qui est rapporté et ce qui a été dit – problème énorme[d]. Or ces discours chez Thucydide, sauf, en apparence, celui de Périclès, ont toujours une fonction dans le récit. Nous ne pouvons malheureusement pas traiter maintenant cet aspect comme il convient parce que nous ne nous occupons pas ici de littérature ancienne, mais c'est là encore un des points qui rapprochent énormément la structure de l'œuvre de Thucydide de celle d'une œuvre tragique ; une tragédie qu'il n'a pas pu achever mais dont il connaissait bien entendu la fin. Le héros de la tragédie, emporté par son *hubris*, est évidemment le peuple athénien ; Périclès est le chœur qui chante sa gloire mais qui, inutilement comme dans toute bonne tragédie, adresse au héros des avertissements qui montrent les limites à ne pas dépasser. Mais je reviendrai là-dessus. Dans cette structure tragique, comme dans toute tragédie bien conçue, le discours n'est pas là pour exposer les idées de l'auteur. Ou plutôt, même si ces idées peuvent être celles de l'auteur, il faut qu'elles soient portées par l'action. Les discours chez Thucydide, avec leurs arguments – sur la guerre, la philosophie politique, etc. –, sont toujours portés par l'action, ils interviennent à un moment bien parti-

---

3. <Thucydide, *La Guerre du Péloponnèse. Livre II*, texte établi et traduit par J. de Romilly, Paris, Les Belles Lettres, 1962, « Notice », p. xxv.>
4. <Voir *CEL*, p. 161-162.>

culier. Les Spartiates, Corcyréens, Athéniens ou Syracusains délibèrent. Une voix présente des arguments pour que l'on prenne tel parti, une autre présente l'option contraire ; et finalement l'on choisira l'un des deux. Les discours sont aussi extrêmement éclairants sur quelque chose qui fait partie non seulement de la guerre mais de l'institution totale des cités en Grèce ancienne, ils jettent une lumière très vive sur le processus de délibération et de prise de décision dans la cité ; ils sont dialogiques, antagoniques. À part, précisément, l'Épitaphe.

Ajoutons tout de même quelques mots sur la plausibilité de ces discours. Certaines objections reviennent à dire que Thucydide ne disposait pas d'enregistrements sur cassette. Mais il a très probablement entendu certains discours. C'est à coup sûr le cas de celui de Périclès : il se trouvait à ce moment-là à Athènes[e], et l'on peut même supposer qu'il a pris des notes. Il ne faut pas oublier, d'ailleurs, que la mémoire dans l'Antiquité n'est pas tout à fait ce que nous entendons par ce mot. Chez Platon, tel personnage semble avoir retenu par cœur un dialogue qui dure trois heures, avec une foule d'arguments dialectiques, et apparemment cela va de soi pour le lecteur de l'époque. Bien entendu, il ne faut pas prendre tout cela à la lettre, il y avait sans doute là une part de convention, mais disons qu'il y a des degrés d'invraisemblance – ce n'est pas comme si Platon prétendait avoir vu des hommes marcher sur la Lune. D'ailleurs, dans le dialogue, le narrateur précise quelquefois : il se trouve que j'ai pris des notes, ou mémorisé tout cela, ou confronté des témoignages, et voilà pourquoi je peux vous raconter ce qui s'est dit ce jour-là[5]. Thucydide a donc certainement écouté ce discours. Quant à la plupart des autres, ils lui ont été rapportés et il a essayé de les reconstituer, et il dit bien lui-même qu'il n'a pas cherché à en donner la lettre[6]. Et c'est évident : s'ils n'ont pas

5. <Voir par ex. Platon, *Euthydème*, 272d ; *Banquet*, 173b ; *Phèdre*, 227a-d ; *Théétète*, 143a ; *Parménide*, 126c.>
6. <Thucydide, I, 22.1.>

tous le même style, il y a un style de Thucydide qui apparaît clairement à travers les discours les plus divers.

Pourtant, quand on lit les trois discours de Périclès, on perçoit immédiatement que l'«élévation», comme diraient les théoriciens de la rhétorique antique, n'est pas la même. Mais, une fois de plus, l'Épitaphe se distingue aussi des autres discours en ce sens qu'il ne joue pas de rôle dans la délibération et l'action, si ce n'est en un sens tout à fait secondaire. Il joue un rôle, certes, dans la mesure où Périclès dit aussi[7] : voilà pourquoi ces hommes sont morts, et voilà pourquoi chacun de nous serait prêt à mourir pour une telle cité. Mais ce n'est pas là l'essentiel : il y a eu à Athènes des oraisons funèbres chaque année, pendant toute la durée de la guerre. Or Thucydide introduit alors ce discours-là et pas un autre. Pour donner, comme l'affirme Mme de Romilly, un relief supplémentaire au personnage de Périclès et à certaines idées qu'il prêtait à celui-ci ? S'il s'agissait de cela, le discours parlerait du présent et de l'histoire récente d'Athènes d'une autre façon, il y ferait voir un ensemble d'actions guidées par Périclès. Il aurait pu y avoir une oraison funèbre à la gloire d'Athènes où il n'aurait été question – nous y reviendrons d'ailleurs, parce que le discours porte aussi sur cela – que de l'importance de cette cité qui a accompli telle ou telle chose, conquis l'Eubée, vaincu les Samiens, etc. ; et cela aurait été effectivement à la gloire de Périclès aussi, puisque c'est lui qui, comme le rappelle Thucydide, a été le plus souvent élu stratège à cette époque-là. Or, en fait, l'éloge prononcé par Périclès nous parle précisément de choses qu'on ne saurait porter à son crédit. Il parle de l'institution athénienne, non pas dans ses traits disons formels, dans ses lois, dont certaines ont été effectivement introduites pendant les années qui précèdent cette affaire et où Périclès a joué un rôle politique, mais dans ce qu'elle a de plus profond – les attitudes anthropologiques qui permettent l'existence de la démocratie et qui sont, à leur tour,

7. <*Ibid.*, II, 41.5.>

conditionnées par elle. Et cela ne saurait en aucune façon être invoqué « à la gloire de Périclès ». Rappelez-vous Rousseau : si vous voulez vous mêler de donner des lois à un peuple, il faut d'abord en changer les mœurs – qui sont infiniment plus importantes que les lois. C'est surtout des mœurs qu'il est question dans l'Épitaphe, et il n'y a pas d'individu qui puisse les changer en profondeur, tout au plus pourra-t-il les modifier légèrement, voire contribuer à les dégrader.

Le discours n'est donc pas là pour donner un relief supplémentaire au personnage de Périclès. Il est là pour montrer ce qu'est Athènes. Et on ne peut qu'être frappé ici par la grandeur, le sublime artistique de Thucydide – qui fait écho à celui des faits eux-mêmes, puisqu'il faut bien admettre qu'il y a des moments dans l'histoire de l'humanité qui sont, fussent-ils tragiques, plus beaux ou du moins plus frappants que d'autres. Parler de ce qu'est Athènes, c'est ce que, à sa façon, avait déjà fait le discours des Corinthiens du livre I[8]. Il comparait les Athéniens aux Spartiates – j'y reviendrai –, et l'on sait qu'il est prononcé devant l'assemblée qui réunit les Spartiates et leurs alliés. Or, paradoxalement, tout en étant un acte d'accusation contre Athènes – les Athéniens ont commis des injustices, violé des traités, etc., ce qui est faux mais peu importe : les Corinthiens plaident leur cause et font feu de tout bois –, ce discours est un hymne fantastique à la création athénienne, par opposition à la stagnation spartiate, un hymne à l'inventivité, à ce qu'il faut bien appeler, même si le mot est aujourd'hui usé, la modernité des Athéniens, et une description aussi d'une temporalité historique différente créée par eux[9]. On peut y trouver également, même si les Corinthiens n'insistent pas sur cet aspect, le thème d'une attitude différente des individus, des citoyens par rapport à la chose commune. Il y a là une sorte de prélude musical qui

8. <*Ibid.*, I, 2.68-71.>
9. <Voir C. Castoriadis, *IIS*, p. 287-288, rééd. p. 309-311 ; et ici même, p. 168-173.>

annonce l'Oraison funèbre, consacrée, elle, à décrire l'institution des Athéniens et à montrer comment et pourquoi Athènes a acquis la puissance qui est la sienne. Les grandes articulations externes de ce discours sont très simples, mais sa structure interne, elle, est par contre terriblement complexe[f]. Voyons d'abord la structure apparente : un proème ou préface (chapitre 35) ; la description de la cité des Athéniens et de son institution (36-41.4) ; l'éloge des morts et les paroles de consolation pour les parents (41.5-45) ; une péroraison, enfin, au chapitre 46. Deux grandes parties donc, si l'on ne tient pas compte de la préface ni de la petite péroraison.

Quelques remarques au sujet du proème. Périclès dit que la tâche lui semble très difficile, et ce genre d'affirmation est devenu, bien entendu, un lieu commun. Mais un *topos*, un endroit par où doit passer le discours, n'était pas forcément à l'époque synonyme de banalité. Il convient donc d'y regarder d'un peu plus près. D'ailleurs, petit plaidoyer *pro domo*, vous m'entendrez souvent commencer par souligner la difficulté de la tâche – celle de parler de Thucydide, par exemple. Périclès ne fait pas autrement : contrairement à ce que pensent ceux qui approuvent l'introduction des discours dans le cérémonial des funérailles, il est, dit-il, très difficile de louer là où la vérité est à peine assurée. Il ajoute deux observations intéressantes, compte tenu de l'image qu'ont certains de l'Antiquité classique. La première introduit tout simplement ce qu'on appellera par la suite l'*a priori* du jugement. L'auditeur du discours qui sait de quoi il retourne, dit Périclès, pensera que la louange est en dessous de la vérité. Sinon, il peut se dire que l'orateur exagère, d'autant plus que peut alors intervenir le *phthonos*, l'envie. L'incrédulité naît du fait qu'on loue des exploits semblant dépasser les capacités de l'auditeur, celui-ci pensant être lui-même la mesure de ce qu'il est possible d'accomplir. Comparaison entre subjectivités intéressante pour nous parce que l'idée dominante depuis des décennies chez ceux qui parlent des Grecs anciens est que le sujet chez eux n'est pas pleinement reconnu, que de fait ils ne savent pas ce que sont les sentiments, etc.[10].

Mais venons-en à la description de l'institution de la cité des Athéniens à partir du chapitre 36. Je vais suivre maintenant le texte chapitre après chapitre, en passant souvent de la traduction littérale à la paraphrase et au commentaire d'une façon qui, je l'espère, ne vous semblera pas trop abrupte. Le chapitre commence sans surprise par la louange des ancêtres. Périclès mentionne en passant cette présence immémoriale des Athéniens sur le même sol dont ceux-ci étaient si fiers, leur autochtonie – tout à fait légendaire –, mais loue surtout les ancêtres d'avoir su grâce à leur *aretè* transmettre à ceux qui sont là cette terre et cette cité libres. *Aretè*, *virtus* en latin, « vertu » en français, je vous l'ai déjà dit[11], vient d'*arariskô*, qui a la même racine qu'*harmoniè*. C'est *Tugend* en allemand ; mais *Tüchtigkeit*, qui a la même racine que le *teukhô* grec : « ajuster », bien adapter quelque chose, serait peut-être préférable. Un individu, par exemple, a une *aretè* s'il est bien ajusté avec ce qu'il est supposé faire ; ou il a l'*aretè* absolument s'il est en harmonie avec lui-même. Mais encore plus dignes de louange, dit Périclès, sont « nos propres pères », à qui les Athéniens doivent leur empire. Puis vient ce stupéfiant paragraphe 36.3 où il dit tout uniment : mais c'est nous, nous qui sommes aujourd'hui dans la *kathestèkuia hèlikia*, l'âge mûr, qui avons permis que la cité soit *autarkestatè*, le plus autarcique possible, ne dépende de personne d'autre – en anglais on parlerait de *self-reliance*. C'est nous, dit-il, qui l'avons rendue capable de se suffire à elle-même, aussi bien pour la guerre que pour la paix. Je reviendrai sur la conception qu'a Périclès de l'autarcie, qui n'a rien à voir avec celle des philosophes, ni d'ailleurs avec ce qui nous vient à l'esprit quand nous entendons le mot.

---

10. <*Cf. CQFG 1*, p. 85-86, 103-105, 116-118, 120-121.>
11. <*Cf.* ici même, p. 57 *sq.*>

Le paragraphe 36.4 est assez surprenant, car on y trouve ce qui semble être à première vue une contradiction. Périclès dit : pour ce qui est des travaux de la guerre qui nous ont permis d'acquérir cette puissance, de notre façon de nous défendre contre l'ennemi, grec ou barbare, je ne vais pas *makrègorein en eidosin*, m'étendre ici sur des choses que tous connaissent. Je parlerai par contre de l'*epitèdeusis*, de la *politeia* et des *tropoi* : je dirai à partir de quelles façons de faire *(epitèdeusis)*, de quelles institutions et façons de gouverner *(politeia)* et de quelles mœurs *(tropoi)* nous en sommes venus à être ce que nous sommes. Ce qui peut paraître absurde et l'est en un sens : ces mœurs, institutions et façons de faire, les Athéniens présents les connaissent tout aussi bien ou mieux que leurs guerres ; alors qu'ils ne doivent plus être nombreux parmi eux, ceux qui se sont battus à Salamine ou à Marathon. Où Périclès veut-il en venir ? Pourquoi rappelle-t-il des choses connues ? Parce que cela est *xumphoron*, dans l'intérêt de tous les présents, *kai astôn kai xenôn*, qu'ils soient citoyens ou étrangers. Voilà donc la clé de cette apparente absurdité : Périclès profite de l'occasion pour diffuser les idées politiques athéniennes ; ou, si l'on préfère, pour faire de la propagande. Car des étrangers sont effectivement présents, et non seulement des métèques, mais sans doute aussi des voyageurs : les Athéniens, même en temps de guerre, ne pratiquaient pas ce que les Spartiates pratiquaient en temps de paix, la limitation du temps de séjour d'un étranger dans la cité. Périclès parle donc ainsi parce que cela est *xumphoron*. Mais aussi parce que, comme il le dira plus loin (43.1), c'est la cité qui a fait que les morts qu'il s'agit d'honorer sont devenus ce qu'ils sont. Ces citoyens qui sont morts parce qu'ils ne voulaient pas être privés d'une telle cité [12] étaient – comme ceux qui restent, comme Périclès lui-même – des *erastai*, des amants, des amoureux de la ville [13], il y avait en eux cette sorte de polarisation absolue de

12. <Thucydide, II, 41.5.>
13. <*Ibid.*, II, 43.1.>

l'affect qu'est l'*eros*. On trouvait d'ailleurs déjà dans le discours des Corinthiens cette idée que la *polis* – non pas comme territoire ni comme ensemble de bâtiments, mais comme collectivité humaine qui fut et qui sera, qui n'est pas seulement faite de ceux qui sont là – est pour les Athéniens un objet d'investissement affectif[14].

Mais il y a dans ce que dit Périclès quelque chose d'autre, et qui va au-delà de la simple réponse à cette question de la conscience de soi, de la réflexivité, que je posais tout à l'heure. Il dit, en fait : si nous sommes puissants, si nous avons un « empire » – traduction peu satisfaisante d'*arkhè*, qui est le pouvoir, et donc aussi le pouvoir sur d'autres –, ce n'est pas à telle innovation technique, militaire ou autre, ou à notre nombre que nous le devons ; nous le devons aux *epitèdeumata*, à la *politeia* et aux *tropoi* – à nos façons de faire, à nos institutions et façons de gouverner, et à nos mœurs. Il faut bien mesurer l'extraordinaire nouveauté de cette conception de ce qui fait la puissance d'un groupe humain. À ma connaissance, elle apparaît ici pour la première fois dans l'histoire universelle. On pourrait dire à la rigueur que ces aspects ne sont pas tout à fait absents chez Hérodote, quand celui-ci veut rendre compte des raisons de la victoire des Grecs sur les Perses. Chez Homère, par exemple, on est dans un autre univers : l'on atteindra ou l'on manquera d'atteindre l'*arkhè* et la victoire parce que l'on est ou que l'on n'est pas brave, parce que l'on est ou que l'on n'est pas aimé des dieux. Mais ici[15] nous avons affaire à des choses comme la *politeia*, qui est évidemment œuvre humaine et non résultat de l'intervention divine, ni qualité innée comme le sont chez Achille la bravoure, l'agilité ou la force. C'est une œuvre humaine, celle des Athéniens, qui apparaît comme cause aussi

---

14. <*Ibid.*, I, 70.>

15. [*Annot. marg.* : Et c'est cela, la « fonction » *double* du discours : premièrement, non pas rappeler aux Athéniens des « faits » mais leur présenter un *sens* ; deuxièmement, laisser l'image dans l'histoire universelle – à compléter.]

bien de la puissance de la ville que des qualités des citoyens morts en combattant pendant cette première année de la guerre. Il y a bien entendu un contexte, et il ne faut pas oublier que pour des écrits hippocratiques de la même période l'imposition de l'institution apparaît comme créant effectivement une nécessité quasi naturelle ; et que la distinction entre *phusis* et *nomos* est de la même époque, tout comme le fait que l'on ait pu dire que le *nomos* devient *phusis* pour les gens qui lui sont soumis – ce que Rousseau, quelques siècles plus tard, vous vous en souvenez, formulera ainsi : celui qui est né dans l'esclavage deviendra esclave. Périclès, ou Thucydide, établit donc une connexion entre la puissance d'Athènes et ce que sont les Athéniens.

Quand je disais qu'il est question ici de conscience de soi, de l'institution athénienne parlant d'elle-même et ayant conscience d'elle-même, je pensais surtout à la première phrase du chapitre 37 : *Khrômetha gar politeia ou zèlousè tous tôn pelas nomous, paradeigma de mallon autoi ontes tisin è mimoume-noi heterous*, nous avons un régime politique qui n'envie pas les lois des autres, qui est paradigme pour les autres plutôt qu'il ne les imite. Il explique ensuite en quoi consiste cette *politeia*. Périclès rappelle d'abord le nom du régime : *dèmokratia* – ici la traduction est bien plus difficile qu'il n'y paraît – « car ce n'est pas en vue du petit nombre mais du plus grand nombre » qu'il est gouverné ou dirigé *(oikein)*. *Oikein*, c'est, littéralement, la manière d'habiter. (Et nous pensons tout de suite à Hölderlin, à Heidegger[g]... mais cela nous entraînerait trop loin.) Nous avons une manière d'habiter, une manière d'être situés dans l'espace, de vivre les uns avec les autres et donc de mener nos affaires, de nous gouverner et de nous diriger, qui est *es pleionas* et non pas *es oligous*, par et pour non pas le petit mais le grand nombre. L'organisation de ce chapitre 37 est très étrange. Nous avons dit que la structure même du discours est apparemment très simple mais que la logique interne en est très compliquée, et c'est ce que nous allons voir maintenant. Périclès : dans cette démocratie est attribuée à chacun, d'après les lois, la même chose pour ce qui est des intérêts privés. Ce qui signifie non pas que tout le monde bénéficie d'une égalité arithmétique, mais que pour ce qui est de *ta idia*, les intérêts privés ou particuliers, on est traité de façon égale par les lois. Le *kata men tous nomous*, selon les lois explicites, formelles, s'oppose donc à *kata de tèn axiôsin*, selon la considération. Si selon les lois chacun est traité de la même manière pour ce qui est de ses intérêts particuliers, en ce qui concerne l'estime publique on est traité *hôs hekastos en tô eudokimei*, selon la façon dont chacun réussit dans ce qu'il fait. Réfutation anticipée, évidemment, de toutes les absurdités proférées depuis Benjamin Constant jusqu'à Fustel de Coulanges sur la résorption de l'individu dans la collectivité en Grèce[16]. Quand il s'agit des intérêts privés, la loi est égale pour tous ; mais quand il s'agit de l'*axiôsis*, de la considération, de l'estime des citoyens dans la ville, c'est selon l'*eudokimein*, selon l'œuvre accomplie par chacun quel qu'il soit, quel que soit son parcours. La construction de la phrase fait ici problème, je pense qu'il y a là une anacoluthe – bien entendu, ce n'est pas la seule fois chez Thucydide, y compris dans l'Épitaphe –, il y a rupture après : « pour ce qui est de la considération, à chacun il est attribué selon les résultats de son activité ». Puis, dit-il, pour ce qui est des choses communes *(es ta koina)*, c'est-à-dire des magistratures et du rôle politique, nous n'accordons pas la préférence à quelqu'un en fonction de ses origines *(apo merous)* – parce qu'il est de famille noble ou qu'il est riche – mais *ap' aretès*, à partir de sa *virtus*. Et pas davantage, ajoute-t-il, quelqu'un qui serait pauvre mais qui pourrait faire quelque chose pour la *polis* n'en sera empêché en raison de l'obscurité de sa situation.

16. [*Annot. marg.*: *cf.* <également les pages sur> Mitford, *in* <F.M.> Turner, *The Greek Heritage in Victorian Britain*, <New Haven-Londres, Yale University Press, 1981,> p. 192-204, <« William Mitford and the Indictment of Athenian Democracy »> ; *cf.* aussi Ferguson, *Hist. Civ. Society*, p. 56. <A. Ferguson, *An Essay on the History of Civil Society*, éd. D. Forbes, Édimbourg, Edinburgh University Press, 1966, cit. *in* F.M. Turner, p. 197.>]

Dans le paragraphe qui suit (37.2), il va être question des mœurs en un sens plus étroit. *Eleutherôs de ta te pros to koinon politeuomen*, nous menons les affaires, nous nous comportons de façon libre pour ce qui est des choses publiques ; mais nous nous comportons aussi de façon libre ou libérale pour ce qui est des suspicions réciproques dans la vie quotidienne. Ce qui veut dire : nous n'allons pas épier notre voisin pour voir ce qu'il achète, ou si une femme est entrée chez lui, etc. Nous ne nous occupons pas de cela, c'est du domaine de la vie privée – *kath' hèmeran epitèdeumata*. « Nous ne nous fâchons pas avec le prochain *(ton pelas)* s'il fait quelque chose pour son plaisir ; et nous n'avons pas recours à des vexations qui sans être graves sont quand même blessantes », lourdes à supporter. Bref, nous laissons les gens s'amuser comme ils l'entendent. Et Périclès poursuit : *Anepakhthôs de ta idia prosomilountes*, tout en étant tolérants dans nos rapports privés, pour ce qui est des choses publiques *(ta dèmosia)* nous ne transgressons pas la loi, car le *deos* nous en empêche. (Le *deos* est une crainte qui n'est pas peur physique mais où il y a quelque chose de l'*aidôs*, la pudeur, et de l'*aiskhunè*, la honte, où il y a aussi des connotations presque religieuses.) C'est ainsi que nous prêtons attention aussi bien à ceux qui sont tour à tour magistrats *(tôn aiei en arkhè ontôn –* c'est l'*Obrigkeit* de la traduction nazie) qu'aux lois, et surtout aux lois qui profitent à ceux qui subissent l'injustice et à celles qui, bien que non écrites, comportent comme sanction une honte publique.

Un autre aspect, qui n'est pas politique au sens strict du terme, est abordé au chapitre 38 : nous nous sommes pourvus d'une foule de remèdes ou de compensations pour nos fatigues et nos travaux, d'un côté par les concours et les cérémonies religieuses, mais aussi – précision très étonnante – avec des constructions ou installations privées *(idiais) euprepesin* – Jacqueline de Romilly traduit « luxueuses » ; disons plutôt « belles », « somptueuses » – dont tous les jours le plaisir qu'elles procurent chasse les ennuis et les contrariétés. Précision effectivement étonnante, car elle ne cadre absolument pas avec l'opinion très répandue selon laquelle, en Grèce ancienne, à la splendeur des monuments publics s'opposait la médiocrité des habitations privées. Il faudrait voir la question d'un peu plus près, mais il me semble que cette phrase, écrite par Thucydide pour des gens qui par définition savaient ce qu'il en était, ne saurait être une pure invention. Périclès, et Thucydide, semble penser que les conditions de logement des Athéniens allaient bien au-delà du purement utilitaire, qu'elles contribuaient elles aussi – et non seulement les cérémonies publiques, les concours ou les sacrifices religieux – à dissiper les ennuis de l'existence. Dites-vous que, à cet égard, il n'en va pas autrement de nos jours : un changement de toit, du cadre de votre existence quotidienne, peut changer votre vie.

La phrase suivante de ce même paragraphe (38.2) attire l'attention sur un aspect également remarquable : « À cause de l'importance de notre ville, il y entre – nous importons – tous les produits de toute la terre. Et les biens que nous produisons nous-mêmes ne nous sont pas plus familiers que les biens que produisent les autres hommes. » Ces quelques lignes fourniraient un excellent point de départ à ceux qui voudraient écrire une thèse sur le folklore moderne – tiré de Platon et d'Aristote – de l'autarcie en Grèce. Car ce que dit Périclès, pour s'en enorgueillir, c'est qu'Athènes n'est pas autarcique de ce point de vue. Athènes est puissante, sa production est suffisante pour qu'elle puisse exporter, et importer à son tour. Aristophane donne dans *La Paix*[17] toute une liste des produits que les Athéniens faisaient venir avant la guerre de Mégare et de Béotie, mais d'autres sources vantent l'abondance des biens venus de partout que l'on pouvait trouver au Pirée en 450 ou 430, et que l'on trouvera encore au IVe siècle : le blé de la future Russie, qui n'étant pas encore soviétisée en produisait assez pour l'exportation, le cuivre, le lin, la pourpre de Phénicie[h]... Mais Périclès va plus loin : les

17. <Aristophane, *La Paix*, 999-1006.>

plaisirs que nous procure ce que produisent les autres nous sont tout aussi familiers que ceux que nous tirons de nos propres produits. Vous connaissez sans doute l'histoire de l'empereur chinois qui écrit au XVIIIᵉ siècle au roi d'Angleterre dont les ambassadeurs lui ont proposé de signer un traité commercial : je comprends bien pourquoi les Barbares voudraient nos produits, mais je ne vois pas ce que nous pourrions obtenir en échange[18]. Au XVIIIᵉ siècle, d'ailleurs, la question n'était pas tellement absurde. Mais ce qui est intéressant pour nous ici est l'attitude : il est inconcevable pour l'empire du Milieu que les Barbares puissent produire quelque chose qui vaille. Nous trouvons chez Périclès, d'une façon tout à fait explicite, une conception qui est à l'exact opposé de celle de l'empereur.

Au chapitre 39, où il est question de l'éducation et de la préparation militaire, Périclès condamne sans appel l'idée selon laquelle la démocratie serait par définition incapable de se défendre ou de bien faire la guerre. Je vous rappelle les lamentations à ce sujet de Cléon, le grand démagogue, dans son discours sur l'affaire de Mytilène au début du livre III[19]. Les Mytiléniens sont des alliés, autant dire des sujets des Athéniens, qui décident à un certain moment de se tourner du côté de Sparte. Les Spartiates essayent de les aider, mais les Athéniens ont à cette époque une supériorité écrasante sur mer, ils débarquent à Mytilène et – avec l'aide du *dèmos* local, car la guerre du Péloponnèse fut souvent aussi, il ne faut pas l'oublier, une guerre civile – ils rétablissent la situation à leur avantage. Le stratège vainqueur demande des instructions à Athènes : que faire des Mytiléniens ? L'avis de Cléon l'emporte à l'*Ekklèsia* : les égorger tous. Les passer au fil de l'épée car telle est la volonté de Dieu, aurait dit l'Ancien Testament ; mais en Grèce, s'il arrive que l'on passe des populations entières au fil de l'épée, on dira plutôt que la force, ou la

---

18. <Lettre de l'empereur Qianlong à George III, roi d'Angleterre, après la visite de l'ambassade de Lord Macartney (1793).>
19. <Thucydide, III, 2.37-40.>

nature humaine, fait que les choses sont ainsi. Les Grecs peuvent attribuer des actes abominables à leurs dieux mais ils ne se croient pas tenus de dire « un dieu le veut » chaque fois qu'ils commettent un massacre. Un navire part donc avec ces instructions. Mais certains, à Athènes, plaident la cause des Mytiléniens auprès de ceux qui président la *Boulè* et une nouvelle réunion de l'*Ekklèsia* est convoquée pour le lendemain, où est annulée la décision précédente. Le nouveau navire arrive juste à temps – le premier n'étant peut-être pas trop pressé d'apporter de tels ordres – et les Mytiléniens ne seront pas égorgés. À la deuxième assemblée, Cléon, partisan du massacre, avait fulminé : cette assemblée, Athéniens, fournit la preuve de ce que, comme on le dit si souvent, la démocratie ne peut pas mener une guerre. Vous avez eu un avis, et maintenant vous êtes en train d'en changer. Puis un remarquable discours d'un certain Diodote[i], qui s'était déjà opposé à Cléon la veille, emporte la décision[20]. La position de Périclès est donc diamétralement opposée à celle de Cléon, il essaye de montrer comment la démocratie rend la ville non pas moins, mais plus apte à se défendre. Et il commence par dire : nous offrons la ville à tout le monde, on peut entrer et sortir comme on veut. Il n'y a pas à Athènes cette xénophobie qui règne à Sparte, où l'étranger ne peut rester que quelques jours, sauf s'il est le *xenos*, l'hôte institué de quelqu'un, s'il est ambassadeur ou si les éphores ont pris une décision en ce sens. Nous n'interdisons à aucun étranger de suivre un enseignement quelconque, ni d'être témoin d'un spectacle dont il pourrait, si c'est un ennemi, tirer quelque profit militaire – on voit que l'exportation des technologies, etc., n'ôte pas le sommeil aux Athéniens, contrairement à certains Modernes –, car nous croyons non pas aux tromperies et aux longs préparatifs militaires mais à l'*eupsukhon*. « Vaillance », traduit Jacqueline de Romilly ; l'*eupsukhon* est plutôt la « bonne

---

20. <Sur d'autres aspects de l'affaire de Mytilène, voir ici même le séminaire XIV, p. 190-193.>

âme », la capacité de l'âme de celui qui est prêt, si sa cité le lui demande, à se battre et à mourir pour elle. Quand Périclès dit : *tô aph' hèmôn autôn es ta erga eupsukhô*, il ne s'agit pas seulement de courage, mais d'une âme qui est bonne *es ta erga*, pour les travaux. Or être bon pour les travaux de la guerre, une fois les hostilités déclenchées, ce n'est pas seulement être capable d'affronter la mort sans reculer – cela, les Spartiates savent très bien le faire ; c'est être capable de s'entendre avec ceux qui combattent à vos côtés, de bien comprendre ce que veut le stratège, de décider soi-même, si besoin est, d'une manœuvre, etc. C'est tout cela, l'*eupsukhein es ta erga*, la disposition de l'âme bonne pour ce qui est des œuvres, des travaux militaires. Périclès oppose après cela le dressage spartiate au dressage athénien : si les Lacédémoniens sont puissants militairement, c'est qu'ils ne font rien d'autre leur vie durant. Nous, par contre, tout en vivant pleinement, nous savons affronter aussi bien qu'eux les dangers.

Le chapitre 40, qui commence par la célèbre phrase : *Philokaloumen te gar met' euteleias*, est le véritable diamant de toute cette affaire. Il décrit les finalités de l'institution d'une *polis* particulière, celle des Athéniens, tout en répondant à la question : pourquoi, à quelle fin y a-t-il cette collectivité humaine qu'est la *polis* ? À la première question Périclès donne une réponse dans la première phrase du paragraphe ; puis il dit quels rapports entre les êtres humains et entre ces derniers et la cité sont nécessaires pour que cette finalité de l'institution politique soit réalisée. Il m'est déjà arrivé de commenter longuement ce chapitre[21] et j'y reviendrai, parce qu'il est essentiel, mais nous ne nous y attarderons pas aujourd'hui. Passons donc au chapitre 41, qui renvoie, une fois de plus, à ce que j'ai appelé la question de la conscience de soi. Périclès : *Xunelôn te legô*, en résumé je dis – et non pas, comme traduit Mme de

---

21. <« La *polis* grecque… », *DH*, p. 304-306, rééd. p. 380-382 ; *CEL*, p. 161-168 (séminaire du 11 mai 1983).>

Romilly, « j'ose le dire », car il n'y a là absolument aucune précaution oratoire –, *tèn pasan polin tès Hellados paideusin einai*, que la ville dans son ensemble est l'éducatrice – l'école, la leçon – de la Grèce. Puis, toujours au 41.1, Périclès fait une observation, dont nous parlerons tout à l'heure, qu'on se serait attendu à trouver au chapitre 40 puisqu'elle concerne les Athéniens en tant qu'individus, leur caractère. Mais, une fois de plus, la structure interne du discours est très compliquée, et on y trouve de nombreux balancements et va-et-vient. Ce n'est sans doute pas la première fois que vous m'entendez dire que si les grands auteurs classiques grecs avaient dû se présenter non pas à l'agrégation, mais même à l'examen de l'École normale ou au bac, ils auraient été recalés. Pour plusieurs raisons : d'abord, parce que ce que les Modernes appellent l'organisation logique d'un discours n'existe pas pour eux comme telle. Ce n'est pas : 1, 2, 3, etc. ; la logique est autre, elle est interne et d'autant plus puissante. Chaque fois qu'une idée paraît importante, elle est immédiatement introduite, d'où le nombre incalculable de ce que nous appelons digressions. Penser vraiment, être en contact avec les couches les plus profondes de la pensée, ce n'est jamais penser une seule chose ; les pensées s'enchaînent en fonction d'un mystérieux travail de sélection. Celui-ci autorise des excursus pertinents, qui ne sont pour le professeur de rhétorique que des digressions injustifiées. Il est vrai que si l'on passe son grand oral de l'agrégation, on ne pense qu'à être admis, on se dit qu'il faut que l'auditoire vous suive. Si vous prenez un texte de Platon, neuf fois sur dix il faudrait noter en marge : hors sujet. Pour Aristote : manque de suite dans les idées, cela aurait dû venir à la fin du livre Bêta et non pas à la fin du Kappa de la Métaphysique, ou : ici on répète plus mal ce qui a déjà été dit. On sera un peu plus indulgent pour Platon parce que d'un point de vue littéraire c'est, comme on dit, très beau. C'était déjà le cas en France au xviiie siècle et c'est souvent encore le cas aujourd'hui. Il est vrai qu'il suffit dans ce pays de dire d'un livre : « Comme c'est bien écrit ! », et le contenu n'aura plus guère d'importance. De ce point de vue, l'Oraison funèbre est mal écrite, dirait notre professeur de rhétorique : on y trouve des phrases admirables mais comme jetées à droite et à gauche, sans connexion apparente. Mais fermons notre parenthèse.

Après l'observation concernant le caractère des Athéniens dont nous allons parler dans un instant, Périclès signale (41.3) que ces traits de caractère mêmes ont contribué à la puissance de la ville, et qu'elle est la seule dont on puisse dire : *akoès kreissôn es peiran erkhetai*, à l'expérience elle s'avère supérieure à sa réputation. Et en effet, au bout d'une année de guerre les Athéniens ont montré qu'ils étaient plus forts que ce qu'on pouvait attendre. Vient après, au 41.4 : « Notre puissance, nous en avons fourni de grands signes, moyennant quoi nous serons admirés par les gens du présent et par ceux qui viendront après », *ouden prosdeomenoi oute Homèrou*, « et nous n'avons pas besoin d'un Homère » qui nous louerait ; puis ces mots admirables, apparemment clairs mais très difficiles à rendre : évidemment, un Homère avec ses discours charmerait sur le moment, mais il y aurait toujours un soupçon qui pèserait quant à la vérité de ce qu'il raconte. Car on peut se demander, bien entendu, ce qu'il en était vraiment des exploits d'Achille ou d'Hector. Mais nous, continue Périclès, « après avoir forcé toute la mer et toute la terre à devenir viables à notre audace », *esbaton tè hèmetera tolmè katanankasantes*, « nous avons partout établi des monuments éternels et du bien et du mal » – entendez : qui commémorent autant nos œuvres de paix que le mal que nous avons pu faire à nos ennemis.

Revenons un peu en arrière, à cette phrase (41.1) qui vient juste après « l'éducatrice de toute la Grèce » : « [...] mais aussi *kath' hekaston*, pour ce qui est des particuliers, chez nous le même homme est capable de faire servir son corps et sa personne sans besoin d'autre chose (*parekhesthai to sôma autarkes*) à beaucoup d'*eidè*, d'occupations ou de formes, *kai meta kharitôn eutrapelôs*, et avec grâce, de la façon la plus aisée». L'individu athénien est capable de faire non pas une mais plusieurs choses, de jouer plusieurs «rôles» – c'est le terme qu'emploie Mme de Romilly. Et en effet: il peut indifféremment participer à la manœuvre d'une trière, faire partie d'un jury qui aura à juger de la qualité d'une tragédie, intervenir et voter à l'Assemblée et faire partie d'un tribunal – tout Athénien siégera dans un tribunal plusieurs fois dans sa vie –, discuter comme on peut le voir dans un dialogue de Platon, etc. Le même individu peut donc se livrer à toute une série d'occupations et le faire *eutrapelôs*, avec facilité, avec aisance, et *meta kharitôn*, avec grâce. Arrêtons-nous sur ces mots, parce que l'idée est absolument fondamentale. Impossible, là encore, de ne pas être frappé par le gouffre qui sépare cette position de celle de Platon. *Ta heautou prattein kai mè polupragmonein*, s'occuper de ses propres affaires et ne pas faire beaucoup de choses, c'est la définition que donne Platon de l'homme juste et du bon citoyen dans la *République*[22]. L'homme juste fait ce qu'il a à faire et ne se disperse pas, ne s'occupe pas de choses sur lesquelles personne ne lui a demandé son avis, etc. Ce qui est évidemment l'idéal du citoyen sous un régime autoritaire. Vous êtes cordonnier, restez dans votre coin, occupez-vous de vos chaussures et non pas de politique étrangère ou du taux d'imposition. Or, en démocratie, chacun a effectivement son domaine privé, mais en tant qu'individu public il n'a pas de coin où rester, il va partout, se passionne pour tout et a un avis sur tout. Il ne peut évidemment avoir un avis valable que dans la mesure où on lui donne cette possibilité de sortir de son coin, de donner son opinion quitte à se tromper, et d'apprendre en se trompant. Et cela peut être fait aussi *meta kharitôn*, avec grâce. Chose à vrai dire impossible à définir, qu'on ne peut sans doute apprécier qu'en fonction d'une autre chose dont elle est la réalisation et que malgré les efforts de Kant dans les Temps

---

22. <Platon, *République*, livre IV, 433a; voir aussi C. Castoriadis, *Sur Le Politique de Platon* (dorénavant *SPP*), Paris, Seuil, 1999, p. 22; *SV*, p. 322-326.>

modernes il est également impossible de définir – on l'a ou on ne l'a pas –, ce qu'on appelle[23] le goût.

Mais nous n'en avons pas fini avec l'Épitaphe. Nous reprendrons tout cela la semaine prochaine.

---

23. [*Annot. marg.* : au moins depuis Baltazar Gracian ; mais voir aussi Shaftesbury.] <Baltasar Gracián, « Art et figures de l'esprit » (1648), trad. B. Pelegrín d'« Agudeza y arte de ingenio », in *Traités politiques, esthétiques, éthiques*, Paris, Seuil, 2005, p. 435-721 ; A. Ashley Cooper, Lord Shaftesbury, *Characteristics of Men, Manners, Opinions, Times* (1711), éd. L.L. Klein, Cambridge, Cambridge University Press, 1999.>

XIII

Séminaire du 27 février 1985

Je reprends aujourd'hui notre commentaire de l'Oraison funèbre, en résumant ce qui a été dit la dernière fois et en y apportant quelques compléments. Puis nous traiterons de certains aspects de sa deuxième partie. Même si pratiquement toutes les phrases mériteraient quelques remarques, je ne vais pas faire un commentaire exhaustif du discours. Ce serait trop long et puis, nous l'avons dit, nous ne discutons pas Thucydide comme tel, nous le discutons dans le cadre de notre examen des conditions de l'auto-institution de la démocratie et de la rupture en Grèce ancienne de la clôture hétéronome d'une société. Avec, certes, tous les risques de sélectivité et les déformations que cela comporte et dont nous devrons nous méfier.

Nous avons vu que Périclès (II, 36.4) attribue la puissance d'Athènes à trois facteurs : l'*epitèdeusis*, les façons de faire, la *politeia*, l'institution ou le régime, et les *tropoi* – de *trepô*, « tourner », « diriger vers » –, disons le caractère, la tournure ou la manière. Mais, chose frappante, il parle de tout cela sans guère prêter attention aux aspects formels : il ne donne pas de liste des lois d'Athènes, n'évoque aucune disposition législative, ne parle ni des règles de la désignation des magistrats ni de la composition des tribunaux. Il ne nous donne que le principe général : la démocratie, qu'il définit ainsi : *es pleionas oikein*, nous habitons, nous vivons, nous nous gouvernons en vue du plus grand nombre et par le plus grand nombre (37.1). (On trouve, vous le savez, un écho de cette définition[a] dans le discours de

Lincoln à Gettysburg[1] : le « gouvernement du peuple, par le peuple et pour le peuple », c'est bien le *es pleionas oikein*.) Et ce que Périclès présente de fait comme contenu de ce *es pleionas*, ce ne sont pas, encore une fois, des règles, comme celles du tirage au sort ou de la majorité, qui sont les principales façons de désigner les magistrats à Athènes, ce sont des *tropoi*, des traits de caractère. C'est par exemple cette liberté/libéralité publique et privée dont nous avons parlé la dernière fois, cette indulgence dans le jugement des uns sur les autres, et cette reconnaissance de la place de chacun d'après ce que Périclès appelle l'*eudokimein*. Non pas le mérite, comme traduit Jacqueline de Romilly : *eudokimein*, c'est sortir avec succès de l'épreuve. Je ne vois pas ce que l'on peut « mériter » : personne jamais ne mérite ni son bonheur ni son malheur, ni son intelligence ni sa bêtise. Il ne faut pas attribuer à Périclès et à Thucydide des notions venues d'un univers qui n'est pas le leur. L'*eudokimein*, c'est la pierre de touche des actes et des faits, la pierre de touche de l'œuvre, celle du travail[2]. Périclès parle ensuite de l'égalité publique comme d'un fait, sans s'attarder sur les dispositions légales. En effet, celles-ci ne nous disent pas toujours l'essentiel : songez aux critiques modernes, parfaitement justifiées, de ces systèmes prétendument démocratiques où l'on tient compte en apparence de la volonté de la majorité et où la loi garantit à tous en principe les mêmes droits, mais où l'inégalité d'accès effectif fait que cette loi reste à bien des égards une forme vide. Périclès se borne à dire qu'il y a égalité de fait car personne n'est apprécié

---

1. <Discours d'Abraham Lincoln au cimetière national de Gettysburg, 19 novembre 1863 (qui finit par les mots : « *[...] that government of the people, by the people, for the people, shall not perish from the earth* »), où l'influence de l'Oraison funèbre est patente. On le trouvera, avec quelques éclaircissements sur le contexte, dans R. Hofstadter (éd.), *Great Issues in American History*, New York, Vintage Books, vol. II, 1958 (plusieurs rééd.), p. 414-415.>

2. [*Annot. marg.* : La valeur, si l'on veut : *kat' axian*, Aristote, *Éth. Nic.*] <V, 1131a 24-25. *Cf.* « Valeur, égalité, justice, politique… », *CL*, p. 284 *sq.*, rééd. p. 372 *sq.*>

davantage ou moins que les autres *apo merous*, c'est-à-dire en fonction de particularités liées à sa provenance : qu'il vienne de tel dème ou de telle famille, qu'il soit ou ne soit pas riche, etc.

Deuxième aspect important, l'ouverture au monde entier. Nous avons vu la dernière fois que Périclès affirme (38.2 et 39.1) d'un côté que pour les Athéniens jouir de biens produits dans le reste du monde n'est pas plus extraordinaire que de jouir de ce qu'eux-mêmes produisent ; mais aussi, réciproquement en quelque sorte, qu'ils ne chassent pas les étrangers ni ne cherchent à leur interdire la vue de ce dont ces derniers voudraient faire profiter leur pays, même s'il s'agit d'une puissance militaire hostile. Je vous ai rappelé qu'il faut voir là un puissant correctif à cette vue des philologues et érudits modernes pour qui l'autarcie est au centre même de la valorisation grecque. Même si l'idée d'autarcie est effectivement présente chez les philosophes et aboutit au dieu d'Aristote – qui se suffit à lui-même – et, avant Aristote, à cette cité que voulait Platon, où dans toute la mesure du possible il fallait éviter le commerce avec l'étranger, les autres ne pouvant être que source de corruption[3].

Périclès en vient alors aux motifs d'obéissance aux lois, et en particulier à celles qui ne sont pas écrites. C'est d'ailleurs aussi de choses non écrites qu'il vient de parler. Ce qui nous pousse à observer la loi, dit-il, c'est le *deos*[4]. Ce mot peut être effectivement traduit par « crainte » ; mais on voit que le *deos* qui concerne la transgression des lois *agraphoi*, non écrites, a trait à la sanction qu'est l'*aiskhunè homologoumenè*, la honte auprès de tout le monde. Cela corrige, ou plus exactement complète ce qui a été dit auparavant : nous ne nous mêlons pas de ce que les

---

3. <*Cf.* par ex. Platon, *Lois*, IV, 704-705a-b.>
4. [*Annot. marg.* : *Deos*. D'accord avec Gomme, commentaire *ad loc.* *Contra*, Finley, IP <*L'Invention de la politique*, Paris, Flammarion, 1985 (éd. originale : *Politics in the Ancient World*, Cambridge, Cambridge University Press, 1983)>, p. 193, note 1. Contrairement à ce que dit Finley sur le même passage, l'Épitaphe « explique » l'obligation politique, et *plus* que l'obligation politique – la *passion* politique : *erastai* !]

autres font pour leur plaisir – mais à condition qu'ils n'aillent pas jusqu'à la transgression des lois, et en particulier des lois non écrites ; car alors, à défaut de sanction formelle, le transgresseur sera sanctionné par la honte publique.

La conclusion de tout cela est tirée une première fois au paragraphe 41.1, où il est dit que la *polis* d'Athènes est la *paideusis* de la Grèce : l'éducatrice, l'éducation ou la leçon – mais Périclès avait déjà dit au 37.1 : nous sommes le *paradeigma*, le modèle pour les autres. Conscient, comme tous les Grecs anciens et contrairement au délire individualiste moderne, de la solidarité profonde entre l'être de l'individu et l'être de la société, il dit dans une même phrase : voilà ce qu'est la *polis*, et voilà ce que sont les Athéniens, définis par le fait que chacun a la capacité de prêter son être personnel *(to sôma)* à plusieurs formes d'activité de façon satisfaisante *(eutrapelôs)*. Le mot anglais *versatility* conviendrait ici (« versatilité » a en français une connotation négative) : *a versatile genius* n'est pas quelqu'un qui passe hâtivement d'une chose à l'autre mais qui sait bien faire à la fois une chose et l'autre. *Eutrapelôs* implique universalité, polyvalence, souplesse et capacité d'adaptation. Et tout cela est fait *meta kharitôn*, avec cette qualité elle aussi non écrite et indéfinissable qu'est la *grâce*. Dans la grâce qui accompagne ce comportement, on peut dire que nous avons l'équivalent, objectivé dans ce comportement même, de cette faculté subjective qu'est le goût – bien que le goût soit certainement une découverte des Temps modernes –, de ce qui fait que sans pouvoir en fournir une démonstration rigoureuse, on sait immédiatement que tel tableau est un grand tableau et tel autre une croûte ou une mauvaise imitation. Soit dit en passant, on cherchera en vain dans les projets éducatifs de Platon, que ce soit dans la *République* ou dans les *Lois*, ce qui pourrait faciliter le développement d'une telle grâce chez les citoyens de sa cité idéale.

Une ville donc qui est éducatrice de la Grèce, et où chacun peut faire plusieurs choses à la fois avec « versatilité », avec grâce, et de façon *autarkes*. Que faut-il entendre par *autarkes* ?

Cela ne veut pas dire « autarcique » au sens d'une quelconque clôture, mais que chacun peut atteindre un résultat suffisant tout seul en tant que *sôma* – la chose à la fois la plus individuelle et la moins individuelle qui soit. Et c'est bien de l'individu qu'il est question ici. Pourquoi cette précision chez Périclès ? On est en droit de penser qu'il a en tête le contre-exemple de Sparte, parce que dans une cité qui ne sait faire qu'une chose, la guerre, il ne peut être question de développement *autarkes* de l'individu. Les Spartiates n'admettront pas qu'un hoplite combatte sans tenir compte du *kosmos*, de l'ordre de la phalange[5]. Il est vrai que dans une armée un individu ne saurait obtenir un résultat suffisant de façon *autarkes* parce qu'aussi bien dans le succès que dans la panique le mouvement de la collectivité y est décisif. Dans cette conclusion formulée au paragraphe 41.4, on trouve donc à la fois la *polis* et l'individu athénien, c'est un résultat que l'on pourrait appeler duel. Dans ce contexte, on ne voit pas quel sens il y aurait à parler d'une opposition individu/société ni, pour reprendre la terminologie moderne, d'une opposition entre société civile et État : le pouvoir politique, c'est la collectivité des individus.

La *laudatio*, la louange des morts qui occupe la deuxième partie du discours (41.5-45), continue de développer ces thèmes. Ceux qui sont morts ne sont pas seulement à louer parce qu'ils étaient courageux, mais parce qu'ils se sont battus pour une telle *polis* dont, à juste titre, ils ne voulaient pas être privés. Et il est normal que ceux qui restent soient prêts à souffrir pour une *polis* dont, comme il est dit plus loin, ils sont des *erastai*, des amoureux. Paragraphe 42.2 : de l'éloge de la ville il faut passer à l'éloge des morts – mais l'éloge de la ville *est* l'éloge des morts. J'ai déjà fait pour l'essentiel, dit Périclès, cet éloge des morts, puisque ce sont les *aretai*, les vertus de ces hommes ou de leurs pareils, qui ont ordonné, *ekosmèsan*, cette ville telle qu'elle est. *Ekosmèsan* : rendre quelque chose ordonné, ordon-

---

5. <*Cf.* Hérodote, VII, 229-231, IX, 71 ; *CQFG 1*, p. 121-122.>

153

nancé, beau – non pas comme peut l'être un ornement ajouté mais comme un *kosmos* est beau. Et ces hommes (43.1) ont ainsi agi *prosèkontôs*, de manière appropriée à la *polis*. Dans ce même paragraphe, Périclès rappelle à ceux qui contemplent la puissance *(dunamis)* de la cité que les hommes qui l'ont acquise l'ont fait de trois façons : *tolmôntes*, en osant, en étant audacieux, *gignôskontes ta deonta*, en sachant ce qu'il faut faire – quel était leur « devoir » –, et *en tois ergois aiskhunomenoi*, en ayant de la pudeur dans leur action. (Ils « observaient l'honneur », traduit Jacqueline de Romilly ; mais il s'agit ici de l'*aiskhunè* dont nous parlions tout à l'heure, de la honte qui frappe celui qui transgresse les lois non écrites.) On pourrait ne voir là qu'une belle phrase. Ce que l'on trouve pourtant dans ces trois termes : en osant, en ayant de la pudeur et en sachant ce qu'il faut faire, c'est la théorie des trois facultés de l'âme et des trois vertus principales que Platon développera par la suite[6]. Dans le *tolmôntes*, « en osant », on a le *thumos*, la partie de l'âme qui peut se mettre en colère, la vertu correspondante étant l'*andreia*, le courage ; l'*aiskhunè* a affaire avec l'*epithumia*, la partie désirante de l'âme : c'est grâce à l'*aiskhunè*, la « honte », le souci du regard des autres que l'on est capable de dominer ses pulsions, et à cela correspond la vertu de *sôphrosunè*, ce qu'on appellera par la suite la « tempérance » ; le *gignôskontes ta deonta* enfin, le « en sachant ce qu'il faut », renvoie au *logistikon*, à la partie réfléchissante de l'intelligence, la vertu associée étant la *sophia*, la sagesse.

Autre notation également très importante dans ce chapitre 43. Après avoir parlé de la gloire de ces morts qui restera à jamais, Périclès dit (je lis la traduction de Jacqueline de Romilly) : « Des hommes illustres ont pour tombeau la terre entière ; ce n'est pas seulement une inscription sur une stèle qui, dans leur pays, rappelle leur existence : même sur un sol étranger, sans rien d'écrit, chacun est habité par un souvenir, qui s'attache à

6. <*Cf.* en part. *République*, IV, 436 *sq.*>

leurs sentiments plus qu'à leurs actes.» C'est le fameux : *Andrôn gar epiphanôn pasa gè taphos*. On pourrait penser que cela veut dire : pour des hommes illustres *(andrôn epiphanôn)* n'importe quel coin de terre est un bon tombeau. Mais ce n'est pas cela, Périclès dit autre chose, il avance une idée qui, là encore, ne cadre pas tout à fait avec ce que certains philologues ou érudits modernes croient savoir de la Grèce ancienne. Parenthèse : Périclès ou Thucydide, bien entendu. Car, je le répète, pour ce qui nous intéresse ici, la question de l'authenticité «péricléenne» de ce discours n'a strictement aucune importance. Pas plus que, disons, la question de savoir si la *Critique de la raison pure* a été dictée à Emmanuel Kant par un inconnu qui venait le visiter chaque matin à cinq heures, ou si c'est bien l'œuvre de Kant lui-même. Ce qui compte certainement, c'est que, entre 1770 et 1781, quelqu'un en Allemagne pouvait penser ce que l'on trouve dans la *Critique*. Un Athénien, vers la fin du Ve siècle, a pensé et écrit ces choses. Il prétend que Périclès les avait dites. Ce n'est peut-être pas le cas, mais cela n'est guère important, sauf pour un historien qui se placerait à un point de vue relativement étroit, qui ne s'intéresserait qu'au rôle joué par Périclès, etc. Ce qui est par contre très important, c'est que quelqu'un ait pu *penser* et *formuler* tout cela à ce moment précis de l'histoire. Mais revenons à ce que dit Périclès : la terre entière est le tombeau des hommes illustres. (Et en effet, la terre entière, au propre comme au figuré, sert à cela, elle y suffit à peine, et peut-être ne sert-elle à rien d'autre.) Il ne s'agit pas seulement, ajoute-t-il, des inscriptions funéraires sur les stèles dans la patrie de ceux qui sont morts : *en tè mè prosèkousè agraphos mnèmè*, même en terre étrangère un souvenir non écrit des grandes œuvres de ces hommes illustres habite chacun. Que ce soit d'ailleurs de ces morts-là ou d'autres hommes illustres, car la phrase a une portée universelle : pour les hommes illustres la terre entière est un tombeau. Et ce souvenir est auprès de tous : la phrase vaut pour tous les lieux et toutes les époques, et il en est ainsi – ou il devrait en être ainsi – en 1985, en France. Or

155

cette mémoire, ce souvenir qui habite chacun, est un souvenir non pas de leur *ergon* mais de leur *gnômè*. Ils doivent leur gloire moins à ce qu'ils ont réussi à faire, au résultat concret de leurs efforts, qu'à cette *gnômè*, à la *Gesinnung*, la disposition d'esprit, les pensées et les motivations à partir desquelles ils ont fait ce qu'ils ont fait. On ne peut que regretter une fois de plus l'erreur de ceux qui parlent d'absence de subjectivité et d'intériorité chez les Grecs ou dans la vue grecque ancienne de l'être humain et du monde, etc. [*Annot. marg.* : L'intériorité n'a pas <été introduite> par les chrétiens !] Pour Périclès, est illustre celui qui a eu une grande *gnômè*. Bien entendu, cette grande *gnômè*, cette grandeur d'âme doit se manifester, autrement elle resterait insaisissable par les autres ; mais ce n'est pas de « résultats » qu'il s'agit. Les trois cents des Thermopyles n'ont guère réussi à retarder les Mèdes et certainement pas à empêcher l'invasion ; piètre « résultat », si l'on veut, mais la mémoire s'attache à leur état d'esprit – à leur *gnômè* et non pas à leur *ergon*. La formule du paragraphe 43.4 n'est pas moins célèbre : parce que vous avez jugé qu'il n'y a pas de bonheur sans liberté et pas de liberté sans *eupsukhon* – « bonne âme », et ici sans doute « courage » puisqu'il est question de danger –, vous devez surmonter les dangers de la guerre. Inutile de rappeler la fortune de cette phrase à travers les siècles, y compris chez Rousseau : la liberté ou le repos, il faut choisir[7]. Et en effet, on ne saurait avoir les deux. S'adressant alors aux parents (44.1) : je ne veux pas pleurer avec vous, mais plutôt vous consoler. Vous savez tous que la vie est faite de *polutropoi xumphorai* – « vicissitudes variées », traduit Jacqueline de Romilly ; ce sont littéralement des « conjonctures bousculées ». Nous pensons ici

---

7. <« Le repos et la liberté me paroissent incompatibles ; il faut opter » (J.-J. Rousseau, *Considérations sur le gouvernement de Pologne*, texte établi et annoté par J. Fabre, in *Œuvres complètes*, éd. B. Gagnebin et M. Raymond, Paris, Gallimard, coll. « Bibliothèque de la Pléiade », t. III, 1964, p. 955). Rousseau reprend l'idée à plusieurs reprises, en particulier dans le *Contrat social, ibid.*, p. 405, 428.>

à la phrase de Solon chez Crésus que rapporte Hérodote[8] : toutes les choses humaines sont des *xumphorai*, des concaténations – imprévues et non rationnelles du point de vue des désirs du sujet – d'événements. Et Périclès dit alors une chose stupéfiante, mais où l'on voit bien la conception grecque de la vie humaine : le bonheur, la bonne chance *(eutukhes)*, c'est de *lakhein* – tirer au sort –, de rencontrer la mort *(teleutè)* ou le deuil *(lupè)* le plus noble *(euprepestatè)*, de trouver en fin de compte que bonheur et vie ont eu la même mesure. Autrement dit, le bonheur n'est pas d'aller au paradis ou aux îles des Bienheureux, Périclès et son public n'y voient certainement que des racontars, c'est de mourir de façon noble ou d'avoir un deuil qui a une cause noble. Voilà tout le bonheur qui est permis à l'homme.

On trouve aussi, dans ce même chapitre 44, quelques notations qu'on appellerait aujourd'hui psychologiques comme : « le chagrin – je lis la traduction de Jacqueline de Romilly – ne s'attache pas aux biens dont on est privé sans en avoir goûté, mais à ceux qui vous sont ôtés quand on en avait pris l'habitude » (44.2). Une observation aussi qui n'est pas seulement psychologique mais également politique, lorsque s'adressant aux parents qui sont encore en âge d'avoir d'autres enfants, il leur rappelle (44.3) que non seulement les enfants à venir seront une consolation, mais que la cité en tirera un bénéfice, car il n'est possible de délibérer dans un esprit d'égalité et de justice *(ison ti è dikaion bouleuesthai)* que si l'on a des enfants qu'on soumet aux risques de la vie de la cité – qui pourront avoir à combattre un jour. À Athènes, les couples sans enfants étaient à vrai dire tout à fait exceptionnels, tout comme d'ailleurs les gens non mariés, la pression sociale étant ici très forte. Périclès nous livre la motivation profonde de la loi non écrite : pour délibérer avec équité et justice des affaires communes il faut courir les mêmes risques que le reste de la collectivité. Le risque suprême, évidemment, est de se faire tuer, et quand les Athéniens votent

8. <Hérodote, I, 32, 20-21 *(pan esti anthrôpos sumphorè)*.>

pour ou contre la guerre, ils savent qu'eux-mêmes ou leurs garçons iront peut-être à la mort ; et ils prennent leur décision en tenant compte de cela. En tout cas, ce ne sont pas leurs représentants qui décident à leur place. Je ne sais pas si quelque historien a déjà fait une recherche sur le nombre de représentants du peuple qui, en 1914-1918 et en 1939-1945, ont demandé une dispense de leur mandat pour aller au front quand leur classe d'âge a été appelée ; mais j'ai mon idée là-dessus, sans attendre les résultats de la recherche. Outre cette considération psycho-politique, si je puis dire, d'autres notations psychologiques encore, comme en 44.4, où il y a ceci qui est profondément vrai : *to gar philotimon agèrôn monon*, seul l'amour de la gloire ne vieillit pas, et il n'est pas vrai qu'avec la stérilité du grand âge le seul plaisir soit *to kerdainein*, de gagner de l'argent ; le seul plaisir qui reste, c'est *to timasthai*, d'être honoré. Ou en 45.1, s'adressant aux frères plus jeunes ou aux enfants de ceux qui sont morts : c'est vous, les vivants, qui aurez la tâche la plus difficile parce que bien évidemment à ce que vous ferez s'attachera toujours le *phthonos*, l'envie ; les morts ne sont plus là, il est toujours plus facile de les louer.

Je voudrais maintenant revenir au passage central, ce chapitre 40 qui commence par : *Philokaloumen te gar met' euteleias kai philosophoumen aneu malakias*. Je vous lis les trois premiers paragraphes dans la traduction de Jacqueline de Romilly : « Nous cultivons le beau dans la simplicité, et les choses de l'esprit sans manquer de fermeté » – je reviendrai sur la traduction. « Nous employons la richesse, de préférence, pour agir avec convenance, non pour parler avec arrogance ; et quant à la pauvreté, l'avouer tout haut n'est jamais une honte : c'en est une plutôt de ne pas s'employer en fait à en sortir. » Le deuxième : « Une même personne peut s'occuper à la fois de ses affaires et de celles de l'État ; et, quand des occupations diverses retiennent des gens divers, ils peuvent pourtant juger des affaires publiques sans rien qui laisse à désirer. Seuls, en effet, nous considérons l'homme qui n'y prend aucune part comme un citoyen non pas tranquille, mais inutile ; et, par nous-mêmes, nous jugeons et raisonnons comme il faut sur les questions ; car la parole n'est pas à nos yeux un obstacle à l'action : c'en est un, au contraire, de ne pas s'être d'abord éclairé par la parole avant d'aborder l'action à mener.» Enfin : «Car un autre mérite qui nous distingue est de pouvoir tout ensemble montrer l'audace la plus grande et calculer l'entreprise à venir : chez les autres, l'ignorance porte à la résolution – Romilly a tort ici : *thrasos*, c'est la témérité excessive –, et le calcul – *logismos*, le raisonnement plutôt – à l'hésitation. Or on peut considérer à bon droit comme ayant les âmes les plus fermes ceux qui discernent de la façon la plus claire le redoutable ou l'agréable, tout en ne se laissant pas, pour autant, détourner des dangers.» Sur la première phrase : nous aimons, nous sommes les amants du beau dans la simplicité et nous aimons sans mollesse ce qui est sage, je reviendrai plus tard. C'est un premier balancement, une première opposition qui mène à d'autres : la richesse est chez nous *kairos*, occasion/possibilité pour agir et non pas prétexte à discours vantards *(logou kompô)* ; la pauvreté n'est pas honteuse – opposition ici avec l'Asie, du moins l'Asie telle que la voient les Grecs, où la richesse ne serait là que pour qu'on en fasse étalage –, ce qui est honteux, c'est l'inaction dans la pauvreté, le fait de l'accepter. Cette observation vient immédiatement après le «nous aimons la beauté avec simplicité» : nous n'utilisons pas cette richesse pour ajouter de l'or sur de l'or à nos monuments publics. Le *ploutô te ergou kairô* est à mon avis une allusion évidente, et sans doute apologétique, non seulement aux travaux faits à Athènes (Acropole, etc.), précisément sous Périclès – grâce en bonne partie aux contributions des alliés –, mais surtout à cette institution athénienne très particulière qu'est la liturgie[b]. Les citoyens les plus riches devaient accepter une liturgie, c'est-à-dire prendre en charge l'armement d'un navire de guerre, financer, comme nous dirions, la représentation d'une trilogie pendant les concours dramatiques, etc. Détail amusant, si quelqu'un estimait que d'autres qui avaient refusé une liturgie étaient plus riches que lui, il pouvait proposer un échange des fortunes… Le plus riche était ainsi forcé de s'avouer tel. Cette liturgie était à vrai dire une forme d'imposition. Il faut rappeler à cet égard qu'en général dans le monde antique les citoyens ne sont pas soumis à l'impôt direct ; il y a bien quelques impôts indirects mais pas d'impôt sur le revenu ou la fortune, si ce n'est de façon tout à fait exceptionnelle. On ne connaît pas d'équivalent de la liturgie dans les autres cités grecques et, mis à part les impôts indirects, le tribut des cités vassales est la principale source de revenus des cités importantes[c]. Cet aspect, certes, n'est pas absent à Athènes. Mais ce qui est original, c'est qu'on y trouve aussi, d'un côté, ces liturgies que je viens d'évoquer, qui sont aussi des mesures de redistribution des revenus ; d'un autre côté – et à l'autre bout de l'échelle –, les différentes misthophories, « salaires » politiques (bouleutique et héliastique) qui ont valu à Périclès tant d'attaques. L'idée, c'était qu'il fallait, pour que la pauvreté ne fût pas un obstacle à la participation du citoyen qui ne voudrait pas perdre une journée de travail, fournir à celui-ci quelque dédommagement – deux ou trois oboles – afin de lui permettre de participer à une séance du Conseil ou des tribunaux. La mesure a été bien entendu dénoncée comme démagogique et corruptrice par les opposants aristocratiques, et un débat interminable a alors commencé, qui culmine d'abord, bien sûr, avec Platon, et se poursuit depuis[d]. Il va de soi qu'il s'agit d'une mesure démocratique, d'un effort pour concilier l'inégalité économique – cette limite à l'auto-institution dont je vous ai déjà parlé : on ne touche pas aux fortunes privées – et la volonté de rendre possible une participation politique égale pour tous. Ces deux éléments – liturgies, salaires citoyens – n'existent pas dans les autres cités grecques, et rien de comparable n'a jamais existé à Rome, par exemple. Rome – l'aristocratie romaine, sénateurs et chevaliers – a vécu pour l'essentiel, tout au long de son histoire, du pillage du monde méditerranéen, et cela à un degré inouï[e]. L'« empire » athénien est d'une autre nature[f]. Les cyniques diront qu'il n'a pas eu le temps de devenir Rome, mais le fait est qu'il s'agit d'autre chose.

Au paragraphe 40.2 nous trouvons une affirmation également remarquable : que les mêmes personnes peuvent s'occuper des *oikeia* – des affaires de leur *oikos*, de leur maison, de leur *familia* au sens latin juridique ancien : des choses et des affaires privées – et des *politika*, des affaires politiques. À ceux qui, de nos jours, affirment que la démocratie a pour condition l'esclavage, que c'est parce qu'il y a des esclaves qui se chargent des travaux privés que d'autres peuvent participer aux affaires publiques, Périclès répond par avance que les mêmes citoyens peuvent s'occuper des deux aspects, et que ceux qui s'adonnent à leurs affaires privées ont aussi une connaissance non insuffisante des affaires publiques *(ta politika mè endeôs gnônai)*, ce « non insuffisante » étant évidemment une litote pour « suffisante ». Nous retrouvons ici l'affirmation démocratique fondamentale : si l'on donne à ceux qui vaquent à leurs affaires privées une connaissance suffisante, le droit et la possibilité de s'occuper des affaires publiques, il n'y a pas d'« expertise politique » nécessaire[9]. La phrase qui suit, « nous sommes seuls à penser que celui qui ne participe en rien aux affaires publiques est un individu non pas tranquille mais inutile », a énormément irrité certains Modernes, de Ferguson à, surtout, Fustel de Coulanges. [*Annot. marg.* : Fustel de Coulanges qualifie cela d'« oppression »[10] !] C'est bien pourtant ce que pense Périclès : cet homme est un poids mort dans la cité, Homère aurait dit : un poids sur la terre. Et il ajoute : nous sommes capables de juger par nous-mêmes et il n'y a pas chez nous d'opposition entre la pensée et l'action. Il y aurait certainement beaucoup à dire là-dessus, mais cela nous entraînerait trop loin.

---

9. <*Cf. CEL*, p. 92-98.>
10. <*Cf.* N.D. Fustel de Coulanges, *La Cité antique* (1864), préface de F. Hartog, Paris, Flammarion, coll. « Champs », 2009, p. 265-269.>

À partir d'ici nous ne suivrons plus pas à pas l'Oraison funèbre. Mais je voudrais que nous revenions sur certains points, et en particulier sur la première phrase («Nous cultivons le beau... ») du chapitre 40. Celle-ci, à vrai dire – mais cela vaut pour l'ensemble du discours –, constitue une réponse, sur le cas d'Athènes, à une question d'ordre très général : quel est l'objet de l'institution de la société, quelle est la finalité d'une institution autonome ? Je sais que l'on peut récuser non seulement la réponse mais la question elle-même ; que, de fait, celle-ci a été récusée par ceux qui affirment que l'autonomie et la liberté sont des fins en soi et que le but de l'institution de la société est tout simplement d'assurer et de garantir la liberté des individus. C'est ce que dit à peu près Jefferson dans le préambule de la Déclaration d'indépendance américaine : les hommes ont créé des institutions pour pouvoir assurer ces droits individuels que sont la vie, la liberté et la poursuite du bonheur [11]. On peut penser aussi qu'à partir du moment où un degré suffisant d'autonomie a été établi dans la société moyennant son institution politique, il n'y a plus de question politique mais seulement un champ pour la libre activité des individus, des groupes ou de la société civile, pour reprendre le langage des Modernes. Vous savez que je ne partage pas ce point de vue. L'idée d'une autonomie qui serait fin d'elle-même nous conduit à une vue tout à fait formelle et pour ainsi dire kantienne. Je l'ai dit plus d'une fois : nous voulons l'autonomie pour elle-même et pour faire des choses. Pour faire quoi [12] ? C'est là le fond de l'affaire. En tout état de cause, qu'il s'agisse de l'Athènes du Ve siècle ou des pays industrialisés en 1985, de l'Angleterre victorienne ou de la France de la Restauration, il est absolument impossible de séparer les institutions

---

11. <« ... *that to secure these rights [life, liberty and the pursuit of happiness], governments are instituted amongst men...* » («The Declaration of Independence, July 4, 1776», *in* R. Hofstadter (éd.), *Great Issues...*, *op. cit.*, p. 70-74).>
12. <*Cf. IIS* (1964-1965), p. 130-138, rééd. p. 141-150 ; «La logique des magmas... » (1981), *in DH*, p. 410-418, rééd. p. 513-523 ; «La *polis* grecque... », *ibid.*, p. 303, rééd. p. 379.>

assurant l'autonomie politique, fût-elle relative, du reste de la vie sociale. Et cela pour toute une série de raisons, qui sont celles de l'anthropologie politique de Périclès dans l'Épitaphe, et en particulier que notre vie a à voir dans une très grande mesure avec des objectifs, des œuvres et des travaux qui par leur nature dépassent l'individu et deviennent donc des objets de discussion et d'activité commune, c'est-à-dire politique.

Sur cette question de la finalité de l'institution politique ancienne, de la *polis*, il n'y a à ma connaissance qu'un auteur moderne à avoir présenté une position qui vaille vraiment la peine d'être discutée, une conception si j'ose dire substantive. Je ne vous surprendrai pas en vous disant qu'il s'agit de Hannah Arendt dans *The Human Condition*[13]. Pour Arendt, la valeur de la démocratie, non seulement comme les Grecs l'ont pratiquée mais partout et toujours, vient du fait qu'il s'agit du régime politique dans lequel les êtres humains peuvent manifester ce qu'ils sont à travers leurs actes et leurs paroles. On voit tout de suite ici l'opposition entre le monde grec, le monde de la cité, et ce qu'on peut appeler le monde du despotisme asiatique – ou l'image que nous en avons, peu importe ici –, c'est-à-dire un monde où la quasi-totalité des individus est perdue dans une sorte d'anonymat social, ne peut avoir d'autre existence que privée ; où il n'y a ni création d'un espace public où chacun puisse faire apparaître ce qu'il est, ni véritable temporalité historique, tout ce qui ne relève pas de la geste des rois sombrant dans l'oubli. Cet élément – se manifester par les mots et les actes – était certainement important dans les cités grecques, il est sans doute lié au caractère agonistique de la culture grecque que Burckhardt, le maître de Nietzsche, sut si bien mettre en valeur au xixe siècle[14]. Et cela vaut pour toutes les sphères de la vie, et pas seulement

13. <H. Arendt, *Condition de l'homme moderne* (1958), Paris, Calmann-Lévy, 1961, rééd. Presses Pocket, coll. «Agora», 1988, p. 251-268.>
14. < J. Burckhardt, *Histoire...*, *op. cit.*, en part. t. V, p. 115-155 ; *cf.* «La *polis* grecque... », *DH*, p. 303-306, rééd. p. 379-382 ; *CEL*, p. 159.>

dans les cités démocratiques mais dans toutes les cités. On voit encore dans le discours de Périclès que ce qui importait avant tout aux Grecs, et cela restera vrai jusqu'à la fin du Vᵉ siècle – moment à partir duquel l'idée d'une âme immortelle commence à faire des dégâts –, est cette chose impossible : la fuyante immortalité que représentent le *kleos* et le *kudos*, la renommée et la gloire. Fuyante parce que limitée, bien sûr – limitée en tout cas, dirions-nous aujourd'hui, par la durée de la planète Terre ; et immortalité à vrai dire sans sujet immortel. Périclès (44.4) : avec l'âge qui avance on devient impuissant à produire, dans tous les domaines, et ce vers quoi on se tourne n'est pas comme on le croit le gain – l'argent, la richesse –, mais l'honneur. Note de bas de page : l'astronome Laplace, qui avait atteint le savoir et la gloire, se plaignait en mourant de ce que l'homme ne poursuit jamais que des chimères ; et en effet il ne faut pas se cacher que face à la mort honneur et gloire peuvent sembler de peu de poids. Mais c'est dans la poursuite de chimères que l'homme est homme, et tout – et la gloire même – dépend mystérieusement de la qualité et de la consistance de ces chimères. Sans revenir trop longuement sur des points que j'ai déjà suffisamment traités [15], je voudrais insister sur le fait qu'il est impossible de réduire la signification et la finalité de la démocratie en Grèce au « se manifester » dont parle Hannah Arendt. Et qu'il est tout aussi impossible de défendre ou de soutenir la démocratie sur cette base. Cette manifestation qu'elle permet est indiscutable mais elle ne saurait concerner tout le monde. Plus important, la position de Hannah Arendt fait l'impasse sur une question cruciale, celle du contenu ou de la substance de ce qui est manifesté. Pour aller tout de suite à la limite : Hitler et Staline et leurs compagnons fameux et infâmes ont certainement révélé par des actes et des paroles ce qu'ils étaient, leur essence. Le simple fait de la manifestation ne nous dit rien sur la différence

---

15. <Voir « La *polis* grecque… », *DH*, p. 303-305, rééd. p. 380-382 ; *CEL*, p. 158-163.>

entre Thémistocle et Périclès d'un côté, Cléon et Alcibiade de l'autre, entre bâtisseurs et fossoyeurs de la démocratie. C'est d'ailleurs parce qu'il importait au plus haut point à Alcibiade ou à Cléon de se manifester, au sens plein que Hannah Arendt donne au terme, qu'ils ont l'un et l'autre amené des catastrophes. Je crois que la conception substantive de la démocratie à Athènes ne nous est donnée que dans la totalité des œuvres de la *polis*. Elle est explicitement formulée dans cette phrase *(Philokaloumen...)* du chapitre 40, avec laquelle le chassé-croisé d'Arendt est très curieux : sans voir certaines choses essentielles, elle dit pourtant là-dessus des choses importantes. Car la phrase donne la finalité de l'institution des Athéniens : c'est le *philokaloumen* et le *philosophoumen*. Il faut bien comprendre ces deux mots. *Philokaleô* et *philosopheô* sont des verbes intraduisibles littéralement. Si nous disons : nous aimons le beau ou la beauté *(philokaloumen)*, nous aimons le sage ou la sagesse *(philosophoumen)*, nous perdons l'essentiel parce que ces deux verbes interdisent cette séparation du sujet et de l'objet. Ils ne sont pas seulement intransitifs, ce sont des verbes d'état. Que fait Untel ? Il philosophe, il vit en philosophant. Cela ne veut pas dire qu'il a en face de lui la sagesse, qu'il passe sa vie en adoration devant elle et lui apporte des offrandes. Aimer la sagesse, c'est précisément essayer de la trouver d'abord. C'est un *eros*. Périclès ne dit pas : nous aimons les belles choses, nous en fabriquons et les mettons dans des musées que nous visitons tous les 15 du mois de thargélion ; il ne dit pas : nous aimons la sagesse, et c'est pour cela que nous faisons venir les meilleurs professeurs d'Égypte ou de Perse. Il dit : tous les citoyens de cette cité vivent, existent, sont dans et par cet *eros* actif du beau et du sage. Ce qui lui donne le droit d'affirmer après : la ville est donc la *paideusis*, l'éducatrice, l'éducation, la leçon de la Grèce.

Petite parenthèse : le Cubain Carlos Franqui, ancien héros de la Sierra Maestra devenu opposant, a écrit un livre qui s'appelle

Family Portrait with Fidel[16]. Il y raconte qu'il y avait au moins deux choses que Castro ne pouvait pas accepter : toutes les activités qui obligent l'individu à penser par lui-même et tout ce qui arrache l'individu au moment présent et l'insère dans une tradition vivante. La politique telle que l'entendait Castro – obéissance, travail, force militaire, culte de sa personne – ne pouvait créer qu'une « tradition de cendres », une culture vivante ne pouvait pas exister dans une telle société. Je vous renvoie à ce que j'ai écrit moi-même dans *Devant la guerre*[17] sur la haine du beau comme caractéristique du système russe. Franqui n'avait pas lu *Devant la guerre*, ni moi son livre à l'époque, d'ailleurs, mais nous parlons de la même chose.

Revenons à Athènes. Je vous disais qu'à travers cette phrase de Périclès, comme à travers tout le discours, apparaît l'objet de l'institution de la société athénienne, c'est-à-dire la création d'un être humain, le citoyen athénien, qui existe et vit dans et par l'unité de ces moments : l'amour et la pratique du beau, l'amour et la pratique de la sagesse, et évidemment aussi le souci et la responsabilité à l'égard du bien commun de la collectivité, de la *polis*. C'est à ce dernier aspect que se réfère Périclès quand il dit (41.5), nous y avons déjà fait allusion : ces hommes sont morts dans la bataille parce que, à juste titre, ils ne voulaient pas être privés d'une telle *polis*, et vous aussi vous y êtes prêts, car il est compréhensible que l'on accepte de se sacrifier pour elle. Il ne saurait y avoir de séparation entre les trois dimensions : la beauté et la sagesse telles que les Athéniens les aimaient et les pratiquaient ne pouvaient exister qu'à Athènes, non pas au sens d'une entité géographique ou d'un groupe ethnique particulier, mais à Athènes en tant que cette institution-là. Le citoyen

---

16. <C. Franqui, *Retrato de familia con Fidel*, Barcelone, Seix Barral, 1981 ; trad. angl. : *Family Portrait with Fidel. A Memoir*, New York, Random House, 1985 ; trad. fr. : *Vie, aventures et désastres d'un certain Fidel Castro*, Paris, Belfond, 1989.>

17. <C. Castoriadis, *Devant la guerre*, Paris, Fayard, 1981, p. 238-242 ; pages reprises dans *FC*, p. 43-49.>

athénien n'est pas un philosophe privé, ce n'est pas un professeur de philosophie, ni non plus un artiste privé ou un peintre du dimanche. Mais il peut se livrer à différentes activités avec grâce, comme nous l'avons vu tout à l'heure, et il vit dans et par cet *eros*, cet amour de la beauté et de la sagesse. Voilà la réponse matérialisée de l'institution athénienne à la question de la finalité de l'institution. Où l'on voit aussi la futilité des prétendus dilemmes – l'individu contre la société, la société civile contre l'État – qui ont littéralement empoisonné la pensée politique moderne.

Avant de revenir sur certains aspects de tout cela, je vous rappelle que l'on trouve, immédiatement après l'Épitaphe, la description de la peste à Athènes. Il y a une remarquable structure dramatique – sur laquelle nous ne pouvons malheureusement pas nous étendre ici, ce n'est pas notre propos – de toute l'*Histoire* ; et d'ailleurs de la guerre elle-même, parce qu'ici Thucydide sait parfaitement décrire son sujet. Et dans cet enchaînement, à cet endroit-là, le discours de Périclès est une sorte d'acmé. Nous avons vu les prodromes, la guerre ouverte, la description de la puissance d'Athènes, cette première invasion spartiate de l'Attique qui ne peut pas ou ne veut pas aller trop loin, les morts, quand même, de cette première année et leurs funérailles officielles – et puis, en hiver, le discours de Périclès, hymne à la cité et au citoyen athénien. Ainsi finit la première année de la guerre. Il est dit alors que, au début de l'été suivant, les Péloponnésiens entrent à nouveau en Attique. Et ils n'y sont que depuis quelques jours quand l'épidémie éclate. Viennent alors ces admirables chapitres de la description de la peste, de ses conséquences et de ses symptômes, toujours citée d'ailleurs de nos jours comme modèle de description clinique[g]. Il faut avouer que l'effet, à cet endroit du livre, est très puissant. Mais Thucydide n'est pas un romancier. J'apporte cette précision parce qu'il s'est trouvé un grand savant anglais du début du siècle, Cornford[h], pour écrire un livre par ailleurs très intéres-

167

sant, *Thucydides Mythistoricus*[18], dont la thèse essentielle est qu'en fin de compte Thucydide n'a pas fait de l'histoire mais de la littérature, que son récit est celui d'un poète tragique et qu'il travaille sa matière pour qu'elle s'ajuste au cadre de sa tragédie. Il faut être parfois très patient avec les érudits modernes. Cornford tient à avancer coûte que coûte une théorie nouvelle sur Thucydide, et cela l'entraîne très loin. Cela dit, il ne manque pas de qualités et sait mettre en évidence certaines choses. Il est certain que la structure de l'Histoire – et il n'est pas difficile d'en faire la démonstration – est une structure tragique. Il est également vrai – mais cela, Cornford ne le voit pas – que le héros de la tragédie est bien évidemment le *dèmos* athénien. Par une inversion extraordinaire, si le héros est collectif, le rôle du chœur est tenu par un individu, Périclès. De même que dans la tragédie le chœur chante les louanges du héros, Périclès chante les louanges du *dèmos* et attire son attention sur ce qu'il ne faut pas faire – c'est-à-dire sur ce que le héros, aveuglé par son destin tragique, fera. Thucydide dit explicitement[19] : les Athéniens ont eu le dessus aussi longtemps qu'ils ont suivi la stratégie formulée par Périclès ; puis ils firent l'inverse, et cela tourna mal. Il y a donc certainement une structure tragique de la narration, mais elle ne fait que reproduire la structure immanente de la réalité elle-même, de la tragédie qu'est à bien des égards la guerre du Péloponnèse. Thucydide en tient compte avec un art admirable qui réussit à n'être jamais trop apparent.

Je voudrais conclure sur une question que j'ai également abordée plus d'une fois, mais qui est suffisamment importante pour y revenir. Vous vous rappelez qu'il y a chez Thucydide un autre discours remarquable sur Athènes : celui des Corinthiens au livre I (68-71, et tout particulièrement 70). Il est prononcé, je vous en ai déjà parlé, à l'assemblée des alliés à Sparte qui

---

18. <F.M. Cornford, *Thucydides Mythistoricus*, Londres, Edward Arnold, 1907.>

19. <Thucydide, II, 65.5-7.>

doit décider de la guerre. Les Corinthiens, humiliés par l'affaire de Corcyre et qui tiennent absolument à arracher Potidée aux Athéniens, sont pour la guerre. La question de l'authenticité a ici une certaine importance. Nous nous sommes demandé jusqu'à quel point la cité athénienne avait conscience d'elle-même, et nous avons pu voir, dans l'Épitaphe, que les Athéniens savaient dans une très grande mesure ce qu'ils faisaient. Mais le jugement que les autres Grecs portaient sur Athènes nous intéresse aussi, et le chapitre 70 du livre I[20] nous donne cette réflexivité qui passe, elle, par le regard d'autrui. Or elle vient des ennemis des Athéniens, les Corinthiens, qui, à ce qu'ils ne craignent pas d'appeler la lourdeur, la rusticité des Spartiates, opposent le mode d'être des Athéniens. Voici la traduction que j'ai déjà donnée dans *L'Institution*[21] du passage essentiel : « Car ceux-ci *(sc.* les Athéniens) sont novateurs, et rapides à l'invention comme à l'accomplissement par les actes de ce qu'ils ont décidé ; tandis que vous *(sc.* les Lacédémoniens) vous contentez de sauver ce que vous avez, n'inventez rien et n'accomplissez même pas l'indispensable. Et encore, eux osent au-delà de leur puissance – le texte grec est ici somptueux, *para dunamin tolmètai*, ils sont audacieux au-delà de ce qui est en leur pouvoir – et cherchent le danger contre le raisonnable – *para gnômèn kinduneutai* – et restent pleins d'espoir devant les malheurs ; quant à vous, vous agissez en deçà de votre pouvoir, n'ajoutez même pas de foi à ce qui est certain, et croyez que vous ne serez jamais débarrassés de vos maux. » C'est-à-dire : ils sont résolus, tandis que vous hésitez. « Ils sont infatigables tandis que vous ménagez votre peine, ils s'expatrient facilement tandis que vous ne pouvez vous arracher à votre pays ; car en partant, ils pensent acquérir quelque chose, et vous, vous ne pensez qu'au dommage que pourrait subir ce que vous avez déjà. Victorieux de leurs ennemis, ils exploitent le plus possible leur

20. <I, 70.2-9 (I, 68-71 pour l'ensemble du discours des Corinthiens).>
21. <*IIS*, p. 287-288, rééd. p. 309-311.>

victoire, et, vaincus, ils ne se laissent guère abattre… » Il est difficile de lire un texte sans entendre des résonances historiques : ceux qui ont lu Clausewitz penseront immédiatement ici à ce qu'il dit des campagnes napoléoniennes, du rôle qu'y jouent la poursuite et l'exploitation de la victoire, par opposition à l'attitude des généraux du xviiie siècle, tout prêts à se satisfaire du moment de la victoire[22]. Autre trait essentiel au paragraphe 6, que je n'avais pas donné dans ma traduction parce qu'il ne concernait pas ce qui m'intéressait dans ce contexte, la temporalité athénienne : s'ils mettent totalement au service de la *polis* leur corps *(sôma)*, ils gardent tout à fait leur jugement *(gnômè)* propre, ou personnel, lorsqu'il s'agit du service de la ville. Bref, c'est en ayant chacun le jugement le plus individuel qu'ils pensent être le plus à même de servir la collectivité : on ne saurait, me semble-t-il, mieux dire. Les Corinthiens continuent : « Et, s'ils ne parviennent pas à accomplir ce qu'ils ont inventé, ils croient avoir été privés de ce qui leur appartenait déjà ; ce qu'ils acquièrent en entreprenant, ils l'estiment peu par rapport à ce qu'ils ont encore à obtenir en agissant, et, si jamais ils échouent effectivement dans quelque entreprise, ils remplacent aussitôt ce qu'ils y ont manqué par de nouveaux projets. Car pour eux seuls est semblable d'avoir quelque chose et de s'attendre à avoir ce qu'on a imaginé, puisqu'ils mettent aussitôt en œuvre ce qu'ils ont décidé. Et à tout cela, ils travaillent perpétuellement à travers les dangers et les fatigues, et jouissent très peu de ce qu'ils ont parce qu'ils acquièrent toujours autre chose, ne trouvant de repos qu'en faisant le nécessaire, car pour eux une tranquillité désœuvrée n'est pas moins une calamité qu'une occupation laborieuse. De sorte que, si, pour résumer, on disait que leur nature est de ne pas rester tranquilles, ni de laisser les autres tranquilles, on dirait la vérité. »

22. <C. von Clausewitz, *De la guerre*, trad. D. Naville, Paris, Minuit, 1955, p. 288-294.>

Voilà le discours des Corinthiens. La question de l'historicité, je vous l'ai dit, est plus importante ici que pour d'autres discours. Est-ce effectivement l'image que les Corinthiens pouvaient avoir d'Athènes ? Dans quelle mesure est-ce tout simplement Thucydide qui parle, bien qu'essayant de se placer au point de vue d'autrui[i] ? Je crois que dans ce discours il y a sans doute des jugements qui sont le reflet de ce que d'autres Grecs, et surtout les Péloponnésiens d'ailleurs, pensaient des Athéniens. Par exemple, que leur nature est de ne pas rester tranquilles – ce qui à la rigueur pourrait leur être pardonné –, mais aussi, chose plus grave, de ne pas laisser les autres tranquilles. L'on voit bien les rapports que cette idée entretient avec toute une philosophie de l'histoire qui revient souvent dans les discours thucydidéens et que l'on peut formuler ainsi : il est dans la nature de la puissance de vouloir toujours s'étendre – ce que les faits semblent d'ailleurs confirmer. Reste que, dira-t-on, c'est Thucydide, un Athénien, qui parle. Je crois pour ma part que ce discours est toutefois dans une large mesure authentiquement «corinthien». Thucydide est encore à Athènes au moment où il est censé avoir été prononcé, mais il a sans doute pu compléter par la suite son information. De ce discours, comme de l'Épitaphe, on pourrait tirer tout un traité d'anthropologie politique. On pourrait trouver aussi des éléments de cette anthropologie à la même époque, bien sûr, dans les écrits hippocratiques, et en particulier dans cette fameuse phrase dont vous m'avez déjà entendu parler sur le *nomos* qui devient *phusis* chez les humains[23]. Nous nous sommes demandé au début : dans quelle mesure y a-t-il réflexivité ou conscience de soi ? Il est frappant de voir qu'à aucun moment les Corinthiens ne font état des régimes politiques des uns ou des autres, ce qui plaide d'ailleurs en faveur de l'authenticité. La démocratie n'est même pas mentionnée. Nous trouvons pourtant rassemblée à Sparte ce que nous appellerions aujourd'hui la fine fleur de la réaction, les représentants des régimes oligarchiques par

23. <Cf. *CQFG 1*, p. 203-204, et les textes cités p. 344.>

excellence. Ce qui apparaît par contre dans le discours des Corinthiens, ce sont les aspects de l'institution qui peuvent être décrits à travers le comportement des Athéniens, c'est-à-dire l'institution telle qu'elle se réalise dans les individus. Ce qui ressemblerait le plus à un jugement sur le régime politique – encore ne s'agit-il pas d'un trait essentiellement ou exclusivement démocratique –, c'est cette phrase : s'ils mettent totalement au service de la *polis* leur corps, ils gardent tout à fait leur jugement personnel pour mieux la servir, phrase dont on trouve d'ailleurs l'équivalent dans l'Épitaphe.

Mais je voudrais attirer votre attention, pour finir, sur le point qui me semble le plus remarquable : la description ici de la temporalité athénienne, du *temps historique* tel qu'il est institué dans et par Athènes. Parce que, même si l'on prend toutes les précautions nécessaires, il est impossible de ne pas lire après coup, dans ce chapitre 70 du livre I, l'essentiel de ce que nous appelons, d'un terme qui n'est peut-être pas très bon, la modernité – comme attitude par rapport au temps et par rapport à ce qui est à faire. Je crois que le texte est ici tellement explicite que nous n'avons vraiment pas besoin des méthodes redoutables d'un Bollack pour le faire parler. Cette temporalité des Athéniens apparaît comme le mode de faire d'une société ; et celui-ci est aussi, essentiellement, rapport au passé et à l'avenir. Or il faut avouer que la description de la « modernité » des Athéniens que donnent les Corinthiens est poussée si loin qu'elle en est presque caricaturale, qu'il y a sans doute là une part d'exagération – indice supplémentaire pour moi, d'ailleurs, de l'authenticité du discours. Car ce que les Corinthiens, finalement, disent, c'est que la temporalité athénienne ne tient pas compte du passé et qu'elle est toute tendue vers l'avenir – que le temps est vécu par les Athéniens uniquement sur la modalité de ce qui est à venir. Étant entendu que ce qui est à venir n'est pas quelque chose de dispensé par l'être, qu'il n'y a pas de *Geschick*, de destin, de destination de l'être, comme dirait Heidegger. Il y a l'*elpis*, un projet, ce que nous pouvons et allons faire, une action qui emplit constamment l'avenir et oblitère constamment le passé et presque le présent. Le présent est presque le passé, ce qui est acquis ne compte pas. Ils sont, disent les Corinthiens, rapides à l'invention comme à l'exécution, ils osent au-delà du raisonnable et gardent espoir dans le malheur. Il est vrai que l'on peut aussi garder espoir dans le malheur si l'on croit qu'à la fin des fins Dieu aura pitié de notre misère. Mais ici ce n'est pas le cas, les Athéniens ne croient certainement pas que Zeus réserve à Athènes un avenir meilleur qu'à d'autres cités. Ils gardent espoir dans le malheur parce qu'ils ne perdent pas confiance en leur capacité de toujours faire autre chose. Et bien évidemment l'avenir, dans cette description – qui, je vous l'ai dit, semble quand même un peu outrancière –, doit être littéralement rempli, en permanence, de nouveaux projets. Ou bien un projet a réussi, auquel cas il ne compte déjà plus ; ou bien il a échoué, auquel cas on met en avant immédiatement d'autres projets, *antelpisantes alla*, d'autres espérances. Cette *elpis* n'est pas ici espoir passif : je n'attends pas, au bord de la mer, qu'une voile apparaisse à l'horizon. C'est concevoir des entreprises et essayer de les réaliser, le passage du projet à la réalisation étant immédiat. Parenthèse : cette idée que ce qui est acquis ne compte presque pour rien, qu'il faut mettre toujours en avant un nouveau projet, jette une certaine lumière sur ce que sera, dix-huit ans plus tard, l'expédition en Sicile. Les Athéniens étaient sortis pratiquement vainqueurs de la première phase de la guerre. Mais Alcibiade a proposé l'expédition ; et ils n'ont pas pu rester tranquilles. On trouvera aussi, dans l'étonnant paragraphe 70.7, ce qu'il faut bien appeler l'équivalence de l'imaginé et du réel. Voici des gens pour qui avoir imaginé quelque chose est presque synonyme de l'avoir ; si on les prive de ce qu'ils se proposaient d'avoir, ils se sentent tout autant lésés que s'ils l'avaient déjà eu effectivement. Et l'acquis est pour eux toujours insuffisant. Il faut, nous l'avons dit, faire la part de la caricature dans ce portrait. Mais c'est bien un autre rapport au temps qui apparaît ici.

XIV

Séminaire du 6 mars 1985

Je vous rappelle une fois de plus que dans notre discussion de Thucydide nous allons nous en tenir à quelques axes qui correspondent à l'orientation générale de ce séminaire. Le premier concerne sa conception de l'histoire. Le deuxième, dont nous avons essentiellement parlé la dernière fois et auquel j'apporterai quelques compléments aujourd'hui, a trait à l'institution athénienne, à cette exception dans une histoire faite, si l'anachronisme est permis, « de bruit et de fureur » – et nous verrons qu'en l'occurrence il est tout à fait permis. Je parlerai surtout aujourd'hui, troisièmement, du rapport entre le droit et la force[1], sans oublier que ce que l'on trouve chez Thucydide est dans l'ensemble la conception grecque ancienne – que la discussion sur le droit a un sens entre égaux mais qu'entre inégaux c'est la force qui prévaut –, une conception posée dès le départ dans l'histoire grecque, même si, comme on le verra, elle n'a pas été acceptée sans réserves. Autres axes sur lesquels je ne pourrai

---

1. [*Annot. marg.* : Contre idée de De Ste. Croix sur la différence entre l'« ordre interne » et <celui des> « relations internationales », *OPW* <G.E.M. de Ste. Croix, *The Origins of the Peloponnesian War*, Londres, Duckworth, 1972>, p. 13-28, 44-49, le premier étant celui du « droit », l'autre celui de la « force ». En vérité : 1) la distinction égaux/non-égaux traverse les *deux* – exemple : esclavage à l'intérieur, ou soumission des cités, à l'extérieur ; 2) des limitations du simple « droit de la force » existent dans les *deux* cas, aussi bien à l'égard des esclaves – par exemple chez les philosophes – que dans les éléments d'un « droit de la guerre ».]

sans doute pas m'étendre aujourd'hui : la théorie de la guerre chez Thucydide ; la conception, étroitement politique si l'on veut, de la guerre du Péloponnèse comme guerre civile, comme guerre entre le *dèmos* et les *oligoi*, l'aristocratie ; enfin, mêlé de plus d'une façon aux précédents, l'histoire comme tragédie chez Thucydide – et bien entendu dans la réalité même.

Quelques compléments d'abord sur le deuxième point – l'institution des Athéniens –, dont nous avons traité dans nos deux séminaires précédents à travers l'Oraison funèbre de Périclès et le discours des Corinthiens. Dans son premier discours (I, 140-144), Périclès dit aux Athéniens : si vous cédez, les Spartiates penseront que la peur dicte votre conduite et reviendront avec des demandes encore plus grandes ; mais votre fermeté leur fera savoir qu'ils ont face à eux non pas des inférieurs mais des égaux[2]. Ce que l'on trouve ici, et que nous retrouverons par la suite, c'est l'élément de réalisme politique, l'élément machiavélien – Thucydide est certainement, à mon avis, l'une des sources d'inspiration de Machiavel, bien que celui-ci ait sans doute aussi en mémoire dans *Le Prince* les passages sur la tyrannie de la *Politique* d'Aristote –, non pas au sens d'intrigue ou de tromperie mais au sens le plus élevé du terme : compréhension du rapport de force et de la composante psychologique dans tout rapport de force social[a]. Périclès essaie de montrer aux Athéniens qu'ils sont suffisamment forts pour résister aux exigences des Spartiates et présente ce qu'on a appelé précisément la « stratégie de Périclès », sur laquelle j'aurai à revenir quand nous parlerons de la guerre : en résumé, l'idée qu'Athènes doit se battre comme une puissance maritime[3] – « Si nous étions des insulaires, dit-il, qui pourrait nous attaquer[4] ? » – et surtout ne pas essayer d'étendre son empire pendant le conflit[5]. Que la

---

2. <Thucydide, I, 140.5.>
3. <*Ibid.*, I, 142.2-9, 143.>
4. <*Ibid.*, I, 143.5.>
5. <*Ibid.*, I, 144.1.>

maîtrise de la mer soit le principal atout d'Athènes, c'est aussi l'avis d'Archidamos, roi de Sparte, qui s'exprime à ce sujet lors des discussions à l'Assemblée de Sparte pour décider de la guerre ou de la paix (I, 80-85). Il propose donc de ne pas agir avec précipitation, de ne pas affronter immédiatement les Athéniens – tout en nouant des alliances et en s'y préparant. Son discours est intéressant pour plusieurs raisons, et surtout parce qu'on y perçoit clairement la malhonnêteté foncière des Spartiates dans toute cette affaire. Archidamos, qui n'est donc pas pour l'ouverture immédiate des hostilités, ne dit pas que c'est parce que leurs alliés corinthiens ont tort ; il dit : les Athéniens sont forts, nous ne sommes pas prêts, préparons-nous. L'avenir lui donnera raison, puisque la première phase du conflit, en 431-421 – la guerre de dix ans, celle qu'on a appelée aussi paradoxalement « guerre d'Archidamos » –, s'achèvera par ce qui est pratiquement une défaite de Sparte. Il faudra toute une série d'événements, dont la folie des Athéniens avec l'expédition en Sicile, et surtout l'argent perse que les Spartiates acceptent sans vergogne, pour que la guerre change de face. Les mêmes considérations sur l'*oxutès*, la vivacité des Athéniens, et la *bradutès*, la lenteur des Spartiates, reviennent dans les jugements que porte directement Thucydide – en personne et non pas par la bouche d'un orateur – au dernier livre de son *Histoire* (VIII, 96). Nous sommes alors en 411. Les Athéniens ont subi le désastre de Sicile un an plus tôt. Les alliés commencent à faire défection, la réaction oligarchique a instauré le régime des Quatre-Cents, et tout à coup les Spartiates s'emparent de l'Eubée, la grande île qui longe la Béotie et l'Attique – cette île était le grenier des Athéniens, elle leur était plus précieuse que l'Attique même, ravagée cent fois dès les premières années de la guerre. Thucydide, dans ce raccourci saisissant du chapitre 96, fait sentir la profondeur du désarroi des Athéniens, plus accablés encore qu'après la catastrophe sicilienne et qui s'attendent à ce que les Spartiates fassent voile sur Le Pirée sans défense. Et là, dit Thucydide, les Spartiates auraient pu aggraver les dissensions dans la ville, forcer la flotte athénienne restée à Samos à leur abandonner l'Ionie et tout ce qui restait de l'empire athénien. Mais il leur aurait fallu de l'audace. Et sur ce point comme sur beaucoup d'autres, ajoute-t-il, les Lacédémoniens furent pour les Athéniens l'ennemi *xumphorôtatos*, le plus avantageux : ces derniers eurent de la chance de les avoir pour ennemis car ils s'abstenaient de ce qui pouvait sembler un tant soit peu téméraire. Les deux peuples étaient *diaphoroi ton tropon*, avaient un caractère tout à fait différent : les uns *oxeis*, aigus, acérés, rapides, les autres *bradeis*, lents ; les uns *epikheirètai*, entreprenants, les autres *atolmoi*, sans audace, hésitants. Ce que confirme le cas des Syracusains : c'est justement parce qu'ils étaient à bien des égards semblables aux Athéniens qu'ils surent comment les combattre. Remarques qui viennent compléter, à propos de la guerre, ce qui a été dit sur l'institution des Athéniens et sur leur caractère, formé par cette institution, et en particulier ce que les Corinthiens avaient dit d'eux dans le premier livre : « Victorieux de leurs ennemis, ils exploitent le plus possible la victoire, et, vaincus, ils ne se laissent guère abattre[6]... » Ce qui est confirmé avec éclat dans ce même chapitre 96 du huitième livre où, après avoir décrit la panique, la consternation des Athéniens, Thucydide montre comment ceux-ci se ressaisissent immédiatement après. Où l'on voit bien qu'il y a dans la guerre et dans l'action un *kairos*[b], une opportunité qu'il faut savoir saisir – on se souvient ici de ce que Machiavel disait de l'occasion et de la Fortune, qu'il faut savoir brusquer. Les Spartiates laissent passer le moment où ils auraient pu bloquer Le Pirée et gagner définitivement la partie. Les Athéniens sont au fond de l'abîme. Mais dès qu'ils voient que tout n'est pas perdu, ils reprennent courage et affrontent à nouveau non seulement les Lacédémoniens, mais aussi, chose tout aussi redoutable, l'argent perse.

Arrêtons-nous un peu, ici, pour nous demander : qu'est-ce donc que cette Athènes qui apparaît à travers ces considéra-

---

6. <*Ibid.*, I, 70.5.>

tions de Thucydide ? Qu'est-elle pour nous, du point de vue de sa signification politique et de sa valeur ? Misère ici de toute considération idéaliste-criticiste, kantienne, de l'histoire : Athènes n'est pas une idée de la Raison, une étoile polaire qui guide nos actions. Ce n'est pas un idéal irréalisable, c'est quelque chose de réalisé. Ce n'est pas une œuvre d'art, et en tout premier lieu parce qu'elle n'est pas parfaite – nous pouvons difficilement trouver parfaite une cité où l'esclavage existe, quelle que soit l'importance de celui-ci, et où le statut des femmes est ce que l'on sait. Même s'il faut apporter ici des bémols aux discours habituels : Kitto[7], un excellent helléniste, a fait observer il y a fort longtemps que dans la tragédie grecque les personnages féminins sont tout aussi remarquables que les hommes et, du moins chez Euripide, l'emportent souvent pour ce qui est du courage, de l'intelligence et du caractère. Allons-nous d'ailleurs considérer comme parfaite une cité qui exerce son empire comme Athènes l'a fait ? Faut-il en conclure que, n'étant pas parfaite, Athènes a tout juste une existence empirique – voire que, dans cette mesure, elle n'est rien ? Tout en n'étant pas parfaite, tout en n'étant pas une idée, cette Athènes, telle qu'elle est pensée par Thucydide dans l'Oraison funèbre, fût-elle inventée et rêvée par lui, un Athénien dont nous savons qu'il a vécu entre 460 et 400 environ, cette Athènes-là a un sens qui nous parle encore aujourd'hui[c]. Non pas comme peuvent parler à l'historien, au spécialiste les institutions de telle dynastie égyptienne ou celles du règne de tel empereur Tang – par ailleurs tout à fait intéressantes et, d'un autre point de vue, d'une aussi grande valeur que celles d'Athènes. Je sais que ce « nous » est très lourd. On pourrait dire tout de suite : il est suspect, et même condamné d'avance. En effet, puisque nous sommes dans cette lignée, disons « gréco-occidentale », rien d'étonnant à ce que cela nous parle. Et pourtant, regardez le monde autour de vous : il se trouve empiri-

---

7. <H.D.F. Kitto, *The Greeks*, Harmondsworth, Pelican, 1951 (nombreuses rééd.), p. 228-229.>

quement que nous ne sommes pas les seuls à qui cela parle. En outre, comme je vous l'ai dit plus d'une fois, cette lignée a un « privilège » : c'est bien la seule qui, à un certain moment de l'histoire, a reconnu l'existence d'autres lignées non pas comme un pur fait mais en constatant, comme Hérodote, qu'elles ne sont ni meilleures ni pires, mais autres. Quelle est donc cette signification ? Comment peut-on la caractériser ? Il ne s'agit plus ici du contenu, dont nous avons parlé ces dernières semaines – il s'agit de ce que j'ai appelé le germinal, par opposition au paradigmatique. Nous imitons des paradigmes, des modèles, et nous n'avons pas à imiter Athènes. Mais voilà : nous pouvons peut-être tirer profit de ces germes, alors que ce ne sera guère le cas de la politique des empereurs Tang, quels que soient par ailleurs son intérêt historique ou sociologique, l'art remarquable qui a fleuri pendant cette période, etc. « Germe » en un premier sens : en tant qu'indice de possibilité. L'histoire montre qu'il est possible qu'une communauté de 30 000 à 35 000 mâles adultes (sur une population de 150 000 personnes) s'auto-gouverne non pas un jour de révolution mais pendant un bon siècle ; et cela non pas en se donnant une fois pour toutes une Constitution parfaite mais en modifiant ses lois au fur et à mesure. Il est évident que certaines choses sont à la portée de 35 000 adultes, mais pas de 350 000, et que ce n'est pas à Athènes que nous trouverons la réponse. Mais le fait est que, sous certaines conditions, une communauté de 35 000 adultes peut s'auto-gouverner. À partir de là, il y a des choix, et chacun doit prendre ses responsabilités. On peut dire : cela, je vous l'accorde, était possible pour 35 000 adultes, mais au-delà il faut Reagan ou Mitterrand. Ou bien : ce que 35 000 adultes ont pu faire, nous essaierons à notre tour de le faire, d'abord en reconstituant des unités politiques qui aient un sens, de l'ordre de 40 000, 30 000 ou 20 000 adultes, ce qui n'est tout de même pas un retour à l'âge de pierre, et en voyant ensuite si, et dans quelle mesure, les principes, les germes que nous trouvons dans ce premier auto-gouvernement ne peuvent pas être transposés à une échelle plus vaste tout en étant modifiés. Et là, évidemment, il nous faudra tenir compte avant tout de l'expérience de l'histoire moderne – qui devra être discutée, scrutée pour séparer le bon grain de l'ivraie, passée au tamis de la réflexion –, mais aussi de la volonté politique. Je dis de la volonté politique car, étant donné que nous ne vivons pas dans un monde idéal, certains pourront tout aussi bien conclure de cette expérience qu'il n'y a rien à faire, que toute tentative de recréer une démocratie dans les conditions actuelles est vaine. Il est certain que l'on peut avancer des arguments forts et qu'il y a des faits qui vont en ce sens : nous sommes capables de fabriquer aussi bien des ordinateurs que de merveilleuses armes de destruction, et nous regardons à la télévision de la publicité pour des pâtes juste après avoir vu avec émotion des enfants mourir de faim en Éthiopie ou ailleurs ; il est ridicule de se dire que nous sommes meilleurs que les tribus archaïques qui ne savent pas faire tout cela ou même que ces Athéniens qui vont, nous le verrons tout à l'heure, passer tous les Méliens au fil de l'épée. On peut donc tirer la conclusion qu'on n'y peut strictement rien et que l'homme et la société humaine seront toujours cela – et prendre ses responsabilités, car une telle attitude a, elle aussi, des conséquences. Si l'on refuse cette conclusion, si l'on a la volonté de tenter quelque chose, Athènes ou d'autres moments de l'histoire moderne deviennent des points de départ. S'il s'agit de réfléchir sur les affaires humaines en fonction d'un certain projet, ce point de départ – ce qui est étrange pour la pensée en général et pour la pensée politique en particulier – est *actif*, il a en quelque sorte une vie propre : il en est de la réalité athénienne comme d'un grand texte philosophique ou d'une grande musique, vous pouvez revenir interminablement dessus et y trouver toujours autre chose. C'est cela, la définition du «classique» : ce qui ne s'épuise pas, et surtout pas à la première lecture (essayez, si vous êtes suffisamment masochiste, de revenir sur un roman de, disons, Françoise Sagan).

J'en viens maintenant à notre troisième axe, le problème du droit et de la force. Suivons le texte lui-même, avant d'entrer dans des considérations plus générales. Le thème apparaît pour la première fois au premier livre, dans le débat entre Corcyréens et Corinthiens à Athènes[8]. En fonction de différends qu'il est inutile de retracer ici, Épidamne – la Dyrrachium romaine, aujourd'hui Durrës, en Albanie – est entrée en conflit avec sa métropole, Corcyre (la Corfou actuelle). Épidamne se tourne alors vers Corinthe, la métropole de Corcyre, qui entretient de très mauvais rapports avec sa colonie. Comme Corinthe prépare une expédition, Corcyre prend peur, car les Corcyréens n'ont pas d'alliés en Grèce, étant restés à l'écart des deux grandes coalitions, athénienne et lacédémonienne. Ils envoient donc des représentants à Athènes pour rechercher son alliance ; les Corinthiens, l'apprenant, envoient également une ambassade à Athènes car ils craignent précisément cet accord, Corcyre étant aussi une puissance navale considérable[9]. Thucydide donne la substance des positions des deux délégations dans les discours prononcés devant l'*Ekklèsia*, devant le peuple athénien réuni en plein air et non pas dans un bureau du Quai d'Orsay, et qui va donc prendre une décision en connaissant les enjeux grâce à ces discours. Les Corcyréens commencent en mettant tout de suite en avant l'argument essentiel : vous savez bien que la guerre aura lieu de toute façon, les Lacédémoniens ont peur de vous et les Corinthiens sont vos ennemis et les y pousseront[10]. Vous avez tout intérêt à nous avoir pour alliés, car il n'y a en Grèce que trois villes à avoir une flotte qui compte : vous, nous et les Corinthiens. Si vous laissez les Corinthiens s'emparer de la nôtre, vous n'aurez plus la suprématie maritime ; acceptez-nous comme alliés et nos forces s'additionneront[11].

Je reviendrai plus tard sur la question des véritables causes de la guerre, mais quelques remarques tout de suite. Depuis Platon

8. <Thucydide, I, 32-44.>
9. <*Ibid.*, I, 31.>
10. <*Ibid.*, I, 33.3.>
11. <*Ibid.*, I, 36.3.>

jusqu'aux Temps modernes, la haine de la démocratie a caractérisé la plupart des écrivains, du dernier des scribouillards aux plus grands érudits ; il est donc naturel que pour eux la responsabilité des Athéniens dans le déclenchement de la guerre ne fasse pas de doute. Or il s'agit d'une pure et simple falsification historique[d]. Dès le XIX[e] siècle, quelqu'un comme George Grote[12] en Angleterre – bien qu'il ne fût pas le seul, ni le premier – avait déjà apporté toutes les mises au point nécessaires. Cela ne servit pas à grand-chose, et plus d'un siècle plus tard un autre historien anglais, de Ste. Croix, a dû revenir sur la question pour affirmer – dans *The Origins of the Peloponnesian War*[13] – qu'objectivement, et en tout cas pour Thucydide[14], la vraie cause de la guerre était la peur des Spartiates devant la puissance athénienne. Ici j'anticipe un peu sur une question que nous allons reprendre : qu'est-ce que cela veut dire, « vraie cause » ? En parlant ainsi, Thucydide commet, en un sens, une erreur logique ; et en un autre sens, il voit tout à fait juste. Une « vraie cause », ce serait la totalité des événements qui ont précédé l'événement : le big bang, l'humanisation de quelques singes, le fait que la mer entoure les très nombreuses îles grecques, que, les Perses ayant envahi la Grèce, les Athéniens ont construit une flotte… En ce sens, il n'y a pas de « vraie » cause. Mais quand on isole dans les événements humains un enchaînement particulier et que l'on se demande quel est le facteur vraiment opérant, on voit que ce facteur, c'est Sparte, la peur grandissante de Sparte devant la puissance d'Athènes. Bien entendu, cela ne règle pas la question : sans remonter jusqu'au big bang, on peut se demander quel est le pourquoi de cette puissance grandissante d'Athènes et si les Athéniens n'y sont pas pour quelque chose, et la réponse ne peut être que positive. Vu sous cet angle, c'est évident. Mais si

12. <G. Grote, *A History of Greece* (1846-1856), Londres, John Murray, 1869-1870, 12 vol., vol. V, p. 343-346, vol. VIII, p. 74-75.>
13. <G.E.M. de Ste. Croix, *The Origins of the Peloponnesian War*, op. cit.>
14. <Thucydide, I, 23.5-6.>

l'on prend l'*alèthestatè prophasis*, la « cause la plus vraie », au sens de facteur actif et dirigé vers ce résultat particulier, le fait que les Athéniens aient voulu étendre leur puissance ne veut pas dire qu'ils aient voulu *ipso facto* la guerre contre les Lacédémoniens. Cela dit, les Lacédémoniens ont effectivement de plus en plus peur. Un témoin oculaire du début de la guerre, historien rigoureux s'il en fut, Thucydide fils d'Oloros, du dème d'Halimonte, l'a vu et le met dans la bouche des Corcyréens : la guerre aura lieu de toute façon car les Lacédémoniens ont peur de vous. Le roi Archidamos, à Sparte, ne dit pas au fond autre chose : oui, il faut faire la guerre, mais il faut se préparer d'abord ; et il faut, en attendant d'être prêts, faire semblant de ne pas y songer[15]. Bel exemple de *punica* – ici, *laconica* – *fides*, comme auraient dit les Romains, qui étaient, on le sait, experts en la matière. Les Corcyréens présentent finalement aux Athéniens ce qu'ils estiment être l'argument principal : la guerre aura lieu, et si vous nous avez comme alliés, nos flottes s'additionneront ; ils entourent en quelque sorte cette considération d'une remarque faite comme en passant : nous sommes victimes de l'injustice des Corinthiens[16], et d'ailleurs, en vous alliant à nous, vous ne rompez pas le pacte avec Lacédémone. Mais on voit bien quel est l'argument essentiel. La réponse des Corinthiens (I, 37-43) est double. Ils formulent d'abord des arguments de droit : Corcyre est une colonie corinthienne et comme telle devrait honorer Corinthe et non lui faire la guerre ; les Corcyréens ne proposent un arbitrage que parce qu'ils se sont assuré un avantage, nous sommes unis par des conventions avec vous, Athéniens, alors que rien ne vous lie à eux, etc. Mais ils préviennent les Athéniens : ne croyez pas que votre intérêt soit ailleurs que là où est le droit. Cet argument d'intérêt est très intéressant pour l'élaboration ultérieure du problème général du droit et de la force chez les Grecs, car il ne consiste pas à

15. <*Ibid.*, I, 82.1, 83.2-3, 85.2.>
16. <*Ibid.*, I, 33.1, 34.2.>

mettre sous les yeux des Athéniens l'éventualité de la guerre, son cortège d'horreurs, etc. Les Corinthiens disent tout simplement : la véritable garantie de la puissance, c'est *mè adikein tous homoious*[17], ne pas commettre l'injustice envers vos égaux – vos égaux et non, comme dirait un chrétien, vos semblables. Égaux, bien entendu, sous le rapport de la puissance. Donc le droit est sinon fondé, du moins conforté, comme on dirait dans l'horrible jargon contemporain, par cette considération pragmatique. Ce sont des considérations de ce genre que, plus de vingt siècles plus tard, Hobbes mettra à la base du pacte social[e]. Hobbes : nul n'est assez fort pour résister à la coalition de tous les autres[18] ; la force ne suffit donc pas, non seulement *de jure* mais aussi *de facto*, pour asseoir le pouvoir des États. Les Corinthiens : comme les cités sont nombreuses et que les alliances peuvent changer, il n'est pas dans votre intérêt de commettre une injustice envers des égaux. Il en serait autrement s'il s'agissait de Thraces ou d'autres Barbares, sans doute, et, bien qu'ils ne le disent pas ouvertement, ce que les Corinthiens sous-entendent est : si votre comportement aboutit à ce que toutes les cités grecques fassent alliance contre vous, vous ne serez plus les plus forts. Donc : *on a intérêt à être juste.*

Ces thèmes sont repris une fois de plus dans le premier livre. Les représentants des Athéniens interviennent devant l'Assemblée de Sparte[19], juste avant le discours d'Archidamos dont je vous ai déjà parlé. Les Athéniens rappellent d'abord les mérites de leur cité, en particulier leur rôle décisif pendant la guerre contre les Perses. Puis, au chapitre 75, ils énoncent ce qu'on pourrait appeler la théorie de Thucydide sur la dynamique autonome de la puissance. Leur pouvoir, disent-ils, ils ne l'ont pas acquis

---

17. <*Ibid.*, I, 42.4.>
18. <*Leviathan*, chap. 13 : « *For as to the strength of body, the weakest has strength enough to kill the strongest, either by secret machination, or by confederacy with others, that are in the same danger with himselfe.* » Trad. fr. : *Léviathan*, trad. G. Mairet, Paris, Gallimard, coll. « Folio Essais », 2000, p. 220.>
19. <Thucydide, I, 73-78.>

par la violence : les alliés contre le Perse, devant le refus des Lacédémoniens de se mettre à la tête de la coalition, sont venus chercher les Athéniens, qui, eux, ont accepté[20]. C'est ainsi qu'ils sont devenus des chefs, des *hègemones* (d'où le mot «hégémonique» qui, grâce au camarade Gramsci, a eu en français le succès que l'on sait). Et ils continuent : *Ex autou de tou ergou katènankasthèmen* ; et c'est par l'*ergon* – le travail, l'œuvre, l'entreprise elle-même – que nous avons été forcés de porter notre puissance au point où elle est aujourd'hui. Nous avons acquis cette puissance parce que les autres nous y ont invités ; ainsi, devenus chefs, nous devions donc nous faire obéir – cela s'est déroulé pour ainsi dire tout seul. Et d'ailleurs vous, Lacédémoniens, disent-ils plus loin (76.1), vous auriez fait de même – vous auriez été pris dans le même engrenage. Quand ils parlent des motifs qu'ils ont eus pour accepter, puis conserver ce pouvoir, les Athéniens ont une formule étrange (75.3) : nous avons été obligés, forcés par le travail lui-même d'amener la puissance à ce point *malista hupo deous*, d'abord et surtout à cause de la peur – ce *malista* n'est pas temporel, c'est l'allemand *zumal*, «tout spécialement» –, *epeita kai timès*, ensuite à cause de la gloire ou de l'honneur, et enfin *kai ôphelias*, à cause des intérêts, des avantages matériels. Je crois que l'ordre dans lequel il donne les motivations est l'ordre réel – en tout cas, l'ordre réel pour Thucydide. Cet ordre est important. Atteindre une certaine puissance, c'est – compte tenu du *phthonos*, de la jalousie que toute puissance attire – être obligé de l'augmenter. C'est ce que j'ai appelé la dynamique autonome de la puissance. Et avec la puissance viennent la *timè*, la gloire et l'honneur, ainsi que des bénéfices matériels, bien entendu. Qui sont d'ailleurs indispensables, le pouvoir ne s'exerce pas en haillons, si l'on n'est pas vu par les autres revêtu des symboles de la gloire, il commence à s'effriter. Des *ôpheliai*, donc, mais qui viennent en troisième lieu. Nous n'avons rien fait (76.2) qui

20. <*Ibid.*, I, 75.2.>

186

soit *apo tou anthrôpeiou tropou*, étranger au caractère humain – car c'est cela, le caractère humain : obéir à ces motivations. Puis cette considération qui, malgré son aspect quasi tautologique, est quand même d'une franchise admirable : *all'aiei kathestôtos ton hèssô hupo tou dunatôterou kateirgesthai*, mais étant établi de toute éternité que le plus faible ne peut qu'être forcé, contraint par le plus fort... Et vous-mêmes – l'argument vise ici de toute évidence les Corinthiens intervenus avant eux – en conveniez, jusqu'à ce que, considérant *ta xumpheronta*, vos intérêts – au sens le plus large, non pas au sens étroitement économique –, vous essayiez d'introduire *ton dikaion logon*, des discours sur la justice, qui n'ont jamais empêché personne d'acquérir quelque chose par la force s'il le pouvait. Bref, le discours sur la justice est tout à fait impuissant devant la réalité de la force. Les Athéniens répètent un peu plus loin qu'il est *khreôn*, du devoir du plus faible de céder au plus fort – cela peut être *müssen*, mais c'est ici surtout *sollen*, le devoir moral. Ils avaient dit un peu avant (76.3) qu'il est *anthrôpeia phusei*, dans la nature humaine, de vouloir dominer autrui. Ce discours est celui des Athéniens, ce n'est pas le mien, bien entendu. J'y insiste toutefois parce qu'on trouve là une première conception qu'il faut absolument opposer à toutes les interprétations qui imputent aux Grecs un prétendu droit naturel et qui abondent chez les érudits modernes élevés dans la tradition stoïco-romano-jésuitique. Il faut rappeler une fois de plus que parler de droit naturel chez les Grecs est une véritable contradiction dans les termes parce que *phusikos nomos*, cela ne veut rien dire, *phusis* et *nomos* étant justement deux pôles. Aristote parle bien à un moment de *phusikon dikaion*[21], mais il vient plus tard, et d'ailleurs son exposé est loin d'être clair. En première approximation, chez les Grecs, l'*anthrôpeia phusis*, la nature humaine, c'est cela : dominer autrui quand on peut le dominer.

---

21. <Aristote, *Éth. Nic.*, V, 7, 1134b 18-1135a 5.>

En première approximation car on trouvera aussi, très tôt, autre chose. Mais il s'agit d'un point de départ, et qui se manifeste tout particulièrement dans la guerre du Péloponnèse, dans les discours et dans les faits. Après tout, c'est de cette réalité première que témoignent les guerres. Autrement, il y aurait eu depuis l'âge des cavernes un tribunal international devant lequel les tribus auraient réglé leurs différends. Cela n'a pas été le cas, et quand ces tribunaux ont surgi, ils ont sombré dans le ridicule, comme aujourd'hui. La réalité de fait, la réalité première, c'est la guerre. Mais nous savons aussi que dans l'histoire humaine émerge une autre réalité, dont on trouve trace dans ces mêmes discours de Thucydide : il s'agit évidemment de l'idée de *dikè* et de *dikaion*[f], la justice ou le juste. Déjà pour Hésiode, la justice est le don de Zeus aux hommes, et les distingue des fauves ou des oiseaux, qui se dévorent entre eux[22]. Mais dès l'origine se pose aussi la grande question : jusqu'où va cette idée du juste, que recouvre-t-elle, entre quelles communautés vaut-elle ? La fréquence même avec laquelle la question de la justice est posée dans les discours montre bien qu'elle est très présente dans les débats du Ve siècle. Nul besoin d'ailleurs de discours si la force nue suffisait : le fort massacre ou asservit le faible, et c'est tout. S'il y a ces discours, ce n'est pas seulement que les Grecs aiment parler : c'est qu'ils éprouvent le besoin de *se justifier*. Le *dikaion*, le juste, est constamment mis en avant dans les propos des uns et des autres. Il est vrai que constamment aussi l'on ajoute : cela est juste, mais si vous y regardez de plus près, vous verrez que votre intérêt va dans le même sens. Et l'on s'aperçoit que, dans la réalité, les arguments de plus de poids sont ceux qui portent non pas sur la justice, mais sur l'intérêt au sens large, comme nous allons le voir dans l'affaire de Mytilène, au livre III. Mais revenons au discours des Athéniens du livre I. Leur position est curieuse. Tout en rappelant que de tout temps, conformément à la nature humaine, le plus fort a dominé le plus faible,

22. <Hésiode, *Travaux*, 274-279.>

ils ajoutent : nous agissons *dikaioteroi è kata tèn huparkhousan dunamin*, de façon plus juste que ne nous le permettrait notre puissance ; car *metriazomen*, nous nous comportons de façon modérée et avec *epieikeia* – quelque chose entre la clémence et l'équité (76.3-4). Il y a donc une vertu humaine qui n'est pas simplement le *kratos*, le fait d'être le plus fort – bien qu'elle le présuppose –, et qui consiste à être plus *dikaios* que ce qu'exigerait votre puissance, à être modéré, *epieikès*, clément et équitable. Et les Athéniens adressent aux Lacédémoniens un avertissement prophétique : prenez garde, car si par extraordinaire vous vous retrouviez à notre place, vous seriez vous-mêmes tout autant détestés, et sans doute plus [23]. On peut voir là aussi tout ce qui sépare les deux régimes. Les Athéniens ont constitué leur coalition en 478/477, mais les défections en masse n'ont eu lieu qu'après le désastre de Sicile en 412/411, même s'il y en a eu quelques-unes avant. Pendant une soixantaine d'années, ils ont eu pour eux la force, ils ont dominé, et leur régime a semblé à ceux qu'ils dominaient plus ou moins acceptable. Thucydide est mort vers 400, il n'a pas été témoin de ce qu'a pu donner l'hégémonie de Sparte. Il a suffi d'une quinzaine d'années de cette hégémonie pour que toute la Grèce se soulève contre elle et contre les harmostes qui dirigeaient depuis leur *Kommandantur* les garnisons installées dans les cités grecques « libérées », y compris chez leurs anciens alliés thébains. Et les Spartiates, eux, n'ont laissé ni Parthénon ni Thucydide.

Avant de passer à l'affaire de Mytilène, je vous renvoie aux autres passages – nous en étudierons quelques-uns – où le même thème revient : le dernier discours de Périclès du livre II (chapitre 63) ; le discours des représentants mytiléniens à Olympie, venus plaider leur cause auprès des Lacédémoniens (III, 8-14) ; l'affaire de Platée, également au livre III (52-70) ; les discours du Syracusain Hermocrate (59-64) et du Lacédémonien Brasidas (85-87) au livre IV ; et puis, bien entendu, le

---

23. <Thucydide, I, 77.6.>

grand débat des Athéniens et des Méliens du livre V (84-116). Mais venons-en aux discours sur le sort de Mytilène[g] à Athènes, en 427/426. Les chapitres 2-36 du livre III ont été consacrés à une description des événements, à Mytilène et ailleurs, à partir du moment où la cité décide de rompre avec les Athéniens. Au chapitre 35, nous avons vu l'Assemblée d'Athènes, exaspérée par ce qu'elle estime être une trahison particulièrement perfide, décider de faire périr tous les Mytiléniens adultes et de réduire en esclavage les femmes et les enfants. La nuit passe, les Athéniens se prennent à regretter d'avoir pris une décision aussi terrible et acceptent la proposition des représentants des Mytiléniens et de leurs amis de réunir à nouveau l'Assemblée. Deux thèses s'affrontent, elles sont exposées dans les discours de Cléon et de Diodote, aux chapitres 37-48. Cléon commence en avançant des idées que nous retrouverons quand nous parlerons du *Politique* de Platon, et d'abord celle de l'instabilité de la foule: vous êtes en train de donner raison à ceux qui disent qu'une démocratie ne saurait avoir d'empire, parce qu'après avoir pris une décision hier, vous revenez dessus aujourd'hui (37.1); surtout: je suis absolument convaincu qu'il vaut mieux des lois mauvaises mais qui ne changent pas que de bonnes lois qui changent toutes les vingt-quatre heures (37.3). Nous retrouverons cette idée littéralement chez Platon. À certains égards, le discours de Cléon est à ce point aux antipodes de l'Épitaphe que l'on peut soupçonner ici Thucydide d'avoir voulu en faire une véritable antithèse. Délibération, argumentation, joutes oratoires, ressources de la parole: le mépris de Cléon est total, rien ne trouve grâce à ses yeux. Il est cependant très habile et joue un peu le jeu que, d'après Thucydide[24], jouait aussi Périclès: ne pas hésiter à affronter, à provoquer même ses auditeurs. Sous ce rapport, Cléon n'est pas un «démagogue» au sens actuel du terme, oubliez tout ce que vous avez lu chez Platon sur les «flatteries» des démagogues. Cléon, qui feint de mépriser les orateurs,

24. <*Ibid.*, II, 65.8.>

sait y faire : d'homme à homme, je vous le dis, si vous n'étiez pas les imbéciles que vous êtes, vous auriez fait cela – mais si je peux vous tenir ce langage, c'est que vous n'êtes évidemment pas des imbéciles. Chose remarquable : dans ce discours violent, Cléon invoque surtout le droit. Les Athéniens n'ont pas lésé les droits des Mytiléniens, ceux-ci ont mis la force au-dessus du droit. Et pour Cléon aussi, droit et intérêt font bon ménage : si les alliés, dit-il avec cynisme, voient que le prix à payer pour la révolte n'est pas épouvantable, ils seront tentés de se révolter. Il faut se méfier par-dessus tout, ajoute-t-il, de trois sentiments particulièrement nuisibles pour l'exercice du pouvoir : la pitié, le plaisir que l'on prend aux discours – on est en Grèce – et la clémence ; clémence et pitié n'ont guère d'intérêt vis-à-vis de ceux qui resteront de toute façon des ennemis, et le plaisir des discours sera chèrement payé plus tard[25]. En résumé, dit-il, je vous conseille *ta te dikaia kai ta xumphora*, ce qui est à la fois juste et dans votre intérêt[26]. Dans sa conclusion il y a une formule qui est terrible mais belle aussi, malgré sa brutalité, et très vraie en un sens – les arguments échangés chez Thucydide sont rarement médiocres : *Ei gar outoi orthôs apestèsan, humeis an ou khreôn arkhoite*, s'ils ont eu raison de se révolter, c'est vous qui êtes dans votre tort en ayant l'empire[27].

Diodote, qui prend la parole pour s'opposer à Cléon, présente tout d'abord (chapitres 42-43) des considérations remarquables sur la rhétorique et la démocratie – sur la responsabilité de l'orateur et des citoyens – qui sont tout à fait dans la ligne de ce que dit Périclès dans l'Épitaphe. Il parviendra à faire revenir les Athéniens sur leur décision et à éviter le massacre. Son argument essentiel est : nous n'avons pas à savoir si les Mytiléniens sont coupables ou non et à les condamner pour ce que nous croyons être leur injustice ; il s'agit de savoir ce qui est utile pour nous,

25. <*Ibid.*, III, 39.3, 39.7 ; 40.2-3.>
26. <*Ibid.*, III, 40.4.>
27. <*Ibid.*>

191

où sont nos intérêts. Nous ne sommes pas des juges dans un procès intenté aux Mytiléniens, donc nous n'avons que faire des arguments de droit. Nous délibérons sur leur sort. Nous ne sommes pas avec eux dans une situation d'égalité – Pachès, le général athénien, tient Mytilène ; les responsables de la révolte sont à la merci des Athéniens –, donc les arguments de Cléon sur qui a raison et qui a tort n'ont pas leur place ici[28]. (Vous avez déjà entendu cela : là où il n'y a pas d'égalité, la discussion sur le droit ou la justice n'a pas de sens, le droit n'existe qu'entre égaux.) Vient ensuite un long excursus, sur lequel je ne peux pas m'étendre, et qui rassemble les arguments de Diodote contre la peine de mort[29], vous verrez que M. Badinter n'a pas fait mieux depuis. Diodote s'intéresse ici à ce qu'on pourrait appeler des problèmes de philosophie du droit pénal. Vous savez qu'il y a à cet égard trois théories : une théorie de la rétribution : un crime a été commis, il faut donc punir son auteur en contrepartie ; une théorie de la prévention générale : il faut le punir pour empêcher que d'autres ne se croient libres de le commettre en toute impunité ; et une théorie de la prévention particulière : tel individu étant porté vers le crime, il faut le mettre dans l'impossibilité de nuire. Diodote ne parle que de la théorie de la prévention générale ; il formule là-dessus des considérations tout à fait désabusées et, d'une certaine façon, assez belles. De tout temps les gens ont fait le mal, les lois ont été violées, et de tout temps on a essayé de les en empêcher en aggravant les peines. La peine de mort, appliquée de plus en plus, n'a jamais empêché les individus ou les cités de mal agir : telle est la nature humaine. Il ne faut donc pas trop compter sur cette peine. D'ailleurs, ajoute Diodote[30], si vous condamnez tous les Mytiléniens à mort, à l'avenir toute cité révoltée, sachant qu'elle n'a pas d'autre choix, luttera jusqu'au bout. Puis il introduit

---

28. <*Ibid.*, III, 44.>
29. <*Ibid.*, III, 45.>
30. <*Ibid.*, III, 46.1-2.>

une autre considération très importante, car elle nous rappelle à quel point il y a dans la guerre du Péloponnèse, comme je vous l'ai déjà dit, une dimension de guerre civile entre le *dèmos* et les *oligoi*. Il dit aux Athéniens : n'oubliez pas que le *dèmos* de Mytilène était contre la révolte que les *oligoi* ont organisée, qu'il vous a aidés à prendre la ville. Si vous les tuez tous, vous vous aliénerez tous ceux qui, dans les autres villes, ont des sympathies pour vous [31]. Et ce discours machiavélien, au sens véritable, s'achève par cette injonction : je n'invoque en vous parlant ainsi ni la pitié ni la clémence, dont vous n'avez pas à tenir compte, n'écoutez que mes arguments – je fais appel à votre raison et à votre intérêt – pour prendre la décision correcte [32].

Non moins intéressante, du point de vue qui est le nôtre ici, est l'affaire de Platée[h], aux chapitres 52-68 du livre III. Platée est une petite ville de Béotie qui est devenue l'alliée d'Athènes et qui s'est distinguée dans le passé, car les Platéens sont les seuls Grecs à avoir combattu aux côtés des Athéniens à la bataille de Marathon [33]. Quand les Perses ont envahi la Grèce, ce sont les seuls Béotiens qui ne sont pas passés de leur côté, contrairement aux Thébains, ce qui n'a fait que ranimer la vieille inimitié entre les deux cités. Le livre II commence par un épisode où l'on voit les Thébains essayer sans succès de s'emparer de la ville avec la complicité d'un groupe d'aristocrates platéens, avant même que les hostilités n'aient commencé. En 427, la ville est assiégée depuis deux ans par les Béotiens et les Spartiates ; une moitié de la garnison a réussi à traverser les lignes ennemies et à s'enfuir, ceux qui restent – deux cents Platéens et trente Athéniens environ – sont à bout [34]. Les Lacédémoniens préfèrent de beaucoup que la ville leur soit livrée, car ils n'auront pas alors à la restituer comme prise de guerre si une trêve est conclue

31. <*Ibid.*, III, 47.2-3.>
32. <*Ibid.*, III, 48.1.>
33. <Hérodote, VI, 108-111.>
34. <Thucydide, II, 2-6, 71-78 ; III, 20-24.>

avec les Athéniens. Ils envoient donc un héraut aux Platéens en leur assurant que s'ils livrent la ville sans combat, nul ne sera puni *para dikèn*, au mépris du droit[35]. Les Platéens acceptent. Avouons qu'il est difficile d'aller plus loin que les Lacédémoniens dans la duplicité. Cinq juges arrivent de Lacédémone, et là il n'est plus question de droit, il est posé une seule question aux Platéens : avez-vous fait quelque chose dans l'intérêt de Sparte durant cette guerre ? Le discours des Platéens est émouvant car ils se savent condamnés d'avance, ils ne peuvent pas répondre à un acte d'accusation qui n'est pas formulé. Si votre question s'adresse à des ennemis, disent-ils, vous ne pouvez pas vous étonner que nous n'ayons rien fait pour vous ; si elle s'adresse à des amis, vous avez eu tort de nous attaquer. Ils ne peuvent qu'invoquer le passé, le fait qu'ils ont contribué à sauver la Grèce face aux Perses, le souvenir des morts spartiates tombés jadis à Platée, le respect dû aux suppliants et le souci que pourraient avoir les Spartiates de leur gloire, du jugement négatif de l'opinion grecque[36]. Après un discours particulièrement odieux des Thébains – qui eux, ironie suprême, invoquent surtout le droit et la justice, avec des arguties comme : les Platéens ne se sont pas rendus en suppliants après une bataille, ils se sont soumis au jugement des Spartiates par une convention[37] –, les cinq juges lacédémoniens s'en tiennent à la question : avez-vous rendu service aux Spartiates ? Elle est posée à chaque prisonnier, l'un après l'autre. À chaque réponse négative, le prisonnier est mis à mort[38].

Avant de passer à l'affaire de Mélos[i], au livre V, rappelons qu'au chapitre 26 on trouve ce que l'on appelle la « deuxième préface » de Thucydide. Celui-ci explique comment, exilé après la défaite athénienne à Amphipolis dont il fut tenu pour respon-

---

35. <*Ibid.*, III, 52.2.>
36. <*Ibid.*, III, 53-59.>
37. <*Ibid.*, III, 67.5.>
38. <*Ibid.*, III, 68.1-3.>

sable, il a pu consulter des témoins des deux camps, en particulier lacédémoniens. Le contexte, c'est la fin de la paix dite
de Nicias, après la première phase de la guerre. Les Spartiates,
qui avaient subi plusieurs revers, dont un très sérieux à Sphactérie, avaient fini par signer un traité de paix en 421. L'affaire
de Sphactérie est d'ailleurs intéressante parce que la reddition
d'une centaine de Spartiates a provoqué, signale Thucydide,
une véritable stupéfaction dans toute la Grèce[39]. On y voit aussi
l'autre face de la puissance spartiate : cette élite militaire réduite
doit être économe en hommes, elle s'affole à l'idée de perdre
trop de soldats. Cette paix de 421 est donc l'acmé de la puissance
athénienne. Mais, comme dit Thucydide, jusqu'à l'expédition
de Sicile et au désastre qui a suivi, il ne s'est agi que d'un intermède avant la rupture du traité *(xunkhusin tôn spondôn)*[40], d'une
paix fourrée, comme dit Jacqueline de Romilly[41], où des deux
côtés on prépare la guerre. C'est pendant cette période de confusion que les Athéniens décident d'envoyer une expédition contre
Mélos, une île du sud-ouest des Cyclades contre laquelle ils
avaient déjà mené une attaque en 426 (III, 91). Les Méliens sont
des Doriens, des colons de Sparte, mais ils ont essayé de rester
neutres pendant le conflit. Les Athéniens, dont la domination
s'étend sur presque toute la mer Égée, décident de venir à bout de
Mélos et y envoient en 416 une expédition importante, 30 navires
avec presque 3 000 hommes. Après avoir décrit le débarquement
(V, 84), Thucydide introduit le célèbre dialogue – il s'agit, à
ma connaissance, du premier dialogue en prose dans la littérature grecque qui nous soit parvenu, antérieur en tout cas aux
dialogues de Platon – entre Athéniens et Méliens (V, 85-111),
où les premiers exigent la soumission des seconds. Les Méliens
refusent, les Athéniens les assiègent et au bout de quelques mois

39. <*Ibid.*, IV, 40.>
40. <*Ibid.*, V, 26.6.>
41. <J. de Romilly, « Notice : l'entre deux guerres, V. 25-116 », *in* Thucy­
dide, *La Guerre du Péloponnèse. Livres III, IV et V*, texte établi et traduit par
J. de Romilly, Paris, Les Belles Lettres, coll. « CUF » (« Budé »), p. I*.>

prennent la cité (V, 112-116). Ils décident de massacrer tous les adultes mâles, sans exception. Plutarque nous dit qu'Alcibiade a joué un rôle essentiel dans cette décision[42]. C'est ainsi que finit le livre V. Dès le début du livre VI, Thucydide nous parle du nouveau projet des Athéniens : la conquête de la Sicile.

Les Athéniens sont donc comme ivres de puissance. Ils pensent que tout leur est possible et permis, ils ne savent plus où sont les limites – ce qui est la définition même de l'*hubris*. Et cette acmé de l'*hubris* est en même temps l'acmé de la franchise, parce que dans ce dialogue les Athéniens ne font entendre que le langage de la force, ils refusent tout autre type de considération. Les Méliens font remarquer : ce que vous faites n'est ni juste ni dans votre intérêt[43]. Ce langage – il est de votre intérêt de respecter le droit –, les Athéniens, nous l'avons vu à propos de l'affaire de Mytilène, étaient jusque-là prêts à l'entendre. Rappelons d'ailleurs que cette invocation du droit a toujours été plus ou moins là, partout en Grèce. On fait ce que l'on fait mais on ajoute : nous agissons ainsi en fonction de tel traité, de telles lois, ou parce que la mémoire des ancêtres nous y oblige, ou parce que la Fortune est changeante et qu'il ne faut pas offenser les dieux... Mais aujourd'hui toute cette longue discussion est une perpétuelle fin de non-recevoir des Athéniens face aux arguments de droit avancés par les Méliens. Et pourtant, même là – caractère incorrigible des Grecs, puissance de la loi morale, comme aurait dit Kant, allez donc savoir –, il y a une exception. À un moment, les Athéniens se justifient quand même en disant : les dieux comme les hommes obéissent à une loi de nature qui fait que le plus fort commande ; ce n'est pas nous qui l'avons faite et nous ne sommes pas les premiers à l'appliquer[44]. Mais, malgré cela, on voit bien à quel point le dialogue anticipe en un

---

42. <Plutarque, *Alcibiade*, 16, 6 : « [...] et cependant il fut le principal responsable du massacre des Méliens en âge de porter les armes ; car il parla en faveur du décret de mort » (trad. Flacelière et Chambry).>
43. <Thucydide, V, 98.>
44. <*Ibid.*, V, 105.2.>

sens les arguments de Thrasymaque au livre I de la *République* de Platon sur *to tou kreittonos xumpheron*, la justice comme l'intérêt du plus fort[45].

Passons au dialogue lui-même. Les Athéniens disent d'emblée : *epistamenous pros eidotas hoti dikaia men en tô anthrôpeiô logô apo tès isès anankès krineitai*, vous le savez comme nous, il n'y a de discussion sur le droit selon la pensée humaine qu'à partir du moment où il y a la même nécessité – c'est-à-dire la même puissance –, *dunata de oi proukhontes prassousi kai oi astheneis xunkhôrousin*, et quand il n'y a pas la même puissance, les plus forts font ce qu'ils peuvent – c'est-à-dire : *tout* ce qu'ils peuvent – et les plus faibles cèdent. Les Athéniens reprennent donc cette quasi-tautologie que nous connaissons si bien : il y a du droit entre égaux, entre inégaux ceux qui sont les plus forts vont jusqu'au point où peut aller leur pouvoir. La puissance telle que la pense Thucydide, et telle qu'elle existe effectivement dans l'histoire, est comme un gaz : elle tend à occuper tout le volume disponible. La seule chose qui pourrait l'arrêter, c'est une autre puissance. Madison, l'un des auteurs de la Constitution américaine, admettait aussi comme une évidence que seule une force peut arrêter une autre force ; de là l'idée qu'il est nécessaire de consacrer la division des pouvoirs dans la Constitution[46]. Les Méliens répondent aux Athéniens (V, 90) : il y a tout de même intérêt à ne pas renoncer à la possibilité pour celui qui est en péril de faire appel au respect du droit, et cela pourrait même vous être utile un jour... À quoi les Athéniens ripostent : nous ne craignons rien, même si notre empire venait à s'effondrer ; mais nous voulons, pour sauver cet empire, vous dominer sans combattre, et du même coup vous sauver. Les Méliens : nous ne pouvons pas être sauvés si nous sommes asservis ; les Athéniens :

---

45. <Platon, *République*, I, 338c.>
46. <*Cf.* les articles de Madison dans *The Federalist* en 1788, *in* M. Kammen (éd.), *The Origins of the American Constitution. A Documentary History*, Harmondsworth, Penguin, 1986, p. 174-212.>

mieux vaut être asservi que détruit (V, 91-93). À la proposition des Méliens : nous voulons être vos amis, sans faire alliance ni avec les uns ni avec les autres (V, 94), les Athéniens répondent par une phrase terrible – qui nous renvoie à Cléon mais aussi à Machiavel[47] : votre hostilité nous est moins nuisible que votre amitié, car nos sujets verraient dans cette amitié un signe de notre faiblesse, alors qu'ils savent que l'on ne hait que les puissants (V, 95). C'est plus que l'*oderint dum metuant* latin ; les Athéniens disent : nous *voulons* que vous nous haïssiez, personne n'a jamais haï quelqu'un de faible, votre haine est la preuve devant l'univers de notre puissance. Vous voyez bien que par rapport à cela le monde moderne est le règne de l'hypocrisie, même Hitler n'aurait pas osé dire une chose pareille, il avait besoin d'envelopper un peu les choses. Comme les Méliens demandent : est-ce que vos sujets trouvent normal que vous traitiez de la même façon vos colonies et ceux qui ne vous sont rien, les Athéniens répondent : ces sujets savent que l'on peut toujours faire valoir des arguments de droit, mais que seule la puissance des uns ou des autres les met à l'abri. Les Méliens reviennent alors à des considérations d'intérêt : notre intérêt peut être aussi le vôtre, car si vous nous asservissez, vous ferez de tous ceux qui sont neutres des ennemis, ils craindront de subir le même sort. Mais l'argument ne trouble guère les Athéniens : tout ce que nous craignons, nous, c'est que des insulaires s'imaginent pouvoir être indépendants… (V, 96-99). La discussion continue, les Méliens avancent à nouveau des raisons de ne pas céder : nous nous déshonorerions en prenant moins de risques que vous, la chance peut nous aider… Et enfin : les dieux, puisque notre cause est juste, ne permettront pas que la Fortune nous soit défavorable ; et les Lacédémoniens, nos frères de race, nous aideront car leur honneur est en jeu (V, 100-104).

---

47. <*Cf.* le chap. xv du *Prince* «[…] il est beaucoup plus sûr d'être craint qu'aimé, quand on doit manquer de l'un des deux » (Machiavel, *Le Prince*, trad. et prés. Y. Lévy, Paris, Flammarion, coll. «GF», 1992, p. 138).>

À ces dernières remarques les Athéniens répondent dans un chapitre (105), le plus long du dialogue, à la fois admirable et horrible. Comme les Méliens viennent d'invoquer l'assistance des dieux, les Athéniens répliquent : nous ne croyons pas, nous non plus, que la faveur des dieux nous fasse défaut, « car rien – je lis la traduction de Jacqueline de Romilly –, dans nos jugements ni dans nos actes, ne s'écarte de ce que les hommes pensent à l'égard du divin ou veulent dans leurs rapports réciproques. Nous estimons, en effet, que du côté divin comme aussi du côté humain (pour le premier c'est une opinion, pour le second une certitude), une loi de nature fait que toujours, si l'on est le plus fort, on commande ». Remarquez à quel point Thucydide est fin : opinion, pour ce qui est des dieux ; en ce qui concerne les hommes, certitude. Jacqueline de Romilly, passée sans doute elle aussi par la tradition stoïco-romano-jésuitique, ajoute ici une note de bas de page : « Les Athéniens pensent surtout aux hommes ; et probablement ce qu'ils disent des dieux vaut-il surtout pour la façon dont ceux-ci interviennent dans les affaires humaines [48]. » Note assez étonnante, car on dirait que Jacqueline de Romilly, qui connaît la Grèce ancienne dix fois mieux que moi, a tout à coup oublié la *Théogonie* d'Hésiode, où les générations successives de dieux arrivent au pouvoir en tuant ou en châtrant leurs aînés [49], et l'*Iliade*, où Zeus menace Héra de la suspendre dans l'éther, enchaînée, au milieu des nuages si elle continue à secourir les Achéens – et Héra prend peur [50]. Le fait est que ce « les plus forts dominent les plus faibles » vaut au premier chef pour les dieux. Opinion ? Oui, bien entendu. Rappelez-vous ce que dit Protagoras à la même époque : pour ce qui est des affaires divines, je ne peux dire ni oui ni non – c'est une affaire d'opinion[j]. Les Athéniens peuvent donc affirmer que cette loi prévaut chez les dieux selon l'opinion des

48. <Thucydide, *La Guerre...*, *op. cit.* (« Budé »), p. 169.>
49. <Hésiode, *Théogonie*, 136-211, 454-507.>
50. <Homère, *Iliade*, XV, 18-35.>

Grecs (telle qu'elle apparaît, par exemple, dans leur mythologie). Et ils poursuivent : *hèmeis oute thentes ton nomon oute keimenô prôtoi khrèsamenoi, onta de paralabontes kai esomenon es aiei kataleipsontes khrômetha autô*, nous, nous n'avons pas posé cette loi, nous ne l'avons pas inventée et nous n'avons pas été les premiers à l'appliquer, elle existait avant nous et elle existera pour toujours après nous. C'est maintenant à notre tour de l'appliquer, en sachant d'ailleurs qu'aussi bien vous, Méliens, que d'autres placés à la tête de la même puissance, vous feriez exactement de même. Pour ce qui est de la confiance placée par les Méliens dans les Lacédémoniens et de l'appui que, pour des raisons d'honneur, ceux-ci leur apporteraient, les Athéniens ajoutent (je suis à nouveau Romilly) : « Les Lacédémoniens, entre eux et dans leurs institutions intérieures, pratiquent fort la vertu ; mais vis-à-vis des autres, il y aurait beaucoup à dire sur leurs procédés, le tout se résumant essentiellement à ceci, qu'aucun peuple, à notre connaissance, n'a de façon aussi nette l'habitude d'estimer beau ce qui lui plaît et juste ce qui sert son intérêt *(ta men hèdea kala nomizousi, ta de xumpheronta dikaia)* ». Jacqueline de Romilly ajoute ici une autre note, moins discutable que la première : « L'affirmation peut surprendre ; mais l'hypocrisie de Sparte est également relevée dans les *Acharniens*, 307, et dans *Andromaque*, 445 *sq*. On peut citer à l'appui son attitude lors de l'affaire de Platée (III, 68.4) ou des accords avec la Perse, au livre VIII. » Elle aurait pu à vrai dire ajouter que tout le livre I montre que les Spartiates ne sont guidés que par leur intérêt et que le droit est le dernier de leurs soucis. Après cette longue tirade, les Méliens répondent en substance : il est dans l'intérêt des Lacédémoniens de ne pas nous abandonner ; s'ils le faisaient, leurs alliés n'auraient plus confiance en eux. Les Athéniens rétorquent : quand on songe à ses intérêts, pour défendre la justice il faut prendre des risques ; or les Lacédémoniens n'aiment pas le risque (V, 106-110). Et les Athéniens de conclure : vous n'avez, de fait, rien dit pour vous sauver. Prenez garde de ne pas vous laisser guider par une certaine idée de l'*aiskhunè*, de la pudeur ou l'honneur, car cela peut vous mener au désastre. Ne vous laissez pas aveugler par un mot, ne pensez pas qu'il serait déshonorant de céder à une force supérieure. Contradiction évidente, ici, avec ce que dit très explicitement à plusieurs reprises Périclès dans l'Oraison funèbre : que l'*aiskhunè*, la pudeur et la honte, le refus du déshonneur, est l'un des fondements de toute l'institution, de la façon de faire et de se gouverner des Athéniens. L'argument utilisé ici par eux est tout à l'opposé. En toute logique, il devrait les pousser à condamner leur propre attitude pendant les guerres médiques : ils auraient dû céder aux Perses, comme l'ont fait pendant si longtemps les Grecs d'Asie mineure... Les Méliens ne tiendront pas compte de cet argument (V, 112-114). Après un assez long siège et quelques péripéties (V, 115-116), le livre V s'achève sur le dernier paragraphe du chapitre 116 : un nouveau corps expéditionnaire arrive d'Athènes et, à la suite d'une trahison, les Méliens décident de se rendre sans conditions. Les Athéniens mettent alors à mort tous les Méliens *hèbôntas* – en âge de porter les armes, traduit Romilly ; disons plutôt : ayant atteint ou dépassé l'adolescence. Puis ils réduisent en esclavage les enfants et les femmes et envoient sur place cinq cents colons. Le livre prend donc fin sur cet acte monstrueux. Mais nous n'en avons pas fini avec l'*hubris* des Athéniens, puisque l'expédition de Sicile est encore à venir. On a indiscutablement affaire à une structure tragique.

QUESTION

– Vous dites que l'on peut interpréter globalement la guerre du Péloponnèse comme un conflit entre le dèmos *et les oligarques. Ne faut-il pas l'interpréter plutôt comme un conflit entre l'*hubris *d'un côté et la modération de l'autre ? C'est ce que semble penser Thucydide, puisqu'il dit au livre VIII que jamais les Athéniens ne furent mieux gouvernés que sous le régime des Cinq-Mille,*

qui fut un juste mélange d'aristocratie et de démocratie. Et sans cacher, comme vous le signalez, les turpitudes des Spartiates, il observe dans l'«Archéologie» que Sparte échappa toujours à la tyrannie et loue sa stabilité. Il dit ailleurs que les habitants de Chios sont les seuls, avec les Lacédémoniens, à unir la sagesse et la prospérité[51]. Voyez aussi son traitement du personnage de Nicias, qui était certainement un modéré : il dit que c'était, parmi les Grecs de son temps, celui qui méritait le moins cette fin lamentable[52]. Par ailleurs, malgré son éloge d'Athènes, je ne suis pas sûr que l'on trouve dans l'Oraison funèbre de véritable apologie de la démocratie. Certaines phrases ne vont pas tout à fait dans le sens de ce que vous avez dit. Je pense notamment à la critique serrée, d'une quarantaine de pages, qu'en fournit Nicole Loraux dans L'Invention d'Athènes[53]. Il y a aussi la remarque de Diodote : la méfiance et la suspicion qui règnent dans l'Assemblée font que celui qui parle est obligé de mentir au peuple. Il est vrai que Thucydide donne souvent une force égale à des discours contraires, ce qui plonge parfois le lecteur dans une grande perplexité...

Vos remarques méritent une réponse détaillée, et je commencerai par le dernier point. Quand je vous ai parlé du discours de Diodote, je crois avoir moi-même abordé la question de l'orateur, ou de la rhétorique, en démocratie. Diodote dit effectivement : celui qui parle devant vous est toujours obligé de vous mentir. Nous reviendrons peut-être là-dessus la prochaine fois, notons pour l'instant que Diodote dit cela devant l'Assemblée, et pas ailleurs. Il s'adresse à ceux qui sont devant lui : vous êtes devenus tels, ou la situation est telle, que pour vous convaincre on est forcé de vous mentir. Ce n'est pas Épiménide, Diodote ne

---

51. <Thucydide, VIII, 97.2 ; I, 18.1 ; VIII, 24.4.>
52. <*Ibid.*, VII, 86.5.>
53. <N. Loraux, *L'Invention d'Athènes. Histoire de l'oraison funèbre dans la « cité classique »*, Paris-La Haye-New York, Mouton-EHESS, 1981, p. 183-205 (rééd. abrégée, Paris, Payot, 1993).>

dit pas : je mens et je vais vous mentir ; mais : il m'arrive hélas de vous mentir et en ce moment je vous dis la vérité. C'est un procédé rhétorique, une espèce de mise en garde. Vous vous souvenez du portrait de Périclès par Thucydide au livre II[54]. Le *dèmos* oscillant parfois entre l'abattement extrême et l'*hubris*, Périclès prenait chaque fois le contre-pied de l'humeur du jour : si la confiance des Athéniens lui semblait excessive, il cherchait à les effrayer ; s'ils éprouvaient des craintes déraisonnables, il cherchait à les rassurer. Je n'escamote pas le problème, mais je crois que nous avons tout simplement affaire à une communauté vivante où l'on ne fuit pas la discussion, l'affrontement même, et où les décisions sont prises après délibération. Et, comme répond Diodote à Cléon, ceux qui pensent que la discussion ne peut pas orienter l'action sont des idiots[55]. Discuter en détail ce que dit Nicole Loraux sur l'Oraison funèbre serait vraiment trop long, car le désaccord est trop profond. On pourrait presque dire qu'elle ne prend pas au sérieux la démocratie athénienne, qu'elle n'y voit au fond qu'un discours idéologique. Moi, j'y vois des faits : l'*Ekklèsia*, l'Acropole, les concours tragiques, le contenu même des tragédies, le fait que les Athéniens aiment tout cela à ce point... On peut en penser ce que l'on veut, mais, si les mots ont un sens, ce n'est pas d'idéologie qu'il faut parler dans tout cela.

Passons à la partie principale de votre intervention, sur la guerre du Péloponnèse. Quand je parlais de guerre du *dèmos* contre les *oligoi*, je parlais *de re*, des choses mêmes ; il me semble que vous parlez plutôt *de dictu*, des vues de Thucydide là-dessus. Vous avez raison de dire que pour Thucydide cet aspect n'est pas le principal et ne passe qu'occasionnellement au premier plan. Moi qui le lis d'un certain point de vue, il faut que je le reprenne la plume à la main pour noter les passages où l'on trouve des allusions au fait que tel événement, telle péripétie,

---

54. <Thucydide, II, 25.8-9.>
55. <*Ibid*., III, 42.2 ; aussi Périclès, dans II, 40.2.>

telle révolte sont liés à une guerre intestine. Et cela parce que Thucydide voit essentiellement la guerre sous l'angle non pas, comme vous le croyez, de l'opposition entre *hubris* et modération, mais, cela ne fait pour moi aucun doute, sous l'angle de la lutte entre des puissances. La guerre est pour lui le résultat du fait que les Athéniens, pour des raisons x ou y, sont parvenus à un très haut degré de puissance. Ces raisons peuvent être accidentelles, comme celles que les Athéniens avancent devant les Spartiates au livre I ; ou, comme celles que Thucydide met dans la bouche de Périclès, elles ont trait à la *politeia* des Athéniens, à leur régime intérieur, à leur caractère, qui les font être ce qu'ils sont. Et face à eux il y a Sparte, qui a de plus en plus peur. Il ne faut pas oublier que jusqu'aux guerres médiques, disons jusqu'en 479, Sparte fut la puissance dominante en Grèce. Après avoir asservi les Messéniens, pendant tout le VIe siècle et encore au début du Ve les Spartiates se sont comportés comme les maîtres de la Grèce. Mais la nature de leur régime – ces milliers de Spartiates libres qui passaient leur vie à s'exercer militairement au milieu d'une population d'hilotes et de non-citoyens – et leur *tropos*, leur caractère, les rendaient peu attrayants, même pour des non-démocrates. Cela ne les a pas empêchés d'intervenir où ils voulaient selon leur bon plaisir, et par exemple en aidant les Athéniens à se débarrasser de Pisistrate, probablement parce qu'ils pensaient que celui-ci risquait de devenir trop puissant. Leur « modération », indiscutable, voulait dire ceci : étant les plus forts militairement, pouvant avoir partout des régimes et des politiques qui leur convenaient, ils n'essayaient pas d'instaurer un empire. Thucydide n'a pas connu la période qui a suivi la guerre du Péloponnèse. Dès que, en fonction précisément de la guerre, les Spartiates ont vraiment su ce qu'était l'argent – en l'occurrence l'argent de l'étranger, comme dirait *L'Huma* –, le commerce, une flotte, le luxe, des plaisirs de divers ordres, et qu'ils ont voulu donner une assise à tout cela, ils ont établi en Grèce un pouvoir impérialiste beaucoup plus brutal et cruel que celui des Athéniens. L'idée d'une « modération » des

Spartiates ne doit donc être acceptée qu'avec précaution : elle ne vaut que pour une certaine période. Bref, on ne peut pas dire que pour Thucydide la guerre du Péloponnèse soit un conflit entre l'*hubris* et la modération. C'est un conflit immanent à Athènes : un conflit au cœur même du *dèmos* athénien, qui est le héros de la tragédie. Je vois plutôt la question sous cet angle, et je crois qu'il en est de même pour Thucydide. Périclès, qui, je vous l'ai dit, joue le rôle du chœur, a contribué à maintenir le héros dans la voie moyenne : ni excès d'audace, ni excès de timidité. Puis celui qui s'est comporté admirablement commence à agir comme un homme ivre. Thucydide, même après la mort de Périclès, fait l'éloge de leur *politeia* et de leurs *tropoi*, que ce soit au livre VIII (97) ou au livre II (65.12) où il rappelle que malgré le désastre de Sicile, malgré leurs dissensions, malgré les défections et malgré l'argent perse, ils tinrent encore sept ans, sans cacher son admiration pour leur capacité de résistance[56]. Et peut-être auraient-ils été victorieux en fin de compte sans le hasard : la défaite d'Aegos Potamos est le type même de la défaite par surprise – on dira qu'une armée, comme on le disait autrefois d'une femme, ne doit pas se laisser surprendre... De 411 à 404 les Athéniens ne baissent pas les bras et l'emportent encore à plusieurs reprises sur les Spartiates que les Perses financent.

Reste cette préférence pour la modération qui se manifeste au paragraphe 97.2 du livre VIII – et semble être tout ce que certains érudits retiennent de Thucydide. Thucydide en ennemi de la démocratie, c'est quand même un peu léger. Il y aurait d'ailleurs beaucoup à dire sur ces «Cinq-Mille» qui ne furent jamais cinq mille[57], puisqu'il s'agissait, de fait, du corps des hoplites. Quoi qu'il en soit, il est vrai que ce que Thucydide loue dans ce paragraphe sur la révolution de 411 qui met fin au régime oligarchique des Quatre-Cents, c'est un régime démocra-

56. <Thucydide, VII, 28.>
57. <Neuf mille selon le Ps.-Lysias *(Pour Polystratos)*, cité *in* Ed. Will, *Le Monde grec et l'Orient. Le ve siècle (510-403)*, Paris, PUF, 1972, p. 374.>

tique modéré, ce n'est pas le régime démocratique radical de la fin de l'ère de Périclès. Puis il y a de nouveau des changements à Athènes, qui n'empêchent pas les Athéniens d'être un temps victorieux… Toute cette histoire est d'ailleurs une preuve supplémentaire de la grandeur de Thucydide l'historien. La force inouïe de tel discours fait que l'on croit le retrouver derrière. Et puis vient un autre discours, tout aussi convaincant, en sens contraire. Prenez n'importe quelle *Histoire de France* de nos jours, vous n'aurez aucun mal à deviner l'idéologie de celui qui l'a écrite : communiste, radical-socialiste, réactionnaire… Qui saurait dire vraiment quelles étaient les préférences politiques de Thucydide ? Démocrate sans réserve ? Démocrate « modéré » ? Il y a la phrase sur la démocratie comme pouvoir du « premier citoyen » – mais aussi l'admiration qui transparaît dans tout ce qu'il écrit sur la résistance des Athéniens après la mort de Périclès… Où est donc cet homme qui réussit à s'effacer derrière sa matière – récit, discours – tout en restant indiscutablement lui-même, inimitable ?

XV

Séminaire du 13 mars 1985

Quelques mots d'abord pour compléter ce que je disais l'autre jour sur le droit et la force. Nous avions passé en revue les principaux passages où Thucydide évoque cette question, en terminant par l'extraordinaire dialogue des Athéniens et des Méliens, sur lequel il resterait encore bien des choses à ajouter. Remarquons que les arguments avancés par les Athéniens ne font parfois que formuler plus clairement, plus brutalement, des arguments présents dès le premier livre ; mais dans ce dialogue de 416, rapporté au livre V, c'est la première fois qu'on voit exprimer de façon aussi nue, débarrassée de toute autre considération, ce principe simple, indécomposable : là où il y a des égaux, il y a droit, et là où il n'y en a pas, la force règne. Souvenez-vous que ce principe, vous l'appliquez tous les jours quand vous mangez un steak, même si depuis quelque temps, notamment en Suède, on commence à parler des droits des animaux. Je me souviens d'un conte allemand que je lisais lorsque j'étais enfant : il était une fois un homme très bon, très pieux, qui pleurait sur le malheur des bêtes qu'on tue pour les manger et qui décida de devenir végétarien. Mais un jour, il entendit les pleurs de la pomme qu'il était en train de manger et qui se lamentait : ah, quel malheur ! j'aurais pu donner naissance à un pommier, etc. Alors le saint homme a laissé tomber sa philosophie et s'est remis à manger de la viande. J'espère qu'aucun d'entre vous n'en conclura que je fais l'apologie du cannibalisme. Je le répète, la question est de savoir qui sont les égaux, et qui en décide. Éternel problème, que l'on ne peut esquiver par des acrobaties philosophiques sur les droits de l'homme : quoi que vous fassiez, vous aurez toujours un certain nombre de gens qu'il vous faudra exclure légalement, vous aurez toujours à décider à partir de quel âge les enfants jouissent de la plénitude de leurs droits civiques, et si le critère n'est pas l'âge, il y en aura d'autres – examens ou épreuves diverses, comme, pourquoi pas, une dissertation sur le dialogue entre les Méliens et les Athéniens. C'est donc là le premier moment, chez Thucydide, où cet argument apparaît sous sa forme la plus crue, par opposition aux autres moments où l'on trouve toujours une invocation du *dikaion* ou de la *dikè*, du juste ou de la justice. Vous vous en souvenez, les discussions précédentes comportaient souvent une clause consistant à dire : le droit et l'intérêt nous commandent de faire telle ou telle chose. Ici, pour la première fois, on affirme que la question du droit ne se pose pas. Bien entendu, c'est une prétérition, une figure de style, comme si vous disiez : quant au président de la République, je n'en parlerai pas sinon pour dire que… Si les Athéniens disent que la question du droit ne se pose pas, c'est donc qu'elle pourrait se poser. Même si le droit, en principe, règne entre égaux et si la force règne entre non-égaux, à partir d'un certain moment des partenaires égaux ou inégaux ne peuvent pas s'empêcher de soulever la question autrement : est-il conforme au droit qu'il n'y ait pas de droit entre non-égaux ? Et depuis vingt-cinq siècles nous tournons dans ce cercle, comme l'écureuil dans sa roue.

Notez qu'on a dit à ce sujet bien des choses discutables depuis les Temps modernes. Par exemple, il n'y a pas très longtemps, chez le grand érudit germano-américain Leo Strauss, qui invoque un fondement jusnaturaliste du droit en Grèce en s'appuyant de façon peu rigoureuse sur Aristote et Platon[a]. Nous verrons ce qu'il en est quand nous en viendrons à ces philosophes. On peut quand même faire tout de suite une remarque concernant Platon, car chez lui le cas est très clair : il ne saurait s'agir de droit naturel, à moins de prendre le mot « nature » dans un sens

208

qui n'est pas le sien. S'il y a « nature » pour lui, ce ne peut être qu'en un sens, disons, métaphysique, reposant sur la divinité et la vérité des Idées ; et celles-ci, bien entendu, fournissent un fondement méta-historique du droit qui n'a rien à voir avec un quelconque droit naturel, ni avec l'égalité ou les droits de l'homme. Nous avons affaire chez lui à la justice telle que le sage peut l'établir grâce à la contemplation des Idées ou par la dialectique : c'est tout autre chose. Il est si peu question d'égalité que dans la *République*, même si Platon est partisan de l'égalité entre hommes et femmes, on trouve trois classes de citoyens définies selon des critères pratiquement raciaux, c'est-à-dire héréditaires[1]. Avec bien sûr des exceptions : un très mauvais cheval peut donner des descendants de valeur ; et donc les sages qui gouvernent la cité idéale peuvent éventuellement promouvoir un individu exceptionnel issu des classes inférieures. Quant à Aristote, il y a bien chez lui cette phrase assez mystérieuse selon laquelle il n'y aurait partout qu'une *politeia* qui serait la meilleure « par nature[2] », mais il n'arrive pas vraiment à la définir ; et il dit par ailleurs que toutes les cités existantes sont réglées par le *nomos*. Or le *nomos*, c'est évidemment l'institution/constitution, la loi ou l'usage spécifique à telle ou telle communauté humaine. Et ce *nomos*, ou l'institution imaginaire de la société avant la lettre, est la grande découverte des Grecs – et non pas la *phusis*, comme le disent si souvent à tort des philosophes et philologues très importants et infiniment plus savants que moi. L'idée d'une *phusis* est présente partout, chez tous les peuples, il y a chez les Nambikwara un ordre naturel, appelé d'un autre nom, je ne sais pas lequel. Certes, cet ordre naturel n'est pas

---

1. <Platon, *République*, surtout V, 458b-462a.>
2. <Aristote, *Éth. Nic.*, V, 10, 1135a 5 : *epei oud'hai politeiai, alla mia monon pantakhou kata phusin hè aristè*. Tricot : « alors que cependant il n'y a qu'une seule forme de gouvernement qui soit partout naturellement la meilleure » ; Ross, rev. Ackrill et Ursom : « *though there is but one [constitution] which is everywhere by nature the best* » ; Bodéüs : « sauf qu'il n'y a qu'un seul régime partout qui soit d'après nature le meilleur ».>

toujours doté des propriétés très ambiguës et difficiles à décrire de la *phusis* des Grecs, mais ceci reste accessoire. Le propre des Grecs, c'est d'avoir établi cette opposition polaire entre *phusis* et *nomos*, qui seule donne son sens particulier à cette *phusis* ; et, dans un second temps, d'avoir vu que leur propre *nomos* n'était qu'un *nomos* parmi d'autres, et non une *phusis*. À ce propos, je lisais récemment un livre sur les discussions qui ont eu lieu il y a vingt ans à la Knesset autour de la fameuse question, bien entendu insoluble, de savoir qui est juif. Eh bien, dans cette assemblée, les partis religieux, qui forment 15 % environ du total, se lèvent et disent, en faisant du Castoriadis (et de l'anti-Castoriadis) à leur façon : tous les autres peuples ont fabriqué leurs lois eux-mêmes (c'est d'ailleurs pourquoi elles ne valent à peu près rien), ils se sont auto-institués ; nous seuls sommes hétéro-institués, car nous avons reçu notre loi de quelqu'un qui n'est pas un être humain : c'est Dieu lui-même qui nous l'a donnée et qui nous a définis comme le peuple saint, unique, et qui doit servir de modèle à tous les autres. Et c'est cette loi divine qui définit qui est juif, sans qu'aucune Constitution intramondaine établie par les Israéliens d'aujourd'hui ne puisse prévaloir contre elle. Si on les prenait à la lettre, aurait dit un Grec, les Juifs seraient les seuls à avoir une *phusis*, tous les autres peuples n'ayant qu'un *nomos* – les Grecs, eux, ayant ceci de particulier qu'ils considèrent leur *nomos* comme un parmi d'autres.

Mais avant même d'être introduite, la distinction *phusis/ nomos* est prise dans ce dont je vous ai parlé, la conception de la *dikè* que l'on trouve déjà chez Hésiode : le *nomos* ne peut pas être n'importe quoi, il doit correspondre à certaines exigences. Lesquelles ? Là commence tout le problème philosophique, et politique. En tout cas il est radicalement faux de prétendre que même chez un philosophe relativement tardif comme Aristote, qui vient après l'époque classique et vers la fin de la démocratie (je laisse de côté Platon), il y ait une tentative de transposer l'ontologie de la *phusis* à la hiérarchie des affaires humaines. C'est même l'une des choses les plus frappantes que nous constaterons quand nous discuterons Aristote : malgré quelques formulations assez superficielles, il existe un abîme entre, d'une part, sa réflexion ontologique prolongée en physique, sa tentative de cerner ce qu'est un être, un étant naturel, et, de l'autre, sa conception des étants historiques, de ce que sont une *polis*, la *tekhnè* ou la tragédie. Pour lui, on ne trouve pas dans le monde historique (c'est nous qui l'appelons ainsi, bien entendu) cette hiérarchie qui règne dans le monde naturel, ni la même cyclicité temporelle : le monde historique ne se meut pas dans un cercle, il évolue dans un temps linéaire qui est le temps de Périclès dans l'Épitaphe. La preuve en est que chacun des grands traités d'Aristote commence par une rétrospective historique sur l'avancement des connaissances dans le domaine concerné, avec les nombreuses erreurs initiales et les corrections apportées. C'est le cas dans la *Métaphysique*, dans l'*Éthique à Nicomaque*, dans le traité *De l'âme*, dans la *Physique*. Après avoir fait l'historique de la question, il dit ce qu'il pense lui-même, non pas en faisant une synthèse éclectique mais en n'ignorant pas, contrairement à Platon, ce que ses grands prédécesseurs, et notamment le très grand Démocrite, ont dit sur le sujet. Et c'est dans la *Métaphysique* qu'on trouve cette phrase magnifique[3] selon laquelle même quand les Anciens se sont trompés, leurs erreurs ont contribué à nous faire penser aujourd'hui le vrai en nous apprenant à la fois ce qu'est le faux, ce qui nous y pousse et comment l'éviter.

Pour compléter le tableau, on doit mentionner la position moderne sur la question de la force et du droit, que l'on peut résumer ainsi : il existe un droit fondé sur la volonté divine, la raison ou la nature (considérée comme puissance raisonnable et bienfaisante) qui fonde les droits des êtres humains, ces derniers sont donc par principe égaux. Bien entendu, c'est là une position théorique et dans la réalité on a continuellement piétiné ces droits, qu'il s'agisse des femmes, des étrangers, des colonisés ou de telle ou telle minorité. Je vous répète une fois

---

3. <Aristote, *Métaph.*, A, 988b 15-18.>

de plus qu'en Grèce ancienne, au contraire, il n'existe pas un droit en général : la question du droit ne surgit que pour une collectivité d'individus organisés dans une cité qui fait d'eux des hommes, *polis andra didaskei*, comme dit Simonide. Dans certains cas – ce n'est pas vrai chez les Scythes, les Thraces ou les Égyptiens – cette collectivité se pose comme faite de membres égaux ; dès lors apparaît la question de normes ou de règles entre eux et pour eux, donc la question de la justice. Et de même entre les cités. Il y a des règles qui valent entre elles, et notamment un droit de la guerre, même si la plupart du temps elles sont transgressées. Or, quand nous parlons de la position des Modernes ou des Anciens sur le droit, il ne s'agit pas de la genèse réelle, empirique du droit, mais du *quid juris*, du fondement de ce droit. Sous quelles conditions la question du juste peut-elle être posée ? La réponse, je crois, est évidente. Elle ne se pose pas pour Robinson sur son île, elle ne peut être posée qu'à condition qu'il y ait une pluralité indéfinie de sujets, formés socialement de la même façon jusqu'à un certain point, partageant le même langage et d'autres activités et intérêts, et que d'autre part il existe des choses dont l'attribution ne soit pas évidente. Dès Homère, les Grecs savaient que la question du droit ne se posait pas entre les Cyclopes et les compagnons d'Ulysse. Le Cyclope parle et pense mais il est sans *themistes*, sans lois, il ne participe pas à des *agorai*, des assemblées délibé-ratives communes [4]. Cela dit, ce n'est pas un animal privé de raison, c'est un bipède parlant. Mais pas un individu sociale-ment fabriqué. Nous avons là affaire à un mythe, bien entendu, mais très important philosophiquement.

Ce cas de figure nous amène à un autre : peut-il être question de justice entre nous et le parti nazi victorieux, le cas échéant ? Ou le parti stalinien, ou Khomeyni, ou Kadhafi ? Il ne faut surtout pas esquiver ce genre d'interrogation. La réponse, à mes yeux, c'est qu'il en est question pour nous, mais pas pour

4. <*Cf. CQFG 1*, p. 151-153.>

eux. Un philosophe dira : ils ont tort. Il aura raison de le dire, mais le dire ne sert à rien. Car s'il l'affirme, c'est en vertu d'une démonstration. Or toute démonstration présuppose un accord sur le principe de non-contradiction, règle qui ne se démontre pas, qui simplement s'accepte ou non. Et le philosophe, kantien de préférence, continuera : il ne saurait y avoir de révélation divine qui vous enjoigne de commettre l'injustice – ce qui n'a guère de sens puisque s'il y a des gens qui croient effectivement à une révélation divine, ils seront prêts à faire n'importe quoi en son nom, comme l'histoire nous le montre surabondamment. Les juifs en sont un exemple à une échelle limitée : à en croire l'Ancien Testament, quand les Hébreux sont entrés en Palestine, ils ont détruit les temples, brûlé les bois, passé les habitants au fil de l'épée, etc. Les chrétiens en sont un autre exemple, à une échelle infiniment plus grande : ils ne sont devenus majoritaires dans l'Empire romain que par la ruse et la violence[b]. Une fois parvenus au pouvoir grâce à Constantin, ils se sont mis à persécuter les non-chrétiens, à détruire les temples, etc., jusqu'au décret de Théodose qui interdisait à tout citoyen de l'Empire de ne pas être chrétien. On a connu au IVe siècle des massacres effroyables, dont les plus terribles ont peut-être été ceux des chrétiens entre eux, pour des questions de dogme : le Fils était-il de même substance que le Père ? Etc. Bref, ils ont passé leur temps, au nom de l'amour d'autrui, à s'entre-tuer et à tuer les autres. Et si l'on appelle les non-chrétiens « païens » (de *paganus*, « paysan »), c'est qu'à la campagne on pouvait se cacher pour pratiquer le culte ancien, on n'y avait pas besoin de la bureaucratie impériale pour survivre. On pourrait d'ailleurs en dire autant, et très longuement, de l'islam – mais nous ne faisons pas ici de l'histoire universelle. Sans la guerre menée à partir du VIIe siècle, l'islamisation de la quasi-totalité du monde existant de Gibraltar jusqu'aux confins de l'Inde ne s'expliquerait pas, et l'on sait bien comment la conversion s'est passée. Voilà pour le droit fondé sur la révélation divine, et il faudrait ajouter bien sûr la colonisation européenne moderne, à partir du

213

XVe siècle, avec la christianisation forcée des peuples nouvelle-
ment découverts. L'inquisiteur chrétien brûle le corps périssable
pour sauver l'âme immortelle. Et celui que cela tente pourra
toujours prendre un exemplaire de la *Critique de la raison
pratique* pour aller discuter avec les inquisiteurs... Il y a certes
des moments où le philosophe peut être admirable quand il
s'oppose à la tyrannie du pouvoir temporel, ou spirituel, comme
Giordano Bruno qui a été brûlé ; mais ses prétentions spiri-
tuelles sont le plus souvent dérisoires quand il prétend ignorer
cette réalité de l'histoire qu'est la force. Or il ne faut pas oublier
que, si l'on adopte le principe démocratique, dans une société
qui n'admet pas de trop grandes différenciations économiques
et sociales, c'est à la majorité, à condition qu'elle veuille agir,
que revient l'exercice de la force. Encore une fois, cela ne veut
pas dire qu'elle ait toujours raison, et l'on se trompe lourdement
si l'on croit que tout est ainsi réglé. Mais il n'y a pas d'autre
moyen de tenter de résoudre les questions. Voilà sur le droit et la
force.

QUESTIONS

<Question inaudible sur les différences entre individus.>

Lorsqu'on parle des forts et des faibles, on ne sort toujours
pas de notre fameuse roue. Forts et faibles par rapport à quoi ?
Même à Athènes, on parle de *dunatoi* (« puissants »). Thucydide qualifie Périclès d'homme *dunatôtatos*[5], voulant signifier par là son autorité personnelle, son prestige. Mais forts et
faibles sont égaux quant à la loi. C'est une question de fait : ne
nous voilons pas la face, il y a des gens qui peuvent monter à la

---

5. <Thucydide, I, 127.3 ; et 139.4 : «... [Périclès] était, à cette époque, le
principal personnage à Athènes, grâce à sa supériorité dans le double domaine
de la parole et de l'action » (trad. Romilly).>

tribune et retourner l'opinion de l'assemblée, et d'autres qui en sont incapables. J'ai assisté récemment à une réunion entre des Verts allemands et quelques rescapés du « gauchisme » français, qui avait pour objet, entre autres, l'écologie, les euromissiles… Après avoir longuement écouté, je suis finalement intervenu pendant une vingtaine de minutes. Ensuite venait le tour d'un écologiste allemand. Il a refusé de parler. À la question : pourquoi ? il a répondu qu'il se taisait parce qu'il jugeait scandaleux que tous les participants n'aient pas exactement le même temps de parole, que dès lors l'assemblée n'était plus démocratique. Stupidité sans nom. Car non seulement tout le monde n'a pas autant de choses à dire, mais à le suivre il faudrait obliger ceux qui n'ont rien à dire à parler, disons, cinq minutes. C'est là une caricature dérisoire de la démocratie. Il faut prendre en compte le fait d'avoir ou non des idées ou une expérience, d'avoir pris des responsabilités pour favoriser la réalisation de ce que l'on propose – ou d'être brave au combat, selon la nature de la communauté dont on fait partie. Et l'opinion des autres pourra se former là-dessus. Mais certains mouvements gauchistes contemporains sont d'une naïveté kantiano-rousseauiste incroyable : on dirait qu'à leurs yeux tous les individus sont des consciences pures également dotées, sans pesanteur ni affect, qu'il n'y a pas d'histoire de la collectivité dont ils font partie, que tous viennent de sortir, entiers, du ventre de leur mère, sans que jouent ni les différences d'âge ni l'expérience de chacun. C'est bien entendu grotesque. C'est tout autre chose d'affirmer que toute position de force qui comme telle n'apporte rien à la délibération et à la décision politiques libres, ou même y fait obstacle, doit être soit supprimée, soit empêchée d'interférer. Ce n'est pas parce que Untel est milliardaire ou qu'il est un grand joueur de base-ball (ce qui d'un certain point de vue revient au même) que ce qu'il a à dire doit avoir plus de poids.

On aborde là des problèmes sociaux très concrets, qu'on peut traiter en discutant le livre de Finley dont je vous ai parlé, intitulé en français *L'Invention de la politique* – je dirais plutôt, pour ma part, création. Livre important, même si je ne suis pas toujours d'accord avec ce qu'il avance, mais je crois que son optique centrale et la mienne se rejoignent. Pour Finley, il y a bien un jeu de pouvoir dans la démocratie athénienne. Il est certain que les personnalités marquantes qui apparaissent depuis Clisthène jusqu'à Périclès et même Alcibiade viennent de couches sociales favorisées, de familles connues qui ont du bien et des relations, où les enfants ont reçu une bonne éducation, etc. Et cela pose, une fois de plus, le problème des limites de la démocratie athénienne. D'un autre côté, ces gens-là n'auraient rien pu faire sans le *dèmos*. Et ce n'est pas un hasard si les meilleurs d'entre eux, Clisthène, Thémistocle, Périclès, se sont rangés du côté du *dèmos* contre les *oligoi*, c'est-à-dire en un sens contre leur propre classe[c]. Tout cela nous renvoie à un autre problème, que l'on retrouve d'une certaine façon avec les Verts allemands et leur timide tentative d'introduire des règles comme la rotation des députés. Qu'est-ce que le pouvoir politique dans une démocratie relativement ouverte ? C'est une influence constamment renouvelée. Comment ce renouvellement est-il possible ? En permettant aux citoyens d'être toujours convenablement informés, afin de se faire une opinion ; or certains seront mieux informés que d'autres… Parfois ces problèmes peuvent être réglés par des voies institutionnelles, toujours provisoires et qui devront être constamment réajustées ; parfois ils seront réglés par les choses mêmes, sur le tas. Une société n'est jamais une machine bien huilée.

— *Peut-on poser la question de l'universalité des droits sans se référer à une essence méta-historique ou méta-sociale ?*

Nous disons, en effet, que l'égalité des êtres humains vaut non seulement pour les Français, les Anglais ou les Américains, mais vaut ou devrait valoir aussi pour les Mexicains, les Nicaraguayens, les Irakiens, les Iraniens, les Ougandais, les Néo-Calédoniens, etc. Sur quoi nous appuyons-nous pour le dire ? On sait que la Déclaration d'indépendance américaine invoque un Dieu créateur qui a fait les hommes libres et égaux. La Révolution française, elle, ne mentionne pas de Dieu, mais se réfère à des hommes nés avec un certain nombre de droits. C'est une dotation native et naturelle. Vous demandez si cette notion d'universalité est compatible avec ce que je dis. Mais je vous rappelle que ce que j'avance ici concerne la conception grecque ancienne. Je le redis pour éviter les malentendus : quand nous exigeons l'égalité des droits, c'est une *position* politique, et nous savons très bien qu'elle ne peut pas être fondée rationnellement ou philosophiquement, encore moins sur une révélation ou sur la nature. Cette égalité est une signification imaginaire politique. Nous voulons une société dans laquelle les individus soient égaux et libres. Pourquoi, dira-t-on, la voulez-vous ? Nous la voulons, c'est tout. *Because*, comme a dit un rabbin lorsqu'on lui a demandé pourquoi la langue officielle de l'État d'Israël devait être l'hébreu et non le yiddish. De fait, toute discussion de cette question implique déjà que mon interlocuteur a accepté l'égalité entre ceux qui discutent – sinon, il me dira : je suis l'ayatollah Untel, je sais ce que Dieu veut, je n'ai pas à discuter avec toi mais je te force à te convertir ou je te tue… La discussion n'est possible que sur la base de cette première concession ; le reste peut alors être élaboré, cela devient une suite de questions concrètes : pourquoi pas les femmes ? Pourquoi pas les jeunes, et à partir de quel âge ? Qui est fou ? Etc. Voilà ma position. La position grecque, nous l'avons vu, est beaucoup plus limitée. Et par rapport à celle-ci, qui pose l'égalité de droits entre égaux et le règne de la force entre inégaux, rien n'a changé dans la réalité. Les Grecs anciens sont simplement francs alors que les Modernes sont hypocrites.

– *Le problème des droits de l'homme est-il alors un faux problème ?*

Il n'existe pas de problème des droits de l'homme. Il existe une exigence de droits pour les êtres humains. Un problème, ce serait de l'ordre de l'infinité des nombres premiers, de la conciliation de la relativité générale avec les quanta, etc. Mais les droits de l'homme sont l'objet d'une *affirmation* politique qui signifie qu'on doit renoncer à l'illusion d'un fondement transcendant, divin ou naturel ; on doit affirmer que l'exigence de l'égalité humaine est une création historique et que nous la soutenons et voulons l'étendre, pour des raisons qui peuvent être explicitées, élucidées à condition que l'on partage un minimum de postulats. Par exemple, celui de l'égalité des interlocuteurs, celui du règne de la discussion plutôt que de la force brute ou de la révélation. Or l'hétéronomie réapparaît parce que les gens n'osent pas dire : nous voulons l'égalité, la liberté, *parce que* nous les voulons et qu'en vertu d'une création historique réaffirmée, reprise et réfléchie, nous donnons une extension nouvelle à certaines significations imaginaires telles que démocratie, liberté, égalité, etc. Les gens semblent avoir besoin de se cacher derrière leur petit doigt : ce n'est pas nous, c'est Dieu, ou la Nature, ou la Raison, etc. Ce qui de toute évidence est philosophiquement à la fois futile et faux. <...> Il y a un moment, *au départ* de toute discussion, qui comporte une position fondamentale. Vous ne pouvez pas tout démontrer. Toute démonstration présuppose quelque chose. La position de toute religion révélée, elle, est basée en dernier recours sur des textes qui ne sauraient contenir leur propre interprétation, d'où d'interminables querelles, massacres, etc. La théologie n'est pas univoque, elle n'échappe pas à l'ambiguïté de l'histoire. Mais il ne faut pas croire non plus que la pensée philosophique puisse donner des réponses simples et définitives. En ce qui concerne la philosophie politique, elle aussi est obligée de partir d'un postulat, qui ne peut pas être fondé mais seulement élucidé et justifié par ses conséquences – mais seulement pour ceux qui ont accepté d'entrer dans ce parcours. <...> Ainsi, l'universalité des droits comme exigence, c'est quelque chose à partir de quoi je peux discuter, et cette discussion peut agir comme un acide qui dissout certaines structures (pas toutes, contrairement à ce que croyaient le progressisme européen et le marxisme au XIXᵉ siècle), ce qui ouvre une interrogation anthropologique : comment se fait-il qu'à Pékin, en 1975, dès qu'il y a eu une petite fenêtre de liberté, on ait vu aussitôt fleurir les dazibaos exigeant le droit à la parole, à la libre pensée, etc. ? Est-ce la nature humaine qui a parlé ? Mais alors pourquoi n'aurait-elle rien dit de tel en Chine pendant quatre mille ans ? On peut penser que l'influence de certaines idées a joué là-dedans, parfois par des voies très détournées comme celles du pseudo-marxisme. Bien sûr que l'être humain peut être un terrain fertile pour l'idée de liberté et ce qui s'ensuit – mais cela ne pousse pas automatiquement. C'est pourquoi nous avons parlé de germe, en l'occurrence européen – ou ce que nous trouvons ailleurs d'analogue –, celui-là même que nous choisissons et qu'il s'agit de reprendre.

<Question sur la critique de la démocratie chez Platon et chez Aristote.>

Vous semblez donner raison à Platon de vouloir établir des critères, des normes de l'action politique qui ne dépendent pas du grand nombre mais qui soient établis de façon, disons, scientifique (c'est ce qu'il essaie de réaliser en confiant la direction de la cité aux philosophes), alors qu'Aristote aurait tort de se fier à la *praxis*, à voir l'éthique et peut-être aussi la politique pratiquement comme un artisanat, c'est-à-dire comme un domaine où l'on essaie de faire au mieux étant donné les choses telles qu'elles sont. Je vous dirai un peu abruptement que je pense exactement le contraire. Platon est le créateur de cette monstrueuse illusion selon laquelle il y aurait d'abord une science absolue, et ensuite une science absolue des affaires humaines – illusion que nous payons encore aujourd'hui. Aristote, même si certains aspects de sa spéculation semblent un peu fous, est le vrai sage : il sait et dit que chaque question comporte son propre degré de rigueur, qu'il est aussi absurde de demander des démonstrations exactes à un rhéteur que d'accepter d'un géomètre des discours simplement probables, que la nature des choses humaines ne comporte pas de rigueur absolue, qu'il faut considérer chaque fois les conséquences de la décision à prendre, etc. C'est à partir de ces présupposés – à mes yeux évidents et qui correspondent à l'essence de la création grecque – qu'il essaie de penser aussi bien l'éthique que la politique, tandis que Platon essaie de les penser presque déductivement à partir de certains principes…

– Mais la pensée d'Aristote n'a-t-elle pas un fondement social, en l'occurrence l'artisanat ?

Cela, on l'a dit aussi de Platon, et vous le trouverez dans le *Timée* : le modèle d'un «démiurge», qui cependant ne peut pas faire n'importe quoi, qui est tenu par la nature de la matière, laquelle maintient une part d'irrationalité dans le monde – nous sommes ici avant la catastrophe chrétienne. Mais le problème n'est pas là. Le problème, c'est que Platon, dans sa pensée politique, en tout cas dans la *République*, est guidé non par le modèle de l'artisan mais par celui du géomètre, qui ne fait pas de concessions à la matière : il a l'idée du cercle, en pose la défini-tion et en tire les conséquences. C'est le Platon de la quaran-taine, d'avant l'échec du voyage en Sicile, le Platon enivré par la géométrie, rêvant d'une géométrie de la cité. Et là, cela déraille et devient, c'est indiscutable, une espèce de cauchemar totalitaire avant la lettre. Dans le *Timée*, dans les *Lois*, il est plus vieux, il a compris certaines choses. Aristote est infiniment plus sage, plus grec, plus athénien même s'il est macédonien et que Platon est de bonne souche athénienne – il ne tombe pas dans ce genre de délire.

Vous aviez rappelé aussi un argument très ancien contre la règle majoritaire, qui revient périodiquement jusqu'à nos jours. On le trouve déjà dans l'écrit dit du « Vieil Oligarque »[d], qui date probablement du début de la guerre du Péloponnèse ; on le retrouve dans les critiques adressées aux Athéniens pour avoir condamné, en 406, les généraux qui n'avaient pas sauvé les blessés et enterré les morts à la bataille des îles Arginuses, qu'ils avaient gagnée. Bref : la majorité peut être injuste. Mais cet argument, pour qui vaut-il, dans quelle mesure peut-on l'accepter ? Il vaut si l'on pense qu'il existe des règles justes, non pas inscrites au ciel des Idées mais possédables et formulables par les êtres humains. Il est évident que la majorité peut se tromper, et c'est justement pour cela que des dispositions doivent garantir le droit des minorités de continuer à exprimer leur point de vue, contrairement à ce qui se passait avec le prétendu centralisme démocratique du parti léniniste, même avant qu'il ne devienne stalinien. Cela dit, il faut se plier à la règle de la majorité. Reprenons un exemple que je vous ai déjà donné, même s'il peut paraître absurde. Supposons que la Constitution exige une majorité des trois quarts des Français pour modifier ce qui a trait aux droits de l'homme. Et si ces trois quarts décidaient que tout individu mesurant moins d'un mètre cinquante-huit sera privé de droits civiques ? Bien sûr, il y aura des gens qui se battront pour que les personnes concernées récupèrent leurs droits… Mais derrière la confiance dans une Constitution, il y a, implicitement, l'illusion que l'on pourrait trouver une garantie contre les folies, les injustices, les crimes que l'humanité est susceptible de perpétrer. Une telle garantie est impossible. La seule chose possible, c'est une *paideia*, une éducation continue au sein de la société dans le sens de la liberté, de la justice, de la tolérance, etc. Quant à la Constitution, la seule certitude qu'elle offre, c'est qu'un jour ou l'autre elle sera violée, car tel est le sort des constitutions, sauf peut-être aux États-Unis, ou encore chez les Anglais, qui n'en ont pas vraiment une. Finalement, on est devant cette alternative : soit vous avez une catégorie de gens, choisis on ne sait comment, habilités à dire ce qui est juste et ce qui ne l'est pas ; soit vous avez la démocratie et la règle majoritaire avec la lutte des opinions et les garanties les plus larges possibles permettant aux individus, aux groupes minoritaires de combattre ce qu'ils considèrent comme des positions erronées ou injustes de la majorité. Il n'y a pas d'autre solution.

– Mais toute loi n'est-elle pas en un sens un acte de force ?

C'est évident. La loi, une fois votée par la majorité, est garantie par des sanctions, c'est donc un acte de force. Vous savez que je suis partisan de la suppression de l'État comme appareil séparé de la société, mais je ne peux penser une société sans pouvoir. Le rôle du pouvoir, c'est de faire appliquer les lois et notamment de les imposer à la partie de la société qui ne voudrait pas les appliquer ; sans cela il n'y a pas de société. Et si certains pensent que les êtres humains sont faits naturellement pour s'entendre et que seul le méchant capitalisme les en empêche, il faut les renvoyer à l'école primaire. La tendance naturelle des êtres humains, c'est de se tuer les uns les autres, quelle que soit la forme du régime social. C'est à partir du moment où il existe une institution sociale et des lois que se trouve limitée cette tendance de la psyché. Rappelez-vous, dans vos rêves, la fréquence des souhaits de mort, que vous gardez dans ce réservoir secret sans les laisser apparaître au-dehors. Dans le rêve, on trouve la vraie nature de l'être humain. Son artificialité, c'est-à-dire sa grandeur, est dans la création sociale, dans la loi et l'institution, qui disent qu'il n'est pas permis de tuer. Si vous tuez, dans telle société on vous tuera vous-même, dans telle autre on vous mettra en prison, dans une autre on vous rééduquera ou on vous donnera des psychotropes. Quant à moi, je ne sais pas ce que je proposerais comme réponse au meurtre si la société me demandait mon avis, mais ce ne serait certainement pas d'offrir une pension à vie au meurtrier. Remarquez que si 70 % des crimes et délits sont dus à l'organisation sociale (cela vaut pour les braquages, les vols, etc.), ce n'est pas vrai de la plupart des meurtres, où prédominent les facteurs passionnels, si bien que le premier à s'effondrer et à être puni pour le restant de ses jours est le meurtrier lui-même ; d'où l'absurdité de l'emprisonner à vie.

D'autre part, la démocratie doit prendre ses responsabilités lorsqu'elle affirme accepter toutes les opinions politiques. Toutes : jusqu'à quel point ? Vous avez des gens qui se disent pour la dictature du prolétariat, ce qui veut dire (relisez *Le Gauchisme, maladie infantile du communisme* de Lénine) dictature du parti du prolétariat, c'est-à-dire dictature du Comité central de ce parti, c'est-à-dire finalement dictature des chefs du Comité central. Et il s'agit là de partis légaux. Pourquoi ? Parce que la démocratie, à juste titre, accepte le combat d'opinions, y compris au risque de cette dictature-là. Vous avez aussi des partis qui disent que seuls les Français qui peuvent démontrer leur appartenance à la France depuis *x* générations doivent avoir le droit de vote : c'est une opinion, qui, elle, se présente d'emblée comme inégalitaire. Peut-on en rester là ? Quelle est la limite ? Ce serait entre ce qui reste de l'ordre de la diffusion d'opinions, de la propagande, et d'autre part les actes, coups d'État ou autres. Mais là encore cette limite n'est pas si facile à définir, il n'y a pas de sécurité absolue : voyez les conditions de l'accession de Hitler au pouvoir. Tout s'est fait, en un sens, en respectant la légalité. Quelle garantie juridique voudriez-vous avoir ? À partir d'un certain moment, il ne reste que votre propre lutte, c'est cela l'histoire. Vous n'allez pas téléphoner à Hitler pour lui demander de relire les *Lois* de Platon et le convaincre de mettre de l'eau dans son vin.

<*Question sur une démocratie moderne qui veut asseoir son pouvoir sur la destruction des minorités : exemple du Mexique au XIXe siècle.*>

Il y a quand même un malentendu. Je me suis tué à vous répéter que je ne parle pas de la Grèce ancienne comme modèle, mais comme germe, qui peut nous faire voir ce qu'est l'exercice du pouvoir par la collectivité elle-même, sans histoires à dormir debout comme la représentation, et en toute conscience du fait qu'elle est responsable de son propre sort. Je crois vous avoir dit que nulle part, ni chez Hérodote, ni chez Thucydide, ni chez les tragiques, vous ne trouverez quelqu'un qui, après un échec ou une catastrophe, se lamente : c'est la faute à Dieu, aux capitalistes, aux juifs, etc. Non, jamais. Les gens agissent, se trompent, reçoivent le ciel sur la tête, et s'ils pleurent, c'est en disant : voilà, tel est le sort de l'homme. Cela reste la dignité de l'homme de savoir qu'on est responsable de sa vie, sans demander pitié à Dieu ni accuser les autres. Mais il faut bien voir que ce que nous disons ici fait vaguement sens aujourd'hui pour une minorité, disons peut-être 20 % des habitants de la planète ; pour le reste, on s'en remet à la Vierge de Guadalupe, à Khomeyni, à Deng Xiaoping ou aux ordinateurs de la Silicon Valley... Et malgré ce que croyait Kant, malgré ce qu'on a cru en Occident entre le XVIIIe et le XXe siècle, l'*Aufklärung*, les Lumières ne sont pas un point de passage obligé pour l'humanité tout entière, nous n'avons pas affaire à une tendance immanente de l'histoire humaine. Restent donc ces milliards d'individus, ces ethnies et ces fausses nations (car il n'est pas évident que la nation, au sens occidental du terme, doive être le cadre obligatoire pour l'organisation des peuples). Cette très grande hétérogénéité pose un énorme problème, que l'humanité sera peut-être incapable de résoudre, au risque d'en périr. Et alors lire l'Oraison funèbre de Périclès deviendra une sorte de consolation de moine médiéval perdu au milieu des Barbares. Voilà ce qu'il en est du champ contemporain.

XVI

Séminaire du 20 mars 1985

Je donne d'abord la parole à l'un d'entre vous, qui voulait faire quelques remarques au sujet de *L'Invention d'Athènes*[1] de Nicole Loraux[a].

– Je rappellerai quelques points sur lesquels l'ouvrage ne me semble pas aller tout à fait dans le sens de l'interprétation de l'Épitaphe de Périclès que donne M. Castoriadis. L'oraison funèbre comme genre, dit Mme Loraux, emprunte son langage aux valeurs aristocratiques : « [...] sous le nom de démocratie et de façon inconsciente – dit-elle – les orateurs ne loueraient-ils pas une cité imaginaire ou du moins idéale, sans tension ni faction[2] *? » Et voici un passage qui résume l'essentiel de sa thèse : « Ainsi la démocratie sort étrangement transformée des traitements auxquels la soumet l'oraison funèbre ; définition aristocratique, retour au temps du mythe, exaltation paradoxale de l'unité du corps civique : les orateurs peuvent choisir entre tous ces procédés, mais ils peuvent aussi les employer simultanément car le projet fondamental est toujours le même, faire de la cité démocratique cette* pasa polis *dont Périclès exalte l'unité [...]. On ne s'étonnera donc pas que le* démos, *sujet souverain de la* polis *et détenteur du* kratos, *soit absent de presque tous les* épitaphioi :*

---

1. <N. Loraux, *L'Invention d'Athènes*, *op. cit.* ; toutes nos références renvoient à la 1re éd. (1981).>
2. <*Ibid.*, p. 200 ; sur ce même thème, voir p. 183-222, 340-343.>

dans le catalogue des exploits militaires comme dans l'éloge de la démocratie, l'oraison funèbre ne connaît d'autres agents que "les Athéniens", et cet emploi de hoi Athénaioi, *tout à fait pertinent dans la sphère des relations extérieures entre collectivités, prend figure de substitut dans un développement sur le régime qui fait l'originalité d'Athènes*[3]. » Il y aurait donc une affirmation de l'unité idéale de la cité qui méconnaît les divisions effectives. En ce sens, le discours de l'oraison funèbre serait un discours idéologique[4]. Ce discours unificateur vide la polis de toutes ses déterminations concrètes. Les Athéniens deviennent « interchangeables et anonymes[5] », ce qui est particulièrement flagrant dans les épigrammes funéraires collectives. Par ailleurs, l'isonomia serait, dans l'Épitaphe de Périclès, rejetée dans la sphère des rapports privés, tandis que l'aretè régirait l'accès aux charges : on appliquerait, dit Mme Loraux en reprenant la terminologie platonicienne et aristotélicienne, un principe d'égalité arithmétique dans le premier cas et d'égalité géométrique dans l'autre[6]. Périclès irait même jusqu'à renier l'Athènes maritime, comme s'il était impossible de louer en même temps le monde des hoplites (celui de l'aretè) et celui des rameurs[7]...

Merci, il est toujours important d'avoir un autre point de vue, d'autant que Mme Loraux est une collègue que j'apprécie. Mais je n'ai pas évoqué *L'Invention d'Athènes* parce que, même s'il lui arrive de parler d'imaginaire et de citer *L'Insti-*

---

3. <*Ibid.*, p. 204.>
4. <« Si la propriété la plus générale d'un discours idéologique est de *dissimuler* les divisions internes à une société, à n'en pas douter l'oraison funèbre fonctionne bien, à l'usage des citoyens athéniens, comme une idéologie lorsqu'elle efface, à l'intérieur de l'armée civique, les différences de statut entre combattants ou qu'elle fait de la démocratie athénienne la patrie de l'*aretè* » (*ibid.*, p. 335-336).>
5. <*Ibid.*, p. 282-283.>
6. <*Ibid.*, p. 189.>
7. <*Ibid.*, p. 213-214.>

tution[8], ce qui y est dit est pris dans une optique radicalement différente de la mienne. De même, je ne vous ai parlé que de façon allusive de courants qui pourtant ont longtemps dominé l'historiographie et qui, depuis la Révolution française déjà, s'acharnent à dénigrer la cité grecque et le *dèmos*. Il m'est bien arrivé de critiquer certains auteurs lorsque cela me permettait de mieux faire comprendre mes positions. Cela dit, vous pouvez, en rentrant chez vous, lire qui vous voulez et vous convaincre que je me trompe du tout au tout... Vous aurez compris que je ne trouve pas ce qui est dit dans *L'Invention d'Athènes* tout à fait pertinent par rapport à ce que je veux faire cette année. Mais puisque votre camarade en a parlé, autant faire quelques remarques là-dessus.

Nous avons choisi d'étudier ces dernières semaines Thucydide et l'Épitaphe de Périclès, qui est effectivement la première oraison funèbre que nous connaissions. Il y en a eu d'autres avant, c'est évident, et Thucydide lui-même nous le confirme : c'était une coutume athénienne d'honorer ainsi les soldats morts pendant l'année. Alors, première en quel sens ? On retrouve là toute la question de l'historicité des discours chez Thucydide, sur laquelle les érudits continuent de s'opposer. Jacqueline de Romilly a pu écrire que, après un siècle de discussions et une immense bibliographie, on en était toujours au même point[9]... Je vous rappelle, quant à moi, ce que je vous ai déjà dit : trois

---

8. <Voir en particulier : « Aussi bien ne nous demanderons-nous pas pour finir si les Athéniens étaient ou non conscients d'idéaliser la cité – ce serait méconnaître que toute opération mentale est largement opaque à elle-même. Mais, désignant sous le nom d'imaginaire l'ensemble des figures en lesquelles une société appréhende son identité, nous avons tenté d'éclairer le fonctionnement de ce noyau de signification irréductible et totalisant auquel l'oraison funèbre donne le nom de cité. [...] Ainsi, dans l'oraison funèbre, la cité assure imaginairement son emprise sur le réel et, disions-nous, les Athéniens inventent Athènes » (p. 341-342). Le titre de la thèse soutenue en 1977 par N. Loraux (qui deviendra *L'Invention d'Athènes*) est *L'Athènes imaginaire*.>

9. <J. de Romilly, *Thucydide et l'impérialisme athénien*, Paris, Les Belles Lettres, 1947, p. 11.>

discours au moins de l'*Histoire de la guerre du Péloponnèse*, ceux de Périclès, sont, sinon sténographiquement authentiques, du moins extrêmement proches de leur réalité historique : ils ont été écrits par quelqu'un qui les a entendus pour un public qui les a entendus. L'un précède de très peu la guerre, les deux autres viennent peu de temps après son déclenchement. Comme il le dit lui-même : pour ce qui est des faits, j'ai essayé de contrôler et recouper tous les témoignages ; quant aux discours, j'ai tenté de rendre *tèn xumpasan gnômèn*, l'opinion centrale, l'esprit général. Et si cette remarque s'applique à la cinquantaine de discours repris dans Thucydide, il y a quelque chose de plus dans l'Oraison funèbre : les mots, les phrases, le style, sont ceux de Thucydide l'écrivain ; mais l'argumentation elle-même, et pas seulement les idées, est sans doute celle de Périclès.

Une remarque de méthode : on peut, si l'on veut, en procédant avec toute la rigueur philologique nécessaire, constituer un corpus de toutes les épitaphes parvenues jusqu'à nous ; mais il est à mon avis absolument illégitime *quant au fond*, compte tenu de sa maigreur et de son hétérogénéité, de l'utiliser pour étudier l'épitaphe comme genre[10]. C'est comme si l'on voulait parler de l'épopée grecque en mettant dans le même sac Homère, ses imitateurs, les poètes alexandrins… Non, on a Homère d'abord, puis tous ceux auxquels il a servi de modèle. Vous connaissez l'histoire de la dame anglaise qui, après une représentation d'*Hamlet*, observe : «C'est très bon, mais il y a un peu trop de citations là-dedans : *To be or not to be*, etc.» Les successeurs d'Homère ont exploité des *topoi* qu'on va ensuite retrouver chez Virgile – et jusqu'à Voltaire… Quant à l'Épitaphe de Périclès, n'en déplaise à Nicole Loraux, elle n'est pas faite que de *topoi* habilement utilisés ou retournés[11]. Vous savez qu'elle a même

---

10. <N. Loraux, *L'Invention d'Athènes*, *op. cit.*, donne p. 478-479 les éléments de ce «corpus» : 1) Périclès-Thucydide ; 2) des fragments de Gorgias ; 3) Lysias (authenticité contestée) ; 4) la parodie du *Ménexène* ; 5) Démosthène (authenticité contestée) ; Hypéride (incomplet).>

11. <« Les *topoi* sont donc l'unité, commune à tous les discours, en soi

eu droit à une parodie. J'aurais d'ailleurs bien aimé vous parler du *Ménexène*[b] – et je le ferai peut-être plus tard –, où justement Platon nous offre une sorte de version cabaret du discours de Périclès. Non seulement il trouve là une occasion de tourner en dérision la démocratie, avec le talent qu'on lui connaît, mais il en profite pour se moquer aussi de Périclès, insinuant que son oraison a en fait été composée par Aspasie[c], une hétaïre, qui en aurait rapporté à Socrate suffisamment d'éléments pour que ce dernier puisse répéter le discours à Ménexène.

Une autre remarque méthodologique, c'est qu'il faut bien contextualiser les textes anciens dont on parle. L'érudition philologique, la correction des manuscrits, les comparaisons de dates, tout cela est important, mais il faut aussi considérer la *gnômè*, le point de vue que l'on prend. À cet égard, je vous répète que la défaite d'Athènes après la guerre du Péloponnèse représente une coupure radicale. Thucydide et Périclès sont en amont de cette coupure, mais après on entre dans une phase de décadence où le rapport à la démocratie n'est plus le même : les mots demeurent mais l'on n'invente plus rien. On ne peut pas prendre des orateurs du IVe siècle, Lysias ou Hypéride, et dire : voilà ce que le peuple athénien au sommet de sa création démocratique pensait de lui-même. Leur rapport à Thucydide est du même ordre que celui de Ménandre à Aristophane, par exemple.

Encore un point, fondamental : si j'ai voulu parler de l'Épitaphe de Périclès, c'est, entre autres choses, parce qu'elle nous permet d'élucider la question de savoir dans quelle mesure les

---

impersonnelle et pour ainsi dire collective, de l'oraison funèbre, parole civique d'Athènes aux Ve et IVe siècles » (*ibid.*, p. 248). « Aussi faut-il se rendre à l'évidence : Périclès utilise bien des *topoi*, même s'il les conteste, ce qui lui permet de les employer malgré tout, mais d'une façon plus insidieuse. […] Mais, s'il remplit de contenu ces formes malléables que sont les *topoi*, Périclès se garde bien de les récuser. Car, tout au long de l'histoire de l'oraison funèbre, et dans ses formes les plus dérivées ou les plus dégradées, les mêmes thèmes sont repris : qu'il y ait des réussites éclatantes et des résultats incertains n'enlève rien à l'universalité de cette règle » (p. 252) ; voir aussi p. 227-234, 245-263.>

Athéniens étaient conscients de leur propre création politique ; elle nous donne des éléments pour apprécier le degré de réflexivité de cette création. Nicole Loraux qualifie le discours d'*idéologique*[12]. Ce qui est encore une fois parfaitement illégitime, pour l'Épitaphe et même pour le monde antique en général. Finley a dénoncé cet abus, que j'ai également critiqué[d]. D'ailleurs, pour considérer l'Oraison funèbre comme de l'idéologie, force est d'adopter au préalable un point de vue sur la démocratie. Et de dire, par exemple, qu'elle est la reconnaissance explicite de la division sociale – c'est ce que l'on peut parfois lire entre les lignes de *L'Invention d'Athènes*. Mais voit-on Périclès monter à la tribune pour faire l'éloge des morts et dire : la grandeur de notre cité, c'est que nous sommes perpétuellement en lutte les uns contre les autres, que la *stasis* est notre état naturel ? <...> La véritable conception grecque de la démocratie, on pourrait la résumer en reprenant, dans Hérodote et le « débat perse » dont nous avons parlé l'année dernière[13], le discours d'Otanès : même si elle ne s'y réduit pas, la démocratie repose sur l'*isonomia*, l'égalité de tous devant la loi, et la participation de tous aux magistratures par le tirage au sort ou la rotation des charges. Dans la cité, le pouvoir appartient ainsi à tous les citoyens. En France, la jurisprudence du Conseil d'État fait de certaines décisions du pouvoir politique, comme la déclaration de guerre – décision politique importante s'il en est –, des « actes de gouvernement », qui échappent à toute juridiction et qu'aucun citoyen ne peut dès lors attaquer pour excès de pouvoir. La théorie officielle du droit constitutionnel moderne ne veut connaître, nous en avons déjà parlé, que trois pouvoirs : législatif, exécutif et judiciaire ; mais nous voyons par cet exemple qu'il y a tout de même une réalité que le Conseil d'État est obligé d'admettre : à côté, au-dessus de

---

12. <« [...] puisqu'il exprime ce que la cité veut être à ses propres yeux plutôt qu'il ne décrit ce qu'elle est en réalité... » (*ibid.*, p. 200) ; et, surtout, sur l'oraison funèbre en général comme idéologie, p. 335-341.>

13. <*CEL*, p. 265-266.>

ces pouvoirs, se trouve un pouvoir gouvernemental, *telestikon*, et c'est lui qui prend les décisions. Mais pour les Athéniens la démocratie veut dire ceci : les décisions importantes, lois, actes de gouvernement, déclarations de guerre ou de paix, sont toujours prises par l'ensemble des citoyens ; et, dans la mesure où les magistrats sont indispensables et où l'exercice de leur magistrature ne présuppose aucune technicité au sens fort du terme, ils ne sont pas élus mais désignés par tirage au sort et exercent leurs fonctions par rotation. Alors, on peut juger une telle conception vraie ou fausse, bonne ou mauvaise, ridicule ou dangereuse ; vous savez que pour ma part j'y adhère, sans nier bien sûr que sa réalisation dans une société de 50 millions d'individus pose d'énormes problèmes. Nicole Loraux a sans doute une autre conception de la démocratie, qui lui permet de dire que le discours de Périclès est idéologique. Mais on peut à bon droit s'interroger sur la légitimité philologique et philosophique d'une telle affirmation.

Essayons de reprendre un peu tout cela, en commençant par l'importance qu'accorde Nicole Loraux aux valeurs aristocratiques dans l'Épitaphe. Il est évident que l'*aretè*, par exemple, a affaire avec l'excellence ; que de nombreux textes parlent aussi de *kaloi kagathoi*, d'hommes à la fois beaux et bons, de grande qualité morale et intellectuelle, et qui la plupart du temps seront des gens « de bonne famille ». Il est tout aussi évident qu'il n'y a pas de rupture absolue, sur bien des aspects, entre les premiers dépôts de l'imaginaire grec, tels qu'on peut les trouver chez Homère, et le monde de Périclès. C'est d'ailleurs pour cela que nous avons commencé à travailler il y a trois ans sur le monde homérique. Qu'on pense à la fameuse expression d'Homère, *aien aristeuein*[14], être toujours excellent et dépasser les autres, ou à cet élément agonistique sur lequel Burckhardt a insisté, tout cela est toujours présent au Ve siècle. La question est de savoir dans quelle mesure ces éléments sont spécifique-

---

14. <*Iliade*, VI, 208 ; XI, 284. *Cf. CQFG I*, p. 155.>

ment aristocratiques et donc incompatibles avec la démocratie. On retrouve là, *a contrario*, ma petite anecdote à propos des écologistes allemands : tout le monde parle cinq minutes ; ou chacun sculpte sa petite statue d'Athéna et on ira les mettre toutes sur l'Acropole ; ou encore, selon l'expression d'un collègue de cette École : chacun revendique toujours plus de droits, et c'est cela la démocratie. Mais quels droits, et jusqu'où ? Pour moi, une telle position n'est certainement pas démocratique, ni même démagogique d'ailleurs, mais essentiellement confuse. Et elle prête évidemment le flanc aux attaques obtuses de Hayek – ou Le Pen – contre la démocratie comme égalitarisme stupide. Tout cela n'a rien à voir avec Périclès. Souvenez-vous : pour ce qui est des intérêts privés, les lois accordent le même traitement à tout le monde ; et pour ce qui est de l'*axiôsis* – mot difficile à traduire dans ce passage : la considération, la désignation à des charges électives –, on attribue à chacun selon le degré auquel *eudokimei*, disons : il a réussi. Je vous avais commenté ce terme en critiquant la traduction de Jacqueline de Romilly, le « mérite », car il s'agit en fait de la bonne exécution de ce qu'on est en train de faire. Alors, est-ce là un critère aristocratique ? Si l'on a chargé Phidias des sculptures de l'Acropole – mais aussi de l'agencement architectural d'ensemble, comme le dit Plutarque, « sur tout cela le dernier regard et la surveillance, le contrôle étaient confiés à Phidias[15] » –, c'est parce qu'il s'était déjà fait remarquer par la qualité de ses statues. Comment choisir autrement un sculpteur ? *Eudokimei* : en l'occurrence, il s'est révélé être un *excellent* sculpteur. Et le caractère nettement anti-oligarchique du discours de Périclès apparaît dans la suite de cette phrase, en 37.1 : pour ce qui est des affaires communes, nous ne préférons personne *apo merous*, selon sa provenance particulière, sa famille, sa fortune, mais *ap'aretès*, en fonction de sa vertu, c'est-à-dire ici de sa capacité à bien achever une tâche. Et Périclès poursuit : ce n'est pas sa pauvreté, *axiômatos*

15. <Plutarque, *Vie de Périclès*, 13.6.>

aphaneia, l'obscurité de ses origines, qui empêchera jamais un citoyen de faire quelque chose de bien pour sa cité.

Passons à la question des noms des citoyens, puisque Nicole Loraux nous dit que dans l'oraison funèbre ces citoyens deviennent anonymes[16]. Cette affaire est elle aussi très révélatrice. Rappelons qu'à Athènes il était d'usage d'inscrire ces noms sur les stèles funéraires, où l'on peut encore les voir. Mais était-il possible à un orateur de les mentionner dans ses discours ? Là encore, face à cette absence, Nicole Loraux nous dit : idéologie. Mais quand vous discutez un texte d'autrefois ou d'ailleurs, parler d'idéologie ne fait parfois que manifester vos propres préjugés. Certains ne trouvent ainsi rien d'idéologique à voir nommer tel ou tel acteur, mettre les individus en avant dans une activité collective comme la guerre. Mais cela ne va pas du tout de soi. Demandons-nous plutôt : qu'est-ce qui est vraiment important pour les Grecs ? Prenons l'exemple de la fameuse épitaphe d'Eschyle dont je vous ai peut-être déjà parlé[17], qu'il aurait selon la tradition composée lui-même mais qui est peut-être postérieure. Elle ne doit pas être très tardive, elle est en tout cas splendide et traduit tout à fait l'esprit du milieu du ve siècle. Les deux premiers vers concernent l'identité du mort : « C'est Eschyle fils d'Euphorion que cache ce tombeau, / Il s'est éteint à Géla, la féconde. » Géla est une petite ville sur la côte méridionale de la Sicile. Puis, dans les deux derniers vers, vient la *définition* d'Eschyle : « Sa bravoure *eudokimon* – c'est-à-dire aboutissant à de bons résultats –, le bois de Marathon te la dira, et le Mède aux longs cheveux qui la connaît si bien. » Eschyle, dans l'esprit athénien, c'est quelqu'un qui s'est battu à Marathon. Pour une bonne majorité de nos contemporains, même dans le public cultivé, une telle définition relève de l'absurdité : n'importe qui pouvait se battre à Marathon. Ne pas honorer un poète qui a écrit l'*Orestie* ou *Prométhée* est tout

16. <N. Loraux, *L'Invention d'Athènes*, *op. cit.*, p. 282-283.>
17. <*Cf. CQFG 1*, p. 159 et note complémentaire p. 336.>

simplement insensé. Sauf que c'est justement ce commentaire qui est ridicule : toute la Grèce connaît déjà Eschyle le tragique, inutile de rappeler ce que tout le monde sait. Il faut insister sur le fait qu'il n'a pas été qu'un poète, mais encore un citoyen qui s'est battu pour défendre la liberté d'Athènes. Si l'on ne voit pas ce présupposé de son épitaphe, qui pourtant crève les yeux, on risque de dire des bêtises.

On trouve quelque chose d'analogue pour ce qui est du rapport à la cité. Nicole Loraux, s'étonnant que l'on puisse dire que les citoyens athéniens doivent être des *erastai*, des amoureux, de leur *polis*, en déduit que cette *polis* devient alors une abstraction, à distance de la collectivité des citoyens, vers laquelle ceux-ci se tournent [18]. Or la cité athénienne n'est ni une abstraction, ni une substance séparée des citoyens ; mais elle est effectivement autre chose que l'assemblage empirique des citoyens contingents qui écoutent Périclès et qui vont mourir. D'un côté, la grandeur, l'originalité du moins de cette conception politique qui apparaît dans l'Épitaphe, c'est d'abord qu'il n'y a pas là d'État comme appareil impersonnel : l'État français, l'État anglais a décidé que... Non. Et puis, encore une fois, il est tout de même stupéfiant de constater que jamais vous ne lirez dans Thucydide : Athènes a fait ceci, ou Sparte a fait ceci, ou Corinthe... C'est toujours *les* Athéniens, *les* Lacédémoniens, *les* Corinthiens. Le politique n'est pas essentiellement territorial – l'importance décisive de la territorialité apparaît en Europe avec les Romains d'abord, puis avec la féodalité. Donc la collectivité humaine est

---

18. <« En invitant ses concitoyens à *contempler* jour après jour la puissance de la cité et à *s'éprendre* d'elle (43,1 : *théôménous kai erastas*), l'homme d'État creuse encore l'écart entre les citoyens et la cité, offerte à leur adoration comme le plus beau des spectacles, unique objet de tout désir, transcendante et pour ainsi dire divinisée [...]. Certes, l'orateur est subtil et son dernier mot concerne la collectivité des hommes (46,1). Mais efface-t-on ainsi la distance qu'on a soi-même pris soin de creuser entre la *polis*-collectivité et la toute-puissante *polis*, objet de vénération et d'amour ? » (N. Loraux, *L'Invention d'Athènes*, *op. cit.*, p. 275-276 ; voir aussi p. 273-274).>

la seule entité politique. Mais comment définir cette collectivité ? Je vous l'ai déjà dit[19], je le répète, car c'est un point à la fois évident et subtil : à tout moment, cette collectivité a un représentant concret, à savoir l'ensemble des Athéniens qui sont là. Là en tant que phénomènes au sens kantien du terme : on peut les voir, ils parlent, applaudissent, hurlent... Mais il y a aussi la collectivité instituée des Athéniens en tant que citoyens de cette *polis* – qui évidemment transcende l'existence empirique des individus. Une preuve toute bête, c'est qu'on ne voit nulle part les Athéniens, ni d'autres Grecs d'ailleurs, dire : tel traité, nous ne le respectons plus, il ne nous engage pas parce que ceux qui l'ont voté et signé sont morts. Les Athéniens de 430 sont liés par les traités passés en 550. La *polis* des Athéniens est, si vous voulez, une sorte de *corporate body*, dirait-on en anglais, une personne morale qui peut signer des contrats, prendre des engagements... Et l'autre aspect, essentiel, c'est que les Athéniens sont profondément conscients, comme tous les Grecs d'ailleurs, et à la différence des Modernes, que les individus ne sont que dans et par la *polis*. Dans mon langage, cela veut dire que l'individu est une institution sociale, et que l'individu athénien est une institution athénienne. Avec cette étrange circularité dont nous avons parlé *ad nauseam* les années précédentes : c'est parce qu'il y a institution athénienne qu'il y a individu athénien, et c'est parce qu'il y a individu athénien que cette institution athénienne peut à la fois continuer et se changer en tant qu'institution *athénienne*. Et à cet égard, comme le dit Thucydide, les Athéniens en chair et en os sont des *erastai* d'une telle *polis*.

Finalement, et je vous l'avais déjà dit avant cette discussion, ce que Nicole Loraux – ou d'autres historiens modernes, d'ailleurs – considère comme étrange dans l'Épitaphe, c'est cela même qui à mes yeux en fait toute la force. L'historien moderne a l'air de demander, ou du moins d'attendre tacitement que l'Épitaphe, faute d'être une sorte de traité de droit constitutionnel

---

19. <*CEL*, p. 99-101.>

athénien, mentionne du moins explicitement certaines lois : la misthophorie, dont Périclès lui-même aurait été l'instaurateur, ou la rotation, le tirage au sort des juges[20]... Mais, justement, j'ai souligné dès le début de notre commentaire de l'Épitaphe que Périclès met son point d'honneur à *ne pas parler* des institutions formelles de la cité ; et quand il évoque les *tropoi, epitè-deumata, politeia* – et nous donne ainsi les éléments du premier traité d'anthropologie politique que nous ayons –, son but est d'expliquer cet enchaînement réciproque des comportements individuels et des règles sociales qui se soutiennent les uns les autres, à partir desquels et à partir desquels seulement un régime démocratique existe. Aurait-il dû rappeler à ses auditeurs ce qu'ils savent déjà ? Non, tout comme il ne fait pas le récit des exploits guerriers : chacun les connaît. Cela, c'est bon pour les « compositeurs » d'oraisons funèbres postérieurs, qui n'ont pas le génie de Périclès et de Thucydide et se précipitent pour déballer leur marchandise : nous avons fait ceci, vaincu ceux-là, etc. Platon reprend d'ailleurs ces procédés dans le *Ménexène*. Périclès, lui, sous-entend : les lois votées, les actions glorieuses, vous les connaissez, mais ce que peut-être vous ne réalisez pas, ce sont les aspects que je vais mentionner. Et il explicite alors l'enracinement non formel de l'institution formelle dans les attitudes, le comportement des gens – et cela, effectivement, les gens le savaient et ne le savaient pas. Simonide, encore une fois : *Polis andra didaskei*, la cité instruit l'être humain. Phrase merveilleuse, mais sans doute un peu trop laconique, que Périclès explicite.

Revenons sur le II, 37.1, puisque Nicole Loraux conteste qu'on puisse y trouver l'affirmation de principes démocratiques[21]. Peut-on reprendre un langage qui sera effectivement plus tard celui de Platon, puis d'Aristote, et qui est sans doute déjà un

---

20. <N. Loraux, *L'Invention d'Athènes, op. cit.*, p. 187, 336.>
21. <*Ibid.*, p. 188-192. Développement précédé d'une précaution oratoire : « Il ne s'agit certes pas de prétendre – position insoutenable – que l'*épitaphios* de Périclès ne comporte *aucun* trait démocratique » (p. 183).>

topos à la fin du Vᵉ siècle, et voir dans le passage la distinction entre égalité arithmétique, s'appliquant aux relations privées, et égalité géométrique, quant à l'accès aux charges ? Quand il s'agit de *ta idia*, des intérêts privés, la loi traite tout le monde également, ou : tout le monde est égal en tant que sujet de la loi. Égalité « arithmétique » ? À ceci près que ces sujets de la loi ont des fortunes différentes auxquelles, nous l'avons vu, on ne touche pas. Mais quand il s'agit de *ta koina*, des magistratures, de rendre service à la cité, le choix se fait, répétons-le, non pas *apo merous*, selon les origines, mais *ap'aretès*, selon la valeur. Faut-il y voir l'introduction subtile d'un principe aristocratique ? La réponse est donnée au 40.2, où l'essentiel est dit : les mêmes personnes peuvent prendre soin à la fois de leurs affaires privées et des affaires de la cité, *ta politika mè endeôs gnônai*, tout le monde connaît suffisamment les affaires politiques, tout le monde peut juger correctement pour ce qui est des affaires politiques. Phidias a beau consacrer le plus clair de son temps à la sculpture, il en sait assez sur les affaires publiques pour émettre à l'Assemblée un vote aussi valable que celui d'un autre. Nous trouvons là le postulat – et l'exigence – fondamental de la démocratie : que tout le monde soit, dans toute la mesure du possible, suffisamment informé. Et cela, nous l'avons dit mille fois, ce n'est pas quelque chose que l'on pourrait confier au hasard ou à de ridicules leçons d'instruction civique, surtout quand nous nous trouvons, comme c'est le cas aujourd'hui, dans une situation où toute la vie politique et de l'État est organisée pour cacher aux citoyens ce qui se passe dans la réalité et les empêcher de se former un jugement valable. Reprenons le II, 37.1 : quand il est question d'accorder une magistrature, si elle est élective, ou une autre charge, en fonction non pas de l'origine sociale mais de la « vertu » de chaque individu, on peut, si l'on veut, parler d'égalité géométrique. Mais tout ce que l'on aura dit, alors, c'est qu'il ne s'agit pas de l'égalité qui consisterait à donner à tout le monde des vêtements de la même taille.

Passons à la question de la *stasis* et des luttes internes[22]. D'abord, on ne saurait faire abstraction de la répartition des thèmes dans l'œuvre de Thucydide. Dans ces chapitres du livre II, l'occasion est solennelle : on enterre des morts, il y a là des gens qui pleurent ces morts et d'autres qui viennent de commencer une guerre particulièrement importante, dangereuse et difficile, et Périclès leur parle pour expliquer pourquoi ces combattants sont morts. Ils ne sont pas morts pour rien, ils sont morts pour leur *polis* ; et Périclès d'expliciter ce que cela veut dire. De quoi aurait-il dû parler ? De leurs divisions, encore une fois ? De l'état de la voirie à Athènes, qui n'était peut-être pas très satisfaisant ? Le propos d'une oraison funèbre, idéologique ou pas, est effectivement de louer les morts. Et Périclès choisit de le faire en louant la collectivité à laquelle ils appartiennent et les institutions grâce auxquelles ils ont pu être ce qu'ils ont été, ajoutant que cela leur était une motivation suffisante pour affronter la mort. Mais n'oublions pas que l'Épitaphe n'est pas Thucydide tout entier, qu'il y a huit livres, et surtout n'oublions pas qui est Thucydide : ce n'est pas un directeur d'études à l'EHESS miraculeusement transporté au Ve siècle, ce n'est pas un Martien. C'est un Athénien de l'époque de Périclès, qui lui a survécu une trentaine d'années, et qui voit, pense, analyse la guerre. Et ce que cet homme ne peut pas ne pas remarquer, ce qu'il montre tout au long de son *Histoire*, c'est qu'il s'est agi d'un conflit non seulement entre Athéniens et Lacédémoniens, mais aussi entre le *dèmos* et les *oligoi* dans chaque cité. Il y a dans toutes les cités à partir de la paix de 421 des mouvements internes et des changements de régime, y compris dans les cités lacédémoniennes – sauf évidemment à Sparte. Cette lutte civile perpétuelle est l'une des dimensions les plus importantes de la guerre, on peut le voir à Mytilène, à Corcyre, à Athènes même.

---

22. < « [...] en réalité, l'oraison funèbre n'évoque les luttes civiles que pour mieux les nier » (*ibid.*, p. 202). « À effacer la *stasis*, on efface l'enjeu réel des luttes politiques... » (p. 204).>

Et il y a, surtout à vrai dire dans le parti oligarchique, des gens qui n'hésitent pas à faire entrer l'ennemi dans leur propre ville parce qu'ils considèrent que leur pouvoir, ou le type de régime qu'ils soutiennent, est plus important que le fait de trahir leur cité. Voilà qui devrait nous permettre de relativiser les considérations sur l'occultation de la *stasis*, l'idéalisation de la cité, etc.

Il en est de même des thèmes de l'esclavage et de l'empire, dont l'absence serait une preuve supplémentaire du caractère idéologique du discours[23]. Cette prétendue occultation de l'esclavage en général est un sujet que nous avons traité trop de fois pour qu'il soit nécessaire d'y revenir[24]; dans ce contexte, la présence d'esclaves dans la cité était une évidence qu'il n'y avait pas à rappeler. Quant à l'empire, de même qu'il ne faut pas enfermer l'Oraison funèbre de Périclès dans un «genre[25]», il ne faut pas non plus renoncer à lire le reste de Thucydide : dans son dernier discours, au livre II, Périclès parle longuement de l'empire athénien[26]. C'est à ce propos qu'il rappelle à ses concitoyens qui, par goût de la tranquillité, voudraient abandonner l'empire que leur *arkhè* a suscité des haines et que *hôs turannida èdè ekhete autèn*[27], leur pouvoir est déjà «comme une tyrannie, qu'il est injuste d'acquérir mais dangereux d'abandonner» : reprise d'un lieu commun que l'on attribuait déjà à Périandre, l'un des Sept Sages[28]. Faut-il rappeler que, chez Thucydide,

23. <« Bref, l'oraison funèbre a bien comme effet de masquer, à deux niveaux, la question du pouvoir, à l'intérieur et à l'extérieur de la cité démocratique : *kratos* du peuple, transformé chez Périclès, Platon ou Lysias en appréciation de la valeur, *kratos* exercé sur les Grecs, transformé en prix de bravoure, comme si le monde des *épitaphioi* ne connaissait d'autres rapports qu'agonistiques» (*ibid.*, p. 336).>

24. <*Cf. CEL*, p. 40-41, 61-67, 75-80, 200-204, et les notes complémentaires p. 282-284.>

25. <« […] loin de constituer une exception, cet *épitaphios* se contente de développer plus brillamment la pensée des autres discours» (N. Loraux, *L'Invention d'Athènes, op. cit.*, p. 222).>

26. <Thucydide, II, 43-44.>

27. <*Ibid.*, II, 43.2.>

28. <Diogène Laërce, I, 97.>

les Athéniens sont accusés à d'innombrables reprises par leurs ennemis d'avoir voulu asservir les autres Grecs ?

Quant à l'idée, que l'on trouve aussi chez Nicole Loraux, selon laquelle la démocratie serait présentée, dans l'Épitaphe et ailleurs, comme une sorte de *phusis* d'Athènes[29], je ne vois vraiment pas sur quoi elle pourrait s'appuyer, en tout cas chez Périclès. Car celui-ci ne mentionne justement pas des caractéristiques «naturelles», mais la *politeia*, les *tropoi* et les *epitèdeumata*. N'oublions pas que 431-430, c'est précisément l'époque des grands débats sur le caractère *nomô*, «conventionnel» et non pas «naturel», de la *politeia*… Comment Périclès pourrait-il dire qu'Athènes est non seulement l'éducatrice de la Grèce mais aussi un modèle si c'est la *phusis* d'Athènes qui fait qu'elle est ce qu'elle est ? Faites parader le cheval gagnant d'un grand prix devant des canassons, ceux-ci ne vont pas courir plus vite parce qu'ils l'ont vu. Comment imiter celui qui excelle par nature, si votre nature est autre ? C'est parce que Athènes est de toute évidence une création humaine qu'elle peut servir aux autres de paradigme, de «modèle» – et là, c'est Périclès qui parle, pas nous.

On trouve enfin chez Nicole Loraux cette idée étonnante selon laquelle Périclès refuse dans l'Épitaphe la dimension maritime d'Athènes, le peuple des rameurs et ce qu'il représente[30], et que

---

29. <« […] les orateurs officiels […], lorsqu'ils installent la cité dans l'éternité d'une image stéréotypée ou qu'ils font d'Athènes une *physis* que rien, pas même l'institution du politique, ne saurait entamer, contribuent eux aussi à transformer la démocratie en une belle totalité harmonieuse » (N. Loraux, *L'Invention d'Athènes*, *op. cit.*, p. 200-201) ; voir aussi p. 153-155, 176-177, 201.>

30. <« Le refus de la dimension maritime est encore plus total chez Périclès : on ignore si c'est par terre ou par mer qu'affluent à Athènes les produits de tout l'univers, et la flotte, évoquée une seule fois dans un développement sur la guerre terrestre, semble n'avoir pas d'autonomie ; bref, l'homme de la stratégie insulaire, qui, en d'autres temps, a su exalter l'expérience maritime des Athéniens, oublie dans l'*épitaphios* tout ce qui n'est pas la guerre hoplitique et, pour affirmer l'originalité d'Athènes sur le terrain des Spartiates, renie la *technè* navale que tous reconnaissent à la cité » (*ibid.*, p. 213-214).>

c'est le « Vieil Oligarque », le Pseudo-Xénophon, un ennemi de la démocratie, qui la reconnaît et dit ce que Périclès n'ose pas dire[31]. Faut-il rappeler une fois de plus que cette importance de la puissance maritime, avec tout ce qu'elle implique, si Périclès ne se croit pas tenu de la rappeler dans l'Épitaphe, on la trouvera affirmée à satiété par lui à d'autres endroits chez Thucydide ? Et qu'est-ce que le « réalisme » du Pseudo-Xénophon ? Le Pseudo-Xénophon est un aristocrate, dont les formulations prétendument réalistes ne sont qu'ironie méprisante : la lie de la terre, cette tourbe qui sait tout au plus ramer sur des bateaux, est au pouvoir ; il suffit d'énoncer la chose pour faire éclater son absurdité. Transportez-vous dans un club de lords anglais après 1945 : « Vous avez vu, le ministre Untel est un ancien mineur. – Oh, si c'est ce qu'ils veulent... C'est tout ce qu'ils méritent. » Il n'en va pas autrement chez Platon quand par exemple il qualifie la muraille ou les chantiers navals dont Thémistocle et Périclès ont empli la ville d'*atopiai*, d'absurdités. Et c'est aussi Platon qui, en retraçant l'histoire de la lutte contre les Perses, insiste sur Marathon, la victoire hoplitique, qui aurait contribué à rendre les Grecs meilleurs, et ne mentionne la bataille navale de Salamine que pour dire qu'elle fit tout le contraire. Miracles de la philosophie : si les autres textes avaient disparu et que nous n'avions pour reconstituer l'histoire de la Grèce ancienne que les *Lois* de Platon, voilà tout ce que nous retiendrions de Salamine[32]. C'est cela, la haine en politique, c'est cela, le « réalisme » du « Vieil Oligarque ». Thucydide ou Périclès, c'est un autre monde.

---

31. <« [...] il est juste qu'à Athènes les pauvres et le peuple jouissent de plus d'avantages que les nobles et les riches puisque c'est le peuple qui fait marcher les vaisseaux et qui donne à la cité sa puissance » (Pseudo-Xénophon, *République des Athéniens*, I, 2, cité *ibid.*, p. 214-215).>
32. <Platon, *Lois*, IV, 707b-c ; III, 698b-699c.>

XVII

Séminaire du 27 mars 1985

Comme la semaine dernière, je donnerai d'abord la parole à l'un d'entre vous.

– La lecture de M. Castoriadis est à la fois subjective et sociale, elle établit une relation entre individu et société (analyse de philokaloumen... *dans l'Oraison funèbre, etc.); mais en étudiant le sens indépendamment de son origine, elle occulte une problématique fondamentale dans la démocratie athénienne. Celle-ci est d'abord une* praxis *et non pas une théorie, et elle présente deux caractéristiques : la participation de la population libre à la discussion et à l'action communes, mais aussi à la décision, par le vote majoritaire. Or il me semble que l'on trouve dans ce dernier aspect une contradiction : la discussion donne la possibilité d'aborder les problèmes qualitativement, tandis que la décision, quantitative, est arbitraire. J'ai du mal à comprendre pourquoi, après la discussion, c'est la majorité qui a raison ; de ma propre expérience de la vie sociale, je retire plutôt l'idée que c'est toujours la minorité qui a raison... On peut donner plusieurs réponses à la question du fondement social de cette* praxis *et de cette contradiction. On peut penser à la transformation sociale aux* vi^e *et* v^e *siècles, et dire que la lutte de classes entre riches et pauvres aboutit à la démocratie ; ou penser à l'immanence du* logos *dans la cité dont parle Vernant, ou à la transformation hoplitique (mais la phalange apparaît aussi à Sparte, pas la démocratie). Ce sont là des explications partielles.*

Le fondement essentiel de la création de la démocratie se trouve dans la transformation de la production, dans le passage de la production naturelle à la production de marchandises. L'artisanat et le commerce – l'expansion de l'abstraction des prix – sont les grandes forces dans cette transformation. Je crois que c'est dans l'artisanat que se trouve la clé de la transformation athénienne, qu'il fournit en particulier la clé de ce « bon goût » dont parle Périclès. L'aretè, l'habileté de l'artisan, est le nouveau paradigme des normes sociales. Les philosophies de Platon et d'Aristote sont des réponses aux contradictions de la cité. Selon Platon la polis *n'a pas d'*aretè *politique, et il opte pour la pédagogie qui a comme fondement l'artisanat, la* tekhnè. *Et la* praxis *de l'artisan est aussi le point de départ de la définition de la vertu par Aristote. La philosophie n'a pas d'universalité indépendamment de tout contexte social, et la démocratie est une création en même temps que l'expression d'une contradiction.*

<…> Ma réponse va être une cote mal taillée, car je ne voudrais ni lasser ceux qui me suivent depuis des années en répétant interminablement certains arguments, ni laisser les nouveaux sur leur faim. Je ne suivrai pas forcément l'ordre de vos interrogations. D'abord, sur les facteurs qui peuvent « expliquer » la naissance de la démocratie. Je vous l'ai dit plus d'une fois, et il me semble l'avoir encore redit cette année, vouloir expliquer des phénomènes historiques, et en tout cas des phénomènes aussi massifs que la création d'un type de civilisation, est à proprement parler *privé de sens.* L'institution de la société comme création historique veut dire très exactement cela : que la demande d'explication perd ses droits. Les diverses tentatives jusqu'à aujourd'hui en ont fourni régulièrement la preuve. Si l'on veut des explications, il faut se tourner vers des domaines où il peut y en avoir : vers la physique ou la mathématique, là où l'on peut introduire des déductions rigoureuses, et où il suffit d'un contre-exemple pour réfuter une idée fausse. Explication

par la phalange[a] : je crois que nous sommes d'accord, on trouve la phalange un peu partout dans les cités grecques mais toutes les cités ne sont pas démocratiques. Le sens du collectif dans l'armée romaine n'est en rien inférieur à celui de la phalange, mais il n'y a pas de démocratie à Rome, tout comme il n'y a pas de philosophie romaine, si ce n'est tardive, chez des Romains passés assez laborieusement par l'école de la Grèce. Il y a pourtant d'étonnantes créations romaines, que ce soit dans le domaine de la guerre ou du droit, mais pas de philosophie. Bref, je crois que nous n'avons pas à revenir sur la question de la phalange. Quant au commerce en Méditerranée, ce ne sont certainement pas les Grecs qui l'ont inventé. Et si l'on prend le terme *polis* non pas au sens plein que les Grecs lui ont donné et que nous lui donnons aujourd'hui, mais comme cité plus ou moins autonome, qui n'est pas soumise à un quelconque despotisme asiatique, alors les premières cités que l'on connaît ne sont pas grecques, ce sont les cités commerçantes phéniciennes[b]. Mais derrière ce que vous dites il y a sans doute une vue de l'histoire, avec en particulier, quand vous parlez de commerce et d'artisanat, ce privilège – tout à fait caractéristique de l'esprit du capitalisme, ne l'oublions pas – accordé aux activités économiques. Prenons la colonisation. On connaît le rôle que certains lui ont attribué dans la naissance de la *polis* démocratique grecque. Mais le premier mouvement de colonisation est phénicien. Carthage est une colonie phénicienne, et Aristote a écrit, dans sa collection de « constitutions », une *Politeia* des Carthaginois, un texte qui était, semble-t-il, important mais que nous n'avons pas. On peut cependant deviner ce qui s'y trouvait : la description des institutions d'une oligarchie, car les Phéniciens et leurs colons n'ont pas connu autre chose. Peuple sans aucun doute remarquable de très grands navigateurs, de calculateurs étonnants, mais où apparemment il ne s'est jamais trouvé personne pour se demander : qu'est-ce que je veux dire quand je dis qu'un énoncé est vrai ? Du moins aucun texte phénicien ne nous a été transmis où cette question soit posée. Ils n'ont pas inventé la philosophie.

Leurs activités commerciales étaient par ailleurs remarquables, ils allaient jusqu'en Angleterre pour y chercher de l'étain, ils exportaient de leur côté des produits artisanaux. Mais ils n'ont pas inventé la démocratie. Soit dit par parenthèse, ceux qu'intéresse cette idée plus ou moins hégélo-marxiste que vous reprenez d'une connexion entre production artisanale, commerce, quantification, universel abstrait, démocratie, etc., peuvent lire George Thomson[1], un historien marxiste de l'Antiquité dont les tentatives en ce sens sont parmi les moins ridicules que je connaisse.

Vous mettez aussi en rapport le développement de l'artisanat et la démocratie, l'excellence de l'artisan et la question du goût. Le cas de Sparte est intéressant à cet égard. Sparte, dans les premiers temps, n'est pas une société caractérisée par l'artisanat, mais on y trouve des artisans. Parmi les plus beaux objets que je connaisse de l'artisanat grec archaïque – et ce n'est pas peu dire, vous savez que pendant cette période la beauté n'est pas rare –, il y a des chevaux de bronze laconiens[c]. C'est prodigieux. C'est, comment dire… du méta-Picasso ? C'est laconien. Je n'arrive pas à croire que c'est tout à fait par hasard si cela a coïncidé avec ce qui est sans doute une première réalisation instituée de l'égalité en Grèce (les *homoioi* sont les semblables et aussi les égaux[d]). Même s'il faut faire la part du mythe dans cette égalité spartiate prétendument instaurée par Lycurgue, etc., les Spartiates sont peut-être dix mille vers la fin du VIII[e] siècle, lors de la première guerre de Messénie : une population considérable, probablement supérieure à celle d'Athènes à la même époque. Mais l'essentiel n'est pas là. L'essentiel, c'est ce qui vient après : il n'y a pas à Sparte, comme à Athènes, de mouvement de mise en question de l'institution. Car la démocra-

---

1. <Voir par exemple G. Thomson, *Aeschylus and Athens* (1941), Londres, Lawrence and Wishart, 2e éd. 1946, rééd. 1966 ; et *The First Philosophers. Studies in Ancient Greek Society*, Londres, Lawrence and Wishart, 1955, rééd. corrigée 1972.>

tie grecque n'est pas une simple affaire de majorité, ni même de pouvoir. Derrière le pouvoir des hommes, il y a toujours le pouvoir des institutions, des significations imaginaires ou des idées : vous pouvez battre et rebattre le même jeu de cartes, mettre Mondale à la place de Reagan et Reagan à la place de Mondale, aussi longtemps que vous n'aurez pas mis en cause le principe imaginaire qui fait que l'on a à choisir entre ce type d'individus, rien ne change. Vous ne trouverez donc pas à Sparte ce mouvement de mise en question de la société par elle-même. Sparte s'arrête là : à cette constitution prétendument tempérée qui fera l'admiration de Platon et d'autres, ce mixte d'un petit élément monarchique, d'éléments oligarchiques – les éphores et la gérousie – et démocratiques, avec une assemblée des guerriers. Où, Thucydide se fait un malin plaisir de le souligner[2], la majorité se manifeste essentiellement par le fait qu'elle hurle plus fort, car Sparte ne connaît pas le « bulletin de vote » qui à Athènes permet de dégager une majorité. Mais cette mise en question de l'institution et des représentations héritées à Athènes, je ne vois pas comment on peut la mettre en rapport avec l'artisanat, puisqu'il est évident que l'artisanat existe un peu partout et qu'il n'a pas donné ce même résultat. D'ailleurs, cette mise en question de l'institué dans les domaines des représentations ou de la politique, on la retrouve aussi pendant cette période dans le domaine artistique. Dans l'art égyptien ou mésopotamien, comme dans d'autres grandes cultures, nous avons eu pendant des siècles et des siècles d'excellents artisans que l'on ne peut guère dater avec précision et qui répètent très fidèlement les mêmes formules. Comparez cela à cette rapide succession de styles dans la statuaire à partir de la fin du v1e siècle en Grèce – et ne parlons même pas de la littérature, où à la même époque chaque auteur est différent. Je ne vois vraiment pas comment l'artisanat pourrait être condition nécessaire et suffisante – surtout suffisante – de tout cela.

2. <Thucydide, I, 87.2.>

Vous vous demandez si la démocratie athénienne est une théorie ou une *praxis* et vous répondez qu'elle est surtout une *praxis*, dont les manifestations sont la participation populaire libre et la décision par vote majoritaire. Mais la démocratie athénienne est, bien sûr, au-delà de la théorie et de la *praxis* : elle est, je le répète, institution, et donc formatrice d'individus sociaux qui à leur tour la soutiennent. Ce n'est que quand on passe au plan de ce que j'appelle les institutions secondes[3], à certains contenus spécifiques, que la participation populaire libre et la décision par vote majoritaire prennent de l'importance et doivent être mentionnées. Mais quand vous dites qu'il y a contradiction entre le moment de la discussion et celui de la décision, je ne comprends même pas ce que vous voulez dire. Ou plutôt, je crois que vous dites deux choses différentes et qu'aucune n'est convaincante. D'un côté, vous affirmez que la discussion comporte un aspect qualitatif, tandis qu'il y a dans la décision un aspect quantitatif qui est arbitraire. Or cette objection, vous pouvez la faire à propos de toute délibération qui précède n'importe quelle action. C'est un vieux thème de la philosophie pratique, et nous allons sans doute le retrouver aujourd'hui même chez Thucydide : il y a un élément qui s'oppose à toute rationalisation, ou pseudo-rationalisation plutôt, de l'action, et qui n'a strictement rien à voir avec une opposition entre qualité et quantité. C'est que quand on délibère – qu'il s'agisse du *dèmos* athénien, d'un dictateur, d'un directeur d'usine ou d'un simple particulier qui doit prendre une décision –, il y a toujours dans l'action des paramètres non prévisibles, non calculables, non déterminables d'avance. S'il fallait prendre au sérieux votre argument, il vaudrait non seulement contre la démocratie mais contre toute action réfléchie. Parce que cela reviendrait à dire que, compte tenu du fait qu'il y a de toute

---

3. <*Cf.* Castoriadis, « Institution première de la société et institutions secondes » (1985), repris in *Figures du pensable* (dorénavant *FP*), Paris, Seuil, 1999, p. 115-126, rééd. 2009, p. 139-152.>

façon écart entre ce que l'on a pensé d'avance au moment de la prise de décision et ce que donnera l'application pratique, autant ne jamais délibérer. Conclusion absurde. En tout état de cause, nous ne pouvons pas ne pas délibérer. Cet écart entre la délibération et certains éléments de la décision, cet élément intrinsèque arbitraire ou imprévu, tout cela est constitutif de la temporalité même de l'action, et il est vain de croire que l'on puisse jamais s'en débarrasser, que l'on soit en démocratie, sous une dictature absolue ou seul avec soi-même. Quant à la règle de la majorité[e], personne à ma connaissance n'a jamais voulu la fonder absolument en raison ni prétendre que ce que dit la majorité a *ipso facto* valeur de vérité. Même l'argument de Protagoras dans le dialogue homonyme de Platon[4] ne saurait être utilisé ici. Car, tout bien pesé, la seule conclusion rigoureuse à tirer du fait que Zeus a réparti également entre tous la *politikè tekhnè*, l'art politique, c'est que tous savent la même chose et doivent donc avoir la même opinion, et qu'il n'y a pas lieu de voter comme il n'y a pas lieu de délibérer. Tout au plus pourrait-on dire qu'il y a lieu de délibérer, parce que cet art ou savoir est un peu enfoui, qu'il s'agit de le dégager et que la délibération peut y aider; mais il n'y aurait pas lieu de voter. La règle majoritaire, dans une démocratie comme la démocratie athénienne, ne saurait aucunement être fondée sur l'idée que la majorité a toujours raison. Elle s'impose parce que de toute façon il faut trancher sur toutes les questions qui l'exigent. Cela est indépendant de cet argument qui veut – car ce n'est pas toujours vrai – qu'il n'y ait qu'une majorité alors qu'il y a plusieurs minorités. Vous savez qu'il y a eu beaucoup de discussions là-dessus depuis le paradoxe de Condorcet sur les préférences non transitives, le fait qu'il n'y a pas forcément des choix cohérents dans une population sur une question donnée[f]. Mais l'important est que, quand bien même tous les arguments contre la règle de la majorité seraient valables, il faut voir les options

4. <Platon, *Protagoras*, 322c-d.>

qui restent. Vous dites que vous n'êtes pas satisfait quand la majorité décide. Mais êtes-vous satisfait quand les Dix de Venise décident? Ou – mais je sais bien que ce n'est pas votre cas – quand des généraux décident, ou Hitler, ou Staline, ou une quelconque oligarchie? Une tentative de fondation rationnelle de ces pouvoirs-là ne saurait être entreprise qu'à partir précisément d'une théorie philosophique de l'action et de la chose politique dont nous discuterons plus tard et qui est celle de Platon: il existe une science de l'action politique, une *epistèmè* des choses politiques, et il faut donc confier la direction des affaires communes à ceux qui possèdent cette *epistèmè*, c'est-à-dire aux philosophes – ou aux rois philosophes. Ou, si l'on veut, aux maréchaux philosophes. Si nous ne pensons pas qu'il y a une *epistèmè* des choses politiques, alors la règle majoritaire tient autant – ou aussi peu – qu'une règle minoritaire ou oligarchique quelconque. Avec une différence essentielle, pourtant, qui fournit en fin de compte sa justification: le régime démocratique basé sur le vote de la majorité est constamment dans l'obligation – s'il est vraiment démocratique – du *logon didonai*, du rendre compte et raison, puisque ceux qui veulent imposer leurs vues doivent convaincre l'assistance – quitte à ce que quelqu'un, le lendemain, réussisse à les convaincre du contraire. Nous en avons vu un exemple frappant il y a quelques semaines avec le renversement qui se produit à Athènes dans l'affaire de Mytilène, mais on pourrait bien entendu en rappeler d'autres. L'essentiel est là: dans cet appel constant à l'opinion de la collectivité, dans la discussion devant l'opinion que suppose la règle de la majorité. Car cela contribue à son tour à quelque chose qui est infiniment plus important. Nous en avons parlé quand il a été question de l'Épitaphe, mais je me demande si j'ai réussi à me faire entendre. Cette décision après débat contribue à, est un instrument de l'hominisation véritable des brutes et des crétins qui forment au départ – par définition en quelque sorte, car la société vient de là – la grande majorité dans toute société humaine; ce qui n'est pas le cas d'un régime dictatorial ou oligarchique, qui maintient dans toute la mesure du possible la brute dans son état originel. Dans un régime démocratique, on prend tout le monde, sans faire le tri, et l'on dit à chacun : tu as entendu les arguments, à toi de prendre une décision maintenant. La décision sera catastrophique une, deux, trois fois – et ils finiront par apprendre. Si le régime veut se maintenir, il doit s'organiser de telle sorte que tous soient à même de prendre une décision. Bien entendu, ce type d'organisation ne peut pas être fondé dans l'absolu. Pourquoi faut-il qu'il y ait une justice, pourquoi faut-il que l'on vive dans une société où l'on puisse se respecter les uns les autres en tant qu'individus et non pas dans une société où chacun essaie d'avoir un fouet le plus long possible et de s'en servir pour se passer les nerfs sur le dos du voisin ? Ce sont de grandes options – éthiques, politiques – qui ne peuvent pas être tranchées théoriquement. Mais à partir du moment où l'on refuse l'option oligarchique, et finalement fasciste, qui dit qu'une minorité désignée d'une façon quelconque (richesse, race, taille…) a plus de droits que les autres, on voit que la logique de la décision majoritaire et de la discussion qui la précède est un moment essentiel dans l'auto-éducation permanente d'une collectivité politique. Cette auto-éducation doit-elle par force réussir ? Non, évidemment, l'histoire n'est pas un roman d'éducation, on ne peut empêcher l'humanité, ni un peuple, ni une démocratie de se suicider, et aussi bien l'histoire récente que la guerre du Péloponnèse nous en fournissent abondamment la preuve. Comme l'ont bien vu Périclès et Thucydide, le pire ennemi de la démocratie athénienne n'a pas été l'ennemi extérieur : elle a été victime d'elle-même, de l'*hubris* des Athéniens dans la conduite de leurs affaires [5].

Un dernier point enfin, qui concerne les rapports entre démocratie, philosophie et cité. La thèse en elle-même n'est pas originale et, pour ce qui est des faits, je crois que personne ne les conteste. Ce que j'ai essayé de montrer, c'est le lien profond

---

5. \<Thucydide, I, 144.1.\>

entre démocratie et philosophie d'un certain point de vue : comme mise en question de l'institué, dans les deux cas. Est-ce à dire que le sens, la signification de la philosophie – et cela vaut aussi pour la démocratie, d'ailleurs – s'épuise dans l'énumération des conditions du contexte dans lequel elle est née ? Ma réponse est un non catégorique ; et cela, d'abord, pour cette très forte raison, déjà mise en avant par l'un d'entre vous, que nous ne pouvons pas nous contenter de dire que Platon ou Aristote sont liés à leur époque. Mais nous parlerons abondamment de cet aspect dans les années à venir. D'ailleurs, la philosophie grecque, ce n'est pas seulement Platon et Aristote – je vous ai déjà dit que l'essentiel à mes yeux de la création grecque, même dans le domaine philosophique, a lieu *avant* eux, avant la fin du Ve siècle. Si rapport, si détermination en un sens il y a entre philosophie et état de la société, il faut surtout le chercher dans le fait que Platon répond non pas aux contradictions de la démocratie mais à son échec, il représente la lutte contre la démocratie, témoignant même d'une haine qui le pousse à déformer sans scrupules le matériel historique qu'il utilise. Mais les déterminations s'arrêtent là. On peut formuler contre Platon toutes sortes d'accusations, et je ne me priverai pas de le faire. Mais que l'on ouvre le *Parménide* ou le *Sophiste*, le *Philèbe* ou même la *République*, et l'on verra sans peine que ceux qui disent qu'il y a dans ce cas détermination totale par une époque feraient mieux de s'occuper d'autre chose. Avoir à répondre à quelqu'un qui lit le *Parménide* et dit : voilà un texte du IVe siècle qui n'a aucun sens en dehors du contexte d'une société esclavagiste – ou artisanale, etc. –, c'est comme essayer d'expliquer à un sourd *L'Art de la fugue*. Le mystère ne vaut pas seulement pour la philosophie grecque. Comment se fait-il que nous puissions trouver admirables des peintures chinoises d'il y a dix siècles ? Leur qualité est-elle vraiment indissociable de la nature de la société de l'époque ? C'est comme quand une âme sensible vous fait remarquer, si vous admirez une sculpture aztèque, que les Aztèques pratiquaient des sacrifices humains.

On a tout de même envie de dire : et alors ? Il est vrai que la comparaison avec la philosophie n'est pas tout à fait pertinente parce que, face à elle, il n'est pas seulement question d'admiration. Dieu sait tout ce que l'on a pu dire et écrire là-dessus, les innombrables objections de fond et de forme : on relit un texte de Platon – ne parlons pas d'Aristote, ce serait trop facile – et l'on découvre encore autre chose, là où l'on croyait avoir déjà compris. On sait que Whitehead avait raison, et que l'on trouve hélas presque tout, et même les trois Critiques kantiennes et la *Phénoménologie de l'Esprit* scotchées aux marges du texte de Platon ; et l'on sait aussi que ce n'est pas vrai. C'est cela, le mystère de la pensée – de la grande pensée –, qui dépasse de beaucoup l'horizon de son époque. Mais assez pour l'instant sur ce sujet.

Je voudrais revenir à Thucydide. Je vous ai déjà dit que nous ne discutons pas Thucydide pour lui-même mais par rapport à six axes : sa conception générale de l'histoire, l'institution des Athéniens, le droit et la force, sa théorie de la guerre – dont je vais traiter maintenant –, la dimension proprement politique de la guerre du Péloponnèse comme guerre entre le *dèmos* et les *oligoi*, et la vision tragique de l'histoire – à partir d'une tragédie réelle – qui est celle de Thucydide. Je serai forcé d'être hélas trop bref aujourd'hui, mais disons que dans sa théorie de la guerre on peut distinguer trois grands thèmes. Ils n'apparaissent à vrai dire nulle part comme tels, il faut les reconstruire à partir d'éléments tirés des différents livres, car les moments où Thucydide s'arrête pour condenser, pour réfléchir sur la totalité du matériel qu'il présente sont très rares et très brefs. Il est d'abord clair, je vous l'ai déjà dit, qu'il y a pour lui une dynamique propre et pour ainsi dire autonome de la puissance, qui est à la base de la guerre et de sa conduite[g]. Cette dynamique autonome, on la voit à l'œuvre aussi bien dans le déclenchement du conflit que dans les automatismes qui entraînent son extension et peuvent ne faire sentir leurs effets qu'avec un certain retard. On ne saurait exagérer l'importance de cet aspect parce que, s'il est tout à fait

253

évident que pour Thucydide la guerre n'est pas un fléau envoyé par les dieux, elle n'est pas non plus due à des erreurs, à des fautes de calcul ou à la méchanceté des hommes. Son point de départ, nous en avons déjà parlé il y a quelques semaines, c'est que nous trouvons dans l'histoire des centres de puissance – des *poleis* mais aussi des royaumes ou des formes d'organisation tribale – dont chacun tend non seulement à persévérer dans son être, comme aurait dit Spinoza, mais à occuper tout l'espace disponible comme le ferait un gaz, les autres ne pouvant alors que réagir. Telle est la nature de la coexistence entre unités politiques dans l'histoire. Cette idée est pour l'essentiel vraie, elle n'appartient pas au folklore grec ancien, elle n'est pas conditionnée par l'existence de l'esclavage, etc. Elle conserve sa part de vérité aujourd'hui, et si vous voulez comprendre ce qui se passe dans le monde, vous avez tout intérêt à lire Thucydide[h].

Or ceux qui s'opposent ainsi sont non pas des bêtes sauvages mais des êtres humains, c'est-à-dire des êtres qui ont la *gnômè*, des êtres rationnels et qui font donc des calculs rationnels. On retrouve cet élément dans la politique et dans toute activité humaine en général, et en particulier dans cette forme paroxystique des activités humaines qu'est la guerre. Le meilleur exemple de cette rationalité des calculs humains nous est donné par l'exposé de la stratégie de Périclès aux livres I et II[6]. Mais si dans la guerre ce calcul est poussé à l'extrême, on y trouve aussi d'autres éléments de sens contraire et qui y font obstacle[7]. C'est pourquoi en fin de compte la guerre est tout à fait autre chose, malgré les efforts pour – dirions-nous aujourd'hui – la rationaliser, qu'une entreprise rationnelle[i]. Cet aspect de Thucydide n'a pas vieilli – pensez aux Russes en Afghanistan ou aux considérations qui gouvernent l'éla-

---

6. <*Ibid.*, I, 140-144 ; II, 60-64.>

7. <*Ibid.*, I, 78.1-2 (les Athéniens à Sparte) ; I, 84.3 (Archidamos devant l'Assemblée) ; I, 122.1 (les Corinthiens à Sparte) ; IV, 18.4 (les Lacédémoniens à Athènes après le blocus de Sphactérie).>

boration du budget du Pentagone –, sa validité est tout à fait
indépendante de la société dans laquelle il est né. Certains de
ces éléments tiennent à la nature de tel événement particulier
ou de tout événement historique. Ce qui arrive dans la guerre
est, pour reprendre une expression qui revient chez Thucydide[8], *para logon*, contre la logique, contre ce qu'on aurait
pu penser, imprévu ; ou, merveilleuse expression que l'on
trouve aussi chez lui, *hèkista epi rhètois*[9], parmi les choses
les moins soumises à condition, les moins déterminées. Il y
a un élément objectif, au sens le plus banal, mais aussi un
autre élément fondamental, qui est subjectif : alors même que
les sujets ont fait des calculs rationnels et savent ce qui est
rationnel, ils ne parviennent pas à s'y conformer. Ce qu'ils
font ne correspond pas à ce qu'ils auraient pu faire compte
tenu de ce qu'ils savent. Un bon exemple nous en est donné
par le général athénien Démosthène, qui à plusieurs reprises
pendant la guerre voit bien ce qu'il faudrait faire mais hésite
et fait marche arrière[10]. Mais le meilleur exemple nous est
donné par les Athéniens eux-mêmes, qui ont une stratégie qui
leur aurait permis de vaincre, celle de Périclès, et refusent à
partir d'un certain moment de s'y tenir, poussés par le désir
d'avoir encore plus, par la *pleonexia*[j]. Le troisième aspect
enfin de cette théorie, c'est ce qui a trait aux effets de la
guerre, et tout d'abord sur les sociétés qui y participent. À cet
aspect se rattachent la description de la corruption universelle entraînée par la guerre que nous trouvons au livre III,
quand il est question de la guerre civile à Corcyre, et aussi,
bien entendu, les effets en retour de cette corruption de la
société sur la conduite rationnelle. Les composantes rationnelles de la conduite de la guerre sont à leur tour corrodées,
minées par la corruption générale, et, pour finir, derrière les

8. <*Ibid.*, I, 78.1 ; I, 140.1.>
9. <*Ibid.*, I, 122.1.>
10. <*Ibid.*, III, 96-97 ; VII, 47-49.>

plus beaux mots d'ordre il n'y a plus que désir de pouvoir et passions extrêmes[11].

Revenons maintenant au thème de la puissance et de la dynamique de la puissance. Il apparaît clairement d'abord dans l'exposé que fait Thucydide des origines du conflit[k]. Soit dit en passant, il s'agit d'un cas où se manifeste de façon particulièrement flagrante, je l'ai déjà rappelé, le parti pris antidémocratique de la plupart des historiens, pour ne pas dire leur haine de la démocratie – avec deux grandes exceptions à un siècle d'intervalle que j'ai déjà signalées, Grote et de Ste. Croix –, qui les pousse à ne pas tenir compte de ce que dit très explicitement Thucydide. Il y a cinq passages au moins dans le premier livre où celui-ci expose clairement ce qu'il pense là-dessus. Les paragraphes 4-6 du chapitre 23 d'abord. La guerre a commencé avec la rupture du traité de trente ans conclu après la conquête de l'Eubée par les Athéniens et, dit-il, j'ai d'abord exposé les griefs et les différends entre les deux cités. Puis il ajoute la célèbre phrase (je donne la traduction de Jacqueline de Romilly) : « En fait, la cause la plus vraie *(alèthestatèn prophasin)* est aussi la moins avouée : c'est à mon sens que les Athéniens, en s'accroissant *(megalous gignomenous)*, donnèrent de l'appréhension *(phobon parekhontas)* aux Lacédémoniens, les contraignant ainsi à la guerre *(anankasai es to polemein)*. » Des tonnes de papier ont été consacrées à ces lignes. L'essentiel reste ceci : pour Thucydide, il y a d'abord les *aitiai*, les griefs, les prétextes, ce qui est formulé ouvertement par les uns ou les autres – les affaires de Corcyre ou de Potidée, le décret contre Mégare. Et puis une cause vraie : qu'Athènes en grandissant a fait grandir la peur des Lacédémoniens et a contraint ceux-ci à déclencher la guerre. Un peu plus loin, au chapitre 33, les ambassadeurs de Corcyre sont à Athènes et essaient de convaincre les Athéniens d'établir une alliance contre Corinthe. « Quant à la guerre, qui ferait notre utilité – Corcyre est une grande puissance maritime –, tel

11. <*Ibid.*, III, 82.8.>

d'entre vous qui n'y croit pas commet une erreur de jugement ;
il ne se rend pas compte que Sparte, par la crainte qu'elle a
de vous – la chose est présentée par les Corcyréens comme
une évidence –, souhaite une guerre[12]... » Lors du débat qui a
lieu un peu plus tard à Sparte, l'éphore Sthénélaïdas intervient
après le long discours où Archidamos a essayé de convaincre
les Spartiates de ne pas se lancer tout de suite dans la guerre
mais de s'y préparer. Parlant à une assemblée déjà plus qu'à
moitié convaincue, il conclut : « Lacédémoniens, votez de façon
digne de Sparte, votez la guerre et ne laissez pas les Athéniens
devenir plus grands, n'abandonnez pas, ne trahissez pas vos
alliés[13]... » Et c'est en effet l'argument essentiel : il ne faut pas
laisser les Athéniens devenir plus grands. Et Thucydide reprend
ces mêmes termes deux chapitres plus loin : « Et les Lacédémoniens ont voté la rupture du traité, et qu'il fallait faire la
guerre, non pas tellement parce qu'ils ont été convaincus par
les discours des alliés mais *phoboumenoi tous Athènaious mè
epi meizon dunèthôsin*, ayant peur que les Athéniens ne deviennent plus grands, voyant déjà que la majeure partie de la Grèce
était entre leurs mains[14]. » Et il revient tout aussi explicitement
au chapitre 118 sur la distinction entre les affaires qui furent les
causes immédiates de la guerre et la cause profonde du conflit : la
puissance de plus en plus grande d'Athènes, s'affirmant pendant
des décennies, jusqu'à ce que les Spartiates décident d'essayer
de l'abattre tant qu'il est encore temps. On trouve à ce propos,
au livre IV, une phrase qui ne me semble pas avoir été relevée
dans ce contexte par les philologues ou les historiens. Nous
sommes en 424. Les Athéniens ont réussi à bloquer sur l'île de
Sphactérie, face à Pylos, trois cents Lacédémoniens environ, dont
plus de cent Spartiates *stricto sensu*. Ils obtiendront leur reddition quelques semaines plus tard, suscitant ainsi une réaction

12. <*Ibid.*, I, 33.3.>
13. <*Ibid.*, I, 86.5.>
14. <*Ibid.*, I, 88.>

de panique à Sparte et un véritable sentiment de stupéfaction dans toute la Grèce[15]. Alors que leurs troupes sont encore encerclées, les Spartiates, qui craignent par-dessus tout de les perdre, envoient une ambassade à Athènes pour essayer de négocier la paix. Après le discours des Spartiates devant l'*Ekklèsia*, Thucydide fait cette remarque (IV, 21.1) : « [...] dans leur esprit, Athènes, par le passé, désirait traiter et n'en était empêchée que par leur (*sc.* des Lacédémoniens) propre opposition : si donc on lui (*sc.* à Athènes, ou plutôt aux Athéniens) offrait la paix, elle l'accueillerait avec joie et leur rendrait leurs hommes ». Mais les Athéniens refusent. En un sens, donc, l'affaire est entendue : l'opinion de Thucydide est claire, elle rejoint celle des ambassadeurs de Corcyre (au livre I). Le traité de trente ans prévoyant des arbitrages en cas de litige, les Spartiates ont dû chercher des prétextes pour faire une guerre que de toute façon ils voulaient livrer. Pourquoi voulaient-ils faire cette guerre ? Ils y étaient contraints, dit Thucydide. Non pas par telle ou telle initiative des Athéniens, mais par la puissance grandissante d'Athènes. On peut décider de ne pas tenir compte de son témoignage ou affirmer qu'il a tort. Mais son opinion, telle qu'elle ressort des passages que nous venons de citer, est tout à fait claire. Cela dit, la question des origines ne s'arrête pas là. Car il faut bien voir que cette opinion qu'exprime Thucydide, à un niveau plus profond, n'innocente pas les Athéniens. Les Athéniens poussent, comme le ferait un arbre ou un être humain. Plus ils poussent, plus les autres sont gênés, plus il leur semble difficile d'exister eux-mêmes. L'ombre de l'arbre athénien s'étend et les autres ont peur – et à un moment donné cette peur fait que quelque chose cristallise. Et les autres poussent aussi, ils ne font peut-être rien pour déclencher une guerre mais ils ne veulent pas non plus l'éviter. Bien entendu, la déclaration, l'initiative du déclenchement de la guerre doit être prise par quelqu'un nommément. Comme en 1914, il y a à un moment donné un ultimatum qui

---

15. <*Ibid.*, IV, 37-40.>

tombe. Dans les faits, si l'on suit Thucydide, nul doute que cette initiative revient aux Lacédémoniens.

Retournons à l'autre aspect, l'automatisme entraînant l'expansion. L'affaire de Corcyre nous en fournit l'exemple le plus frappant. Voici une île peuplée, riche, qui dispose de la deuxième ou troisième flotte de guerre grecque, avec Athènes et Corinthe. Il y a entre Corcyre et Corinthe un vieux différend. Les Corinthiens veulent attaquer Corcyre, qui demande aux Athéniens de conclure une alliance. L'affaire en soi, à première vue, n'a pas grand intérêt, l'histoire grecque fourmille de cas semblables. Sauf que tout d'un coup les Athéniens se trouvent dos au mur. Ils sont face à deux options, et elles sont mauvaises toutes les deux. Abandonner Corcyre à son sort, c'est accepter que les Corinthiens puissent s'emparer de la flotte corcyréenne et opposer plus tard aux Athéniens une flotte comparable à la leur, mettant ainsi en danger ce qui est le pilier de la puissance athénienne, la thalassocratie, le pouvoir sur les mers. On ne peut pas abandonner Corcyre. Soutenir Corcyre, c'est faire basculer définitivement les Corinthiens dans le camp des alliés de Sparte, et de plus du côté des faucons, dirions-nous aujourd'hui, de ceux qui comme les Thébains veulent à tout prix la guerre. Il faut pourtant prendre une décision. Dans la solution qu'ils choisissent, ils font preuve d'un certain esprit de conciliation puisque l'accord qu'ils concluent avec Corcyre est une *epimakhia*, un traité uniquement défensif, et non pas une *xummakhia*, un traité défensif et offensif qui signifie que l'on a les mêmes alliés et les mêmes ennemis : les Athéniens sont prêts à défendre Corcyre mais non pas à attaquer Corinthe. Mais pour les Corinthiens les jeux sont faits ; à partir de ce moment-là, ils deviendront des partisans acharnés de la guerre contre les Athéniens. Et ce n'est guère différent dans l'affaire de Potidée, colonie corinthienne en Chalcidique – région limitrophe de la Macédoine – mais alliée d'Athènes, qui fait sécession grâce en particulier aux manœuvres du roi de Macédoine, alors en conflit avec les Athéniens. Ceux-ci sont là aussi dos au mur, et forcés de prendre des décisions qui renforcent cette dynamique, cet automatisme qui entraîne toute la Grèce vers la guerre. À cela les plus intelligents ou les plus prévoyants, comme Périclès ou Archidamos à Sparte, ne peuvent rien. Ils essaient d'orienter le cours des événements, de freiner ici, de pousser là dans telle direction. Mais ils ne pourront pas empêcher le déclenchement de la guerre. Celle-ci est pratiquement déclarée quand, dans une dernière ambassade, les émissaires spartiates demandent tout uniment aux Athéniens de « rendre leur liberté aux cités grecques », c'est-à-dire de dissoudre leur empire, et que les Athéniens, suivant les conseils de Périclès, répondent qu'ils n'en feront rien mais qu'ils sont prêts à résoudre les différends par voie d'arbitrage [16]. On s'attend là à ce que les Spartiates attaquent à n'importe quel moment les Athéniens, ou l'inverse. Or ce qu'il y a d'extraordinaire, c'est que le premier acte de la guerre proprement dite n'a rien à voir avec cela. Profitant de la situation, les Thébains, au début du printemps et en pleine nuit, attaquent Platée, en Béotie, ville alliée des Athéniens. Quelque chose devait avoir lieu, d'une façon ou d'une autre. Ce qui aurait pu avoir lieu à Corcyre aurait pu aussi se jouer à Potidée ; et si ce n'était pas à Potidée, lors du décret contre Mégare[l]. Ce fut à l'occasion de l'attaque des Thébains contre Platée. Il y a trop d'occasions favorables pour que la chose n'ait pas lieu, et elle a lieu.

---

16. <*Ibid.*, I, 139-146.>

XVIII

Séminaire du 24 avril 1985

Nous avons parlé la dernière fois de la théorie de la guerre chez Thucydide. Je voudrais apporter un complément aujourd'hui, avant de passer à un autre aspect : le conflit comme guerre civile entre démocrates et oligarques. Dans cette théorie, nous distinguions trois éléments, surplombés en quelque sorte par une idée plus générale, celle de l'existence de centres de puissance, de la poussée à un moment donné d'un de ces centres et de la dynamique à peu près autonome des événements ainsi déclenchée. Les trois éléments sur lesquels nous allons revenir maintenant se dégagent très nettement du texte, sans qu'il soit nécessaire, me semble-t-il, de le solliciter. En premier lieu, il y a effectivement des stratégies rationnelles, celle de Périclès notamment, dont la rationalité est en quelque sorte confirmée par les conseils d'Alcibiade aux Spartiates[1] : il faut savoir ce que les Athéniens craignent le plus, et faire très exactement cela même. Cette stratégie retournée sera en fin de compte gagnante, malgré la fantastique énergie que déploie encore le peuple athénien. Deuxièmement, il existe aussi des facteurs que l'on pourrait appeler et qu'en tout cas nous appellerons irrationnels. Ils ont une importance énorme, et Thucydide parle à leur propos d'éléments *para logon* ou *hèkista epi rhètois*, ceux qui peuvent se dire ou se penser le moins (le terme grec pour les nombres irrationnels est *arrhètos*, « indicible »), ou encore *para doxan*. Troisiè-

---

1. <Thucydide, VI, 91.6.>

mement, non seulement ces facteurs sont toujours présents, mais la guerre elle-même tend à les engendrer : la guerre, Thucydide le dit explicitement[2], est une grande créatrice d'irrationalité. Idée profondément vraie mais en un sens tout à fait étrange et contraire à ce que pourrait penser un philosophe. Le processus lui-même engendre de l'irrationalité, engendre positivement du négatif, si je puis dire – du moins ce que la philosophie platonicienne, c'est-à-dire la philosophie tout court, considérera comme du négatif. De là l'incapacité des sujets à se conformer à la rationalité, et cela *against better knowledge*, malgré ce qu'ils savent parfaitement par ailleurs. Complément donc à ce que je vous ai dit sur la guerre chez Thucydide : pour lui, elle n'est pas une simple fatalité, un enchaînement où les hommes ne sont que des marionnettes et ne jouent aucun rôle. C'est au contraire un tissu indissociable d'actions subjectives au sens le plus large, les sujets n'étant pas seulement ici les individus mais les entités collectives elles-mêmes agissant en tant que sujets. (Le sujet du verbe chez Thucydide, comme un peu partout d'ailleurs chez les Grecs classiques, est toujours une collectivité : les Athéniens, les Corinthiens... Je vous l'ai déjà dit, mais il faut insister sur ce point car nous sommes ici tout à fait à l'opposé de l'imaginaire moderne de l'action.) Nous avons donc des actions subjectives qui sont d'un côté rationnelles, mais d'un autre côté aussi – et la prise en compte de ce facteur fait la grande supériorité de Thucydide par rapport à tant d'autres auteurs, anciens et modernes – passionnelles. Ce qui intervient constamment dans les motivations, aussi bien des individus que des collectivités, ce sont le *phthonos*, l'envie ou la jalousie, la *pleonexia*, le désir d'avoir davantage, et l'amour du *kudos*, de la renommée ou la gloire. C'est là que nous touchons à quelque chose de très profond, et c'est ce qui fait – malgré le type de discours qui est ouvertement le sien[3] – l'extraordinaire force aussi bien philosophique

2. <*Ibid.*, I, 78.1, 140.1.>
3. <*Ibid.*, I, 22.2-4.>

que poétique de Thucydide. Nous accédons à quelque chose qui, tout en n'étant pas rationnel, est compréhensible par nous parce que nous y participons, parce que nous savons ce qu'est le *phthonos*, l'envie devant celui qui est plus puissant, plus intelligent ou plus riche que nous, et que nous savons ce que sont la *pleonexia* et l'amour de la renommée. Thucydide nous fait voir que ce qui est non rationnel n'est pas incompréhensible. Ce non rationnel est compréhensible à condition de ne pas réduire l'histoire, comme le fait la bêtise moderne, à un enchaînement mécanique de causes et d'effets, de raisonnements et d'erreurs de raisonnement. S'il y a des erreurs de raisonnement, ce n'est pas uniquement parce que les hommes sont incapables de se hausser à un certain niveau d'intelligence ; c'est que ces hommes sont des êtres vivants, des êtres habités par leurs passions[a]. Dans cette affaire la rationalité se tisse avec les passions, elle est la plupart du temps, voire presque toujours, un instrument de leur victoire. Et cela aboutit en fin de compte à une image globale des événements historiques et de la guerre où les choses sont intelligibles au niveau des enchaînements ensemblistes-identitaires et compréhensibles au niveau des motivations – auxquelles, en tant que passionnelles, nous sommes susceptibles de participer ; mais où finalement bien entendu l'enchaînement global est et n'est pas compréhensible, tout comme dans une tragédie. Les enchaînements, dans *Œdipe roi* ou dans *Antigone*, sont-ils compréhensibles ? En un sens, oui, nous les comprenons ; et nous comprenons aussi, peut-être, ce qui est à la limite de toute compréhension : nous comprenons que notre compréhension a des limites, que c'est ainsi que finalement toute chose se déroule, la facticité de l'existence – l'existence est ainsi.

Dans ce *pareirein*, ce tisser ensemble, comme dit Sophocle dans *Antigone*[4], le rationnel et le passionnel, Thucydide applique avant la lettre la méthode qu'expose Max Weber aussi bien au

---

4. <Sophocle, *Antigone*, v. 368-370 ; et Castoriadis, *DH*, p. 300-303, rééd. p. 375-378 ; *FP*, p. 25-27, rééd. p. 32-35 ; *CEL*, p. 141-145.>

début d'*Économie et Société* que dans d'autres textes métho-
dologiques[5]. Le rationnel est comme un squelette, ce qui reste
quand la vie est partie, une grille par rapport à laquelle nous
pouvons observer les déviations de la vie effective ; et ce squelette
zweckrational (rationnel par rapport à un but), pour reprendre
sa terminologie, est l'action instrumentalement appropriée à la
fin qu'elle se propose (sans que cette fin soit discutée en tant
que telle). Nous trouverons constamment chez Thucydide des
considérations concernant la rationalité instrumentale. Mais
Weber écrit au début du XXe siècle, à l'époque de la rationalisation universelle et du désenchantement ; Thucydide vers
420-410, après avoir été le témoin d'événements proprement
tragiques. Ce qui reste chez lui, au-delà du squelette *zweckrational*, ce ne sont pas simplement des déviations aléatoires, ni
même de grosses déviations inexplicables ; ce qui reste, c'est
peut-être tout simplement l'essentiel : les passions des individus, des collectivités.

Il n'est peut-être pas sans intérêt pour nous de voir tout ce qui
sépare cette vue du non rationnel et du hasard *(tukhè)* et de la
contingence, des *xumphorai* dans l'histoire, de celle que présen-
tera plus de vingt siècles plus tard Tolstoï dans *La Guerre et la
Paix*. Vous vous souvenez de ces passages du roman qui nous
montrent l'attitude de l'état-major russe et du général en chef,
Koutouzov, un vieillard très sage pour qui les hommes n'ont
guère prise sur les événements et qui par conséquent se borne à
organiser la retraite, faisant confiance à l'immensité des terres
russes et au Dieu qui protège la sainte Russie. Et il se trouve que
cette non-stratégie de Koutouzov, car c'est ainsi que la présente
Tolstoï, réussit. Clausewitz fait remarquer avec raison dans *De la*

---

5. <M. Weber, *Économie et Société* (1918-1920), Paris, Plon, 1971, p. 3-26 ;
« Essai sur quelques catégories de la sociologie compréhensive » (1913), repris
in *Essais sur la théorie de la science*, Paris, Plon, 1965, p. 325-398. *Cf.* la
critique de la « rationalité instrumentale » et de la méthodologie wébériennes *in*
Castoriadis, « Individu, société, rationalité, histoire » (1988), *MM*, p. 39-69,
rééd. p. 47-86.>

guerre que la retraite russe en 1812 ne fut pas le résultat d'un plan mûrement réfléchi[6], que c'est par hasard que les Russes sont tombés sur la stratégie gagnante. Il sait de quoi il parle, il a fait la campagne du côté russe, étant l'un de ces officiers prussiens qui, après 1807, n'ont pas accepté la défaite d'Iéna (un courant que représente aussi à la même époque le Fichte des *Discours à la nation allemande*). Clausewitz note : si les Russes avaient à refaire une telle retraite, nul doute que, ayant appris la leçon, ils appliqueraient alors consciemment cette même stratégie[7]. C'est ici que l'on peut voir à l'œuvre la terrible ironie de l'histoire. Les hommes n'en tirent aucune leçon, et quand, en 1941, Staline sort de l'état d'hébétude où l'a plongé la trahison de son cher Hitler, ses ordres sont clairs : se faire tuer sur place plutôt que de céder un pouce de terrain. Une bonne partie de l'armée russe a été immédiatement détruite grâce au génie militaire bien connu de Staline, qui voyait des manœuvres d'intoxication britanniques dans les renseignements sur l'attaque imminente qui lui venaient de dix endroits à la fois, une autre le sera grâce à ces ordres formels du grand maréchal. On pourrait s'en tenir là et se borner à constater que Clausewitz annonçait déjà ce que dit Tolstoï. Mais il y a tout de même là-dedans un élément rationnel important : Napoléon est victorieux, et ce n'est pas le fait du hasard, dans de nombreuses batailles, tout comme les Athéniens pendant une bonne partie de la guerre. Et l'on voit tout ce qui sur ce point sépare la philosophie de Tolstoï dans *La Guerre et la Paix* – qui est aussi, soit dit en passant, celle de Soljenitsyne dans *Août 1914* – de celle de Thucydide. L'un attend tout de la volonté du Ciel, tandis que l'autre ne manque pas une occasion de mettre en lumière les calculs rationnels et les plans qui furent à l'origine de telle bataille, et combien les grandes stratégies qui se sont opposées pendant la guerre, celle de Périclès ou, quand les Athéniens ont cessé de s'y tenir,

6. < C. von Clausewitz, *De la guerre, op. cit.*, p. 545-546.>
7. <*Ibid.*, p. 550.>

celles qu'ils durent affronter, étaient rationnelles, et cela dans leur opposition ou leur inversion même.

Si j'ai voulu apporter ce complément et invoquer ici le contre-exemple de Tolstoï, c'est pour bien vous faire comprendre que, quand nous parlons de la liberté grecque, nous ne parlons pas seulement, et j'oserai même dire : nous ne parlons pas tellement de la liberté politique pour des hommes libres. Liberté, cela veut dire surtout et avant tout que malgré la jalousie des dieux, malgré la *tukhè*, le destin et le hasard, les hommes essaient d'agir consciemment, rationnellement[b]. En agissant ainsi, ils sont en un sens historiquement libres : dans ce faire, au sens fort du terme[8], ils entreprennent au lieu d'attendre que les événements suivent leur cours, ils réfléchissent, ils sont conscients de ce qu'ils font ou essaient de l'être. Et souvent ils agissent malgré ce qu'ils devraient pourtant savoir. Les meilleurs savent, et puis les meilleurs des meilleurs savent que tout ne dépend pas de ce que l'on fait, voilà ce que nous dit plus d'une fois Thucydide. Mais ce facteur – que tout ne dépend pas de nous – peut entrer lui aussi dans les paramètres de notre action. Cela ne concerne pas uniquement le domaine de la guerre, bien entendu. Cette liberté existe déjà, elle est à l'origine de la liberté politique, qui est une de ses manifestations, parce qu'il faut déjà une certaine liberté pour pouvoir même penser à un régime politique qui soit détachement par rapport à la tradition ; et elle se traduit également par la création poétique et artistique, ou par les modalités du mouvement de colonisation. C'est cette liberté qui disparaît au IVe siècle ou ne concerne plus que quelques-uns : Alexandre et les diadoques, les rois, les potentats… Parallèlement, les philosophes, Platon et Aristote aussi dans une certaine mesure, les stoïciens surtout, ne pourront plus concevoir la liberté que comme simple liberté de penser, comme liberté de la vie contemplative. D'où, d'ailleurs, la reconnaissance de

8. <*Cf. IIS*, p. 98-103, rééd. p. 106-111.>

celle-ci comme valeur suprême chez Aristote. Mais nous y reviendrons.

Je voudrais aborder maintenant le cinquième point, la guerre comme guerre civile, comme conflit entre le *dèmos* et les *oligoi*. L'un de vous ayant fait une remarque là-dessus, je ne voudrais pas qu'il y ait de malentendu sur cette question. Je ne prétends absolument pas que la guerre du Péloponnèse était uniquement ni même essentiellement une guerre civile[c]. Je dis qu'il est pourtant rare que Thucydide décrive des opérations militaires sans qu'il ne soit aussi question de quelque élément de dissension interne dans telle ou telle cité ; qu'il y a peu d'exemples d'une cité arrachée par les Spartiates ou les Athéniens au camp adverse sans la participation – ne fût-ce qu'en fournissant des renseignements – d'une faction politique opposée à l'état de choses existant dans la ville. Prenez le cas de Platée. La guerre ouverte entre Athènes et Sparte éclate quand des oligarques platéens font entrer de nuit dans la ville les Thébains qui veulent s'en emparer[9]. Et les Athéniens vont s'appuyer sur le *dèmos* dans de nombreuses villes – avec une grande exception[d], l'expédition de Sicile, où ce qui est en jeu est leur *hubris*. Ironie tragique – une fois de plus – de l'histoire, c'est la démocratie athénienne qui va détruire finalement les chances de la démocratie en Sicile. Or, il ne faut pas l'oublier – Finley a très bien fait ressortir cet aspect dans *Ancient Sicily*[10] –, c'est précisément en Sicile que l'on trouve l'une des manifestations les plus intéressantes de la naissance de la démocratie en Grèce. On sait qu'en Grèce proprement dite des luttes démocratiques vont se développer, à partir des IXe-VIIIe siècles, dans des *poleis* dominées par des lignées aristocratiques de gros propriétaires fonciers qui utilisent à leur profit le culte des héros. Des régimes plus ou moins démocratiques parviennent à s'installer dans certaines villes après un interlude très important dont je

9. <Thucydide, II, 2-5.>
10. <M.I. Finley, *La Sicile antique* (1968), trad. fr., Paris, Macula, 1985, rééd. 1997, p. 70-83.>

parlerai tout à l'heure, celui de la tyrannie. Dans le sud de l'Italie et en Sicile les choses sont bien entendu différentes, puisque les cités y sont issues d'un mouvement de colonisation. On peut supposer, sans qu'on ait de certitude à cet égard, qu'il y a eu au départ un partage égal des terres entre les colons, avec peut-être quelques privilèges pour l'*oikistès* – qui est en même temps chef de l'expédition et «fondateur» officiel de la colonie – et pour ses proches[e]. D'ailleurs, on trouve de nombreux exemples, chez d'autres peuples guerriers, de partage égalitaire du butin, même si une part plus importante revient souvent au chef. En fin de compte, c'est aussi d'un butin qu'il s'agit ici : les terres, qu'on prend très souvent par la force à ceux qui étaient déjà là. N'oublions pas que la terre est à l'époque l'élément essentiel, parfois presque exclusif, de la richesse. Avec ou sans l'aide de Marx, on peut comprendre assez facilement que, la croissance démographique combinant ses effets avec ceux d'une économie marchande embryonnaire, le partage initialement égal évolue vers une situation d'inégalité. Il y a des terres plus ou moins fertiles, des lignées qui s'éteignent, des gens plus malins, plus salauds ou plus travailleurs que d'autres, etc. Et, au bout du compte, une concentration de la richesse et du pouvoir. La colonisation commence vers 750, à peu près à la même époque où Homère, avec ou sans guillemets, parle d'un monde révolu qui ne connaît pas la *polis*. Mais le poète, lui, parle dans un monde qui la connaît et qui est en plein bouleversement. Un siècle et demi plus tard, des oligarchies se sont constituées en Sicile. Face à cela, la réaction de la population pauvre, du *dèmos*, c'est d'appuyer la montée au pouvoir d'un «homme fort», aristocrate ou chef militaire, dans l'espoir d'en faire un rempart contre les *oligoi*. Il faudra attendre 466 pour que, après la mort d'Hiéron, le grand tyran de Syracuse, l'on voie s'installer dans cette ville une démocratie, plus ou moins d'après le modèle de celle que connaît Athènes à l'époque. L'épisode démocratique en Sicile ne dure que de 466 à 405, et il prendra fin essentiellement en fonction de l'invasion athénienne et de ses suites.

Le point important ici, c'est que la lutte du *dèmos* contre les *oligoi* ne suffit pas pour qu'il y ait avènement de la démocratie. Aussi longtemps que le *dèmos* n'est pas capable d'instaurer la démocratie – et cela veut dire, essentiellement : pas assez conscient de sa force pour le faire –, il cherche et obtient protection contre ses oppresseurs auprès d'un homme fort. Je vous rappelle qu'au XVIIe siècle, en Angleterre, le titre de Cromwell était très exactement celui-là : *Lord Protector of the Commonwealth*. Un protecteur, un chef ou, pour employer le mot qui est repris alors, un tyran, ce terme n'ayant pas encore le sens qu'il prendra par la suite en Grèce et ailleurs (en fonction surtout, à vrai dire, des exploits de certains tyrans, y compris des tyrans siciliens). La démocratie n'est donc pas l'effet automatique de la lutte des pauvres contre les riches, qui peut très bien ne pas exister du tout – car l'histoire de l'humanité *n'est pas* l'histoire de la lutte des classes. Quand la lutte des pauvres contre les riches existe, elle peut aboutir à la démocratie sous certaines conditions, par exemple dans certaines villes d'Ionie et de Grèce principale ou, ensuite, mais beaucoup plus tard, en Sicile ; mais elle peut aussi aboutir à une tyrannie de fait bien que passagère de démagogues, comme à Athènes – on peut d'ailleurs se demander si par certains aspects la période 1793-1794 en France n'a pas été aussi cela –, ou bien à différentes versions d'une dictature « marxiste-léniniste » plus ou moins totalitaire, comme aujourd'hui dans certains pays en développement. Le grand nombre, le peuple, n'instaure son pouvoir que quand à la fois il prend conscience de sa force et que naît en lui le désir non seulement de ne pas être opprimé, comme aurait dit Machiavel, mais de se gouverner lui-même. Ces deux dernières choses vont ensemble en un sens, puisque si l'on ne veut pas être opprimé, se gouverner soi-même est encore le meilleur moyen ; mais elles ne coïncident pas tout à fait. La grande erreur de la philosophie politique moderne, vous le savez, a été de présenter comme tâche principale de la pensée politique, et comme fonction essentielle d'une Constitution, la protection contre l'oppression face à une réalité que l'on considère par ailleurs comme étant inéliminable, l'État. Mais, pour qu'il y ait démocratie, il faut dépasser le simple désir d'être protégé contre l'oppression : il faut que naisse aussi le désir de se gouverner soi-même. L'histoire grecque nous en fournit des exemples à foison. Il arrive même, comme à Syracuse en 454, que la partie la plus pauvre de la population, mécontente du régime démocratique « modéré », appuie une tentative avortée d'établissement d'une tyrannie[11].

Ouvrons ici une petite parenthèse pour rappeler que, contrairement à toute une mythologie bien enracinée « à gauche », il n'y a dans la pauvreté en tant que telle aucun, comment dire, mérite politique particulier. Le fait d'être pauvre ne garantit en aucune façon l'amour de la liberté ; pas plus qu'il ne garantit son contraire, d'ailleurs. Il ne faut pas confondre cette réalité avec ce que l'on peut constater également dans l'histoire, l'existence d'une création « populaire », ni avec cette évidence, du moins pour nous, qu'il n'y a pas d'« infériorité » inhérente à l'état de pauvre – en laissant de côté les banalités que l'on sait sur l'influence, évidente, de l'environnement, etc. Mais il n'y a pas dans la situation, dans le statut social de celui qui appartient à une classe pauvre ou opprimée une sorte de privilège ontologique, une force qui le pousserait automatiquement vers la liberté. La source de cette idée du privilège ontologique de la pauvreté se trouve dans le christianisme, dans le Sermon sur la montagne : heureux les pauvres, les humbles – mais c'est le Royaume des cieux, et non pas le royaume terrestre, qui leur est promis. Nous avons aussi, des siècles plus tard, cette radicalisation chez Marx de la théorie hégélienne de l'aliénation et de la dialectique du maître et de l'esclave dans la *Phénoménologie de l'Esprit* ; et le prolétariat est alors la classe qui va sauver l'humanité précisément parce qu'elle est dépouillée de tout. Mais Marx est un penseur étrangement contradictoire. On trouve chez lui, sans

11. < *Ibid.*, p. 74.>

aucun doute, tout un aspect qui tend à montrer chez le prolétaire la destruction de tous les traits positifs de l'humanité – et quand cette destruction arrivera à son comble, il y aura un renverse-ment total. On est là, à vrai dire, en pleine magie spéculative, il n'y a pas une once de rationalité là-dedans. Et puis il existe un autre aspect de la description marxienne du prolétariat qui est très différent[12]. Dans d'autres textes, Marx essaie de montrer que, du fait des conditions d'existence du prolétariat dans la société capitaliste, se constituent chez celui-ci, contre l'atomi-sation de cette société, de nouvelles communautés, que naissent chez lui un nouveau sens de la solidarité et de nouvelles valeurs, contre les valeurs uniquement marchandes. Ce n'est donc que dans la mesure – et là, bien entendu, cette analyse est à confir-mer, réfuter ou modifier en fonction de l'évolution historique – où cette catégorie sociale est amenée, par ses conditions de vie, et surtout de travail, à reconstituer des communautés sociopoli-tiques et les valeurs correspondantes qu'on peut lui imputer un rôle particulier. Mais là, il n'est justement plus question de la pauvreté ou du dénuement en tant que tel. J'insiste : il est impor-tant de détruire cet étrange préjugé qui fait croire à certains que les pauvres, par le simple fait qu'ils le sont, seraient davantage portés à aimer la liberté que les autres. Ce n'est pas vrai, hélas, et si c'était vrai, nous aurions pu faire l'économie de cinq ou six mille ans de domination et d'exploitation.

Chez Thucydide, la lutte entre le *dèmos* et les *oligoi* est décrite explicitement à de nombreuses reprises. Quand les Mytiléniens

---

12. <*Cf.* C. Castoriadis, « Héritage et révolution » (1985-1996), in *FP*, p. 139-142, rééd. p. 167-171. C'est cet aspect qui sera développé dans les années 1950 par Castoriadis et Lefort dans *Socialisme ou Barbarie*. Voir C. Castoria-dis, *L'Expérience du mouvement ouvrier, 1. Comment lutter, op. cit.* ; C. Lefort, « L'expérience prolétarienne » (1953), repris in *Éléments d'une critique de la bureaucratie*, Genève-Paris, Droz, 1971, p. 39-58, rééd. Gallimard, coll. « Tel », p. 71-97. Castoriadis reviendra en 1973 sur ces thèmes dans « La question de l'histoire du mouvement ouvrier », *L'Expérience du mouvement ouvrier, 1*, p. 11-120.>

se révoltent contre Athènes, les hommes du peuple, dès qu'ils sont armés par les magistrats à l'approche des Athéniens, présentent des exigences aux plus riches et menacent de traiter directement avec l'ennemi. En 424, le stratège athénien Démosthène établit un plan avec des conjurés béotiens qui veulent instaurer des régimes démocratiques dans plusieurs villes de Béotie. Le plan échoue, mais nous avons là une véritable tentative de coordination entre les Athéniens et des forces démocratiques qui voient en eux des alliés. En 412, une révolution démocratique avec partage des terres des grands propriétaires et suppression de leurs droits politiques a lieu à Samos, avec l'appui des Athéniens, qui reconnaissent alors l'indépendance des Samiens. La ville avait été soumise une première fois, après une révolte dirigée d'abord contre le régime démocratique, allié des Athéniens[13].

Quand, en 424, le général spartiate Brasidas décide de traverser la Thessalie, Thucydide dit textuellement : la masse *(plèthos)* des Thessaliens avait des sympathies pour les Athéniens ; et il est certain que si les Thessaliens avaient eu chez eux un régime d'*isonomia*, démocratique, et non pas une *dunasteia*, un régime autoritaire, jamais les Spartiates n'auraient pu traverser le pays[14]. Autre aspect des luttes sociales : il est inutile de rappeler que la peur, justifiée, des soulèvements d'hilotes traverse toute l'histoire spartiate. Thucydide rapporte à ce propos un épisode atroce. Nous avons vu, dans l'affaire de Mélos, de quoi les Athéniens étaient capables. Ce qu'il raconte au livre IV est encore pire dans la mesure où le meurtre, accompli sans fard à Mélos, s'accompagne ici d'une ruse particulièrement répugnante. Les Athéniens ont occupé, nous l'avons vu, l'île de Sphactérie et Pylos, dans le Péloponnèse, et les Spartiates craignent une révolte des hilotes. Ils demandent alors que ceux, parmi eux, qui estiment s'être le plus distingués à la guerre (car il y avait des hilotes dans les rangs lacédémoniens) fassent valoir leurs titres pour être affran-

---

13. <Thucydide, III, 27-28 ; IV, 76 ; VIII, 21 ; I, 117.>
14. <*Ibid.*, IV, 78, 2-3.>

chis. Alors, dit Thucydide (je donne la traduction de Jacqueline de Romilly), «ils en désignèrent ainsi jusqu'à deux mille, qui reçurent des couronnes et firent le tour des sanctuaires comme nouveaux affranchis et eux-mêmes, peu après, les firent disparaître, sans que personne sût comment chacun avait péri[15]». Les Spartiates se disent, en effet, que ceux qu'ils suppriment ainsi étaient les plus capables de mener une révolte. La lutte sociale est également prise en compte dans la stratégie des Spartiates. Quand Brasidas fait campagne en Macédoine et en Thrace, il entre dans certaines villes en s'entendant avec les oligarques locaux et en insistant sur sa volonté de libérer la Grèce et de respecter l'autonomie de toutes les cités[16]. On sait ce qu'il faut en penser : Thucydide n'a pu mener son *Histoire* que jusqu'à l'été 411, mais il a vécu suffisamment pour voir que, après la défaite athénienne, la première mesure des Spartiates – qui avaient fait de la promesse de la liberté leur principale arme de propagande pour pousser les alliés d'Athènes à se soulever – a été d'installer partout des harmostes, c'est-à-dire des *Gauleiter*. Avant cela, il y avait eu les promesses de liberté de Brasidas[17]. C'est toutefois l'un des personnages dont Thucydide fait le portrait le plus favorable[f], ce qui est d'autant plus méritoire que lui-même a été exilé par les Athéniens parce que, stratège en Thrace, il n'a pas pu empêcher la prise d'Amphipolis – une colonie athénienne importante au bord du fleuve Strymon[18] – par ce même Brasidas. Thucydide fait donc son éloge[19] et signale même que, pour un Lacédémonien – c'est un Athénien qui parle –, il n'était pas dépourvu de talent oratoire[20]. Il ne manque pas une occasion de louer son esprit de justice et sa modération, les applaudissements et les couronnes que lui valurent ses promesses. À tel

15. <*Ibid.*, IV, 80.4.>
16. <*Ibid.*, IV, 108.2-5.>
17. <*Ibid.*, IV, 81, 86-87, 105, 114, 120-121.>
18. <*Ibid.*, IV, 104-107.>
19. <*Ibid.*, IV, 81.>
20. <*Ibid.*, IV, 84.2.>

point qu'il est difficile de ne pas voir là une ironie amère qui porte les traces d'une réécriture après la fin de la guerre, quand chaque mot de chaque promesse pouvait être confronté à la réalité.

Une remarque encore sur un aspect que j'ai déjà mentionné la dernière fois. À propos des événements de Corcyre, Thucydide note quelque chose d'intéressant : *kai tô men dèmô tôn oiketôn to plèthos paregeneto xummakhon*, la masse des esclaves s'est alliée au *dèmos* contre les *oligoi* (livre III, chapitre 73). Pourquoi ? La réponse est évidente et nous renvoie[21] à la question de la place de l'esclavage en Grèce à cette époque[g]. Selon les meilleures ou les moins mauvaises estimations dont nous disposons, quand éclate la guerre du Péloponnèse, il y a à Athènes environ 30 000 citoyens (120 000 personnes environ en comptant les familles) et quelque 120 000 esclaves. Déduisons de ce dernier chiffre celui des esclaves publics – assez nombreux, puisque, comme nous le rappelait récemment Vassili Gondicas, les mines d'argent du Laurion étaient exploitées depuis au moins 490. C'est avec l'argent de ces mines que les Athéniens, sur le conseil de Thémistocle, ont fabriqué les navires qui ont permis de battre les Perses[22]. Elles étaient exploitées par des esclaves, comme ce fut d'ailleurs la règle dans toute l'Antiquité, vous pouvez aisément imaginer dans quelles conditions. S'il y avait, disons, quelque 30 000 esclaves publics, il en reste donc 90 000 pour 30 000 familles, une moyenne de trois par famille. En supposant, ce qui ne semble pas trop risqué, que la concentration de la richesse (courbe de Pareto, etc.) était au moins aussi importante que dans les sociétés modernes, il est probable que la très grande majorité d'entre eux apparte- nait à quelque 1 000 à 3 000 familles, et que les autres ou bien n'avaient pas du tout d'esclaves ou bien en avaient tout au plus un ; et on peut penser que les relations étaient alors tout à fait différentes. C'est bien ce que nous trouvons chez Aristophane,

21. <*Cf. CEL*, p. 40-41, 61-67 ; et les textes cités dans les notes complémen- taires, p. 282-284.>
22. <Hérodote, VII, 144.>

où les gens du peuple n'ont guère plus d'un esclave, quand ils en ont[h]. Ce sont ces réalités qui nous permettent de comprendre que la majorité des esclaves à Corcyre ait été du côté du *dèmos*. Et la situation ne devait pas être très différente dans les autres cités. Que les esclaves aient eu beaucoup à attendre d'une victoire du *dèmos*, on peut en douter, si ce n'est dans certains cas sur le plan individuel, mais c'est une autre question. Il arrive aussi que les frontières entre guerre civile et guerre étrangère soient brouillées, comme dans l'affaire de Mégare, où les démocrates agissent de l'intérieur et de l'extérieur et sont finalement défaits[23]. Restent bien d'autres points que nous ne pouvons malheureusement pas traiter. Je vous conseille pourtant de lire attentivement le discours du Syracusain Athénagoras au livre VI, et en particulier le chapitre 39 qui complète utilement la conception de la démocratie déjà exposée dans l'Oraison funèbre.

Une autre question sur laquelle il aurait fallu s'étendre longuement, car elle est très étrange et très importante : celle de la trahison chez les Grecs. Je vais en dire quelques mots. Quand on s'intéresse à l'histoire de l'Antiquité grecque, on est frappé par une tension extrême, par une véritable polarité. Il y a d'un côté la cité et les hommes qui la composent : *polis-andres* – et, dirait un hégélien, l'identité médiatisée des deux. Le patriotisme des cités, mais plus généralement grec, est bien connu, on le voit à l'œuvre dans l'anecdote – vous vous en souvenez, on la trouve chez Hérodote – de l'entretien entre Crésus et Solon sur l'homme le plus heureux : pour Solon, il s'agit, cela va de soi, d'un Athénien mort pour sa patrie. L'autre élément, dont on ne trouverait un équivalent que dans l'Italie de la Renaissance, à ses débuts et à son apogée, c'est le nombre extraordinaire de ce que nous appellerions de nos jours trahisons. Passons sur tel ou tel cas individuel : l'histoire des Thermopyles est admirable, mais c'est quand même un Grec qui guide les Perses pour prendre à revers les gardiens du défilé. Le nombre de villes qui se sont rangées

23. <Thucydide, IV, 66-74.>

du côté des Perses est tout de même effarant. On trouve aussi, pendant la guerre du Péloponnèse, toute une série d'exemples de collaboration avec l'ennemi, présentés la plupart du temps par Thucydide comme liés aux conflits internes entre le *dèmos* et les *oligoi*. Mais, justement, pas toujours. Certains individus ou groupes d'individus – en Sicile c'est particulièrement frappant, mais l'affaire est plus compliquée pour d'autres raisons – sont prêts pour ainsi dire à tout pour s'emparer du pouvoir, y compris bien entendu à introduire l'ennemi dans la cité et à faire massacrer bon nombre de leurs concitoyens. Les Spartiates et leurs alliés, dès le premier jour de la guerre, envoient des ambassadeurs au Grand Roi pour solliciter l'aide des Perses dans la lutte contre les Athéniens [24] ; en Sicile, tout prétexte est bon pour appeler à la rescousse Spartiates ou Athéniens – ou les Carthaginois, qui parviendront ainsi à s'installer solidement dans l'île… Tension extrême donc entre, d'un côté, la solidarité politique incontestable du peuple qui forme la *polis* et, d'un autre côté, des individus ou des groupes qui s'affirment avec une telle force et veulent à tel point le pouvoir pour eux-mêmes qu'à leurs yeux la collectivité n'existe plus ou n'existe que comme pur objet. C'est sans doute aussi, malgré toute une série de considérations qui en font un cas exceptionnel, ce que l'on voit avec Alcibiade. Cette parenthèse sur la trahison n'est pas l'occasion pour nous d'émettre des jugements moraux ni même politiques au sens étroit, en disant qui a raison et qui a tort. Mais il est très intéressant de voir, déjà aux VIe-Ve siècles, la non-résorption évidente de l'individu par la collectivité. Des trahisons de ce type sont difficilement concevables chez les Yanomami. Alcibiade (ou un autre) se détache très nettement de la collectivité et dit : je veux le pouvoir pour moi, et donc à mes yeux Athènes vaut Sparte ou Corinthe. Dans le crime même, dans ce type de crime, on trouve une affirmation de l'individualité au sens large et une réfuta-

---

24. <*Ibid.*, II, 67.1.>

tion supplémentaire, s'il nous en fallait[25], de certaines absurdités modernes sur l'absence de subjectivité et d'individualité
chez les Grecs anciens.

Passons à notre sixième et dernier point, la vue tragique de
l'histoire chez Thucydide. Nous en étudierons trois aspects :
les motivations, l'exemplification de l'*hubris* sur le cas des
Athéniens, et le parallèle avec la double nature de l'homme chez
Sophocle. À la question sur le pourquoi des événements, Thucydide, nous l'avons vu, apporte une réponse d'ordre général, liée
à l'idée de puissance et de poussée de la puissance ; mais cette
dynamique coexiste toujours avec des motivations psychologiques ou, disons, psychiques à travers lesquelles elle se réalise
– il est amusant de constater que «psychologique» a pris de nos
jours des connotations presque péjoratives –, avec des passions
toujours présentes et que Thucydide met continuellement au
premier plan. Passions de la collectivité mais passions aussi des
individus, toujours mentionnées par Thucydide quand il s'agit
d'expliquer les événements. Je vous ai déjà parlé des observations psychologiques que l'on trouve dans l'Épitaphe concernant les motivations humaines[26]. Un autre exemple : Brasidas
(livre IV, chapitre 108), à un moment où les Lacédémoniens sont
en difficulté sur plusieurs fronts, réussit, grâce à une expédition
audacieuse en Macédoine et en Thrace, à provoquer la défection de cités alliées d'Athènes. Il demande à Sparte l'envoi de
nouvelles troupes. Les Spartiates ne font rien. Pourquoi ? La
réponse se trouve chez Thucydide en toutes lettres : *phthonô apo
tôn prôtôn andrôn oukh hupèretèsan autô*[27], en partie à cause de
la jalousie, de l'envie qui animait les plus puissants à Sparte –
parce que Brasidas devenait trop important à leur goût. Dans un
autre passage[28] remarquable de ce même chapitre, Thucydide,

25. <*Cf.* C. Castoriadis, *CQFG 1*, p. 85-86, 103-104, 116-118, et les notes
complémentaires p. 320-321, 326-328.>
26. <Voir ici même, p. 157-158.>
27. <Thucydide, IV, 108.7.>
28. <*Ibid.*, IV, 108.4.>

critiquant le sentiment d'impunité des alliés qui font défection car ils sous-estiment la puissance d'Athènes, observe : ceux-là jugeaient d'après des souhaits incertains plutôt que d'après des prévisions sûres, car l'habitude des hommes, *eiôthotes oi anthrôpoi*, est de s'accorder sans réfléchir ce qu'ils désirent, de prendre leurs désirs pour des réalités, et ce qui ne leur convient pas, *diôtheisthai*, ils le repoussent – nous dirions presque : ils le refoulent – *logismô autokratori*, par le moyen de raisonnements apparemment tout-puissants – bref, ce que l'on appellera en psychanalyse des rationalisations. Les hommes déploient toute la puissance de leur esprit pour élaborer des rationalisations qui leur permettent d'éliminer ce qui ne leur convient pas ; mais ce qui leur convient, ils se l'accordent sans réfléchir. Freud dira quelques siècles plus tard : dans l'inconscient, le désir est toujours déjà réalisé. Thucydide bien sûr ne parle pas d'inconscient, et d'ailleurs ce que dit Freud vaut aussi pour la vie vigile, où chacun tend à prendre ses désirs pour la réalité. Ce premier thème des motivations et des passions revient aussi souvent chez Thucydide que chez n'importe quel poète tragique. On trouve ici l'une des faiblesses de certains commentateurs modernes, et même des meilleurs. Finley, par exemple, parle souvent d'idées – et même, dans son dernier ouvrage, d'idéologie, tout en sachant et en admettant qu'il commet un abus de langage[29] –, mais oublie ou refuse de donner toute son importance à l'aspect passionnel. Or celui-ci est essentiel pour comprendre toute cette affaire, qu'il s'agisse des formes que nous venons de voir ou de la passion comme ciment de la collectivité politique, quand Périclès dit aux Athéniens : vous êtes les amants, *erastai*, de la cité.

Deuxième aspect, l'*hubris* athénienne, que l'on perçoit dans ce moment critique de la guerre qu'est l'expédition de Sicile.

---

29. <M.I. Finley, *L'Invention de la politique*, *op. cit.*, dont le dernier chapitre est intitulé «Idéologie». *Cf.* p. 33 : « Je pense simplement que dans un exposé sur la politique ancienne, la terminologie traditionnelle est plus commode, et ne comporte pas d'inconvénient.»>

Les Athéniens sont intervenus une première fois sur l'île en 427-424. Les remarques de Thucydide au sujet de cette première expédition montrent encore une fois sa profondeur : les Athéniens envoyèrent des navires à la fois pour essayer d'empêcher le blé sicilien d'arriver au Péloponnèse et pour faire un premier essai, un test *(propeira)* afin de voir s'il leur serait possible de soumettre la Sicile[30]. Il faut sans doute éviter les anachronismes, mais il est difficile d'oublier ce que l'on sait ou l'on croit savoir par ailleurs. On ne peut qu'admirer ici la conscience aiguë chez Thucydide de ce que Freud appellera la surdétermination des actes humains. En physique, une cause produit un résultat, et nous n'avons pas à chercher plus loin. La surdétermination des actes humains veut dire qu'une chose est faite pour plusieurs raisons à la fois, pas forcément rationnelles, tout comme dans un rêve un élément représente plusieurs choses à la fois. Dans cette volonté d'aller en Sicile, il y a des éléments tout à fait rationnels, qui peuvent être déduits d'une stratégie et sont justifiables – on fait la guerre aux Spartiates, il faut donc les empêcher de recevoir du blé de Sicile ; mais on se dit que l'on pourrait peut-être aussi soumettre l'île. Et là, on ne sombre peut-être pas dans l'irrationnel pur et simple, mais en tout cas on fait son deuil de la stratégie de Périclès, pour qui les Athéniens ne devaient pas chercher à étendre leur empire pendant la guerre. Or ceux-ci, en 416, décident d'entreprendre une expédition qui aboutit à la quasi-destruction de leur flotte et de leur armée. Notre rôle n'est pas de porter après coup sur l'expédition des jugements de café du commerce. Les opinions peuvent diverger. On peut penser que seul un enchaînement d'éléments imprévisibles a fait capoter toute l'affaire ; on peut aussi penser, avec le très prudent Nicias – c'est en tout cas le jugement que l'on portera si l'on s'en tient aux résultats –, que l'entreprise était trop risquée. Ses arguments ne manquent pas de poids : en supposant même que l'expédition soit victorieuse, comment se maintenir

30. <Thucydide, III, 86.4.>

dans une île si étendue et si lointaine, quel profit attendre de tout cela[31] ? Mais on ne l'écoute pas, et il n'ose pas heurter de front l'opinion majoritaire. On sent bien que nous sommes à un tournant. Pour Finley[32], il n'était pas inévitable que l'expédition échoue (ce qui est une façon de porter un jugement sur elle). Et, en effet, interviennent là encore les hasards et le *para logon* de la guerre. Quand la flotte athénienne arrive en Sicile, il se trouve au moins un stratège, Lamachos, pour affirmer qu'il faut foncer sur Syracuse et profiter de l'effet de surprise ; comme il est seul de cet avis[33], sa stratégie, qui aurait probablement été la bonne, n'est pas appliquée. Mais supposons qu'elle l'ait été. Et après ? La conquête, à mon avis, n'avait guère de perspectives, et cela d'un point de vue strictement militaire, indépendamment de toute autre considération politique ou morale. C'est là que l'on touche du doigt l'élément tragique principal dans cette affaire, l'*hubris* des Athéniens. Ils tombent dans ce que le jargon militaire anglo-saxon d'aujourd'hui appelle l'*overextension* : c'est comme si la France voulait à la fois pacifier le Liban, expulser Kadhafi du Tchad et, pourquoi pas, reconquérir la Louisiane. C'est sans doute un peu trop. Il y a des limites, et il ne fait pas de doute que dans l'affaire de Sicile elles ont été dépassées. Revenons au premier discours de Nicias au début du livre VI[34]. Ségeste, une ville sicilienne, a demandé l'aide des Athéniens contre sa voisine Sélinonte. L'affaire suscite un intérêt passionné à Athènes, où règne un climat d'euphorie. Tout leur réussit, ils l'ont emporté dans la guerre de Dix Ans, cette première partie de la guerre qui s'achève en 421 ; la ville est florissante et les citoyens croient que tout est possible. L'Assemblée a déjà voté l'envoi de soixante navires, sous le commandement d'Alcibiade, Nicias et Lamachos. Puis il y aura une

---

31. <*Ibid.*, VI, 11.1.>
32. <M.I. Finley, *La Sicile antique, op. cit.*, p. 79.>
33. <Thucydide, VI, 49.>
34. <*Ibid.*, VI, 9-14.>

deuxième réunion. Il est vrai, autant le dire une fois de plus, que la guerre et la paix ne sont pas décidées dans des allers-retours entre la présidence et le Pentagone. Le premier discours de Nicias ne vaut certainement pas l'Oraison funèbre, mais il est bien construit : c'est un rappel des éléments fondamentaux de la stratégie de Périclès. Si nous échouons ou rencontrons des difficultés en Sicile, nos ennemis reprendront les hostilités. Nous devrions plutôt nous occuper des Chalcidiens ou d'autres qui ont fait défection ; une victoire n'assurera pas notre pouvoir sur des peuples lointains et nombreux. (Les comparaisons valent ce qu'elles valent, mais on peut aussi se demander ce qui se serait passé si Napoléon n'avait pas été forcé à la retraite en Russie.) Suit une remarque où il est question de psychologie : « Pour nous, en revanche, vis-à-vis des Grecs de là-bas, le mieux pour leur en imposer serait de ne pas paraître chez eux, ou, à la rigueur, de faire montre de nos forces et de nous en retourner rapidement (nul n'ignore que rien ne frappe autant que ce qui est loin et dont la réputation a été moins mise à l'épreuve) ; mais qu'il nous arrive le moindre échec, tout de suite ils nous mépriseraient et tomberaient sur nous avec les Grecs d'ici – ce qui est précisément aujourd'hui votre cas, Athéniens, à l'égard des Lacédémoniens et de leurs alliés : pour avoir, contre votre sentiment, eu le dessus avec eux, malgré ce que vous redoutiez d'abord, voici que vous en êtes à les dédaigner, pour porter vos visées jusque sur la Sicile[35]. » Idée particulièrement actuelle : pour votre réputation, rien ne vaut l'absence ; jouez à ne pas être vu, à vous retirer, etc., il n'est surtout pas nécessaire de faire de grandes choses. Mais le discours d'Alcibiade emporte la décision. Les Athéniens étaient d'ailleurs déjà convaincus : chacun avait ses raisons, tous étaient également enthousiastes. Ironie encore dans cette histoire, Nicias dans un deuxième discours essaye de faire reculer les Athéniens en faisant valoir qu'il faudra des moyens encore plus importants pour réussir

35. <*Ibid.*, VI, 11.4-5 (trad. Louis Bodin et Jacqueline de Romilly).>

cette entreprise. Les Athéniens accordent ces moyens – et le prix à payer sera encore plus lourd[36].

Contrairement à ce que l'on pourrait attendre, le jugement que porte Thucydide sur Alcibiade est loin d'être négatif[i]. Thucydide dit froidement : il voulait avant tout commander, pour conquérir la Sicile et Carthage et gagner ainsi en même temps argent et gloire[37]. Or cet homme avait indiscutablement de grandes qualités, il l'a prouvé aussi bien aux côtés des Athéniens que quand il les trahit. Thucydide dit donc aussi, à quelques lignes d'intervalle : il savait conduire une guerre mieux que d'autres, et ceux qui lui préférèrent ces autres menèrent la cité à sa perte[38]. Bref, d'après lui, ces visées subjectives tout à fait discutables d'Alcibiade, combinées à ses capacités, auraient probablement donné la victoire aux Athéniens. C'est, littéralement, ce que Hegel appellera la ruse de la raison : l'histoire se sert des passions des individus pour atteindre ses objectifs. Mais la façon de vivre d'Alcibiade indisposait de nombreux Athéniens, certains le soupçonnant d'aspirer à la tyrannie. (C'est dans ce contexte que Thucydide introduit, aux chapitres 54-59, sa célèbre digression sur les Tyrannoctones, les meurtriers d'Hippias, intéressante parce qu'elle montre qu'il n'est pas seulement un historien du présent et sait aussi critiquer les légendes.) La plupart des gens, dit Thucydide, avaient peur d'Alcibiade, de sa façon de vivre et des visées qu'on lui attribuait : la conduite de l'expédition passa donc en d'autres mains, et c'est ainsi que l'on a perdu la cité. En effet, vous savez qu'il fut compromis dans une sombre affaire de sacrilège, la parodie des Mystères, et dans la mutilation des Hermès, qu'il fut privé de son commandement au début de l'expédition, passa à Sparte, etc. Outre le chapitre 15 du livre VI, Thucydide revient sur ces affaires aux chapitres 27-28, 53 et 60-61. Il faut rappeler que les motiva-

---

36. <*Ibid.*, VI, 16-26.>
37. <*Ibid.*, VI, 15.2.>
38. <*Ibid.*, VI, 15.4.>

tions d'Alcibiade – se hisser à la première place, rechercher la gloire – étaient bien moins surprenantes pour un Grec de l'époque classique qu'elles ne le sont pour nous ; et il en est de même du *phthonos*, la jalousie, et de la peur de la tyrannie chez certains, qui lui font obstacle. On pourrait faire ici un parallèle avec Périclès. Et se demander d'abord pourquoi Thucydide ne s'y emploie pas. Peut-être a-t-il été fasciné lui aussi, comme tant d'autres, par ce personnage au très grand pouvoir de séduction qu'évoque Platon dans le *Banquet*. Mais de ce parallèle se dégage une différence essentielle : Périclès a su se faire accepter comme *prôtos anèr* par le *dèmos*, ce qu'Alcibiade n'a pas su faire. Et c'est l'*hubris* d'Alcibiade qui est ici en cause. Périclès dépassait visiblement de plusieurs têtes ses concitoyens, mais il se comportait de telle façon que, tout en jouant un rôle décisif, il n'a jamais été accusé d'être ou de vouloir devenir un tyran. Personne ne s'est senti lésé par le pouvoir de Périclès. Alcibiade parade : dès les premières phrases de sa réponse à Nicias, nous apprenons qu'il a fait courir sept chars aux Jeux olympiques, que c'est d'ailleurs un record[39], etc. Plutarque a rassemblé toute une collection d'anecdotes, parfois d'une authenticité douteuse, mais on ne prête qu'aux riches. La plus connue : Alcibiade a un chien merveilleux, il lui coupe la queue qui était magnifique ; on lui rapporte que tout le monde est choqué par son geste, il répond : « Je veux justement que tout le monde bavarde là-dessus pour qu'on ne raconte rien de pis sur moi[40]. » Alcibiade est une statue ambulante qui se balade dans Athènes en attirant l'attention de tout le monde. Ce n'est pas le cas de Périclès, et ce ne doit pas être le cas de l'authentique homme politique démocrate, bien entendu. Cette différence est l'une des origines de la catastrophe. N'empêche que l'on sent chez Thucydide une admiration qui est sans doute rationnelle, dictée non pas par le charme mais par des capacités traduites en actes. Je ne résiste pas à la tenta-

39. <*Ibid.*, VI, 16.2.>
40. <Plutarque, *Vie d'Alcibiade*, 9.1-2.>

tion de vous citer cette très belle phrase (VI, 18.2) où Alcibiade explique pourquoi il faut étendre l'empire : « qui domine, point n'est besoin qu'il attaque pour qu'on s'en défende, on prend les devants pour que lui-même n'attaque pas ». Et il ajoute (18.3) : *Kai ouk estin hèmin tamieuesthai es hoson boulometha arkhein*, ce n'est pas en notre pouvoir de thésauriser, de gérer comme un avare notre pouvoir. Au point où nous en sommes, il nous faut menacer les uns ou ne pas céder devant les autres, si nous n'exerçons pas l'empire sur les autres, nous risquons de tomber sous l'empire d'autrui... Nous avons là un bel exemple de ce qu'est l'automatisme de l'expansion du pouvoir chez Thucydide.

Nous allons finir aujourd'hui sur le troisième aspect de cette conception tragique de l'histoire. Il y a une première forme du tragique en Grèce, déjà présente dans le fameux fragment d'Anaximandre que nous avons analysé il y a deux ans : un même principe préside à l'engendrement et à la corruption des choses, les choses s'infligent mutuellement des peines pour leur injustice – cette injustice étant le fait même d'exister[41]. Idée que reprend Hérodote d'une autre façon en disant – c'est la philosophie de l'histoire qui sous-tend son récit : tout ce qui est grand doit devenir petit, et tout ce qui est petit deviendra grand[42]. Cela, Périclès lui-même le répète à un moment donné dans son troisième discours du livre II (64.3) : *panta gar pephuke kai elassousthai*, car toutes les choses par nature sont condamnées à se réduire. Mais nous trouvons aussi chez Thucydide, tout comme dans le premier stasimon d'*Antigone* (« Beaucoup de choses sont terribles... »), une autre forme de tragique, et qui en un sens va plus loin. Bien sûr, tout ce qui est petit peut éventuellement grandir ; et tout ce qui a acquis une certaine puissance peut s'effondrer. Mais pour Thucydide l'agrandissement n'entraîne pas nécessairement la chute. Athènes est vaincue, il le sait, mais cela ne change rien. Il dit à plusieurs

41. <*Cf. CQFG 1*, p. 185-201.>
42. <Hérodote, I, 5 ; *cf. CEL*, p. 247-249.>

reprises que les Athéniens auraient pu éviter la défaite. Sparte a vaincu, ses garnisons sont partout, mais il n'est pas sûr que Thucydide aurait parlé, s'il avait vécu, d'un déclin inexorable d'Athènes. L'«Archéologie» montre clairement que, du point de vue de la puissance matérielle, on ne saurait dire qu'il n'y a pas de progression et que tout revient toujours au même. Cela semble une terrible banalité de nos jours, à l'heure où la puissance des empires russe et américain dépasse cent fois celle de Rome, mais ce n'en était certainement pas une quand Thucydide écrit. Par contre, la question de savoir si MM. Gorbatchev ou Reagan sont meilleurs que Caligula ou qu'Hadrien, ou si les hommes qui vivent dans ces nouveaux empires sont meilleurs, est une autre affaire. Le tragique thucydidéen, tout comme le tragique sophocléen, se rapporte à cette question[j]. Sophocle, vous le savez, nous dit que l'homme est le plus terrible de tous les êtres, qu'il invente des instruments, domestique des animaux, crée le langage, et aussi des cités, poussé par – expression admirable – des *astunomous orgas*, les pulsions ou passions qui établissent des lois pour les cités, ce que j'appelle dans mon langage des passions instituantes… Et puis le stasimon se termine par : «telle est cependant sa nature qu'il marche (ou rampe) toujours dans deux directions opposées, tantôt vers le bien, tantôt vers le mal[43]». Thucydide ne dit pas au fond autre chose, mais le ton est plus sombre. N'oublions pas qu'il écrit trente ou trente-cinq ans après *Antigone* (qui est de 442), et que la guerre est passée par là. Il a pu constater que cette énorme accumulation, cet énorme déploiement de puissance est allé de pair non seulement avec des manifestations de cette double nature, mais aussi – Thucydide est sans doute ici plus pessimiste que Sophocle – avec une plus grande corruption. Cette corruption qu'engendre la guerre, *biaios didaskalos*[44], «maître violent[k]», est admira-

---

43. <Sophocle, *Antigone*, v. 365-366 ; *cf.* Castoriadis, *FP*, p. 25-26, rééd. p. 32-33.>
44. <Thucydide, III, 82.2.>

blement décrite dans le passage sur la guerre civile à Corcyre : inversion des significations des termes du langage, haine et mensonge généralisés, rupture des liens les plus élémentaires entre humains, goût du pouvoir et cupidité couverts par de grands mots[45]. C'est cet aspect qui fait, par rapport à Sophocle, la spécificité de Thucydide. Je ne dis pas que Thucydide « va plus loin » que Sophocle, ni qu'il en sait plus que lui – je serais plutôt tenté de dire que Sophocle a raison d'insister sur la totale « bifidie » humaine. Mais Thucydide a traversé une guerre terrifiante, il a vu ce qu'était l'expansion de la puissance qui engendre la guerre puis s'en nourrit ; et comment tout cela a abouti à une subversion de ce qui fait la valeur même de la vie en société. Son œuvre porte inévitablement les traces de cette expérience.

QUESTION

– Ce que vous dites sur les rapports entre démocratie et passion est très stimulant. J'aimerais cependant que vous apportiez quelques précisions.

Je ne voudrais pas trop m'étendre là-dessus, parce que nous aurons à revenir longuement sur le sujet plus tard. Mais les rapports que j'ai établis sont effectivement présents en Grèce ancienne. Si certains ne les voient pas, c'est parce que le rouleau compresseur du rationalisme est passé par là. La philosophie politique a fait de l'histoire une histoire rationnelle. Kant, dans le *Projet de paix perpétuelle* : même une nation de démons, s'ils ont un entendement, comprendra qu'il lui faut établir un ordre légal[46]… C'est la terrible illusion de la modernité. On peut d'ailleurs dater ce glissement, il a lieu vers 1750. Montesquieu

---

45. <*Ibid.*, III, 82-83.>
46. <E. Kant, *Projet de paix perpétuelle. Esquisse philosophique* (1795), Paris, Vrin, 1948 ; rééd. bilingue, trad. J. Gibelin, 2002, p. 76-77.>

savait encore ce que savaient les Grecs, Platon compris : qu'à chaque type de régime politique correspond un type anthropologique. Un type anthropologique, ce n'est pas seulement une série d'axiomes logiques permettant certains raisonnements ; c'est un individu en chair et en os, qui investit certaines choses, qui en hait d'autres, pour qui certaines sont des valeurs et d'autres des anti-valeurs. Il se passionne donc pour elles, et cela est sans doute indispensable, parce qu'il peut y avoir un moment, ce que nos contemporains ne veulent plus savoir, où la communauté politique demande aux individus – ce qu'on pourra peut-être éviter un jour mais qui pendant très longtemps a été et reste inévitable – de mourir pour elle. Accepter de mourir pour quelque chose – je ne parle pas des soldats en 14-18 qui avaient un sergent derrière eux prêt à les abattre s'ils n'avançaient pas, tentation d'ailleurs tout à fait justifiée car il s'agissait d'un massacre absurde –, cela veut dire qu'on investit certaines valeurs plus que sa propre vie. Aucun kantisme ne peut amener quelqu'un à investir quelque chose plus que sa propre vie : pour cela, il faut un véritable investissement psychique, il faut de la passion. Qu'est-ce qui peut motiver cette passion ? Dans certains cas, c'est évident, l'objet de détestation ou de haine. Il n'y a aucun doute que les SS sur les tombes desquels va bientôt se recueillir M. Reagan[47] étaient soudés par une passion commune, la haine envers tout ce qui s'opposait à la manifestation de la supériorité de la race allemande. Nul ne contestera que les jeunes que lance Khomeyni contre ses ennemis sont également mus par des passions. Et puis il y a des passions d'une autre nature, comme celles dont parle Périclès dans l'Oraison funèbre quand il dit : nous sommes les amants de cette cité. Qu'est-ce qui dicte notre amour ? Le fait que nous sommes libres, que nous gérons nos propres affaires, que nous aimons le beau et la

---

47. <Allusion à la visite, le 5 mai 1985, du président américain Reagan et du chancelier Kohl au cimetière de Bitburg, où étaient enterrés de très nombreux SS, qui suscita à l'époque de violentes polémiques.>

sagesse. Sans cette passion pour les choses communes et pour certaines valeurs, il ne peut évidemment pas y avoir de véritable démocratie. Les plus clairvoyants ou les moins hypocrites des Modernes savent toujours cela. Car quand Benjamin Constant dit que nous ne pouvons pas avoir de véritable démocratie (de démocratie directe) dans les Temps modernes, mais seulement cette non-démocratie qu'est en vérité la démocratie représentative, il sait que l'une des principales raisons en est que nous ne demandons à l'État que la « garantie de nos jouissances ». Voilà donc la passion des individus modernes : je veux jouir. Il se trouve, hélas, qu'il y a aussi un État, réalité désagréable apparemment tombée du ciel ou bien nécessité inexorable des choses humaines, ontologiquement liée à la nature de la société. Je dois, pour pouvoir jouir, demander à cet État de garantir mes jouissances et en même temps fixer des limites à son action, car il pourrait également y faire obstacle. La passion privée par excellence prend la place de la passion pour la chose publique, pour les affaires communes – mais sans celle-ci, je le répète, il ne saurait y avoir de démocratie. La démocratie n'est pas une « protection contre l'État », c'est la création d'institutions qui pour l'essentiel remplacent celui-ci et me permettent d'assumer, en tant que membre d'une collectivité, le pouvoir avec les autres. Je vous rappelle une fois de plus que la définition du citoyen par Aristote est : celui qui est capable d'*arkhein* et d'*arkhesthai*[48], d'exercer le pouvoir et en même temps d'être gouverné. Et que le citoyen obéit aux magistrats dûment désignés, pendant la durée de leur mandat. Bref, la prise en compte de la composante passionnelle est très importante pour toute philosophie politique. On ne peut par exemple comprendre les Temps modernes, et en particulier le totalitarisme, sans cette passion folle de ceux qui animent le parti totalitaire. Ne cherchez pas à expliquer leurs motivations par des facteurs purement logiques. De même qu'on ne

---

48. <Aristote, *Éth. Nic.*, V, 5, 1134a 30-32, 1134b 14-15. *Cf.* Castoriadis, *CEL*, p. 200-202.>

peut pas comprendre le libéralisme, au sens strict du terme, au sens philosophique et politique le plus profond, sans chercher – au-delà des rationalisations que l'on trouve chez de soi-disant philosophes politiques – la passion qui anime tout cela, celle de la vie, de la jouissance privées. Qu'il s'agisse d'une totale illusion, que celui qui se croit individu unique soit fait à 99,99 % d'influences sociales, évidence absolue mais que l'on évacue toujours dans ce genre de discussion, c'est une autre histoire[49].

---

49. <Sur la « fabrication sociale de l'individu » et la « fiction incohérente de l'individu-substance », voir aussi *IIS* (1975), chap. VI ; « Pouvoir, politique, autonomie » (1988), in *MM*, spéc. p. 113-119, rééd. p. 137-145 ; « Fait et à faire » (1989), in *FF*, spéc. p. 26-53, rééd. p. 30-63 ; « La démocratie comme procédure et comme régime » (1993-1995), in *MI*, spéc. p. 221-224, rééd. p. 268-270.>

XIX

Séminaire du 15 mai 1985

Nous nous sommes essentiellement intéressés ces dernières années à la naissance de la démocratie et à certains aspects de l'imaginaire grec. Il n'a été question de la philosophie, l'autre aspect de la création grecque, que quand nous avons parlé de sa naissance même et évoqué certains grands noms comme Anaximandre ou Héraclite[1]. Nous allons aborder maintenant la période de la crise, de la mort en fait de la démocratie, et voir aussi quelles sont les conclusions qu'en tire un très grand philosophe, le plus grand probablement qui ait jamais existé, à savoir Platon, ennemi acharné de la démocratie et du *dèmos*. Pour lui, il l'écrit en toutes lettres, la démocratie est le règne de la crapule[2]; et à partir de là, il va présenter les choses d'une certaine manière, y compris les événements historiques. Mais il édifie aussi une philosophie qui est un véritable labyrinthe – qu'on ne saurait réduire à un système, même si les professeurs de philosophie ont toujours essayé de faire de Platon un philosophe systématique et d'éliminer de l'œuvre tout ce qui ne semble pas correspondre à l'idée qu'ils s'en font. Pourtant, on ne peut pas non plus se contenter – ce fut au XIXe siècle la tendance de gens comme Grote[3], dont il faut par ailleurs saluer

---

1. <*Cf.* les cinq séminaires, du 12 janvier au 9 mars 1983, repris dans *CQFG1*, p. 164-264.>
2. <Allusion sans doute à la « foule bigarrée d'hommes peu recommandables » (*Lois*, IV, 707b, trad. Brisson et Pradeau).>
3. <G. Grote, *Plato and the Other Companions of Sokrates* (1867), Londres, J. Murray, 3 vol., rééd. Cambridge, Cambridge University Press, 2010.>

le travail – d'affirmer l'absence de système et la présence d'orientations plus ou moins contradictoires et plus ou moins acceptables. C'est infiniment plus compliqué que cela. Certes, d'un côté, l'on peut avancer sans simplification outrancière que la tonalité des énoncés platoniciens, sur le plan politique mais aussi philosophique, est essentiellement antidémocratique ; et que cet aspect est lié à toute sa philosophie, qu'elle soit ou non systématique. À cette philosophie, toutefois, Platon n'est pas seulement porté par sa haine de la démocratie, mais aussi par des nécessités internes de ce développement de la réflexion philosophique qui a commencé en Grèce dès la fin du VIIe siècle. Et qui, brièvement parlant, transforment presque inéluctablement dans l'histoire gréco-occidentale la pensée en raison, en *ratio*, tendant de plus en plus à assujettir, au cours de cette histoire, l'activité pensante à une logique ensembliste-identitaire. Certes, nous n'avons presque nulle part cela sans reste, et en tout cas pas chez les grands philosophes, mais il s'agit bien du courant central, de la poussée dominante. Il nous faudra donc revenir sur l'histoire de la philosophie, et d'abord sur l'ontologie de Platon et ses relations avec sa politique. On verra d'ailleurs, le moment venu, que cette relation, bien réelle, est parfois plus ténue que ce que l'on a pu prétendre[4]. Quoi qu'il en soit, nous allons reprendre cette évolution philosophique en discutant, comme pour Thucydide, non pas les philosophes en eux-mêmes mais ce qui nous semble chez eux important par rapport à notre problématique centrale.

Rappelons une fois de plus que, si nous parlons de la Grèce, nous ne parlons pas bien entendu de la totalité des phénomènes, ni même de la totalité de la création grecque. Nous avons à peine évoqué la poésie, par exemple, et nous n'avons abordé la tragédie que comme institution de l'auto-limitation politique[5]. Homère,

4. <*Cf.* Castoriadis, *SPP* (séminaires février-avril 1986), p. 25-28, 70-76, 192-194 ; *SV*, p. 337-339.>
5. <*Cf.* les séminaires des 18 avril, 2 mai et 9 mai 1984, dont la substance

il en a été question[6] moins comme poète que comme porteur de thèmes qui nous intéressent. Nous n'avons pratiquement rien dit de la comédie, et nous avons eu tort : même d'un point de vue étroitement politique, nous aurions pu et dû en parler en tant qu'institution d'auto-limitation de la démocratie. Vers 427-426, Aristophane écrit une comédie, les *Cavaliers*, qui est la satire la plus féroce que l'on puisse imaginer contre le « démagogue » – pour reprendre une terminologie ultérieure – athénien Cléon. Le traitement qu'il lui fait subir ne serait tout simplement pas accepté de nos jours – nulle part –, et cela indépendamment même de la scatologie aristophanesque, qui n'arrange rien. Or les Athéniens donnent le prix de la comédie à Aristophane et, un mois plus tard, élisent à nouveau Cléon stratège. Le poète a le droit de dire ce qu'il veut sur les hommes politiques, les citoyens ont le droit de rire énormément, mais leur jugement politique sur Cléon n'est pas pour autant celui d'Aristophane. Voilà la démocratie.

Bien d'autres thèmes n'ont été qu'effleurés. La mathématique, par exemple[7] : là encore s'élabore quelque chose de tout à fait neuf, à savoir la création d'un pur espace logique de la démonstration. On a voulu, ces cinquante dernières années, en réaction contre le prétendu « miracle grec », minimiser cet apport en insistant sur le niveau mathématique auquel étaient déjà parvenus les Babyloniens, les Égyptiens[a]... J'insiste : trouverait-on demain des tablettes cunéiformes ou des papyrus qui contiendraient – si cela avait un sens – à la fois toutes les propositions d'Euclide et la totalité de Bourbaki, à en juger par les documents qu'on a pu trouver concernant la géométrie, ils ne les contiendraient que comme des compilations de vérités

---

est reprise dans « Anthropogonie... » et dans « Notes sur quelques moyens de la poésie », *FP*, p. 13-61, rééd. p. 17-75 ; et les séminaires des 4 mai et 25 avril 1984, *CEL*, p. 135-153, 224-234.>

6. <*CQFG 1*, p. 65-74 (séminaire du 24 novembre 1982), p. 85-120 (1er et 15 décembre 1982), p. 150-160 (12 janvier 1983).>

7. <*Cf. ibid.*, p. 77-83 (séminaire du 24 novembre 1982).>

empiriques. Par exemple : on a mesuré de nombreux triangles rectangles, et à chaque fois on a vérifié que l'hypoténuse était égale à la racine de la somme des carrés des deux autres côtés. Magnifique intuition, qu'on ne peut qu'admirer. Mais l'idée de démonstration rigoureuse, c'est autre chose[b].

Parenthèse sur cette histoire de la rigueur et de la démonstration, à propos de la fameuse quadrature du cercle. En français courant, l'expression en est venue à désigner une impossibilité manifeste. Or toute l'évolution du calcul infinitésimal à partir d'une certaine époque est de fait liée aux tentatives de solution du problème. La question de la mesure par approximations successives de la circonférence (comme limite du périmètre des polygones inscrits dont le nombre de côtés tend vers l'infini) et, par la même occasion, de la superficie du cercle est présente en Grèce dès le Ve siècle. Par exemple, dans la « solution » qu'en donne Antiphon, dont Aristote dira dans la *Physique*[8] qu'elle ne relève pas de la géométrie, même si le philosophe peut s'en occuper[c]. Pourquoi ? Au fond, parce qu'Antiphon utilise l'infini comme infini en acte et non comme infini potentiel : il s'autorise le passage de n (nombre des côtés du polygone) très grand à n effectivement infini. Aristote refuse de voir des mathématiques dans ce type de manipulation ; et même, à vrai dire, de la philosophie, car pour lui, comme pour la plupart des Grecs, il n'y a pas d'infini en acte. Il a d'ailleurs raison[9]. Toute cette affaire de raisonnements infinitistes se poursuit au XXe siècle, avec Brouwer et l'école intuitionniste, qui considère que tout objet mathématique doit être construit explicitement ; on ne peut donc que rester dans le dénombrable, c'est-à-dire dans un type d'infini qui n'est pas celui qu'utilisent les mathématiques modernes. Je ne vais pas entrer plus avant dans cette

8. <Aristote, *Physique*, I, 185a 15.>
9. <*Cf.* Castoriadis, « Portée ontologique de l'histoire de la science », *DH*, surtout p. 438-441, rééd. p. 548-551 (texte qui reprend des exposés de mai et juin 1985, donc à peu près contemporains de ce séminaire).>

problématique, je voulais simplement vous dire qu'elle est toujours vivante et qu'elle était potentiellement présente dès le ve siècle. Même Archimède, deux siècles plus tard, lorsqu'il trouvera certaines propositions par des procédés soit infinitésimaux, soit mécaniques, n'en donnera pas la démonstration, considérant à juste titre qu'elle n'est pas vraiment mathématique. Cela nous renvoie à un aspect très important de l'imaginaire grec ancien, où l'on trouve ce mariage extraordinaire entre une intuition, une vue imaginative et la passion, la folie de la rigueur, la volonté d'imposer à l'autre un *logos*, une logique, qui va le contraindre : je te montre ces deux figures, tu ne vois pas qu'elles sont égales ; je vais donc te le démontrer, t'obliger à l'admettre. Cette démonstration, dans le cas de la géométrie telle que la conçoivent les Anciens, et tout l'Occident pratiquement jusqu'à Hilbert, contient toujours une part de monstration puisque finalement toutes les démonstrations d'égalité sont des démonstrations de congruence de figures élémentaires : on montre qu'en faisant tourner une figure ou en la déplaçant sur un plan, elle coïncidera avec une autre ; donc on le *fait voir*, mais par des opérations en principe rigoureusement réglées.

Nous nous sommes demandé dans quelle mesure cette création était consciente d'elle-même. J'ai essayé de montrer, sur l'exemple aussi bien de Thucydide que de la tragédie, que dans une mesure non négligeable c'était bien le cas. Il est pourtant clair que cette conscience de soi ne va pas jusqu'au bout, ou plutôt qu'elle est comme obscurcie par la fin de la démocratie et par l'irruption, au plan spirituel, de Platon. Nous avons longuement parlé de Thucydide, et il est un point sur lequel je voudrais insister même si nous y avions déjà fait allusion, car c'est à la fois très frappant et très significatif : la chute vertigineuse du niveau de la réflexion historique après lui. Il en est d'ailleurs de même dans bien d'autres domaines. Prenez la tragédie. Outre les trois grands tragiques, il y en a eu d'autres, célèbres en leur temps, comme cet Agathon qui apparaît dans le *Banquet* et dont il nous reste quelques vers. Et on a dû continuer d'écrire des tragédies après eux, puisque nous connaissons le nom de quelques tragédiens. Mais là aussi, force est de constater que le même filtre – bon ou mauvais, et peut-être pas tellement mauvais compte tenu de ce qu'il nous a conservé –, cette tradition qui commence avec les Alexandrins, ne nous a rien laissé. Pourtant, bien des choses ont fleuri à partir du IVe siècle dans d'autres domaines : en philosophie, outre Platon et Aristote, les épicuriens et les stoïciens ; la rhétorique ; certaines disciplines appliquées comme la stratégie et la tactique, la poliorcétique ou art des sièges, etc. La mathématique surtout, qui ne s'arrête pas : Euclide, le très remarquable Pappus au IIe siècle... Mais dans les domaines abordés dans ce séminaire, la chute est vertigineuse. En histoire, on dirait que Thucydide n'a pas existé. Cette rage d'acribie, d'exactitude extrême pour ce qui est des événements, datations, etc., cette volonté de comprendre, c'est comme si cela n'avait pas été. Xénophon est à des années-lumière de lui. Polybe est remarquable, mais c'est autre chose. Il reste des fragments d'historiens, qui souvent ne nous font regretter que la perte d'informations historiques ; et des œuvres aussi, Diodore ou d'autres, où l'on trouve, avec des degrés de fiabilité divers, ces informations. Thucydide voulait que son œuvre soit *ktèma es aei*, une possession pour toujours, et c'est bien ce qu'elle est. Mais ce qui vient après nous montre aussi les énormes possibilités de régression de l'humanité. Pourtant, après sa mort, il y a eu pendant au moins dix siècles des gens capables de lire ce texte ; et ses manuscrits ont continué d'être recopiés, en nombre suffisant pour que l'œuvre soit parvenue jusqu'à nous. Mais ce n'était apparemment pas une leçon « pour toujours » : on a recommencé à écrire de l'histoire comme s'il n'avait pas existé. C'est d'ailleurs ce que fait Platon quand il lui arrive d'aborder l'histoire de la Grèce. Ne parlons même pas des jugements de Denys d'Halicarnasse, quelques siècles plus tard, qui ne s'intéresse pratiquement plus chez Thucydide qu'à la rhétorique...

Après ce long préambule, j'en viens à ce qui va être notre

sujet à partir d'aujourd'hui : un retour sur l'évolution philosophique qui conduit à Platon, et en particulier sur le début
de prise de conscience de la création dans le monde grec qui
sera finalement étouffé par Platon lui-même. J'ai déjà dit[10] que
dans ce domaine la pensée grecque est caractérisée par trois
grandes oppositions, à vrai dire inséparables : *einai/phaines-
thai*, être/apparaître, *alètheia/doxa*, vérité/opinion, et *phusis/
nomos*, nature/institution (l'institution étant ici la convention/
institution, la loi conventionnelle, la loi posée par les hommes,
comme le disent explicitement les écrits hippocratiques[11]).
Des deux premières oppositions, être/paraître ou apparaître et
vérité/opinion, on pourrait dire qu'elles sont triviales, et c'est
vrai en ce sens qu'elles sont partout présentes. Je suis incapable
d'imaginer une langue humaine, aussi primitive soit-elle, qui ne
contienne pas la double opposition : ce n'est pas ainsi, même s'il
te semble que c'est ainsi ; et : tu crois que, ta *doxa* est que, mais
la vérité est que... Sans cela, il ne peut pas y avoir de distinction entre le vrai et le faux sous la forme la plus rudimentaire ;
sans cette distinction au niveau instrumental, il n'y a pas de vie
humaine possible. Les chasseurs primitifs doivent savoir si celui
qui revient de tel endroit et prétend avoir vu (ou ne pas avoir
vu) quatre ours dit vrai ou faux. Il y va de leur survie. L'originalité des Grecs n'est donc pas là, et elle n'est pas non plus
dans la découverte ou la position de la *phusis* comme telle :
l'idée d'un ordre naturel des choses est sans doute là partout.
(Cet ordre « naturel » peut être d'ailleurs d'origine divine, il
ne s'agit pas de l'opposition nature/divinité, ni nature/raison,
ni, comme dans le christianisme, nature/grâce.) La *phusis* ne
devient quelque chose de « grec », ne prend son sens plein qu'en
fonction et par le moyen de la polarité *phusis/nomos*, de cette
opposition, qui est aussi d'une certaine façon une solidarité, avec

---

10. <*CQFG 1*, p. 203 *sq.* (séminaire du 23 février 1983). Mais déjà dans
« Valeur, égalité... » (1975), *CL*, p. 270-278, 306-313, rééd. p. 352-363, 401-409.>
11. <*Cf. CQFG 1*, p. 203, 254, et les notes complémentaires correspondantes.>

le terme *nomos*[12]. Je vous renvoie à deux livres importants sur cette question : la dissertation de Felix Heinimann *Nomos und Physis*, publiée à Bâle en 1945, et le livre de Martin Ostwald *Nomos and the Beginnings of the Athenian Democracy*, qui est de 1969. Mais consultez aussi le *Vocabulaire des institutions indo-européennes* de Benveniste[13].

Quelques mots d'abord sur le terme *nomos* lui-même, l'un des plus importants de la langue grecque, un de ceux qui permettent de voir ce qu'est une langue, ce qu'est la création sémantique, où l'on peut voir l'imaginaire à l'œuvre dans la langue elle-même. *Nomos* vient du verbe *nemô*, qui au début veut dire, à la voix active : partager, distribuer, allouer, et de là : avoir en pâture ; et, à la voix moyenne : se partager entre soi, d'où : posséder, avoir comme sa part ; d'où aussi : habiter, demeurer. (Et aussi demeurer d'une certaine façon : *Kai mekhri toude polla tès Hellados tô palaiô tropô nemetai*, et jusqu'à nos jours une grande partie de la Grèce *nemetai* – est habitée, instituée, régulée, exploitée, car tous ces sens sont dans ce *nemetai* – suivant la vieille manière, lit-on dans Thucydide I, 5.3. Le traducteur, bien entendu, devra utiliser un seul mot pour parler de ces gens qui vivaient « suivant la vieille manière » : comme des pirates ou des brigands.) C'est à partir de Pindare, c'est-à-dire autour de 500, que la voix active acquiert le sens de la voix moyenne : posséder, tenir. Mais également – curieux passage à partir de : allouer, partager, habiter – la signification de : tenir pour, considérer

12. <Sur cette opposition *phusis/nomos* chez Castoriadis, voir, outre « Valeur, égalité… » (1975), *loc. cit.*, *CQFG 1*, p. 203-205, 223-224 (séminaire du 23 février 1983), p. 253-261 (séminaire du 9 mars 1963) ; aussi *CEL*, p. 221-223 (séminaire du 25 avril 1984) ; et *FF*, p. 23-25, rééd. p. 26-28.>

13. <F. Heinimann, *Nomos und Physis. Herkunft und Bedeutung einer Antithese im griechischen Denken des 5. Jahrhunderts*, Bâle, Friedrich Reinhardt AG, 1945, rééd. Darmstadt, Wissenschaftliche Buchgesellschaft, 1978 ; M. Ostwald, *Nomos and the Beginnings of the Athenian Democracy*, Oxford, Oxford University Press, 1969, rééd. Wesport, Greenwood Press, 1979 ; E. Benveniste, *Vocabulaire des institutions indo-européennes*, Paris, Minuit, 1969, t. 1, p. 84-86.>

comme. *Se nemô theon*, je te tiens pour un dieu, je te considère comme un dieu, dit Électre chez Sophocle[14]. Ou, dans le célèbre vers de Simonide cité dans le *Protagoras* de Platon : *oude moi emmeleôs to pittakeion nemetai*, il ne me semble pas que le dit de Pittakos ait été comme il faut[15]. Il y a tout un ensemble de significations de *nemô* dont on peut voir facilement la relation avec celui que je viens de mentionner, mais qui devient, peut-être dès le départ, spécifique ; c'est le *nemô* des pasteurs : mener paître des troupeaux. Ce *nemô* donne *nomè*, pâturage, qui prend le sens de : possession ; *nomisis* aussi, la croyance : Thucydide parle d'*anthrôpeias to theion nomiseôs*, ce que les hommes croient des choses divines[16] ; puis *nomisma*, ce qui est coutumier, l'institution en général, puis monnaie, sens que l'on trouve déjà chez Hérodote[17]. Puis, dans le fameux passage du livre V de l'*Éthique à Nicomaque* sur le *nomisma*, la monnaie, Aristote présente la théorie – la seule, la vraie, la bonne – conventionnelle ou nominale de la monnaie et dit : c'est pour cela que nous appelons la monnaie *nomisma*, parce qu'elle est par convention[18]. Aristote était aussi éloigné de Marx que de Jacques Rueff dans le domaine monétaire : il était conscient du fait qu'une monnaie ne vaut que par convention.

On ne trouvera *nomos* chez Homère qu'au sens de « pâturage ». Si ce n'est, détail amusant, par le biais d'une correction de Zénodote, le grand grammairien alexandrin du IIe siècle av. J.-C., au troisième vers de l'*Odyssée*. Dans ce vers célèbre entre tous Homère dit que cet homme *polutropos* a connu les cités de beaucoup d'hommes *kai noon egnô*, et en a connu les *nooi*, leur esprit, leur tournure ou façon de penser. Zénodote remplace *noon* par *nomon* : Ulysse a vu les cités de beaucoup d'hommes et il a connu leurs coutumes[d]. (À première vue, ce ne sont que des

---

14. <Sophocle, *Électre*, v. 150.>
15. <Platon, *Protagoras*, 339c.>
16. <Thucydide, V, 105.1 (dialogue entre les Athéniens et les Méliens).>
17. <Hérodote, I, 94.2.>
18. <Aristote, *Éth. Nic.*, V, 5, 1133a 25-31.>

détails, mais c'est important parce que dans cette question du *nomos* on trouve la réfutation anticipée de certaines aberrations de Heidegger.) Les érudits ont beaucoup discuté là-dessus, mais en fin de compte « il a connu leurs coutumes et leurs lois » ou « il a connu leur tournure d'esprit », cela revient au même : l'esprit des lois est la loi des esprits des individus qui vivent dans une cité. En tout cas, dès la fin du VIIIᵉ et le début du VIIᵉ siècle, chez Hésiode le *nomos* est bien l'« usage », la « coutume ». Quand Pindare dit *nomos pantôn basileus*[19], le *nomos* est roi de tout, il ne s'agit sans doute pas de loi au sens kantien ni même grec ultérieur, ou aristotélicien. Mais Héraclite, au milieu du VIᵉ siècle, écrit qu'il y a beaucoup d'*anthrôpeioi nomoi*, de coutumes, lois, institutions humaines, et qu'elles sont toutes nourries *hupo henos nomou theiou*, par une loi divine[20]. On voit qu'il y a ici clivage à l'intérieur de la signification, et qu'il nous faut revenir aux différents sens de *nemô* et à leur glissement : nous avons comme loi ce qui nous a été alloué, dispensé, ce que nous nous sommes dispensé à nous-mêmes, ce que nous avons posé comme nous appartenant, notre habitude de faire, notre façon d'habiter ou de demeurer. Le *nomos* est donc essentiellement notre façon de faire, mais cette façon de faire est pour nous obligatoire aussi longtemps que nous n'avons pas rompu tout à fait avec elle. On retrouve ce caractère obligatoire, liant, dans le *lex* latin, bien que la dérivation soit très différente : *lex*, c'est le fait de lier ensemble, comme la ligature que fait le chirurgien. Cet aspect liant et obligatoire apparaît déjà quand Héraclite dit que tous les *nomoi* humains sont nourris par une loi divine, car évidemment on ne peut pas dire, et Héraclite n'aurait jamais dit, que la loi divine est une loi « conventionnelle ». Il y a donc un clivage dans la signification même, dont il faudra tenir compte.

19. <Pindare, frag. 49 de l'éd. Puech. L'expression est surtout connue de nos jours grâce à la citation d'Hérodote, III, 39.>

20. <Héraclite, DK 22 B 114.>

Mais c'est au Ve siècle que la notion de *nomos* est pleinement élaborée. Démocrite écrit : *nomô gluku, nomô pikron*, et : *nomô thermon, nomô psukhron*, c'est par convention/institution qu'il y a du doux et de l'amer, du chaud et du froid[21]. Je vous ai déjà parlé plus d'une fois de la profondeur inégalable de Démocrite[22]. Il ne dit pas que, ayant changé de convention, demain nous pourrons avoir froid dans une fournaise et transpirer dans un bain glacé ; il ne se réfère pas non plus aux mots employés, se bornant à dire qu'on pourrait permuter les termes. (Car bien entendu, pour éprouver la conventionalité d'un langage on peut se livrer à l'exercice qui consiste à permuter deux termes contradictoires, avec toutes leurs ramifications dans la langue, et alors « noircir » signifiera « blanchir », et vous amènerez votre linge à la noircisserie. La langue est une institution, c'est-à-dire une convention *in toto*, globale – ce qui ne veut pas dire qu'on peut y faire n'importe quoi, mais, au contraire, que tous les changements ont des conséquences.) Démocrite, qui connaît le caractère conventionnel du langage, ne parle pas ici des mots mais des choses mêmes : c'est la subjectivité humaine, à travers ce *nomos* qu'est la sensorialité chez les humains, qui institue dans l'univers sensible un doux et un amer, un chaud et un froid, etc. Tandis qu'en vérité il n'y a que « des atomes et du vide ». On peut à partir de là élaborer, réfléchir au fait que le *nomos* de la sensorialité humaine est relié à un *nomos* de l'imagination, etc. Mais Démocrite ouvre par cette phrase le gouffre du fondement même de la sensorialité humaine. Un autre versant de la signification de *nomos* conduit à l'opposé sémantique, au *nomos* au sens de la loi pure, à Kant. C'est le *nomos esti nous aneu orexeôs*, la loi est une pensée sans désir, dans la *Politique* d'Aristote[23]. (Preuve supplémentaire du fait que ni Lacan ni les lacaniens n'ont jamais lu Aristote, car il n'est pas question

21. <Frag. rapporté par Diogène Laërce, IX, 72 (= DK 68 B 117).>
22. <Voir surtout *CQFG 1*, p. 255-259.>
23. <Aristote, *Politique*, III, 16, 1287a 32.>

ici de désir de l'autre, si l'on prend désir au sens fort, freudien, du terme. Le désir n'a rien à faire avec la loi – sauf évidemment comme désir de transgression de la loi, mais c'est encore autre chose.)

Il y a des dérivés de *nomos* intéressants pour nous, dont certains tout à fait évidents comme *eunomia*[e]. L'*eunomia* est l'état de «bonne législation» : aristocrates et oligarques s'entendaient pour louer l'*eunomia* spartiate, ces «bonnes lois» que dans le pays tout le monde suivit. Je vous ai sans doute déjà rappelé, dans Hérodote, la discussion entre Démarate et Xerxès. À Xerxès qui lui fait remarquer que mille Lacédémoniens ne pourront rien contre son immense armée, Démarate, un traître spartiate, répond que ces Lacédémoniens sont redoutables parce qu'ils ont un maître qu'ils craignent plus que les soldats perses ne craignent le Grand Roi : la loi[24]. On retrouve ici le thème de la loi comme *nomos basileus*, «tyran» au sens premier du terme, comme institution de la communauté mais qui s'impose avec la sévérité, la rigidité absolue d'une loi physique à laquelle personne ne peut échapper. Eunomie donc des Spartiates, mais aussi, chez Hérodote, *isonomia*, loi égale pour tous, un terme qui désigne la démocratie avant même l'apparition de *dèmokratia*. *Isonomia* renvoie à tout le problème présent dans la forme *nemô* : celui du partage égal. Partage égal qui, soit dit en passant, s'agissant du bien par excellence, la terre, est très rarement posé comme tel, bien qu'il y ait eu des demandes de redistribution des terres, sinon à Athènes, du moins dans d'autres villes, tout au long de l'histoire grecque. La question : *isonomia* jusqu'où ? est déjà contenue dans le terme lui-même. D'autres termes dans ce contexte vaudraient d'être étudiés, comme *nomothetai*, ceux qui posent les lois, les «législateurs», ceux qui les révisent ; ou *nomothesia*, l'action de poser la loi et le code, la législation elle-même. Mais nous en resterons là aujourd'hui en ce qui concerne la constellation sémantique des termes *nemô* et *nomos*. On y

24. <Hérodote, VII, 101-104.>

voit au travail, simultanément, l'esprit de la langue et l'esprit, la création d'un peuple. La langue contient certes telle et telle possibilité, mais il ne faudrait pas dire – c'est à peu près la position de Heidegger – que ce que les Grecs ont fait, ils l'ont fait parce qu'ils étaient en un sens conditionnés par leur langue. Il y a sans doute un « génie de la langue », mais en même temps une création historique qui sous-tend, oriente, dirige dans certaines directions l'évolution sémantique qui donne finalement au terme *nomos* cette merveilleuse polysémie qui le rend capable de dire à la fois ce qui n'existe que par pure convention et ce qui n'est absolument pas conventionnel mais s'impose de soi-même, soit parce qu'il est nourri par les lois divines comme dit Héraclite (VIᵉ-Vᵉ siècles), soit, comme dira Aristote à la fin du IVᵉ siècle, parce que nous avons affaire à une pensée sans désir. Ces contradictoires se retrouvent dans le même mot, dans ce sous-magma du magma des significations grecques ; et des choses qui seraient exclusives les unes des autres dans un système ensembliste-identitaire sont ici co-possibles, coexistent. Voilà pour *nomos*. Il y a un autre magma autour du terme *doxa*, l'opinion, dont la portée est sans doute moindre. Mais je ne vais pas m'étendre aujourd'hui là-dessus.

Passons à l'élaboration, dès Thalès et les présocratiques, de l'opposition *einai/phainesthai*, entre ce qui est et ce qui apparaît. Nous constatons d'abord que quelque chose apparaît ou se donne. On pourrait dire aussi : se présente ou est présent, et impossible alors de ne pas penser à Heidegger, le seul philosophe contemporain important qui ait voulu faire une sorte de retour aux Grecs – qui n'est, au fond, qu'un retour de Heidegger à Heidegger. Car d'après lui « être » signifie pour les Grecs « être présent », ce qui est à mon avis tout à fait unilatéral et donc, de ce fait, faux. La philosophie grecque commence plutôt par la constatation que ce qui est présent n'est pas nécessairement ce qui est : ce qui apparaît, ce qui se donne n'est pas vraiment, ou plutôt n'est pas vraiment tel qu'il se donne. Entre ce qui apparaît et ce qui est, il y a donc des relations interminablement problématiques. Or, rappelons-le encore une fois, cela – que ce qui apparaît n'est pas nécessairement ce qui est –, les hommes l'ont sans doute su de tout temps. Mais, à la différence des Grecs, ils n'en ont pas fait le fondement d'une question, d'une interrogation au sens où nous l'entendons ici, c'est-à-dire qui ne s'arrête pas. Une réponse – la croyance en l'intervention de telle ou telle puissance qui rend compte de l'écart, le récit et la théorie mythiques sur l'apparence et la réalité et leurs rapports – est aussitôt venue combler l'espace de l'interrogation, et la réponse instituée, le *nomos* de la tribu, fait que l'interrogation philosophique ne peut pas surgir. Avec Thalès, un citoyen se lève et met en cause la réponse imaginaire instituée. Il faut bien voir que sa réponse n'est pas à son tour instituée, au sens fort – et c'est d'ailleurs ce qui fait que les Grecs ont des poètes et des philosophes, mais n'ont pas de véritables prophètes. La réponse de Thalès, fût-elle celle de l'homme qui a prédit une éclipse, ne fait pas autorité, nul ne prétend qu'il faut croire que tout est fait d'eau parce que Thalès l'a dit – puisque, d'après la doxographie[25], telle est sa réponse. Celle-ci ouvre un discours à la fois unitaire et contradictoire et qui se poursuit encore aujourd'hui, le discours philosophique.

Or « ce qui apparaît » concerne aussi bien le sensible que ce que l'on croit (les termes *phainesthai* et *dokein* peuvent être utilisés en grec pour rendre les deux aspects). Deuxième point donc : celui à qui quelque chose apparaît ou à qui quelque chose semble être ainsi plutôt qu'autrement, l'homme, le sujet – la psyché chez Thalès ou chez Héraclite – est pour quelque chose dans cet écart, cette différence possible entre l'être et l'apparaître. Pour parler moderne : l'apparition du sujet divise l'être entre ce qui est et ce

25. <*Cf.* J. Burnet, *L'Aurore de la philosophie grecque* (1892), trad. Aug. Reymond, Paris, Payot, 1910, rééd. 1970, p. 39-52, spéc. p. 48. ; G.S. Kirk, J.E. Raven et M. Schofield, *Les Philosophes présocratiques*, trad. fr. Éd. Universitaires Fribourg Suisse-Éd. du Cerf, Paris, 1995, p. 79-103 (de la 2ᵉ éd. angl. 1983). Nos principales sources sont ici Aristote, *Métaphysique*, A 3, 983b 6, et *De caelo*, B 13, 294a 28.>

qui apparaît au sujet. Cet écart concerne donc l'émergence d'un sujet humain, et je pense que c'est ici, autant et plus que dans la première position (le creusement de la différence entre l'être et l'apparaître et l'instauration d'un discours interminable), que réside la caractéristique originale, profonde, impérissable de ce qui commence avec la pensée philosophique grecque. L'homme est pour quelque chose dans le surgissement de cet écart entre l'être et l'apparaître : c'est évidemment dans cette deuxième constatation ou position que se trouvent les conditions du retour sur soi, de la réflexion, mais aussi de la reconnaissance d'une problématique *autonomie* de l'homme, le terme « autonomie » étant pris ici dans un sens à la fois plus large et plus élémentaire que celui dans lequel nous l'utilisons d'habitude. Il n'y a pas chez l'homme un pur décalque de ce qui est, il y a un jeu énorme entre l'être et ce que l'homme fait, par son existence, apparaître pour lui. Or on trouve cela déjà dans une idée attribuée à Thalès par Aristote, et que rien ne nous empêche de croire authentique, sur la *psukhè* qui serait *autokinètos* : l'âme dotée d'un principe moteur, qui se meut d'elle-même [26]. Si l'âme se meut elle-même et d'elle-même, là encore, tout s'ouvre : elle se meut comment, pourquoi, vers quoi ? Et que se passe-t-il alors quand l'âme connaît ? Tire-t-elle tout d'elle-même ? Ou bien ne se meut-elle plus d'elle-même quand elle connaît ? Contrairement à ce que Heidegger a pu dire, les Grecs n'ont jamais vécu dans la lumière de l'Être, ils ont vécu dans l'obsession qu'il y a illusion, qu'il y a erreur – et, sur un autre plan, avec l'évidence de la mort. C'est cela, l'obsession grecque par excellence, et c'est en fonction de cela qu'il y a possibilité de vérité. Ni lumière ni harmonie, mais erreur et illusion – et tragédie, inceste, parricide, infanticide, etc. : c'est cela, la Grèce. La question de l'être et la question de la vérité ne prennent sens que sur ce fond. Et, plus d'un siècle après, Parménide s'avance et affirme : *estin einai*, il y a de l'être, seul l'être est... <...> Finalement

---

26. <Aristote, *De anima* A 2, 405a 19.>

la question surgit, qui est traitée longuement dans le *Sophiste* de Platon : si le non-être n'est pas, comment pouvez-vous dire qu'il n'est pas ? Donc, il y a du non-être. Et cela recommence, mais à un autre niveau. <…> Quand Parménide dit cela, nous n'avons pas affaire à une affirmation abrupte, son assertion est longuement préparée par tout ce qui a précédé : la succession des présocratiques, chacun prétendant dire la vérité et chacun avançant une vérité différente. De là la recherche d'un fondement solide, mouvement qui sera prolongé jusqu'à Platon et porté à son plus haut niveau par lui. Parménide ne prend son sens que comme réponse à cette certitude : il y a erreur, illusion, écart irrémédiable entre l'être et l'apparaître. Il faut bien voir d'ailleurs que cet écart, Parménide lui-même est forcé à son tour de le creuser, quand il dit : si tu veux suivre la voie de la vérité, il faut te persuader que l'être est et que le non-être n'est pas – ne suis pas l'autre voie, celle de la *doxa*. Mais s'il y a donc une autre voie que je peux mais ne dois pas suivre, c'est bien qu'il y a du non-être – car dans la *doxa* je pense ce qui n'est pas, et ce non-être est là, ne fût-ce qu'en tant qu'objet de ma pensée. Parménide essaye donc de donner un point fixe et de clore le débat, mais ce faisant il n'aboutit qu'à le rouvrir. Il est alors dépassé sur sa gauche, si l'on peut dire, par ses propres suiveurs, et arrive Zénon, le « cruel Zénon » d'Élée, dont les arguments reviennent à ceci : le monde de la *doxa* ne peut être pensé sans contradiction. En effet, il contient le mouvement, et le mouvement est logiquement impossible : il est contradictoire pour les raisons que donne Zénon, et dont on aurait tort de croire qu'elles n'ont plus d'intérêt. Les paradoxes de Zénon sont bien vivants, et périodiquement repris par les logiciens et les philosophes[27]. Lui-même, bien entendu, n'échappe pas au problème, parce qu'essayer de montrer que le monde de l'illusion est impossible ou contradictoire, c'est déjà trop : c'est introduire dans la maison le serpent – la scission, la rupture, l'écart, le non-être. Il ne fallait même

27. <*Cf.* Castoriadis, *FP*, p. 296-298, rééd. p. 356-359.>

pas l'évoquer : à partir du moment où nous évoquons ce qui n'est pas, nous ne pouvons plus nous débarrasser du problème.

Sur ce chemin, revenons à quelques moments significatifs, et d'abord à cette réponse de Thalès, qui semble si naïve. Il aurait dit – car ce n'est pas un fragment transmis comme tel – que ce qui est vraiment, c'est l'eau. Quelle eau ? Toute la question est là, bien entendu. Ce qui est, selon lui, c'est l'eau, mais cela est de toute évidence faux : dans ce qui m'apparaît, je peux faire, précisément, la distinction entre ce qui m'apparaît comme eau ou comme table, livre, etc. Donc ce qui est ne se donne pas dans son apparaître tel qu'il est en vérité. Si la terre, l'air, le feu sont vraiment eau, ils le sont sans le paraître. Ici le *on*, l'être, l'étant, est *ap-eon*, il est absent, et ce qui est *par-eon*, présent, n'est pas tout à fait ou pas directement *on*. Dans cette réponse d'apparence naïve, nous trouvons donc déjà la scission entre l'être et le paraître, tout comme nous la trouverons dans les réponses que donneront par la suite Anaximène (l'élément premier, c'est l'air) ou Anaximandre – mais ici nous passons à un tout autre niveau –, pour qui cet élément, c'est l'*apeiron*, l'indéterminé[28]. Même chose dans les réponses d'Anaxagore, de Démocrite, etc. Thalès et ses successeurs ne se bornent pas à poser cette différence entre l'être et le paraître, d'autres indications des doxographes montrent qu'ils veulent rendre pensable le passage de l'être à l'apparaître ; bref, que nous avons déjà là l'amorce de tout le mouvement de la philosophie – et la croix de toutes les philosophies, d'ailleurs. On peut bien entendu trouver que les réponses des Milésiens sont primitives. Chez Anaximène, par exemple, si *x* apparaît comme *y*, c'est qu'il y a un *puknôsis* et *manôsis*, condensation et raréfaction[29] : l'air raréfié devient du feu, et par condensation du vent puis de l'eau ; quand l'eau se

---

28. <*Cf. CQFG 1*, p. 187-201.>
29. <Sources et discussion *in* J. Burnet, *L'Aurore de la philosophie grecque*, *op. cit.*, p. 77-83 ; G.S. Kirk *et al.*, *Les Philosophes présocratiques, op. cit.*, p. 151-171.>

condense, elle devient de la terre… Pourtant, nous avons déjà là, sans exagération, l'ébauche d'un mouvement de type hégélien : les différences qualitatives ne sont que des différences quantitatives – la terre n'est que de l'eau condensée, le feu n'est que de l'air raréfié… Il y a un élément de base – pour Hegel ce sera l'Esprit absolu, chez d'autres ce sera autre chose. Et puis nous sommes en Grèce, il y a la quantité, la mathématique : on densifie, on raréfie. Dans le *Timée* de Platon, en disposant autrement les polyèdres, on obtient les différences apparentes, les différences qualitatives. Par cette réduction de la qualité en quantité, on pense pouvoir supprimer la scission entre l'être et le paraître ; même si ce n'est que partiellement, parce que réduire ce qui apparaît comme différent à un élément identique ne peut se faire que par la pensée et n'empêche pas ce qui est de m'apparaître comme chaque fois différent : le donné reste là. Pour le dire autrement et dans un langage plus moderne, personne n'est assez fou pour croire qu'à partir du moment où la physique nous donne telle longueur d'onde pour rendre compte de la différence entre les couleurs, celle-ci sera supprimée. La variation d'un petit paramètre dans une équation d'ondes ne change rien à la différence qualitative des couleurs. Il y a un être de l'apparaître comme tel, du phénomène comme tel, qui est tout à fait indépendant de toute relation qu'on pourra établir avec d'autres strates présentes derrière les apparences.

Mais revenons au mode d'existence de l'eau en tant qu'être véritable pour Thalès. Quelle est la région dans laquelle l'eau peut être l'être vrai ? Nous savons que l'eau de Thalès ne peut pas être de l'ordre du simple perçu, puisque dans les régions familières c'est à l'eau de la pluie ou de la mer que nous avons affaire. L'eau de Thalès est une eau constituée, construite si l'on veut par lui, et dont il pense qu'elle est l'être véritable de tout, et finalement réelle, ou plus que réelle. Quel est donc son mode d'être ? Pour nous, elle n'est en fin de compte que représentation – non pas concept mais représentation : elle renvoie à une région peuplée de réalités non réelles, de figures non visibles, de perceptions d'un non percevable. L'eau de Thalès, l'air d'Anaximène sont des représentations au sens le plus fort, le plus philosophique du terme, des *Vorstellungen*, tout comme l'*apeiron*, l'indéterminé d'Anaximandre. Car l'indéterminé, s'il l'est vraiment, est purement privatif, il ne saurait être un concept. Il y a une puissance de penser qui permet de se représenter l'indéterminé, ce qui veut dire effectuer une série d'opérations moyennant lesquelles on lève toute détermination qui pourrait surgir. Mais rien d'autre. Vous vous rappelez ce que nous avons dit du calcul infinitésimal : c'est la totalisation en un sens toujours arbitraire qui clôt cette série de déterminations par laquelle nous pouvons parler de l'indéterminé ou de l'indétermination, au sens où en parle Anaximandre, c'est-à-dire de l'*apeiron* absolument. Il ne dit pas que ce qui est indéterminé l'est quant à, par exemple, la couleur, il dit : c'est indéterminé, *apeiron*, et donc aussi inexprimable, et infini, indéfini.

C'est cela, la roue de la philosophie : tentative de combler l'écart entre l'être et l'apparaître, puis conscience que nous avons quelque chose à faire avec l'émergence de l'écart, qui aboutit à reconstituer l'écart. Si nous mettons à l'épreuve les énoncés des philosophes, qu'il s'agisse du primitivisme de Thalès ou de la sophistication de Hegel, nous aboutissons au même résultat : cette unité est restaurée dans la région de la pure représentation, dans la pensée, dans quelque chose (*noos*, dira Parménide) qui n'est pas ce qui est, ou qui n'est pas simplement ce qui est, ou qui n'épuise pas ce qui est. Nous avons donc, pour combler l'écart entre l'être et l'apparaître, recréé l'écart entre la région de l'être et la région de la pensée dans laquelle se donne prétendument (ou véritablement, nous n'avons pas à prendre maintenant position là-dessus) la vérité de l'être, laquelle ne se donne pas dans l'être mais dans la représentation. Cette vérité que l'être, c'est de l'eau, ou que l'élément, le principe de l'être, c'est l'eau, se veut donc plus vraie que toute perception. Et pourtant, c'est tout à fait autre chose qu'un pur concept. Parce que dire que ce qui est, c'est de l'eau, cela n'a de sens, répétons-le, que par le renvoi à une présentification irréelle, à une espèce d'intuition virtuelle qui pourrait être cette eau générique de Thalès, qui n'est ni l'eau du fleuve, ni l'eau de la mer, ni l'H_2O de la chimie, mais une sorte de générique concret, d'universel à la fois matériellement et abstraitement présent dans toutes ces espèces sans se confondre avec aucune d'entre elles. Où l'on voit déjà poindre les miracles de la théologie – du moins certains d'entre eux. Cela, c'est l'eau comme représentation, non pas représentation pour quelqu'un mais représentation absolue à laquelle il se trouve que Thalès a accès, et à travers Thalès nous aussi.

Nous avons après lui cette séquence que vous connaissez, et d'autres éléments qui prennent la place de l'eau, ou d'autres déterminations : l'*apeiron*, ou le nombre chez les pythagoriciens, ou le *nous* d'Anaxagore ; et cette succession de pensées/représentations montre tout de suite à celui qui réfléchit, et en particulier à ceux que l'on appellera au Ve siècle les sophistes, que plusieurs ou même une infinité de représentations de l'être sont possibles, mais que nous exigeons qu'une seule soit vraie. On m'objectera qu'aucun sophiste ne s'exprime ainsi ; mais c'est bien ce qu'ils disent tous ensemble. On peut ajouter qu'il y a passage à un autre niveau quand on quitte les sublimations – on retrouve le sens chimique initial du terme – des éléments naturels et que l'on passe à l'*apeiron* d'Anaximandre ou aux nombres des pythagoriciens, aux atomes et au vide des Abdéritains, à la *philotès* et au *neikos* (amour et discorde) d'Empédocle, au *nous* (esprit, pensée) d'Anaxagore, ou à d'autres paradigmes de cette représentation absolue. Dans ces derniers cas, d'ailleurs, on ne peut s'empêcher de penser que l'origine du paradigme n'est plus cherchée dans les éléments simples, externes, mais dans le monde intérieur de l'être.

QUESTIONS

– *Faut-il croire qu'aucun type de déterminisme n'existe, ni à long ni à court terme, qu'il s'agisse d'une seule cause ou de*

causes successives, de structure, de fonction, de désir, etc. ?
Que l'activité des hommes est fusion de plusieurs dimensions
de l'institution sociale et de la particularité affective-intention-
nelle de chaque acteur, à tout moment ; et qu'à tout moment
donc, dans le mouvement historique, l'ensemble des conditions
et des facteurs de toute action humaine ne forme qu'un champ
de possibilités pour ce qui va suivre, aucune forme de néces-
sité ne dérivant de cette possibilité ?

Il me semble qu'il y a ici un malentendu. Je ne dis pas, je
n'ai jamais dit qu'il n'existe aucun type de déterminisme dans
le monde humain. S'il n'y avait aucun type de déterminisme,
la vie sociale et la vie tout court seraient impossibles. S'il n'y
avait pas de déterminisme quand mon stylo appuie sur le papier
et qu'il en sort de l'encre, je ne pourrais pas écrire – certains
pourront bien entendu regretter qu'il n'en soit pas ainsi. Et
quand j'achète du pain chez mon boulanger, c'est du pain que
je mange et non pas du poisson. Comme je l'ai répété mille
fois, dans *L'Institution* et ailleurs, réseau déterministe et réseau
non déterminé – ou, si l'on veut, de la création – sont partout
entrelacés dans la vie historique et sociale ou, pour utiliser
la métaphore mathématique, il s'agit de deux parties partout
denses d'un ensemble : à n'importe quel moment de l'inspiration musicale la plus délirante il y a de l'ensembliste-identitaire, et à la base de toute construction ensembliste-identitaire,
la parcourant constamment, il y a un élément imaginaire – et la
même chose vaut pour ce qui est du déterminé et du non déterminé ou du créateur dans la vie sociale. Et, je le répète pour la
mille et unième fois, création veut dire cela et uniquement cela :
position de nouvelles déterminations. Quand un peuple se révolte
et crée quelque chose, on n'entre pas dans le règne du n'importe
quoi, il crée un nouveau système de lois et de déterminations,
et à partir de ce moment-là s'instaurent de nouvelles régularités
sans lesquelles il ne saurait y avoir de vie sociale. Peu importe
ici la différence, au plan philosophique, entre un déterminisme

absolu et un déterminisme probabiliste. Elle n'a pour nous aucun intérêt. Car peu importe de savoir si, de ce point de vue, des régularités établies par des institutions dans la vie sociale, dans la succession des actes, ne sont que hautement probables ou bien absolument déterministes. Elles ne sont certainement pas absolument déterministes, et l'on peut d'ailleurs se demander si dans n'importe quel domaine, à part l'abstraction pure, il y a de l'absolument déterministe. Mais la question n'est pas là. Ce qui nous intéresse ici, c'est que, pour qu'il y ait vie sociale, il faut qu'il y ait ce degré de détermination qui fait que pratiquement dans la quasi-totalité des circonstances que rencontre un individu dans sa vie en société, la conséquence de ses actes est si hautement probable qu'elle en est presque prévisible. Il est si hautement probable qu'en sortant de chez moi pour venir ici je ne rencontrerai pas d'assassin sur ma route que, de fait, je viens ici chaque mercredi ; et, dans la pratique, cela me suffit.

Cela vaut pour la vie sociale conçue, disons, horizontalement, mais nous retrouvons quelque chose d'analogue, comme nous l'avons vu à propos de Thucydide, dans la dimension diachronique : dans cette dimension, nous pouvons spécifier les ruptures des déterminations, leur donner au moins des noms pour savoir de quoi nous parlons, trouver des moments de création, c'est-à-dire de position de nouvelles déterminations. Nous avons aussi le fait que, les sujets humains étant ce qu'ils sont, aucune fabrication sociale ne peut jamais les rendre absolument conformes, que, même dans des sociétés où l'on ne peut guère parler d'autonomie des individus, même dans des sociétés aussi primitives que l'on voudra, il y a possibilité de transgression de la règle. Et, aussi et surtout, il y a, dans la société, le champ de l'action au sens propre du terme. Là, il ne s'agit pas seulement de la guerre du Péloponnèse. Une tribu de chasseurs de têtes de la Nouvelle-Guinée part pour en attaquer une autre, mais les eaux du fleuve qu'il fallait traverser ont gonflé ; ou la deuxième tribu a conclu une alliance avec une troisième, et celui qui voulait chasser est chassé à son tour. Il y a donc un champ de l'action qu'il est impossible de réduire à quelque chose de strictement probabilisable. De là l'inanité de toute théorie de la guerre, autrement que comme exercice de la *phronèsis*, du jugement, de ceux qui ont à faire la guerre. Nous avons du déterminisme et nous avons un champ de possibilités, et dans celui-ci il y a un certain nombre de choses qui se dérouleront avec une quasi-certitude et d'autres qui ne concernent pas la reproduction à l'identique de la société, qu'il s'agisse de conflits à l'intérieur d'une société ou entre deux sociétés. Et là apparaît le champ d'action : dans un champ de possibles qu'on ne peut inspecter d'avance, dont on ne peut pas faire la liste et qui en tout cas ne sont pas probabilisables. Ici s'ouvre à vrai dire une tout autre discussion, notamment à propos de la branche de la théorie des jeux de von Neumann où ces questions sont posées, mais cela nous entraînerait trop loin.

– Nous trouvons chez Thucydide deux cités, Athènes et Sparte, qui s'opposent de par leur forme de structuration/institution. Vous avez dit : ne cherchez pas la cause ou l'occasion de l'irruption de la guerre, elle aurait eu lieu de toute façon, nous sommes devant deux arbres qui poussent sur un même terrain. Deux structures de société se développent, et leur processus de développement, qui pourtant ne comporte que des possibilités, est déterminé par une opposition. N'y a-t-il pas là un déterminisme structural dérivant du mouvement – la reproduction et la transformation – de la structure ? L'invention, la peur, la passion des hommes ne sont-elles pas prises dans ce déterminisme ? Y avait-il une possibilité, compte tenu de cette structure, pour que la guerre ne se déclenche pas ? La seule solution ne se trouve-t-elle pas alors dans une osmose des structures ? Sparte aurait-elle pu évoluer vers une société de type athénien ? Ou, de nos jours : y a-t-il une libéralisation possible des sociétés bureaucratiques ?

On peut en effet se poser la question. Il y a opposition entre les régimes athénien et spartiate, d'un côté, et aussi ce que j'ai appelé – à propos de la conception de l'histoire de Thucydide – la poussée de la puissance de chaque société. Est-ce que tout cela détermine absolument la guerre, fait que la guerre est une fatalité ? Ici, il nous faut faire des variations sur l'histoire. Est-ce qu'une osmose entre Athènes et Sparte est, par exemple, impossible ? Sur ce point, je ne crois pas qu'il suffise de dire : l'histoire a montré ce qu'il en était. Vous pourriez alors m'objecter : on ne peut de toute façon pas faire comme si nous ne savions pas ce que l'histoire a effectivement été. Mais qu'est-ce que cela veut dire ? Je vous ai déjà parlé des observations de Max Weber sur la célèbre hypothèse d'Eduard Meyer : qu'est-ce qui se serait passé si les Perses avaient gagné la bataille de Salamine[30] ? Une civilisation grecque « asiatisée », donc pas de civilisation européenne, pas d'Eduard Meyer... En un sens, évidemment, la discussion présuppose que les choses ont eu lieu comme elles ont eu lieu. Vous connaissez peut-être le paradoxe de *The Guardians of Time*, un recueil de nouvelles de science-fiction[31] : à partir du moment où une machine à remonter le temps est inventée, il faudra continuellement patrouiller dans le temps pour empêcher que le cours de l'histoire du monde ne soit altéré par des voyageurs temporels – et s'ils y parvenaient, cela pourrait faire que la machine n'ait pas été inventée... L'histoire du monde a effectivement été ce qu'elle a été et pas autre chose, et c'est pour cela que nous pouvons dire ce que nous disons. Une fois que nous avons reconnu cela, nous pouvons tout de même nous poser quelques questions, même si elles peuvent sembler absurdes. Si la guerre de 1914-1918 avait éclaté en 1904, et qu'elle eût été brève, l'histoire du XXᵉ siècle aurait été tout à fait différente : on peut supposer que soit la

---

30. <Formulée par Meyer en 1901 dans sa *Geschichte des Altertums* et surtout connue aujourd'hui par la discussion de Weber en 1906 (voir *Essais sur la théorie de la science*, *op. cit.*, p. 300-319) ; *cf.* aussi Castoriadis, *SV*, p. 28-34 et 411-413.>

31. <P. Anderson, *The Guardians of Time*, New York, Ballantine, 1960 ; trad. fr. : *La Patrouille du temps*, Verviers, Marabout, 1965.>

Révolution russe n'aurait pas eu lieu, soit son cours ultérieur eût été tout autre. En effet, le développement à la fois capitaliste et libéral de la Russie jusqu'en 1905 aurait continué, et alors les présupposés socio-anthropologiques dont s'est emparé le bolchevisme pour réinstaurer un hyper-tsarisme auraient fait défaut, etc. Hypothèses, bien entendu, mais la variation imaginaire me permet d'une certaine façon de faire le départ entre ce que je considère, à mes risques et périls, comme important et comme relativement secondaire dans l'évolution passée. Il est donc tout à fait légitime de se demander si Athènes et Sparte auraient pu s'influencer l'une l'autre et modifier leurs structures en conséquence. Ma réponse, c'est que cela semble extrêmement improbable. Nous n'avons pas affaire uniquement à une opposition de deux puissances, entre également en jeu un facteur politique et social : la guerre du Péloponnèse comme guerre civile et comme opposition entre deux cités qui sont les principaux représentants, l'une de la démocratie, l'autre de l'oligarchie. Et là, on ne voit pas du tout ce qu'aurait pu être une osmose entre Athènes et Sparte. La lutte du *dèmos* traverse toute l'histoire du Ve siècle et continue au IVe, comme on peut le voir dans la *Constitution des Athéniens* d'Aristote. Une osmose n'était donc guère possible et l'on ne voit pas quels facteurs auraient pu mettre un frein à la poussée des puissances. Dire que, compte tenu de tout ce que nous savons sur l'ensemble de la situation, compte tenu de ce qu'étaient Athènes et Sparte, il était inévitable qu'une guerre comme celle du Péloponnèse éclate à un moment ou un autre, cela infirme-t-il ce que nous disons par ailleurs ? Je ne le pense pas une seconde. De même que dire, comme je le dis, que si d'autres facteurs n'interviennent pas pour modifier la situation que nous connaissons aujourd'hui, une guerre russo-américaine est inévitable ne me semble pas infirmer en quoi que ce soit l'idée qu'il y a dans l'histoire autre chose que du déterminisme. Il y a de toute évidence des événements qui sont conditionnellement déterminés ou dont la probabilité est très forte. Suis-je absolument déterministe si je dis que le PS n'aura certainement pas plus de 27 % des voix aux élections de 1986[32] ? Oui, si l'on veut ; mais avant 1986 il peut y avoir, par exemple, un Mai 85 qui changerait tout. On aurait là un événement totalement imprévisible – en tant qu'événement, pas comme signification. Et alors il n'y aurait probablement pas d'élections en 1986, pas de proportionnelle, pas de cohabitation, etc. Il est donc légitime de dire que, toutes choses égales par ailleurs, le PS n'aura probablement pas plus de 27 % des voix...

– Faire des hypothèses sur « ce qui se serait passé si... » ne nous empêche-t-il pas de nous occuper des conséquences de ce qui s'est passé effectivement ?

Nous ne jouons pas à nous demander : si César avait échoué en Gaule, est-ce que nous serions aujourd'hui habillés en Gaulois ? et autres curiosités de ce genre. L'un de vous avait évoqué à un moment de la discussion la question de la bombe atomique. Voilà qui est parfaitement sérieux. Est-ce que l'Allemagne nazie était incapable de produire la bombe ? Que se serait-il passé si Hitler en avait disposé ? L'Allemagne n'était pas incapable d'avoir la bombe, et la question de savoir pourquoi Hitler ne l'a pas fabriquée est importante parce qu'elle nous conduit au cœur du problème du système bureaucratique et de son irrationalité. La question : pourquoi telle chose ne s'est-elle pas produite ? est tout aussi féconde que la question : pourquoi telle autre chose s'est-elle passée ?, elles sont à vrai dire inséparables. Je ne peux pas m'empêcher de me demander pourquoi tel événement n'a pas eu lieu, s'agissant des grandes bifurcations de l'histoire. Car il y a dans l'histoire des moments qui sont de pures bifurcations, et cela part alors dans un sens ou dans l'autre. On peut dire : ce n'est pas fécond, cela ne nous mène pas à grand-chose, cela ne nous apprend rien, etc. N'empêche : la question est légitime.

---

32. <Chiffre légèrement sous-évalué, le PS ayant obtenu 31 % des voix (tout en en perdant 6,5 %).>

Cela aurait pu se passer ainsi. Si l'espèce humaine a comme condition de son existence, entre autres, telle mutation aléatoire de ses chromosomes, nous sommes effectivement là devant une bifurcation sur laquelle il n'y a rien à dire. Mais s'agissant de l'histoire de l'humanité, le problème est différent.

Revenons à la guerre du Péloponnèse. Ce n'est pas de l'*idle talk*, du bavardage inutile, que de se demander : et si – ce qui aurait pu arriver, comme on le voit plus d'une fois quand on lit Thucydide – Athènes avait gagné ? Que se serait-il alors passé ? Ma réponse – elle vaut ce qu'elle vaut, mais vous seriez très étonné si je ne vous en donnais pas une –, c'est que, malheureusement, il est fort probable que les choses n'auraient pas été très différentes. Je ne m'amuse pas à jouer avec des hypothèses, car dans ce domaine on peut effectivement dire n'importe quoi ; je m'en tiens à ces limitations essentielles dont nous avons parlé et que certains d'entre vous semblent avoir déjà oubliées. Athènes n'était pas Rome. Athènes n'assimilait pas les autres et on voit difficilement comment, dans ce cadre, cela aurait pu aller plus loin. Bien des choses auraient été différentes, mais on ne peut pas, en tout cas, concevoir une hellénisation du Proche-Orient sur le mode d'Alexandre ni une unification du monde méditerranéen comme celle que Rome a menée. Nous sommes la cité des 45 000 Athéniens, nous avons un empire. Mais pour aller plus loin, Athènes aurait dû suivre une autre politique : d'alliance, de fédération, d'assimilation, de naturalisation, etc. C'est ce que, à tort ou à raison et à sa façon, Alexandre a voulu faire, en rencontrant chez les Grecs les résistances que l'on sait. À sa façon : le roi asiatique est une figure divine, Alexandre demandera à ses Grecs de se prosterner devant lui comme les Perses se prosternaient devant leur roi. Mais un Grec ne se prosterne pas – du moins à l'époque. D'où les conspirations, les exécutions, etc. Bref, même si l'issue de la guerre du Péloponnèse avait été différente, il n'y aurait pas eu d'évolution globalement différente – à moins que ne soient intervenus à Athènes des changements très importants. Ce ne sont pas là des questions futiles.

Annexes

I

Compte rendu d'enseignement 1984-1985
(Annuaire EHESS 1984-1986)

Le séminaire de 1984-1985 a tenté d'explorer la dimension politique et philosophique de l'historiographie grecque. La création d'une « histoire » écrite, qui n'est plus chronique des rois ou des prophètes, ni narration limitée aux événements affectant le peuple (l'État, etc.) du narrateur, mais enquête raisonnée sur la succession des événements dont le champ est, en droit, illimité, traduit la même réflexivité que la création de la philosophie et de la démocratie. Les représentations simplement héritées sont révoquées en doute, le savoir sur le passé ou sur l'étranger cesse d'être secret d'État, nos institutions sont comparées à celles des autres, la question de savoir si et dans quelle mesure les hommes font leur propre histoire est ouverte.

L'analyse de certains aspects de l'œuvre de Thucydide montre clairement sa participation à l'imaginaire politique grec. L'« Archéologie » (I, 2 à 19) fait voir une très importante progression des sociétés humaines dans la technique et l'organisation ; mais, de même que pour le Sophocle d'*Antigone*, il n'y a pour Thucydide aucun progrès dans la relation au bien et au mal. Il existe des « constantes » dans l'histoire : non pas une *moira*, comme pour Hérodote, mais une imprévisibilité et irrationalité *(para logon)*, inhérente à la nature des choses et des actions humaines et formidablement illustrée par la théorie implicite de Thucydide sur la guerre. Tout est dominé par le rapport des forces entre pôles de puissance et par la tendance de ces puissances à s'étendre sans limites. Thucydide formule clairement la conception grecque des rapports entre force et droit, et fait voir combien est fallacieuse l'imputation aux Grecs classiques d'une idée de «droit naturel». Mais dans cette histoire de progression simplement technique et de lutte sans merci entre puissances resplendit l'éclosion inattendue, mais pleinement comprise, d'une création extraordinaire comme la *polis* des Athéniens, dépeinte avec amour, exactitude et désespoir maîtrisé dans l'Épitaphe comme dans l'ensemble de la *Xungraphé*.

<La suite du compte rendu, qui porte sur les séminaires de 1985-1986, a déjà été reproduite par Pascal Vernay dans sa présentation de *Sur* Le Politique *de Platon*.>

II

Notes complémentaires

IV. *Séminaire du 28 novembre 1984*

Page 33

a Formulation classique dans *Que faire ?* (1902) : « Puisque le prolétariat est frustré de toute participation, en tant que tel, à la culture, c'est-à-dire à la somme de l'expérience historique, la conscience du processus historique dont il est le moteur aveugle doit lui être apportée de l'extérieur par ceux qui participent à la culture et possèdent donc les instruments de la compréhension intellectuelle » (trad. présentée et annotée par J.-J. Marie, Paris, Seuil, 1966, p. 86). L'idée n'est certainement pas nouvelle, et Lénine lui-même (p. 94-96) renvoie là-dessus à Kautsky : « La conscience socialiste d'aujourd'hui ne peut surgir que sur la base d'une profonde connaissance scientifique. » La parfaite continuité sur ce point entre orthodoxie social-démocrate et bolchevisme avait été mise en relief dès les années 1930 par des marxistes critiques comme Karl Korsch (voir *Marxisme et Philosophie* [1923, 2ᵉ éd. 1930], trad. C. Orsoni, Paris, Minuit, 1964, spécialement p. 35-36). Chez Castoriadis, les critiques les plus systématiques se trouvent dans « Prolétariat et organisation » (1959), repris in *L'Expérience du mouvement ouvrier, 2 : Prolétariat et Organisation*, Paris, UGE, coll. « 10/18 », p. 123-248, et « Le rôle de l'idéologie bolchevique dans la naissance de la bureaucratie » (1964), repris *ibid.*, p. 385-416 ; voir aussi *L'Institution imaginaire de la société* (dorénavant *IIS*) (1964-1965), Paris, Seuil, 1975, p. 76-157, rééd. p. 82-170 (qui élargit cette critique à celle des rapports entre théorie et pratique dans un système fermé comme le marxisme). L'idée qu'il y a un savoir rigoureux sur la société et les choses politiques auquel n'ont par définition accès que des savants qui, s'ils sont bien intentionnés, le feront partager au grand nombre, ou à un groupe élu, reste vivace. Ses tenants sont toujours actifs sur la scène intellectuelle française, que ce soit parmi les adeptes d'une « science » sociale « critique » (héritiers de Bourdieu, par exemple) ou dans des versions politiques parfois caricaturales (Badiou, etc.) ; mais, sous des formes plus modérées, elle est de fait commune à presque tout le spectre politique, de gauche ou de droite, à de très rares exceptions près. Toute l'œuvre proprement politique de Castoriadis s'inscrit en faux contre cette conception. Voir ici même, p. 68-71, 219-220, 250-251.

Page 43

b Sur le « trouver une forme d'association… », *cf.* Castoriadis, « Pouvoir, politique, autonomie » (1978-1987), in *Le Monde morcelé* (dorénavant *MM*), Paris, Seuil, 1990, p. 138, rééd. p. 170 : « Inutile de commenter la formule de Rousseau et sa lourde dépendance à l'égard d'une métaphysique de l'individu-substance et de ses "propriétés". Mais voici la vraie formulation : *Créer les institutions qui, intériorisées par les individus, facilitent le plus possible leur accession à leur autonomie individuelle et leur possibilité de participation effective à tout pouvoir existant dans la société.* La formulation ne paraîtra paradoxale qu'aux tenants de la liberté-fulguration, d'un pour-soi fictif délié de tout, y compris de sa propre histoire. »

Page 50

c *Cf.* Hegel : « Cette ambiguïté dans l'usage de la langue, suivant laquelle le même mot a une signification négative et une signification positive, on ne peut la regarder comme accidentelle et on ne peut absolument pas aller faire à la langue le reproche de prêter à confusion, mais on a à reconnaître ici l'esprit spéculatif de notre langue, qui va au-delà du simple "ou bien – ou bien" propre à l'entendement » (*Encyclopédie des sciences philosophiques*, t. I : *La Science de la logique*, trad. B. Bourgeois, Paris, Vrin, 1970, 2ᵉ éd. 1979, p. 530 ; voir aussi le passage de la 2ᵉ éd. de *La Science de la logique* cité par Bourgeois *ibid.*).

V. Séminaire du 5 décembre 1984

Page 57

a La définition de la vertu par Aristote : pour une introduction, comparer R.-A. Gauthier, *La Morale d'Aristote* (1958), 2ᵉ éd., Paris, PUF, 1963, spéc. p. 82-96 (et la note bibliographique p. 135-138), et P. Aubenque, *La Prudence chez Aristote*, Paris, PUF, 1963 (plusieurs rééd.) ; le chap. VI (« La pragmatique éthique et politique ») de G. Romeyer Dherbey, *Les Choses mêmes. La pensée du réel chez Aristote*, Lausanne-Paris, L'Âge d'homme, 1983, p. 229-281 ; et les entrées « Prudence » et « Vertu » du *Dictionnaire Aristote* de P. Pellegrin, Paris, Ellipses, 2007. Commentaires plus approfondis dans *Éthique à Nicomaque*, introduction, trad. et commentaires R.-A. Gauthier et J.-Y. Jolif, 2ᵉ éd., Louvain, Publications universitaires de Louvain, et Paris, Béatrice-Nauwelaerts, 1970, 2 vol., t. II : voir les renvois aux occurrences de « vertu » *(aretè)* dans *Commentaire – Deuxième partie, Livres VI-X*, p. 979-980. *Cf.* également J.-Y. Chateau (éd.), *La Vérité pratique. Aristote, Éthique à Nicomaque, livre VI*, Paris, Vrin, 1997 (en particulier Chateau, « L'objet de la *phronèsis* et la vérité pratique », p. 185-261). Sur la définition du livre II : *« Each phrase in this statement of the differentia of virtue is difficult »*, observe W.F.R. Hardie (« Aristotle's Doctrine that Virtue Is a "Mean" » [1965], repris *in* J. Barnes, M. Schofield et R. Sorabji (éd.), *Articles on Aristotle*, t. 2 : *Ethics and Politics*, Londres, Duckworth, 1977, p. 33-46). Bibliographie récente dans la trad. R. Bodéüs, Paris, Flammarion, coll. « GF », 2004.

Page 58
b Sur les problèmes que pose la traduction (qu'est-ce qui est ici « défini par le *logos* » ?), voir toutefois la note de J. Tricot (trad. *Éth. Nic.*, Paris, Vrin, 1959, p. 106), le commentaire de R.-A. Gauthier et J-Y. Jolif (*Commentaire – Première partie, Livres I-V*, p. 146-150, sur la définition de la vertu) et la note de R. Bodéüs (*op. cit.*, p. 116-117) *ad loc.*

Page 69
c Longtemps la connaissance de l'œuvre de Carl Schmitt (1888-1985) en France ne dépassa guère le milieu des spécialistes du droit. Bien que quelques traductions aient paru dans l'entre-deux-guerres, il ne commença à être vraiment lu qu'après la publication de la traduction de *La Notion de politique* (1932), suivie de *Théorie du partisan* (1963), préface de J. Freund, Paris, Calmann-Lévy, coll. « Liberté de l'esprit » dirigée par R. Aron, 1972. Durant ces deux dernières décennies, l'intérêt pour son œuvre n'a fait que croître un peu partout dans le monde, pour des raisons complexes qu'il n'y a pas lieu d'analyser ici. Parmi les très nombreuses traductions de ces dernières années, citons : *Théologie politique* (1922) Paris, Gallimard, 1988 ; *Parlementarisme et Démocratie* (1923-1931), Paris, Seuil, 1988 ; *Théorie de la Constitution* (1928), Paris, PUF, 1993 ; *Le Nomos de la Terre* (1950), Paris, PUF, 2001 ; *Le Léviathan dans la doctrine de l'État de Thomas Hobbes* (1938), Paris, Seuil, 2002.

VI. Séminaire du 19 décembre 1984

Page 86

a On a donné le nom de « bordiguistes » à diverses minorités marxistes révolutionnaires se réclamant de façon plus ou moins fidèle, surtout à partir des années 1930, de la pensée du marxiste italien Amadeo Bordiga (1899-1970). Cette histoire est retracée *in* Ph. Bourrinet, *Le Courant « bordiguiste » (1919-1999). Italie, France, Belgique* (sur Internet). Le « bordiguisme » de Bordiga lui-même s'est distingué d'autres courants marxistes « radicaux » par l'importance accordée au rôle du parti révolutionnaire et l'anathème porté sur toute innovation théorique (« invariance » supposée de la théorie du prolétariat depuis 1848…). Voir les deux recueils de textes rassemblés par J. Camatte : *Bordiga et la passion du communisme* et *Russie et révolution dans la théorie marxiste* (Paris, Spartacus, 1974 et 1978), et tout particulièrement, dans ce dernier recueil, deux textes de 1952, « Le marxisme des bègues » et « Redresser les jambes aux chiens », p. 135-154 et 155-179.

Page 88

b Caspar Weinberger fut secrétaire à la Défense du président Reagan entre 1981 et 1987. La « nouvelle doctrine » à laquelle fait allusion Castoriadis fut énoncée lors d'une conférence prononcée le 28 novembre 1984 au National Press Club de Washington : son premier point était qu'à l'avenir les États-Unis ne devaient intervenir militairement *« unless the particular engagement or occasion is deemed vital to our national interest or that of our allies »*.

Page 89

c En septembre 1984 fut créé le FLNKS (Front de libération nationale kanak et socialiste), rassemblant diverses forces indépendantistes ; à partir de novembre, après le boycott des élections territoriales par les indépendantistes, les troubles et les affrontements s'étendent sur toute l'île et aboutissent, le 5 décembre, au massacre de Hienghène, où dix militants kanaks sont tués dans une embuscade tendue par des fermiers « caldoches ».

Page 98

d Cet élément a été longtemps gommé ou minimisé dans ce que Richard Hofstadter a appelé en 1948 *« the dominant Jefferson legend »*. Retour de balancier, Jefferson est devenu depuis pour une partie de l'opinion et des historiens américains le type même de l'esclavagiste, et cet aspect tend parfois à occulter ce que furent sa pensée et son action politiques. Sur celles-ci, voir R. Hofstadter, *The American Political Tradition and the Men Who Made It*, New York, Knopf, 1948, rééd. 1973 avec une préface de Ch. Lasch (nombreuses rééd. Vintage Books), p. 23-56 ; et les mises au point de J. Appleby, « What is Still American in the Political Philosophy of Thomas Jefferson ? », *The William and Mary Quarterly*, 3ᵉ série, vol. 39, nᵒ 2, 1982, p. 287-309, et L. Banning, « Jeffersonian Ideology Revisited : Liberal and Classical Ideas in the New American Republic », *ibid.*, vol. 43, nᵒ 1, janvier 1986, p. 3-19. Sur la question des rapports entre Jefferson et l'esclavage, bilan équilibré de W. Cohen, « Thomas Jefferson and the Problem of Slavery », *The Journal of American History*, vol. 56, nᵒ 3, décembre 1969, p. 503-526.

e Dans les controverses qui eurent lieu aux États-Unis à partir de 1791 environ au sujet des pouvoirs du gouvernement fédéral, on donna le nom de « républicains », puis de « démocrates-républicains » aux jeffersoniens, qui voulaient imposer des limites strictes à ces pouvoirs. Dans les décennies qui suivirent, tandis que les « démocrates-républicains » devenaient « démocrates », le nom de « républicains » fut repris par les anciens « fédéralistes », partisans de pouvoirs plus étendus du gouvernement. Il faut bien garder en mémoire ce chassé-croisé terminologique pour éviter de graves confusions à la lecture de certains textes concernant cette période. Sur les tendances politiques américaines de l'époque, voir l'ouvrage de Hofstadter (*The American Political Tradition...*, *op. cit.*, p. 3-86) qui, comme son sous-titre l'indique, étudie quelques grandes personnalités, ainsi que les articles d'Appleby et de Banning cités *supra*, note d de la p. 98. Pour la période 1776-1789 et la querelle concernant l'existence même d'un gouvernement fédéral, on peut consulter M. Kammen, *The Origins of the American Constitution. A Documentary History*, Harmondsworth, Penguin Books, 1986. Sur l'arrière-plan idéologique « européen », l'important compte rendu de J.G.A. Pocock, « Review : Virtue and Commerce in the Eighteenth Century », *The Journ. of Interdisciplinary History*, vol. 3, nᵒ 1, été 1972, p. 119-134 (sur G.S. Wood et G. Stourzh). Et sur les débats économiques dans les premiers temps de l'histoire américaine, M.J. Sandel, *Democracy's Discontent. America in Search of Public Philosophy*, Cambridge (Mass.) et Londres, The Belknap Press of the Harvard University Press, chap. 5, « Economics and Virtue in the Early Republic », p. 123-167, où l'on trouvera des références à l'essentiel de la littérature pertinente (B. Balyn, L. Banning, J. Appleby, I. Kramnick, D.R. McCoy, etc.).

Page 99
f Inégalité économique en Amérique à l'époque de Tocqueville : *cf.* en particulier les travaux de E.M. Pessen, qui mettent en question ce qu'il appelle

« *the egalitarian thesis* ». « *Tocqueville's reasoning was flawless. As always the great question is whether his logic is borne out by the facts* » (E.M. Pessen, « The Egalitarian Myth and the American Social Reality : Wealth, Mobility and Equality in the "Era of the Common Man" », *The American Historical Review*, vol. 76, n° 4, octobre 1971, p. 989-1034, cit. p. 992).

Page 102

g Sur la participation des citoyens athéniens, son degré et ses modalités, « on a discuté et on discutera éternellement », note en 1991 P. Vidal-Naquet (*Les Grecs, les historiens, la démocratie. Le grand écart*, Paris, La Découverte, 2000, p. 168), en renvoyant à l'ouvrage de Sinclair cité *infra*. Voir aussi les commentaires de M.I. Finley, *Démocratie antique et démocratie moderne* (1973), précédé de *Tradition de la démocratie grecque* de P. Vidal-Naquet, Paris, Payot, 1976, p. 64-78. On trouvera les pièces essentielles du dossier dans R.K. Sinclair, *Democracy and Participation in Athens*, Cambridge, Cambridge University Press, 1988, *passim* ; M.H. Hansen, *La Démocratie athénienne à l'époque de Démosthène* (1991), Paris, Les Belles Lettres, 1993, p. 155-193 ; C. Mossé, *Politique et société en Grèce ancienne. Le « modèle » athénien*, Paris, Flammarion, 1995, p. 124-131.

Page 106

h Les deux termes, « aliénation » et « hétéronomie », coexistent dans *IIS* (1964-1965), où « hétéronomie » fait son apparition pour la première fois ; ils sont utilisés encore pratiquement comme des synonymes dans *IIS* (1975), p. 497, rééd. p. 537. Avant 1964-1965, Castoriadis part de la distinction marxienne entre « aliénation » et « objectivation » (toute objectivation n'est pas une aliénation) ; mais ses analyses sont fondées sur cette idée que, dans la société capitaliste, l'aliénation ne saurait être réduite, fût-ce « en dernier ressort », à l'aliénation économique (*Le Contenu du socialisme* [1955], Paris, UGE, coll. « 10/18 », 1979, p. 94-101) ; et, surtout, qu'elle ne peut jamais être totale, sous peine de voir le système s'effondrer (*ibid.* [1957], p. 105-111 et 129-137).

XI. Séminaire du 6 février 1985

Page 114

a *Cf.* A. Momigliano (1978) : « J'ai moi-même mis en rapport la décadence et la chute de l'Empire romain avec la décadence et la chute du premier empire colonial britannique. Ce rapport n'a certainement pas échappé à Gibbon, comme le montre au moins une lettre, et était couramment admis parmi ses amis et ses ennemis : témoin les lignes fameuses [= vers célèbres] attribuées à Charles James Fox : *"King George, in a fright/ lest Gibbon should write/ the story of Britain's disgrace"* ("Le roi George a peur que Gibbon n'écrive les malheurs de la Grande-Bretagne") » (*Problèmes d'historiographie ancienne et moderne*, Paris, Gallimard, 1983, p. 341). Ce rapprochement ne fait pas l'unanimité. Voir J.G.A. Pocock : « *American critics* [Bowersock, Manuel, etc., dans le n° de *Daedalus* consacré à Gibbon, vol. 105, n° 3, automne 1976] *like to believe that he did this in order to avert his eyes from the painful spectacles of Saratoga and Yorktown ; but it is hard to find that the British cared enough about America to experience its loss as a trauma...* » (« Gibbon's Decline and Fall and the World View of Late Enlightenment », *Eighteenth-Century Studies*, vol. 10, n° 3, printemps 1977, p. 287-303, cit. p. 297).

Page 116

b « Une foule au sens de Gustave Le Bon » : une « agglomération d'hommes » qui possède des « caractères nouveaux fort différents de ceux de chaque individu qui la compose », en particulier l'impulsivité, la mobilité, l'irritabilité, la crédulité, le simplisme, etc. (*Psychologie des foules*, Paris, Baillière et Cie-Félix Alcan, 1895, nombreuses éd. révisées, dont la plus récente : PUF, coll. « Quadrige », 2003). L'utilisation faite de l'œuvre de Le Bon (1841-1931) par Freud dans « Psychologie des foules et analyse du moi » (1921) a valu à cet auteur, vulgarisateur prolifique de quelques thèmes biologistes et élitistes de la pensée réactionnaire du XIXe siècle, une étrange indulgence dans certains milieux, notamment psychanalytiques, qu'il ne mérite certainement pas.

Page 117

c Sur les « opinions politiques » de Thucydide, vues d'ensemble dans : *HCT 5* (réf. *infra*, note **b** de la p. 125) (Andrewes), 1981, p. 331-339 (et le commentaire sur VIII, 97.2 *ad loc.*) ; S. Hornblower, *Thucydides*, Londres, 1987, p. 160-165. Observations prudentes de A.W. Gomme, *Essays in Greek History and Literature*, Oxford, Blackwell, 1937, p. 188-189 ; H. Lloyd-Jones, *The Justice of Zeus*, Berkeley-Los Angeles, University of California Press, 1971, p. 204-206. Cette prudence a souvent fait défaut. Hobbes, dans « On the Life and History of Thucydides » (1628) : « *For his opinion touching the government of the state, it is manifest that he least of all liked the democracy.* » A. Croiset, à la fin du XIXe siècle : « C'était un modéré que Thucydide. [...] Il n'est pas difficile de voir, à quelques mots qui lui échappent [*sic*] parfois, de quel côté vont ses préférences » (*in* A. et M. Croiset, *Histoire de la littérature grecque*, t. IV [1895], Paris, E. de Boccard, 2e éd. rev. et augm., s.d. [1900], p. 93-94). Le passage le plus discuté est VIII,

97.2 (dont W. Jaeger, « Thucydide, philosophe de la politique », *Paideia. La formation de l'homme grec*, t. I, Paris, Gallimard, 1964 [1ʳᵉ éd. all. 1934, 2ᵉ éd. 1936], p. 578, dit curieusement qu'il « a été fort négligé par la plupart des commentateurs », ce qui était déjà faux dans les années 1930). Son interprétation est moins facile que ne le voudrait la version d'un Thucydide « oligarque modéré » : voir G.M. Kirkwood, « Thucydides' Judgment of the Government of the Five Thousand (VIII, 97.2) », *The Amer. Journ. of Philology*, vol. 93, n° 1, janvier 1972, p. 92-103 ; mais voir aussi le Thucydide « modéré », ni démocrate ni oligarque, de E.M. Harris, « The Constitution of the Five Thousand », *Harvard Stud. in Class. Philol.*, vol. 93, 1990, p. 243-280. S. Hornblower, *A Commentary...* (réf. *infra*, note **b** de la p. 125), vol. III, sur VIII, 97.2 (p. 1033-1036) : « *Even if we reject de Ste. Croix (as we should) and insist that the Five Thousand were not equivalent to full democracy, it would be wrong to take the present passage as evidence that Th. was an oligarch. [...] But this passage does not make him an enthusiast for democracy either.* » Et enfin : « *It is remarkable that excellent scholars of Greek, and excellent historians, can disagree so markedly about how to take this passage* » (p. 1036). On pourrait conclure avec K.J. Dover : « *It is pointless to ask, "Which side is he on ?", because he did his best throughout his history to make that question hard to answer* » (*The Greeks* [1980], Oxford, Oxford University Press, 1982, p. 45.)

Page 118

d Temps cyclique et progrès : outre le texte de Dodds cité en bas de page, voir ceux auxquels renvoie *Ce qui fait la Grèce, 1* (dorénavant *CQFG 1*), Paris, Seuil, 2005, note ** de la p. 223, notamment : V. Goldschmidt (1950) ; P. Vidal-Naquet (« Temps des dieux... » (1960), repris in *Le Chasseur noir. Formes de pensée et formes de société dans le monde grec*, Paris, Maspero, 1981, rééd. La Découverte, 1991, p. 69-94) ; A. Momigliano (1966) ; J. de Romilly, « Thucydide et l'idée de progrès » (1966), repris in *L'Invention de l'histoire politique chez Thucydide*, Paris, Rue d'Ulm, 2005, p. 41-78 ; G.E.R. Lloyd (1975).

Page 120

e Les racines de la conception pré-classique : voir surtout O. Gigon, *Der Ursprung der griechischen Philosophie. Von Hesiod bis Parmenides* (1945), Bâle-Stuttgart, Schwabe & Co, 2ᵉ éd., 1968 ; G. Vlastos, « Equality and Justice in Early Greek Cosmologies », *Classical Philology*, vol. 42, n° 3, juillet 1947, p. 156-178 ; H. Lloyd-Jones, *The Justice...*, *op. cit.* ; C. Castoriadis, *CQFG 1*, p. 185-201, et *La Cité et les Lois* (dorénavant *CEL*), Paris, Seuil, 2008, p. 247-251.

Page 121

f *Cf.* L. Gernet : « Le monde tient tout seul, sans les dieux. Ils ne l'ont pas créé » (L. Gernet et A. Boulanger, *Le Génie grec dans la religion* [1932], Paris, Albin Michel, 1970, p. 235) ; cela vaut en tout cas pour les Olympiens : « Il est significatif que les dieux originels et les êtres monstrueux des premiers âges ne jouent presque aucun rôle dans la vie cultuelle, tandis que les dieux les plus honorés apparaissent au terme de la théogonie et ne participent pas à l'acte de création ; ils instaurent dans le monde, lorsque tout a reçu sa forme, l'ordre qui règne aujourd'hui, et assurent la régularité de ses lois » (J. Rudhardt, *Notions fondamentales de la pensée religieuse et actes constitutifs du culte dans la Grèce classique* [1958], 2ᵉ éd., Paris, Picard, 1992, p. 63). Voir aussi *CQFG 1*, p. 145, sur la création chez Hésiode : « [...] non seulement l'homme n'est pas une créature des dieux mais tous les êtres : pierres, bêtes non domestiquées ou domestiquées, hommes et dieux, émergent parallèlement et indépendamment, tout au long d'un processus et à partir d'une donnée initiale qui pour Hésiode est le chaos – et ils sont tous soumis à la *moira*. »

Page 124

g S'il n'y a rien, chez l'historien, de comparable à l'« éloge » d'Athènes qu'est l'Épitaphe, toutes les remarques sur Sparte ne sont pas négatives. I, 18.1 : malgré l'âpreté des luttes civiles qui suivirent l'arrivée des Doriens, c'est « pourtant chez elle que le règne de la loi s'installa le plus tôt et elle ne connut jamais la tyrannie » (trad. Roussel), sa stabilité ultérieure a fait sa force. Ou VIII, 24.4 : « Les habitants de Chios sont, après les Lacédémoniens, le seul peuple que je connaisse qui ait su rester sage dans la prospérité » (même trad.). H. Strasburger (réf. *infra*, note **a** de la p. 125) croit même déceler, dans l'image que donne Thucydide des Spartiates, une sorte de supériorité morale par rapport aux Athéniens. Mais c'est loin d'être évident à maints endroits : par ex. III, 32.1-2 (comportement d'Alcidas), III, 48.1-4 (chute de Platée), ou dans le récit des négociations entre Spartiates et Perses au livre VIII (sur celles-ci, *cf.* E. Lévy, « Les trois traités entre Sparte et le roi », *Bull. de corresp. hellénique*, vol. 107, nᵒ 1, 1983, p. 221-241). Pour H.-P. Stahl (*Thucydides. Man's Place in History* [éd. allemande 1966], Swansea, The Classical Press of Wales, 2009, p. 123), des éléments essentiels de l'œuvre dépassent la sphère de l'affrontement politique (et donc celle du jugement à porter sur chaque camp) et concernent les *pathèmata*, les épreuves que la guerre fait subir à tous les hommes. À cet égard, Ambracie, Platée et Mycalessos sont aussi importantes que Sparte et Athènes. Thèse paradoxale de P. Debnar (*Speaking the Same Language. Speech and Audience in Thucydides' Spartan Debates*, Ann Arbor, The University of

Michigan Press, 2001): Athéniens et Spartiates en viennent peu à peu à parler chez Thucydide «le même langage», l'attitude face à l'argumentation et la rhétorique des seconds les fait ressembler de plus en plus aux premiers, et l'opposition tranchée entre les deux s'estompe.

XII. Séminaire du 13 février 1985

Page 125

a L'Épitaphe: outre les auteurs cités in *CEL*, note **b** de la p. 161 (Grote, Burckhardt, Zimmern, Glotz), voir *HCT 2* (Gomme), 1956 (réf. *infra*, note **b**), p. 103-144, et S. Hornblower, *A Commentary...* (réf. *infra*, note **b**), vol. I, p. 292-316. Et, bien entendu, N. Loraux, sur laquelle voir le séminaire XVI et la note **a** de la p. 225. Le point de vue très critique de L.J. Samons II (*What's Wrong with Democracy? From Athenian Practice to American Worship*, Berkeley-Los Angeles, University of California Press, 2004, p. 187-202) est une formulation extrême, mais qui s'inscrit dans tout un courant d'interprétation actuel. Sur le contexte intellectuel, voir Ed. Will, *Le Monde grec et l'Orient. Le Vᵉ siècle (510-403)*, Paris, PUF, 1972 (rééd. avec suppl. bibliogr. 1994), p. 470-518. W.R. Connor (*Thucydides*, Princeton, Princeton University Press, 1984) estime que les trois épisodes: l'Oraison funèbre, la peste et le dernier discours de Périclès, sont étroitement liés et appartiennent à «*a carefully developed structure. The two Periclean speeches surround a central episode, the Great Plague, and at the same time evoke and contrast sharply with one another*» (p. 65). Sur d'autres aspects: K.J. Dover, «*ΔΕΚΑΤΟΣ ΑΥΤΟΣ*», *The Journ. of Hellen. Studies*, vol. 80, 1960, p. 61-77 (sur les pouvoirs dont disposait Périclès en tant que stratège); H. Strasburger, «Thukydides und die politische Selbstdarstellung der Athener», *Hermes*, 86, 1958, p. 17-46, trad. angl. *in* J.S. Rusten (éd.), *Thucydides*, Oxford, Oxford University Press, 2009, p. 191-219 (à l'encontre de l'opinion alors dominante chez les hellénistes, Strasburger défend l'idée que Thucydide n'approuvait pas la politique de Périclès); E.M. Harris, «Thucydides' Praise of Athenian Democracy: Thucydides 2.37.1», *Harvard Stud. in Class. Philol.*, vol. 94, 1992, p. 157-167; et, bien entendu, pratiquement toutes les œuvres sur Thucydide citées dans la note **b** suivante.

b Thucydide, «sujet immense»: des éléments d'information essentiels et la bibliographie antérieure *in* O. Luschnat, «Thukydides der Historiker», *Paulys Realencyclopädie...*, suppl. XII, col. 1085-1354, Munich, A. Druckenmüller, 1970 (bibliogr. col. 1323-1338), et suppl. XIV, «Thukydides (Nachträge)», col. 760-786, 1974. Pour une introduction, remarques brèves mais éclairantes de: A. Lesky, *Geschichte der griechischen Litera-*

tur (1958), 3ᵉ éd. rev., Munich-Berne, Fräncke, 1971, p. 512-545 ; Ed. Will, *Le Monde grec...*, *op. cit.*, *passim* ; M.I. Finley, dans l'introduction à son anthologie *The Greek Historians*, Londres, Chatto and Windus, 1959, et dans celle qu'il a donnée à la rééd. de la trad. R. Warner de Thucydide, Londres, Penguin Books, 1972, p. 9-32 (qui reprend des éléments du chapitre sur Thucydide d'*Aspects of Antiquity*, Londres, Chatto and Windus, 1968) ; A. Momigliano, « L'historiographie grecque » (1978), in *Problèmes d'historiographie...*, *op. cit.*, p. 15-52 ; P. Vidal-Naquet, « Raison et déraison dans l'histoire », préface à l'édition « Folio » de la trad. D. Roussel de Thucydide reprise dans *Les Grecs, les historiens...*, *op. cit.*, p. 84-110.

Pour l'histoire des interprétations : J.B. Bury, *The Ancient Greek Historians*, Londres, Macmillan, 1909, rééd. New York, Dover, 1958, p. 75-149 ; et A. Croiset, *in* A. et M. Croiset, *Histoire...*, *op. cit.*, p. 87-172, qui reprend la substance de l'introduction de son éd. commentée des livres I-II, Paris, Hachette, 1896 (l'image de l'historien vers la fin du XIXᵉ siècle). Quelques jalons : Ch.N. Cochrane, *Thucydides and the Science of History*, Oxford, Oxford University Press, et Londres, Humphrey Milford, 1929 ; W. Jaeger, « Thucydide, philosophe de la politique », *Paideia*, *op. cit.*, p. 434-467 ; J.H. Finley Jr, *Thucydides*, Cambridge (Mass.), Harvard University Press, 1942, rééd. The University of Michigan Press, Ann Arbor Paperbacks, 1963 ; A.W. Gomme, *Essays...*, *op. cit.*, p. 116-189, et *More Essays in Greek History and Literature*, Oxford, Blackwell, 1962, p. 92-138 et 156-176 ; J. de Romilly, *Thucydide et l'impérialisme athénien. La pensée de l'historien et la genèse de l'œuvre* (dorénavant *ThIA*), Paris, Les Belles Lettres, 1947, rééd. 1961 ; *id.*, *Histoire et raison chez Thucydide*, Paris, Les Belles Lettres, 1956, rééd. 1967 et 2005 ; *id.*, *La Construction de la vérité chez Thucydide*, Paris, Julliard, 1990 ; *id.*, *L'Invention de l'histoire...*, *op. cit.* (reprend des articles écrits entre 1954 et 1984) ; F.E. Adcock, *Thucydides and his History*, Cambridge, Cambridge University Press, 1963 ; H.-P. Stahl, *Thucydides*, *op. cit.* ; K. von Fritz, *Die Griechische Geschichtsschreibung*, t. I : *Von den Anfängen bis Thukydides*, Berlin, Walter de Gruyter & Co, 1967, 2 vol. (chap. sur Thucydide dans le vol. 1, p. 523-823 ; dans le vol. 2, consacré aux notes, p. 246-336) ; G.E.M. de Ste. Croix, *The Origins of the Peloponnesian War*, Londres, Duckworth, 1972 ; K.J. Dover, *Thucydides*, Oxford, Clarendon Press, « Greece & Rome », n° 7, 1973 ; C. Macleod, *Collected Essays* (1974-1981), Oxford, Clarendon Press, 1983, rééd. 2005, p. 52-158 ; W.R. Connor, *Thucydides*, *op. cit.* ; S. Hornblower, *Thucydides*, *op. cit.*

Parmi les articles qui rendent compte, de façon parfois critique, du changement de perspective dans les études thucydidéennes qui a eu lieu durant ces dernières décennies : W.R. Connor, « A Postmodernist Thucydides ? », *The Classical Journal*, vol. 72, n° 4, avril-mai, 1977, p. 289-298 ; F. Hartog,

« L'œil de Thucydide et l'histoire véritable » (1982), repris in *Évidence de l'histoire*, Paris, EHESS, 2005, p. 75-88 ; K.J. Dover, « Thucydides "As History" and "As Literature" », *History and Theory*, vol. 22, n° 1, février 1983, p. 54-63 ; C. Darbo-Peschanski, « La politique de l'histoire : Thucydide historien du présent », *Annales ESC*, n° 3, mai-juin 1989, p. 653-675 ; les articles de N. Loraux cités *infra*, note **a** de la p. 225. Parmi les interprétations plus philosophiques qu'historiennes, voir celles, très différentes aussi bien par leur orientation que par leur influence, de : F. Châtelet, *La Naissance de l'histoire*, Paris, Minuit, 1962, p. 99-151 et 406-411, et R. Aron, « Thucydide et le récit historique », *Dimensions de la conscience historique* (1960), UGE, coll. « 10/18 », 1965, p. 147-197 (toutes deux explicitement tributaires de J. de Romilly, *ThIA*) ; et L. Strauss, sur laquelle voir *infra*, note **c** de la p. 179. Sur le renouveau d'intérêt pour l'œuvre dans l'étude des relations internationales, voir les ouvrages cités *infra*, note **h** de la p. 253. Parmi de très nombreuses études plus récentes : J. Ober, *Political Dissent in Democratic Athens. Intellectual Critics of Popular Rule*, Princeton, Princeton University Press, 1998, p. 52-121 ; M. Munn, *The School of History*, Berkeley-Los Angeles, University of California Press, 2000.

Le problème de la composition de l'ouvrage a été, depuis le milieu du XIXe siècle (Ullrich, 1845-1846), au cœur d'une « question thucydidéenne » comparable à certains égards à la « question homérique ». Sur sa première phase : L. Bodin, « Thucydide : genèse de son œuvre », *Revue des études anc.*, t. XIV, n° 1, janvier-mars 1912, p. 1-38 ; A. Croiset, *in* A. et M. Croiset, *Histoire..., op. cit.*, p. 99-106. Au XXe siècle, J. de Romilly, *ThIA*, p. 286-293 et *passim*, G.E.M. de Ste. Croix, *The Origins..., op. cit.*, p. 295-296, H.-P. Stahl, *Thucydides, op. cit.*, p. 13-35, renvoient aux textes essentiels des « analystes » (Schwartz, Schadewaldt, etc.) et de leurs critiques « unitaristes » ; voir aussi les hypothèses de F.E. Adcock, *Thucydides and his History, op. cit.*, p. 96-106 ; K.J. Dover, *Thucydides, op. cit.*, p. 14-20 (« [...] *the attempt to determine different strata from Thucydides' work is not just a game that scholars play...* ») ; sur ces *strata of composition*, voir l'appendice qui porte ce titre in *HCT 5* (Dover), 1981 (voir réf. *infra*), p. 384-444 ; et S. Hornblower, *Thucydides, op. cit.*, p. 136-154. Les thèses défendues « avec un acharnement digne d'une meilleure cause » (P. Vidal-Naquet) par L. Canfora (Thucydide n'a jamais été exilé, les dernières parties de son œuvre ont été rédigées par Xénophon ; voir, par ex., en fr. : *Le Mystère Thucydide. Enquête à partir d'Aristote*, Paris, Desjonquères, 1997), reprenant en partie les positions de E. Schwartz, n'ont guère convaincu. La rééd. dans la coll. « Bouquins » (Paris, Robert Laffont, 1990) de la trad. de l'éd. « Budé » (Romilly, Weil, Bodin), qui ne dispense pas de consulter les notices et notes complémentaires de l'éd. « CUF » (Paris, Les Belles

Lettres, 1958-1972), contient d'utiles compléments. Il en est de même de R.B. Strassler (éd.), *The Landmark Thucydides*, New York, Free Press, 1996 (trad. Crawley revue), avec onze appendices d'excellents spécialistes (P. Cartledge, V.D. Hanson, G. Crane, etc.) sur divers sujets. En français, introduction et choix de textes, avec une utile bibliographie, de O. Battistini, *La Guerre du Péloponnèse. Thucydide d'Athènes*, Paris, Ellipses, 2002 (qui fait sans doute la part trop belle à certaines interprétations philosophiques). Il n'est guère de point sur lequel on ne trouvera quelque éclaircissement dans deux grands commentaires : A.W. Gomme, A. Andrewes et K.J. Dover, *A Historical Commentary on Thucydides* (dorénavant *HCT*, suivi du volume, du nom du principal auteur et de la date), Oxford, Clarendon Press, 1945-1981, 5 vol. ; du vivant de Gomme : vol. 1 (introduction et commentaire du livre I), 1945, *The Ten Years' War*, vol. 2 (livres II-III), 1956, et vol. 3 (livres IV-V, 24), 1956 ; puis Andrewes et Dover : vol. 4 (Andrewes, livre V, 25 *sq.*, Dover, livres VI-VII), 1970 ; Andrewes : vol. 5 (livre VIII), et Dover : « Appendix 2 », 1981. S. Hornblower, *A Commentary on Thucydides*, Oxford, Oxford University Press : vol. I (livres I-III), 1991 ; vol. II (livres IV-V, 24), 1996 ; vol. III (livres V, 25-VIII), 2008.

Page 128

c Les tentatives d'annexion du passé gréco-romain par les nazis ont été étudiées par V. Losemann, *Nationalsozialismus und Antike. Studien zur Entwicklung des Faches alte Geschichte, 1933-1945*, Hambourg, Hoffman-Campe, 1977 ; voir aussi les contributions au colloque de Zurich (1998) *in* B. Näf (éd.), *Antike und Altertumswissenschaft in der Zeit von Faschismus und Nationalsozialismus*, Mandelbachtal-Cambridge, Cicero, 2001 ; sur les hésitations tragi-comiques des dignitaires nazis et de leurs relais universitaires entre les images du « Germain », du « Grec » et du « Romain », on peut consulter en français J. Chapoutot, *Le National-socialisme et l'Antiquité*, Paris, PUF, 2008.

Page 129

d Avec celle de la composition, la question de l'authenticité des discours est l'une de celles qui ont le plus divisé les hellénistes. Exposé des différents arguments dans *HCT 1* (Gomme), 1945, p. 140-148 (*ad* I, 22.1-3) ; *HCT 5* (Dover), 1981, p. 393-399 ; S. Hornblower, *Thucydides, op. cit.*, p. 45-72 ; *id., A Commentary..., op. cit.*, vol. I, p. 59-60. Aux deux extrêmes : ceux qui estiment que l'historien, tant bien que mal, fait ce qu'il annonce dans I, 22.1 : A. Croiset, *in* A. et M. Croiset, *Histoire..., op. cit.*, p. 137-147 ; A.W. Gomme, « The Speeches in Thucydides », *Essays..., op. cit.*, p. 156-189 ; F.E. Adcock, *Thucydides and his History, op. cit.*, p. 27-42 ; K.J. Dover, *Thucydides*, *op. cit.*, p. 21-27 ; et puis ceux pour qui les discours sont de pures créations sans le moindre rapport avec ce qui fut effectivement dit : Jaeger (après Beloch, Schwartz, Wilamowitz), *Paideia, op. cit.*, p. 445-447 : « […] regarder de tels propos comme des vestiges de ce qui fut réellement déclaré […] se révèle être une tâche aussi désespérée que celle qui consisterait à vouloir reconnaître les traits de modèles particuliers dans les dieux sculptés par Phidias » (p. 446) ; H. Strasburger (« Thukydides und die politische Selbstdarstellung der Athener », art. cit.) : le rôle de la « création libre » est déterminant ; pour M.I. Finley (*in* trad. R. Warner de Thucydide, *op. cit.*, p. 25-29), il y a une contradiction non résolue, dans I, 22.1, entre *ta deonta*, « ce qui convient le mieux », et *xumpasa gnômè*, l'« esprit général » de ce qui a été dit (même position chez S. Hornblower, *A Commentary…, op. cit.*, vol. I, *ad* I, 22.1). D'autres, tout en y voyant pour l'essentiel des fabrications de l'auteur, voire une expression directe de la pensée de l'historien, n'excluent pas l'intégration d'éléments historiques : J.H. Finley Jr, *Thucydides, op. cit.*, p. 94-104 (d'accord sur ce point avec A. Grosskinsky, *Das Programm des Thukydides*, Berlin, Junker und Dünnhaupt, 1936) ; J. de Romilly, *ThIA, passim.* Pour H.-P. Stahl (« Speeches and Course of Events in Books 6 and 7 of Thucydides », *in* P.A. Stadter [éd.], *The Speeches in Thucydides*, Chapell Hill, University of North Carolina Press, 1973, repris et enrichi comme chap. 9 de Stahl, *Thucydides, op. cit.*, p. 173-188), ce n'est pas le discours, comme on l'a souvent cru, qui permet de comprendre le récit, mais bien le récit qui éclaire le discours. Sur leur structure et les éléments rhétoriques : L. Bodin, « Diodote contre Cléon. Quelques aperçus sur la dialectique de Thucydide », *Revue des études anciennes*, t. XLII, 1940 (« Mélanges Radet »), p. 36-52 ; P. Miraux, « Thucydide et la rhétorique. Étude sur la structure de deux discours (III, 37-48) », *Les Études classiques*, t. XXII, 1, janvier 1954, p. 3-23 ; J. de Romilly : « Sans doute ne reconstruit-il pas les discours en y faisant figurer les arguments, à ses yeux, les meilleurs, comme le disent les partisans de la liberté de composition. Mais on ne peut pas non plus admettre qu'il touche seulement à la qualité littéraire, comme l'exigent les partisans de l'authenticité » (« Les discours antithétiques », *Histoire et raison…, op. cit.*, p. 180-239, cit. p. 237-238) ; C. Macleod, *Collected Essays, op. cit., loc. cit.* ; aussi P. Debnar, *Speaking…, op. cit.*, spéc. p. 15-23. L'importance des récits et de l'étude minutieuse des rapports entre récits et discours a été notamment mise en relief dans les travaux de J. de Romilly (*Histoire et raison…, op. cit.*), H.-P. Stahl et C. Macleod (*op. cit.*). Voir aussi deux études plus récentes des récits dans une optique « narratologique » (qui ne sont malheureusement pas *jargon-free*) : T. Rood, *Thucydides. Narrative and Explanation*, Oxford, Oxford University Press, 1998 ; C. Dewald, *Thucydides' War Narrative. A Structural Analysis*, Berkeley, University of California Press, 2005.

Page 130

e W. Jaeger : « […] cette oraison funèbre, plus que tout autre discours chez Thucydide, est une pure création de l'historien » (*Paideia, op. cit.*, p. 464). Mais A.W. Gomme, « The Speeches in Thucydides », in *Essays…, op. cit.*, p. 188 : « *Thucydides says that Perikles made the funeral speech over those who had fallen in the first year of the war. If this is not true, I see no reason to believe any other simple statement in Thucydides. If it is true […], Thucydides will have heard it and have made notes of it ; in finally composing it, he will have kept as close as possible to the general sense of what was actually said.* » J.H. Finley Jr, *Thucydides, op. cit.*, p. 144-145, n'exclut pas la présence de certaines idées et même de certaines phrases de Périclès ; J. de Romilly : si « les idées sont bien celles de Périclès », l'« extrême généralité », le fait de s'attacher à « la nature profonde de la civilisation athénienne » sont des choix de Thucydide (*ThIA*, p. 129). Pour A. Lesky, il va de soi que Thucydide a entendu Périclès : « *So hat Thukydides ohne Zweifel Perikles selbst gehört…* » (*Geschichte…, op. cit.*, p. 537). H. Strasburger (« Thukydides und die politische Selbstdarstellung der Athener », art. cit.) : ce discours, comme les autres, a une « fonction de révélation » par l'historien de ce que l'orateur « aurait dû dire », en l'occurrence la manifestation par Périclès de l'« idéal agonistique » de la Grèce archaïque, toujours vivant. A.B. Bosworth (« The Historical Context of Thucydides' Funeral Oration », *The Journ. of Hellen. Studies*, vol. 120, 2000, p. 1-16) : « *There is nothing that Pericles could not have uttered in his* Epitaphios, *and there is much in the historical record of 431 that gives real bite to the rhetoric. […] The Pericles of the* Epitaphios *might of course be Thucydides' creation, but it is more economical to accept that his art is taken from life, and that what he has given us is a potent distillation of the speech actually delivered* » (p. 16).

Page 133

f Quelques exemples de cette complexité « interne » de l'Épitaphe dans les notes complémentaires *ad* 35.2, 37.1 de l'éd. « Budé » (Romilly) du livre II. Voir aussi J.Th. Kakridis, *Der Thukydideische Epitaphios. Ein stilistischer Kommentar* (*Zetemata*, Heft 26), Munich, C.H. Beck, 1961, *passim* ; et W.R. Connor, *Thucydides, op. cit.*, p. 65-69.

Page 137

g « Et nous pensons tout de suite à Hölderlin, à Heidegger… » : *cf.* la conférence de Heidegger « … L'homme habite en poète… » (1951) (reprise dans *Essais et Conférences* [1954], Paris, Gallimard, 1958, p. 224-245), commentaire de quelques mots de Hölderlin : « *dichterisch wohnet/ der Mensch…* », tirés du poème « En bleu adorable… » (trad. A. du Bouchet,

in F. Hölderlin, *Œuvres*, sous la dir. de Ph. Jaccottet, Paris, Gallimard, coll.
«Bibliothèque de la Pléiade», 1967, p. 939-941). L'authenticité du poème
a été contestée, bien que Heidegger y voie un «grand poème», un «poème
inouï» («Hölderlin et l'essence de la poésie» [1936], repris dans *Approche
de Hölderlin*, Paris, Gallimard, 1962, p. 53).

Page 140

h «[…] la surabondance y est telle [au Pirée] que les produits que chez
autrui on ne trouve que difficilement et séparément sont tous ici aisément
disponibles» (Isocrate, *Panégyrique*, 42, cit. *in* M. Austin et P. Vidal-Naquet,
Économies et sociétés en Grèce ancienne, Paris, Armand Colin, 1972, 7ᵉ éd.,
1996, p. 318). «À la période classique, grâce à la prépondérance politique
d'Athènes, Le Pirée fut pendant deux siècles le premier centre de transit et
de redistribution de la Méditerranée orientale» (L. Migeotte, *L'Économie des
cités grecques de l'archaïsme au Haut-Empire romain*, Paris, Ellipses, 2002,
p. 111). Sur le problème de l'approvisionnement en céréales : P. Garnsey,
Famine et approvisionnement dans le monde gréco-romain (1988), Paris,
Les Belles Lettres, 1996, spéc. p. 129-220 (la dépendance d'Athènes serait
moins importante et plus tardive qu'on ne le croit généralement).

Page 142

i Tous les commentateurs signalent que ce Diodote est totalement inconnu
par ailleurs, malgré les efforts qui ont été faits pour lui donner un visage
(comme chez M. Ostwald, «Diodotos, Son of Eukrates», *Gr., Rom. and Byz.
Studies*, 20, 1979, p. 5 *sq.*, que cite S. Hornblower, *A Commentary…, op. cit.*,
vol. I, p. 432). Pour P. Vidal-Naquet («Raison et déraison… »), repris in *Les
Grecs, les historiens…, op. cit.*, p. 100), Diodote est, «de façon évidente, le
porte-parole pragmatique de Thucydide». Dans le même sens, H.-P. Stahl
(*Thucydides, op. cit.*, p. 118-123), pour qui ce discours est l'un des passages
essentiels de l'œuvre et III, 45.4 présente l'«anthropologie thucydidéenne» :
il y a des éléments fondamentaux (dénuement, puissance, convoitise, désirs
et espoirs) de *to anthrôpinon*, la condition humaine, qui poussent l'homme
à prendre des risques inconsidérés et dont la conception «répressive» de
Cléon ne tient pas compte. Voir aussi F.M. Wassermann, «Post-Periclean
Democracy in Action : The Mytilenean Debate (Thuc., III, 37-48)», *Trans.
and Proc. of the Amer. Philol. Assoc.*, vol. 87, 1956, p. 27-41.

XIII. Séminaire du 27 février 1985

Page 149

a L'utilisation rhétorique de l'expression aux États-Unis est souvent accompagnée d'une sévère mise en garde : *by the people* ne saurait en aucun cas être pris au sens littéral. Dans cet esprit, voir l'introduction de S.M. Lipset à R. Michels, *Political Parties* (1915), New York, The Free Press, 1961 : *« Democracy in the sense of a system of decision-making in which all members or citizens play an active role in the continuous process is inherently impossible. [...] Michels clearly demonstrated the technical impossibility of terminating the structural division between rulers and ruled within a complex society »* (p. 34). *Cf.*, mise en rapport avec l'expérience grecque, la critique de ce type de conception de la démocratie dans le premier chapitre (« Dirigeants et dirigés ») de M.I. Finley, *Démocratie antique...*, *op. cit.*, p. 47-90.

Page 159

b Sur les liturgies à Athènes, voir les ouvrages cités *in* C. Castoriadis, *CEL*, note compl. **g**, p. 172 : J. K. Davies, *Wealth and the Power of Wealth in Classical Athens*, Salem (New Hampshire), The Ayer Company, 1984, p. 9-37 ; C. Mossé, *Politique et société...*, *op. cit.*, p. 104-120. Parmi les études plus anciennes : P. Cloché, « La démocratie athénienne et les possédants aux Ve et IVe siècles avant J.-C. », *Revue historique*, t. CXCII, n° 383, juillet-septembre 1941, p. 1-45, et n° 384, octobre-décembre 1941, p. 195-235 ; plus récemment, J.K. Davies, « Demosthenes and Liturgies : A Note », *The Journ. of Hellen. Studies*, vol. 87, 1967, p. 33-40 ; M.R. Christ, « Liturgy Avoidance and Antidosis in Classical Athens », *Transac. of the Amer. Philol. Assoc.*, vol. 120, 1990, p. 147-169. *Cf.* Xénophon, *Économique*, II, 5-8, sur les « lourdes dépenses » que la cité impose aux riches.

Page 160

c Voir toutefois L. Migeotte : s'il est vrai que l'*eisphora*, l'impôt sur la fortune, était exceptionnel et que la taxation indirecte était la plus répandue, les plus nantis auraient été soumis bien plus souvent qu'on ne l'admet non seulement aux liturgies, mais aussi à des impôts soit sur leurs biens eux-mêmes, soit sur leur production (*L'Économie des cités grecques...*, *op. cit.*, p. 41-42). Sur l'« impôt » dans le cadre plus large des revenus des cités, voir M. Austin et P. Vidal-Naquet, *Économies et sociétés...*, *op. cit.*, chap. 6, « Les cités grecques et les problèmes économiques », p. 129-149 ; et le compte rendu de Ed. Will sur l'ouvrage de L. Migeotte concernant l'emprunt public dans les cités grecques, repris *in Historica graeco-hellenistica. Choix d'écrits, 1953-1993*, Paris, De Boccard, 1998, p. 446-452. La seule synthèse sur la question, celle de R. Thomsen, *Eisphora. A Study of Direct Taxation in Ancient Athens*, Copenhague, Gyldendaske Boghandel, 1964, a été critiquée, parfois très vigoureusement (par ex. : compte rendu de G.E.M. de Ste. Croix, *The Class. Rev.*, nouvelle série, vol. 16, n° 1, mars 1966, p. 90-93).

d «Le *misthos* et le tirage au sort, telles sont les deux innovations cardinales de la démocratie athénienne» (P. Vidal-Naquet, *Les Grecs, les historiens...*, *op. cit.*, p. 168). Sources et discussion sur les différentes indemnités dans A.H.M. Jones, «The Economic Basis of Athenian Democracy» (1952), in *The Athenian Democracy*, Oxford, Blackwell, 1957, spéc. p. 5-7 ; sur l'*ekklèsiastikon*, l'indemnité de participation à l'Assemblée introduite après la fin de la guerre, voir le débat, direct ou indirect, entre M.H. Hansen, *La Démocratie...*, *op. cit.*, p. 128, 181-182, 359-361 ; Ed. Will, «Notes sur *misthos*» (1975), repris in *Historica...*, *op. cit.*, p. 569-584 (qui critique la traduction de *misthos* par «salaire» dans ce contexte) ; Ph. Gauthier, «Sur l'institution du *misthos* de l'assemblée à Athènes (*Ath. Pol.*, 41, 3)», *in* M. Piérart (éd.), *Aristote et Athènes*, Fribourg (Suisse), séminaire d'histoire ancienne de l'université de Fribourg, 1993 (diff. De Boccard), p. 231-250, et l'échange entre Gauthier et Will in *Historica...*, *op. cit.*, p. 583-584.

e Caractère «prédateur» de l'impérialisme romain : *cf.* P.A. Brunt : «*The profits of the empire enabled the upper classes to import hundreds of thousands of slaves, whole cargoes of Greek art, luxuries of every kind, and to buy up lands, stock them with cattle or turn them into the orchards Varro admired. "If there is no justice", wrote St. Agustine* (City of God, *IV, 4), "what are kingdoms but robbery on a large scale?" The Roman ruling class practised it on the largest scale yet known; they robbed their subjects abroad, so that they could better rob their fellow-countrymen*» (*Social Conflicts in the Roman Republic*, Londres, Chatto and Windus, 1971, p. 40) ; et M.I. Finley, «A Profitable Empire», *The New York Rev. of Books*, 29 janvier 1970, compte rendu de plusieurs ouvrages dont celui, très pertinent sous ce rapport, de E. Badian, *Roman Imperialism in the Late Republic*, Ithaca (N.Y.), Cornell University Press, 1968.

Page 161
f «On traduit le mot grec *archè* par "empire" et l'on parle de l'impérialisme athénien. "Domination" serait peut-être une meilleure traduction, mais je ne puis, à moi seul, l'imposer. [...] Cette domination est elle-même politique : Athènes avec ses marins, ses soldats, ses clérouques (colons militaires) ne cherche pas à proprement parler à agrandir son territoire, sauf sans doute du côté d'Ôrôpos à la frontière de l'Attique et de la Béotie, elle ne cherche pas à exploiter économiquement ses sujets, elle cherche à les dominer, à leur

imposer sa marque, comme elle leur impose sa monnaie. C'est pour asseoir sa domination politique qu'elle interdit aux Mégariens l'accès des ports sur lesquels elle exerce son contrôle, ce n'est pas pour protéger ses marchés de la concurrence» (P. Vidal-Naquet, «Raison et déraison... », repris in *Les Grecs, les historiens...*, *op. cit.*, p. 96-97). Aussi V. Martin: «Si l'on donne le nom d'"empire" à toute forme politique servant d'expression à l'impérialisme, il n'est pas illégitime de parler d'un "empire" athénien, mais seulement dans ce sens. [...] Mais comme [...] "empire" évoque bien plutôt des notions administratives et politiques mal appropriées aux réalités helléniques, il serait préférable pour l'historien de la Grèce d'abandonner cette locution équivoque. [...] "Domination" serait une locution bien meilleure [...]. Mais, pour utiliser ce mot, il faudrait un peu forcer la langue qui ne l'emploie qu'au sens abstrait... » (*La Vie internationale dans la Grèce des cités, VIe-IVe s. av. J.-C.*, Paris, Sirey, 1940, p. 331). Voir, dans le même sens, les ouvrages cités *in* Castoriadis, *CEL*, note compl. **b**, p. 204: Ed. Will, «L'Empire athénien», *Le Monde grec...*, *op. cit.*, p. 171-218; M.I. Finley, *Démocratie antique...*, *op. cit.*, p. 102-103, et «L'empire athénien: un bilan» (1978), in *Économie et société en Grèce ancienne*, Paris, La Découverte, 1984, p. 59-88; et sur les étapes de la création de l'empire, R. Meiggs, *The Athenian Empire*, Oxford, Oxford University Press, 1972. Malgré des analyses parfois subtiles sur le rôle des ressources financières dans l'œuvre, L. Kallet (*Money and the Corrosion of Power in Thucydides. The Sicilian Expedition and Its Aftermath*, Berkeley-Los Angeles, University of California Press, 2001) ne parvient pas à convaincre que, à partir d'un certain moment, les Athéniens «*were thinking about their* arche *in much broader terms than as a purely political instrument of control over subjects*» (p. 203) (sur le courant dont elle fait partie, voir aussi Castoriadis, *CEL*, note **a**, p. 178). Pour J. de Romilly, dans son ouvrage classique sur l'*arkhè* des Athéniens chez Thucydide, la personne de Périclès et son «idéal impérialiste» sont «ardemment défendus» par l'historien (*ThIA*, p. 136); en sens contraire, H. Strasburger («Thukydides und die politische Selbstdarstellung der Athener», art. cit.): Thucydide, malgré une opinion très répandue, est un critique de l'impérialisme athénien (mais il semble que Strasburger ne distingue pas clairement entre le jugement de l'historien sur l'impérialisme et celui porté sur la *polis* des Athéniens). Dans quelle mesure cette *arkhè* était-elle universellement «impopulaire», voire «haïe» ? Beaucoup, inévitablement: J. de Romilly, *ThIA*, *passim*; moins qu'on ne pourrait le croire: G.E.M. de Ste. Croix, «The Character of the Athenian Empire», *Historia*, 3, 1954, p. 1-41 (et avant lui G. Grote, *A History of Greece* [1846-1856], Londres, John Murray, 1869-1870, 12 vol., vol. V, p. 295-297); voir aussi Ed. Will, *Le Monde grec...*, *op. cit.*, p. 214-218. Sur l'«empire», «condition» de la démocratie: «*That*

Athens profited financially from her empire is of course true. But these profits were not necessary to keep the democracy working. [...] The charge brought by fifth-century oligarchic critics (and thoughtlessly repeated by many modern writers), that the Athenian democracy depended for its political pay on the tribute of subject allies, was brought to the test of fact when Athens lost her empire in 404 B.C., and was proved to be a calumny when the democracy continued to pay the citizens for their political functions out of domestic revenues » (A.H.M. Jones, « The Economic Basis of Athenian Democracy » (1952), in *The Athenian Democracy, op. cit.*, p. 6 et 19).

Page 167

g Exposé classique de la thèse selon laquelle il faudrait voir dans la description de la peste la preuve de l'influence de la méthode hippocratique chez l'historien : Ch.N. Cochrane, *Thucydides..., op. cit.*, p. 27-34 et *passim* ; il est suivi dans l'ensemble par J. de Romilly dans sa « Notice » du livre II dans l'éd. coll. « CUF » (« Budé »), *op. cit.*, p. XXIX-XXXIII. Sur les très nombreuses hypothèses (une trentaine) sur la nature de l'épidémie : D.L. Page, « Thucydides' Description of the Great Plague at Athens », *The Classical Quarterly*, nouvelle série, vol. 3, nos 3-4, juillet-octobre 1953, p. 97-119 (étude intéressante du vocabulaire de Thucydide) ; M. Morens et R.J. Litman, « Epidemiology of the Plague of Athens », *Trans. of the Amer. Philol. Assoc.*, vol. 122, 1992, p. 271-304. S. Hornblower, *Thucydides, op. cit.*, p. 110-112, 131-135, note que ce rapprochement traditionnel avec la médecine hippocratique est de plus en plus contesté ; A.J. Holladay et J.C.F. Poole (« Thucydides and the Plague of Athens », *The Classical Quarterly*, nouvelle série, vol. 29, n° 2, 1979, p. 282-300), en particulier, sont très sceptiques. Voir aussi : C. Orwin, « Stasis and Plague : Thucydides on the Dissolution of Society », *The Journal of Politics*, vol. 50, n° 4, novembre 1988, p. 831-847 (comparaison d'inspiration straussienne) ; T.E. Morgan, « Plague or Poetry ? Thucydides and the Epidemic at Athens », *Trans. of the Amer. Philol. Assoc.*, vol. 124, 1994, p. 197-209, pour qui essayer de déterminer la nature de l'épidémie est « futile » car chez Thucydide la peste est aussi, et surtout, une métaphore ; enfin, S. Hornblower, *A Commentary..., op. cit.*, vol. I, p. 316-327.

h Francis Macdonald Cornford (1874-1943) fut l'un des membres du groupe dit des « Cambridge Ritualists » (dont firent également partie Janet E. Harrison, Gilbert Murray et Arthur B. Cook), qui essaya d'appliquer aux études classiques, avec un succès relatif, les idées de l'ethnologie et la sociologie du début du XXᵉ siècle (et en particulier du *Rameau d'or* de J.G. Frazer). Voir les remarques critiques de G.S. Kirk, *The Nature of Greek Myths*, Harmondsworth, Penguin, 1974, p. 66-68, 223-253 (qui conclut : « *[...] on* *all the evidence the great majority of Greek myths were developed without any special attention to ritual* »). Évaluation moins sévère de H.S. Versnel (qui rappelle que d'éminents hellénistes comme W. Burkert ne partagent pas l'avis de Kirk) dans « What's Sauce for the Goose Is Sauce for the Gander : Myth and Ritual, Old and New », *in* L. Edmunds (éd.), *Approaches to Greek Myth*, Baltimore et Londres, The Johns Hopkins University Press, 1990, p. 25-90. La thèse (Thucydide, médiocre *historicus*, excellent *mythicus*) de son ouvrage *Thucydides Mythistoricus* (Londres, Edward Arnold, 1907, rééd. New York, Greenwood Press, 1969) est critiquée dans J.H. Finley Jr, *Thucydides, op. cit.*, p. 315-317 et 324. Indulgence relative de H. Lloyd-Jones, *The Justice...*, *op. cit.*, p. 204 : « *This early work of Cornford has been neglected by scholars, perhaps because his incautious application of the Marxist theory of history drew down severe criticisms. It none the less contains ideas which if carefully worked out could have led to a study of the historian in many respects much superior to other current at the time* » ; et de P. Vidal-Naquet : « Est-il sûr pourtant qu'il n'y a pas une dimension proprement tragique dans l'œuvre de Thucydide qui pourrait être définie comme la tragédie d'Athènes ? Cette thèse a été soutenue, il y a longtemps, par F.M. Cornford, dans un livre célèbre et peut être un peu excessif. J'incline à penser qu'il y avait du vrai, beaucoup de vrai, dans cette idée » (« Raison et déraison... », in *Les Grecs, les historiens...*, *op. cit.*, p. 107). Mais voir également H.-P. Stahl, *Thucydides, op. cit.*, p. 153 : « *Thucydides writes not merely the tragedy of Athens, but in a much broader sense the tragedy of humanity itself : of human beings who make themselves and others into the victims of their vast plans.* »

Page 171

i Le discours des Corinthiens, éloge paradoxal d'Athènes, a été l'une des cibles préférées des « analystes » : Dover (*Thucydides, op. cit.*, p. 20) rappelle l'hypothèse de E. Schwartz (1919) : le discours des Athéniens en 432 (I, 73-78) et la réponse spartiate (I, 86) auraient été écrits pour remplacer le discours des Corinthiens (I, 68-71) et celui d'Archidamos, mais l'éditeur posthume de Thucydide se serait mépris sur les intentions de l'auteur... Pour W. Jaeger (*Paideia, op. cit.*, p. 450-451), il s'agit d'un (excellent) artifice rhétorique de l'historien : l'« éloge » fait par un ennemi devant des ennemis, prélude à l'éloge « de l'intérieur », celui de Périclès, qui viendra après, tous deux ayant été écrits après la fin du conflit. Mais voir aussi *HCT 1* (Gomme), p. 227-233 et 252-255, « Note on the First Debate at Sparta, 67-87 » ; H.-P. Stahl, *Thucydides, op. cit.*, p. 41-61 (qui étudie les quatre discours à Sparte comme une unité) ; S. Hornblower, *A Commentary...*, *op. cit.*, vol. I, p. 112-117 (qui observe, sur le discours des Corinthiens : « *[...] for once we can say that Th. endorses a speaker* »).

XIV. Séminaire du 6 mars 1985

Page 176

a Il ne fait plus guère de doute que Machiavel a bien lu Thucydide, même si, outre une allusion dans *L'Art de la guerre*, il ne le cite directement que dans les *Discours sur la première décade de Tite-Live*, III, 16 (à propos d'Alcibiade, Nicias et l'expédition de Sicile). J.B. Bury (*The Ancient Greek...*, *op. cit.*, p. 142-145) établit une comparaison entre Thucydide et Machiavel : ils accepteraient tous deux « la souveraineté de la raison d'État » dans la conduite des affaires humaines... Ch. N. Cochrane : Machiavel est le seul véritable maillon entre Thucydide et la pensée historique moderne, celle qui naît au XIXᵉ siècle (*Thucydides...*, *op. cit.*, p. 170-172). Voir aussi S. Forde, « Varieties of Realism : Thucydides and Machiavelli », *The Journal of Politics*, vol. 54, n° 2, mai 1992, p. 372-393.

Page 178

b Dans les écrits hippocratiques, il est question d'opportunité mais aussi de dosage ; *cf.* J. Jouanna sur le début des *Aphorismes* : « Quantité convenable, moment convenable, cela est exprimé par le mot grec *kairos* que l'on traduit généralement par "occasion", mais qui désigne à la fois la juste mesure et le moment opportun. Il faut administrer au corps ni trop ni trop peu, ni trop tôt ni trop tard » (J. Jouanna, *Hippocrate*, Paris, Fayard, 1992, p. 484). Ce double aspect se retrouve aussi chez Pindare : « Chaque chose a sa mesure, et rien ne vaut mieux que de connaître l'occasion *(noèsai de kairos aristos)* » (*Olympiques*, trad. Puech, XIIIᵉ Olympique, 46-47) ; voir aussi XIᵉ Néméenne, 29-33. Sur la notion, étude très complète de M. Trédé, *Kairos : l'à-propos et l'occasion. Le mot et la notion, d'Homère à la fin du IVᵉ siècle avant J.-C.*, Paris, Klincksieck, 1992.

Page 179

c Bien souvent, l'Athènes qui « parle encore aujourd'hui » à certains lecteurs de Thucydide n'est malheureusement pas celle des « germes » démocratiques dont il est question dans *CQFG 1* et *CEL* (ou dans M.I. Finley, *Démocratie antique...*, *op. cit.*), mais une image faite d'assimilations hâtives – positives ou critiques – avec d'autres puissances impériales du XXᵉ siècle, mêlée de considérations pessimistes sur le « destin des démocraties ». Certains auteurs se proposent ainsi ouvertement d'aider leurs concitoyens à *« break the grip of democratic thought »* (L.J. Samons II, *What's Wrong...*, *op. cit.*, p. 5) grâce à l'étude systématique de l'échec de la démocratie athénienne. Dans le domaine des études thucydidéennes, l'influence diffuse de l'œuvre de

Leo Strauss (même si celui-ci ne saurait être rendu responsable des innombrables méfaits attribués aux États-Unis et ailleurs à une mystérieuse secte «straussienne») n'a sans doute pas été favorable à une évaluation positive de l'expérience démocratique grecque. De cet auteur, voir surtout «Thucydide : la signification de l'histoire politique», *La Renaissance du rationalisme politique classique* (1989), Paris, Gallimard, 1993, rééd. coll. «Tel», 2009, p. 159-204 ; «Sur la guerre des Péloponnésiens et des Athéniens de Thucydide», *La Cité et l'homme* (1964), Paris, Agora, 1987, p. 179-303 ; *cf.* aussi les notes **a** de la p. 208 et **h** de la p. 253. Voir toutefois récemment, plus proche du point de vue de Castoriadis ou de Finley, P. Cartledge, *Greek Political Thought in Practice*, Cambridge, Cambridge University Press, 2009 (qui est dédicacé, *in memoriam*, à M.I. Finley et P. Vidal-Naquet).

Page 183

d Les «causes de la guerre» : les références aux ouvrages de Grote (1846-1856) et de Ste. Croix (1972) que mentionne Castoriadis ont été données au bas des p. 183 et 175. C'est presque le quart des quelque 5 000 pages de l'ouvrage de Grote (qui couvre toute l'histoire grecque) qui est consacré à la guerre du Péloponnèse, même s'il n'en consacre que quelques-unes à la discussion des causes directes du conflit. Dans la lignée de Grote, D. Kagan, *The Outbreak of the Peloponnesian War*, Ithaca-Londres, Cornell University Press, 1969 (Kagan a publié en 1974-1987 trois autres volumes sur la guerre, ainsi qu'une synthèse : *The Peloponnesian War*, Londres, Penguin Books, 2004). Sur G.E.M. de Ste. Croix, voir le compte rendu de Ed. Will (1975) repris in *Historica...*, *op. cit.*, p. 585-594. Arrière-plan historique général *in* Ed. Will, *Le Monde grec...*, *op. cit.*, p. 149-218, 257-400. Réserves à faire sur de prétendues «causes économiques» de la guerre (Cornford, Grundy): J. de Romilly, *ThIA*, p. 66-73 (et, sur les causes de la guerre, p. 22-28) ; Ed. Will, *Le Monde grec...*, *op. cit.*, p. 311 : «La guerre n'est pas née de la querelle de deux *Handelsmächte*, mais du conflit de deux communautés politiques dont l'une, par l'expansion de sa puissance militaire et de son influence politique, risquait de saper les bases de la puissance et même de l'existence de l'autre. Il s'agit de plus que d'une nuance. Il s'agit de saisir les réalités de ce temps en leur irréductible originalité. Reprocher à Thucydide d'avoir négligé les "infrastructures" économiques, c'est prétendre imposer à sa pensée une "superstructure" postiche.» Sur la notion d'*alèthestatè prophasis* : pour W. Jaeger (*Paideia*, *op. cit.*, p. 448), la notion de *prophasis* est d'origine médicale (cause réelle de la maladie, à distinguer des symptômes); il suit sur ce point Ch.N. Cochrane (*Thucydides...*, *op. cit.*, p. 16-21). J. de Romilly (*ThIA*, p. 23) *aitia* = «motif de plainte», *alèthestatè prophasis* = «cause la plus véritable». Sur la différence ou l'identité entre les deux termes et les façons possibles de les rendre («explication», «motif», «griefs» réels ou prétendus), voir : G.M. Kirkwood, « Thucydides' Words for "Cause" », *The Amer. Journ. of Philology*, vol. 73, n° 1, 1952, p. 37-61 ; les deux études de L. Pearson dans les *Trans. and Proc. of the Amer. Philol. Assoc.* : « *Prophasis* and *Aitia* » (vol. 83, 1952, p. 205-223) et « *Prophasis* : A Clarification » (vol. 103, 1972, p. 381-394) ; *HCT 2* (Gomme), 1956, p. 267 (*ad* III, 13.1) ; G.E.M. de Ste. Croix, *The Origins...*, *op. cit.*, p. 52-58 ; Ed. Will, *Le Monde grec...*, *op. cit.*, p. 293-294 ; *HCT 5* (Dover), 1981, p. 415-423 ; S. Hornblower, *A Commentary...*, *op. cit.*, vol. I, p. 64-66. Pour Dover (*Thucydides, op. cit.*, p. 16, qui suit sur ce point Denys d'Halicarnasse), *prophasis* dans I, 23.6 est un synonyme d'*aitia* et n'est choisi que pour éviter la répétition. Voir aussi notes **g** de la p. 253 et **k** de la p. 256.

Page 185

e Hobbes a donné en 1628 une traduction de Thucydide (avec un texte « On the Life and History of Thucydides » qui contient une longue critique du commentaire de Denys), dont il existe deux rééditions récentes : *The Peloponnesian War. Thucydides. The Complete Hobbes Translation*, Chicago-Londres, The University of Chicago Press, 1959 (rééd. 1989, avec une nouvelle introd. de D. Grene, p. VII-XIII) ; *Hobbes's Thucydides*, éd. et introd. de R. Schlatter, New Brunswick (New Jersey), Rutgers University Press, 1975 (introd., p. XI-XXIII). Sur les rapports entre Hobbes et Thucydide : R. Schlatter, « Thomas Hobbes and Thucydides », *Journal of the History of Ideas*, vol. 6, n° 3, juin 1945, p. 350-362 ; P.R. Pouncey, « Appendix : Human Nature in Hobbes », *The Necessities of War. A Study of Thucydides's Pessimism*, New York, Columbia University Press, 1980, p. 151-157 (la peur qui est à l'origine de la recherche de la puissance aboutit à la lutte entre puissances d'abord, puis entre factions [*staseis*], puis à la lutte de tous contre tous au livre VIII ; il y a des thèmes communs, mais Thucydide serait en un sens plus pessimiste que Hobbes) ; plus récemment, P.J. Ahrensdorf, « The Fear of Death and the Longing for Immortality : Hobbes and Thucydides on Human Nature and the Problem of Anarchy », *The Amer. Polit. Science Rev.*, vol. 94, n° 3, novembre 2000, p. 579-793.

Page 188

f Sur les différents emplois de *dikè* et autres formes apparentées dans l'œuvre, voir P. Huart (*Le Vocabulaire de l'analyse psychologique dans l'œuvre de Thucydide*, Paris, Klincksieck, 1968, p. 475-484). Huart note qu'« il est assez frappant de constater combien peu souvent *dikè* signifie le droit, la justice ; la plupart du temps, le mot veut dire acte judiciaire, procès (I, 77.1 ; III, 57.1) ou jugement, décision judiciaire (I, 28.5 ; 39.1, etc.), ou enfin peine, châtiment (III, 57.3, etc.) » (p. 476). S. Hornblower (*Thucydides, op. cit.*, p. 119) observe que le thème de la justice apparaît, au livre I, dès le premier mot du discours des Corinthiens. J.H. Finley Jr rappelle que l'on trouve déjà clairement formulée l'opposition entre justice et intérêts dans la *Médée* d'Euripide, Médée en appelant à *to dikaion*, Jason à *to xumpheron* (« Euripides and Thucydides », *Harvard Stud. in Class. Philol.*, vol. 49, 1938, p. 23-68, spéc. 32-33). Sur le thème de la justice, ou plutôt du juste *(to dikaion)* chez Thucydide, voir aussi J. de Romilly, *ThIA*, *passim*, en particulier les chapitres « Cléon » et « Le dialogue de Mélos » ; H.-P. Stahl, *Thucydides, op. cit.*, p. 38, 116-118, 126, 161 *sq.* ; W.R. Connor, *Thucydides*, *op. cit.*, p. 84-85, 234-235 ; C. Orwin, « Justifying Empire : The Speech of the Athenians at Sparta and the Problem of Justice in Thucydides », *The Journal of Politics*, vol. 48, n° 1, février 1986, p. 72-85 ; C. Darbo-Peschanski, « Thucydide : historien, juge », *Mètis*, vol. 2, n° 1, 1987, p. 109-140. Dans un contexte plus large : H. Lloyd-Jones, *The Justice...*, *op. cit.* ; E.A. Havelock, *The Greek Concept of Justice. From its Shadow in Homer to its Substance in Plato*, Cambridge (Mass.)-Londres, Harvard University Press, 1978 (et le compte rendu de H. Lloyd-Jones, *The Journ. of Hellen. Studies*, vol. 102, 1982, p. 258-259) ; J. de Romilly, *La Loi dans la pensée grecque, des origines à Aristote* (1971), Paris, Les Belles Lettres, 2001 ; et les observations de K.A. Raaflaub (*dikè* chez Solon) et de S. Goldhill (dans l'*Orestie*), *in* Ch. Rowe et M. Schofield (éd.), *The Cambridge History of Greek and Roman Thought*, Cambridge, Cambridge University Press, 2005, p. 40-41, 79-81.

Page 190

g Sur l'affaire de Mytilène : J. de Romilly, *ThIA*, p. 136-149 ; *HCT 2* (Gomme), 1956, p. 297-324 ; A. Andrewes, « The Mytilene Debate : Thucydides, 3, 36-49 », *Phoenix*, 16, 1962, p. 64-85 ; H.-P. Stahl, *Thucydides, op. cit.*, p. 116-121 ; C. Macleod, « Reason and Necessity : Thucydides III 9-14, 37-48 » (1978), repris *in Collected Essays, op. cit.*, p. 88-102 ; W.R. Connor, *Thucydides, op. cit.*, p. 79-91 ; C. Orwin, « The Just and the Advantageous in Thucydides : The Case of the Mytilenaian Debate », *The Amer. Polit. Science Rev.*, vol. 78, n° 2, juin 1984, p. 485-494 ; S. Hornblower, *A Commentary...*, *op. cit.*, vol. I, p. 420-441. Face à l'insatisfaction du lecteur moderne devant une argumentation (celle de Diodote) qui ne semble répondre à Cléon que sur le plan de l'« intérêt bien compris », Dover remarque : *« Diodotus has a particular argument to answer, and he answers it by meeting Cleon on Cleon's own ground. He does not need to use the argument from sentiment, for, as readers of Thucydides sometimes fail to notice, it was the existence of sentiment which has caused the debate to be reopened in the first place (Thuc., III, 36.4) »* (K.J. Dover, *The Greeks, op. cit.*, p. 37). L. Bodin (« Diodote contre Cléon... », art. cit.) et P. Miraux (« Thucydide et la rhétorique... », art. cit.) s'intéressent surtout aux aspects formels des discours. À propos de la position de Diodote, qui rejette les considérations de droit,

G. Grote (*A History of Greece, op. cit.*, vol. VI, p. 33-34) cite Burke (celui-ci, parlant de la révolte des colonies d'Amérique, refuse « *to apply the ideas of criminal justice to this great public contest* » et ajoute : « *I do not know the method of drawing up an indictment against a whole people...* »).

Page 193

h L'affaire de Platée : voir *HCT 2* (Gomme), 1956, p. 337-358 ; C. Macleod, « Thucydides' Plataean Debate » (1977), repris *in Collected Essays, op. cit.*, p. 103-122 ; S. Hornblower, *A Commentary..., op. cit.*, vol. I, p. 444-446 ; sur le contexte historique plus large : N.G.L. Hammond, « Plataeas' Relations with Thebes, Sparta and Athens », *The Journ. of Hellen. Studies*, vol. 112, 1992, p. 143-150.

Page 194

i Sur le dialogue de Mélos : pour G. Grote (*A History of Greece, op. cit.*, vol. VI, p. 377-388), Thucydide, qui donne en général la « substance » des discours, fait une exception ici car il veut créer un « tableau » où à l'arrogance extrême des Athéniens est opposée la chute (en Sicile). Voir aussi J. de Romilly, *ThIA*, p. 230-259 ; H.-P. Stahl, *Thucydides, op. cit.*, p. 159-172 (même face à la perspective de leur propre destruction, les Méliens ne veulent pas renoncer à leurs espoirs infondés : « *The behavior of the Melians leads back to the question [...] : how does man in the historian's hindsight define himself in his actions ? The answer : as "foolish" is too simple in view of the Melian Dialogue, for it is a judgement from the perspective of the side that "knows better" because it happens to be successful at the moment. The historian's answer would seem to take into account the tragic aspect of Nicias' last speech as a parallel to the Melians' situation and, spoken with insight and regret, run something like this : "incapable of grasping himself within the limitations of his own current situation"* » [p. 170]) ; *HCT 4* (Andrewes), 1970, p. 155-192 ; M.I. Finley, « Appendix 3 : The Melian Dialogue », *in* trad. R. Warner de Thucydide, *op. cit.*, p. 614-616 ; C. Macleod, « Form and meaning in the Melian Dialogue » (1974), repris *in Collected Essays, op. cit.*, p. 52-67 (p. 67 : les Athéniens sont « *ruthless, realistic and yet also paradoxically blind ; and their strenght and their weakness are enacted and unmasked in words by the Dialogue* »). A.B. Bosworth, dans un article au titre « *deliberately provocative* » mais qui correspond bien au contenu, « The Humanitarian Aspect of the Melian Dialogue » (*The Journ. of Hellen. Studies*, vol. 113, 1993, p. 30-44), part d'une remarque de Hobbes : les Athéniens ne discutent pas du juste et de l'injuste mais des conditions de reddition. Les Méliens ont été victimes de « *their perverse and hopeless resistance. There is no hint that Thucydides had any especial sympathy with the victims or even expected his readers to sympathise* » (p. 42). Commen-

taire et longue note d'introduction *in* S. Hornblower, *A Commentary*...,
op. cit., vol. III, p. 216-256. On trouvera aussi des références détaillées à
d'autres travaux antérieurs et des discussions approfondies *in* F.M. Wassermann, «The Melian Dialogue», *Transac. and Proc. of the Amer. Philol.
Assoc.*, vol. 78, 1947, p. 18-36, et J.V. Morrison, «Historical Lessons of
the Melian Episode», *Transac. of the Amer. Philol. Assoc.*, vol. 130, 2000,
p. 119-148. Le dialogue a toujours été l'un des principaux points de départ
des discussions sur la «neutralité éthique» ou l'«amoralisme» de Thucydide. Présentation assez caricaturale d'un Thucydide «amoral» *in* P. Shorey,
«On the Implicit Ethics and Psychology of Thucydides», *Transact. of the
Amer. Philol. Assoc.*, vol. 24, 1893, p. 66-88 (il est difficile *«to apportion
the responsibility for the cynicism of the history between the historian and
his times»*, p. 86). Sont pourtant de plus en plus nombreux ceux qui pensent,
comme M.I. Finley (*in* trad. R. Warner de Thucydide, *op. cit.*), que l'œuvre
de Thucydide *« is in the last analysis a moralist work»* (*loc. cit.*, p. 32).
Cf. A. Lesky : rien ne serait plus erroné que de faire de Thucydide un théoricien de la volonté de puissance et, derrière toute la réserve dont fait preuve
l'historien, «son propre monde de valeurs éthiques se manifeste de façon
suffisante» : « Il a décrit ce qu'il a vu, sous la forme sous laquelle cela
s'est offert à son regard. S'il a pu confirmer ce que dit Hésiode : qu'Aidôs
et Némésis avaient abandonné la terre depuis longtemps, et que Dikè ne s'y
trouvait pas très bien, rien ne nous permet de dire que cet état de choses lui
convenait» (*Geschichte...*, *op. cit.*, p. 541).

Page 199
j *Cf.* le fragment du traité de Protagoras *Sur les dieux*, dont nous ont
été transmises plusieurs versions (Sextus Empiricus, Eusèbe de Césarée,
Diogène Laërce). On les trouvera, commentées, dans le chapitre «Protagoras et les dieux» du dossier joint à la traduction du *Protagoras* de Platon
de M. Trédé et P. Demont (Paris, «Le Livre de Poche», 1993, p. 220-229).
La plus étendue est celle que donne Diogène Laërce (IX, 51) (DK 80 B 4) :
«Des dieux, je ne puis savoir ni qu'ils existent, ni qu'ils n'existent pas : car
beaucoup d'obstacles empêchent de le savoir, l'obscurité (de la question)
[ou peut-être : l'impossibilité d'avoir une perception sensible des dieux] et
la brièveté de la vie de l'homme» (trad. J. Brunschwig, *in* Diogène Laërce,
Vies et doctrines des philosophes illustres, trad. sous la dir. de M.-O. Goulet-
Cazé, LGF, coll. «La Pochothèque», 1999, p. 1089).

XV. Séminaire du 13 mars 1985

Page 208
a Voir surtout *Natural Right and History*, Chicago, University of Chicago Press, 1953 ; trad. fr. : *Droit naturel et histoire*, Paris, Plon, 1954, rééd. Paris, Flammarion, coll. «Champs», 1986. *Cf.* les remarques critiques de R. Bodéüs, «Deux propositions aristotéliciennes sur le droit naturel chez les continentaux d'Amérique», *Rev. de métaph. et de morale*, 94ᵉ année, n° 3, juillet-septembre 1989, p. 369-389 (dans un ensemble consacré à Leo Strauss). Sur l'opposition *nomos/phusis*, voir les textes de Castoriadis et d'autres auteurs (Heinimann, Gigante, Guthrie, Kerferd) cités *in CQFG 1*, note * de la p. 203, et spécialement, sur Aristote, *Fait et à faire* (dorénavant *FF*), Paris, Seuil, 1997, p. 22-25 et 54-57, rééd. p. 25-28 et 64-67. Pour d'autres points de vue, souvent fort éloignés de celui de Castoriadis, voir les contributions de S. Salkever, R.K. Ballot, F.D. Miller Jr et E. Brown *in* S. Salkever (éd.), *The Cambridge Companion to Ancient Greek Political Thought*, Cambridge, Cambrige University Press, 2009. Mais on consultera aussi avec profit la critique par T.H. Irwin (*Times Literary Supplement*, 16 août 1996) de l'ouvrage de F.D. Miller Jr, *Nature, Justice, and Rights in Aristotle's «Politics»*, Oxford, Clarendon Press, 1995. La question des «droits» et du «juste» au sens aristotélicien (ou supposé tel) a par ailleurs donné lieu durant ces dernières décennies à des débats, que ce soit dans le monde anglo-saxon (autour de MacIntyre, Rawls, Taylor, etc.) ou en France (M. Villey), trop foisonnants pour que l'on puisse les aborder ici, même sommairement.

Page 213
b *Cf.* surtout R. MacMullen, *Christianizing the Roman Empire (A.D. 100-400)*, New Haven-Londres, Yale University Press, spéc. chap. x, «Conversion by Coercion», p. 86-101.

Page 216
c Sur les origines sociales des politiciens athéniens (et en particulier les démocrates), voir les références *in CEL*, note **n** de la p. 82 : M. I. Finley, *Politics in the Ancient World*, Cambridge, Cambridge University Press, 1983, trad. fr. : *L'Invention de la politique*, Paris, Flammarion, 1985, J.K. Davies, *Wealth...*, *op. cit.*, D. Whitehead, *The Demes of Attica, 508/7-ca. 250 BC*, Princeton, Princeton University Press, 1986, R.K. Sinclair, *Democracy and Participation...*, *op. cit.*, J. Ober, *Mass and Elite in Democratic Athens. Rheto-*

ric, Ideology, and the Power of the People, Princeton, 1989, M.H. Hansen, *La Démocratie...*, *op. cit*; de C. Mossé, « *Politeuomenoi* et *idiôtai*. L'affirmation d'une "classe politique" à Athènes au IVᵉ siècle » (1984) et « Les relations de "clientèle" dans le fonctionnement de la démocratie athénienne » (1994-1995), repris in *D'Homère à Plutarque. Itinéraires historiques*, Bordeaux, Ausonius, diff. De Boccard, 2007, p. 209-216 et 189-1995 ; et P.J. Rhodes, « Who Ran Democratic Athens ? » (2000), repris *in* E.W. Robinson (éd.), *Ancient Greek Democracy. Readings and Sources*, Oxford, Blackwell Publishing, 2004, p. 201-209. Il faut y ajouter : W.R. Connor, *The New Politicians of Fifth-Century Athens* (1971), Indianapolis-Cambridge, Hackett Publishing Company, 1992 ; et P. Schmitt-Pantel, *Hommes illustres. Mœurs et politique à Athènes au Vᵉ siècle*, Paris, Aubier, 2009, *passim*.

Page 220

d « Il est regrettable que l'accord ne puisse se faire sur la date du pamphlet pseudo-xénophontique [...] ; mais ce texte, incontestablement de l'époque péricléenne, est la plus pure expression de la rancœur de ces "quelques-uns", qui voyaient dans la démocratie impérialiste une sorte de mal absolu, auquel on ne pouvait apporter aucun remède, sinon de la détruire » (Ed. Will, *Le Monde grec...*, *op. cit.*, p. 268). Texte et trad. anglaise : Pseudo-Xenophon, *Constitution of the Athenians*, nouv. éd., introd. et trad. par G.W. Bowersock, *in* Xenophon, vol. VIII, *Scripta Minora*, de l'éd. E.C. Marchant, Cambridge (Mass.), Harvard University Press, coll. « Loeb », 1968 (mais voir les critiques de D.M. Lewis, *The Class. Rev.*, nouv. série, vol. 19, n° 1, mars 1969, p. 45-47) ; aussi J.L. Marr et P.J. Rhodes, *The « Old Oligarch ». The Constitution of the Athenians Attributed to Xenophon*, Oxford, Aris and Phillips, 2008 (éd., trad. et commentaire). Trad. fr. : avec *Anabase* et autres œuvres de Xénophon, trad. P. Chambry, Paris, Garnier Frères, coll. « Classiques Garnier », 1933, rééd. Flammarion, coll. « GF », 1967 ; *La Constitution d'Athènes attribuée à Xénophon*, trad. et commentaire par C. Leduc, Paris, Les Belles Lettres, 1976 (Annales littéraires de l'université de Besançon, n° 192) ; la plus récente : Xénophon, *Constitution des Lacédémoniens, Hiéron, Agésilas*, suivi de Pseudo-Xénophon, *Constitution des Athéniens*, trad. et annoté par M. Casevitz, préface de V. Azoulay Paris, Les Belles Lettres, 2008. (L. Canfora, *La Démocratie comme violence*, Paris, Desjonquères, 1989, intéressera surtout les inconditionnels de cet auteur.) On a parfois fait remarquer que le texte du « Vieil Oligarque » est en quelque sorte le « négatif » de l'Épitaphe, mais que dans les deux cas le « pouvoir politique et les mœurs [*epitèdeumata*] sont solidaires dans la construction de la démocratie » (P. Schmitt-Pantel, *Hommes illustres, op. cit.*, p. 198) ; comparaison entre les deux textes : J. Bordes, *Politeia dans la pensée grecque jusqu'à Aristote*,

Paris, Les Belles Lettres, 1982, p. 214-218. Outre le commentaire de C. Leduc et les remarques de A. Fouchard, *Aristocratie et Démocratie. Idéologies et sociétés en Grèce ancienne*, Besançon, Annales littéraires de l'université de Franche-Comté, n° 656, diff. Les Belles Lettres, 1997, voir J. Ober, *Political Dissent...*, *op. cit.*, p. 14-27. Certains auteurs estiment que le pamphlet a été écrit avant la guerre (Bowersock, Romilly, Will); d'autres (Gomme, Leduc, Connor, Osborne) penchent pour la période finale du conflit, et on a avancé (revenant à de très vieilles hypothèses) des dates encore plus basses (Hornblower). Sur les problèmes de datation, voir aussi W. R. Connor, « On the Date of the pseudo-Xenophon's Constitution of Athens », p. 207-209, in *The New Politicians*, *op. cit.* ; C. Leduc, in *La Constitution d'Athènes...*, *op. cit.*, p. 29-36, 157-202 ; J.L. Marr et P.J. Rhodes, *The « Old Oligarch »*, *op. cit.*, p. 31-32. Mais on conclura peut-être avec A. W. Gomme, « The Old Oligarch » (1940), repris in *More Essays...*, *op. cit.*, p. 38-69 : *« His value has been exaggerated, greatly exaggerated as evidence for history, but also for his place in the development of Attic prose »* (p. 61).

XVI. *Séminaire du 20 mars 1985*

Page 225

a Nicole Loraux a gagné, après la publication de *L'Invention d'Athènes*, une place singulière dans le monde des hellénistes français, en particulier grâce à ses travaux sur l'image de la femme en Grèce (*Les Enfants d'Athéna. Idées athéniennes sur la citoyenneté et la division des sexes*, Paris, Maspero, 1981, rééd. augmentée La Découverte-Seuil, coll. « Points », 1990 ; *Façons tragiques de tuer une femme*, Paris, Hachette, 1985 ; *Les Expériences de Tirésias. Le féminin et l'homme grec*, Paris, Gallimard, 1989), ainsi que sur le thème de la *stasis*, la discorde civile (*La Cité divisée. L'oubli dans la mémoire d'Athènes*, Paris, Payot, 1997 ; *La Tragédie d'Athènes. La politique entre l'ombre et l'utopie*, Paris, Seuil, 2005), thème qui était déjà présent dans son premier ouvrage. Les commentaires de Castoriadis sur celui-ci sont d'autant plus nécessaires que de très nombreux auteurs, de nos jours, se croient tenus de renvoyer un peu mécaniquement à *L'Invention d'Athènes* dès qu'il est question de l'apologie de la démocratie dans l'Oraison funèbre, comme si l'ouvrage confirmait sa présence – alors que, d'après N. Loraux, cette apologie ne s'y trouve justement pas. N. Loraux a également écrit sur Thucydide : « Thucydide n'est pas un collègue », *Quaderni di Storia*, n° 12, 1980, p. 55-81 ; « Thucydide et la sédition dans les mots », *ibid.*, n° 23, 1986, p. 95-134, repris dans *La Tragédie d'Athènes*, *op. cit.*, p. 81-107 ; « Thucydide a écrit la guerre du Péloponnèse », *Mètis*, 1986, vol. 1, n° 1, p. 139-161 (sur ce texte, voir les commentaires de F. Dosse : « De l'usage raisonné de l'anachronisme », *Clio & Espaces/Temps*, n°s 87-88, 2004, spéc. p. 160-163).

Page 229

b Le *Ménexène* de Platon – dont l'authenticité fut longtemps mise en question, auquel A.E. Taylor (*Plato*, Londres, Methuen, 1926) ne consacrait que quatre pages un peu gênées (y retrouvant *« a peculiar vein of freakish humour »*, p. 45) et L. Robin (*Platon*, Paris, Alcan, 1935 ; rééd. Paris, PUF, 1968) que quelques lignes – a connu un regain d'intérêt étonnant ces dernières décennies, et l'analyse de N. Loraux dans *L'Invention d'Athènes* (*op. cit.*, p. 315-332 et *passim*) y est sans doute pour quelque chose (du moins en France). Dans la lignée de celle-ci, voir les introductions au dialogue de J.-F. Pradeau (Paris, Les Belles Lettres, coll. « Classiques en poche », 1997, avec le texte de l'éd. Méridier) et D. Loayza (Paris, Flammarion, coll. « GF », 2006, avec une abondante bibliographie) ; et S.S. Monoson, « Remembering Pericles : The Political and Theoretical Import of Plato's *Menexenus* », *Political Theory*, vol. 26, n° 4, août 1998, p. 489-513. Voir aussi R. Clavaud, *Le* Ménexène *de Platon et la rhétorique de son temps*, Paris, Les Belles Lettres, 1980 (Platon condamne le genre de l'oraison funèbre « comme indigne d'un grand peuple et incompatible avec la sérénité de la mort », p. 289). Sur le dialogue comme « source » concernant Aspasie, *cf*. D. Lenfant (« De l'usage des comiques comme source historique : les *Vies* de Plutarque et la Comédie ancienne », *in* G. Lachenaud et D. Langrée [éd.], *Grecs et Romains aux prises avec l'histoire. Représentations, récits et idéologie*, Rennes, Presses universitaires de Rennes, 2003, p. 400) : « Le philosophe est évidemment ironique quand il donne Ménexène pour admiratif : "[…] elle, une simple femme, composer de pareils discours !" (249d). Il n'a, quant à lui, aucune espèce d'admiration pour ce type de discours, qu'il méprise royalement. En attribuer un à Aspasie, c'est suggérer qu'il peut être composé *même par une femme*, qui n'a jamais fait la guerre ni jamais fait de politique, et par une femme qui, au surplus, ne fait même pas partie du corps civique. Dans ces circonstances, il va de soi que le dialogue n'a sur Aspasie qu'une valeur documentaire des plus réduites. » Voir également la note *infra*.

c Certains historiens sont beaucoup plus sceptiques : « *Eccentric and exceptional though Aspasia undoubtedly must have been, she was not and could not ever have been a hetaira* » (P. Cartledge, « Aspasia (of Miletus and Athens) », *The Greeks. Crucible of Civilization*, Londres, BBC, 2001, p. 118-119). Plutôt *pallakè* (concubine) qu'hétaïre selon certains, certainement pas *pornè* (prostituée). La figure d'Aspasie est intéressante parce qu'elle est au croisement de plusieurs questions : la « fascination » (Schmitt-Pantel) chez des hellénistes pour la courtisane et intellectuelle ; les précautions à prendre dans l'utilisation de certaines sources comme la comédie antique ;

la polémique antipériclénne en ce qui concerne les origines de la guerre. Sur le premier aspect, voir N. Loraux, « Aspasie, l'étrangère, l'intellectuelle » (1981), *in* id. (éd.), *La Grèce au féminin*, Paris, Les Belles Lettres, 2003, p. 133-166 ; mais aussi C. Mossé, 1983 et 2005, P. Brulé, 2001, et, dès 1939, M. Delcourt : voir les références *in* D. Jouanna, *Aspasie de Milet, égérie de Périclès. Histoire d'une femme, histoire d'un mythe*, Paris, Fayard, 2005, où l'on trouvera une présentation prudente des sources, spéc. p. 13-48 (bien que la part de l'hypothèse y soit encore trop grande : « À y bien réfléchir, *il n'est pas absolument invraisemblable* [nous soulignons] qu'Aspasie soit venue à Athènes dans l'intention d'y ouvrir une école de rhétorique. [...] Alors, hétaïre ou professeur d'éloquence ? Il n'est pas sûr qu'il faille choisir : elle a fort bien pu combiner les deux "professions" » (p. 57, 67) ; aussi M.M. Henry, *Prisoner of History. Aspasia of Miletus and her Biographical Tradition*, New York-Oxford, Oxford University Press, 1995 (mais voir le compte rendu de R.W. Wallace, *Bryn Mawr Classical Review*, 96.4.7, et les réserves de D. Lenfant, « De l'usage des comiques... », art. cit.). Enfin P. Schmitt-Pantel, « Aspasie, la nouvelle Omphale », *in* id. et F. de Polignac, *Athènes et le politique. Dans le sillage de Claude Mossé*, Paris, Albin Michel, 2007, p. 199-221, repris avec des modif. in *Hommes illustres, op. cit.*, p. 137-154. Les sources du ve siècle : quelques fragments et témoignages indirects et surtout Aristophane, *Acharniens*, 526-529 (le décret de Mégare aurait été pris par Périclès pour effacer l'affront fait à Aspasie, à qui des Mégariens ont enlevé « deux pensionnaires de [sa] maison » [trad. V. Debidour]). Six siècles plus tard, les sources de Plutarque (*Vie de Périclès*, 24.2-11, 25.1, 30.4, 32.1-5), qui d'ailleurs cite les *Acharniens*, ne sont pas, malgré les apparences, plus fiables : D. Lenfant (« De l'usage des comiques... », art. cit., p. 391-414, spéc. p. 399-408) montre de façon convaincante que les sources ultérieures dont a pu se servir Plutarque ne sont pas indépendantes des plaisanteries des comiques. Voir aussi Ed. Will, *Le Monde grec..., op. cit.*, p. 309 : « L'hypothèse selon laquelle la guerre aurait été une manœuvre péricléenne de diversion semble être née d'amplifications suspectes sur des plaisanteries douteuses des comiques au sujet du décret mégarien. Il en va de l'étiologie des guerres comme des étymologies : il en est de populaires, auxquelles leur simplisme vaut plus de succès que d'autres. » Thucydide ne mentionne pas Aspasie mais observe : les Lacédémoniens ont cherché (par d'autres moyens) à « jeter [sur Périclès] le discrédit dans la cité » et à le rendre responsable de la guerre à venir (I, 127.2-3).

Page 230

d Le combat contre l'utilisation du terme « idéologie » « dans un sens passe-partout comme chez les althussériens ou d'autres, qui parleront d'idéologie des Grecs ou des Trobriandais» et non comme une réalité caractéristique des sociétés modernes qui connaissent un «écart entre un discours mystificateur et la réalité de l'agir social» (*CEL*, p. 184), semble être maintenant perdu, «idéologie» étant devenu chez la plupart des hellénistes un synonyme de (à peu de chose près): «idées caractéristiques ou fréquentes, dans tel groupe humain, dans tel domaine». Voir par ex. A. Fouchard, *Aristocratie et Démocratie, op. cit.*, p. 4: «Le concept d'idéologie doit être compris ici non pas au sens étroit [...] comme un système d'idées produit par une école de pensée ou par une classe dominante, mais comme un ensemble d'idées, de représentations, de valeurs morales, de préceptes, voire de comportements ou d'attitudes [...].» On a ainsi pu lire, ces dernières décennies, sous la plume d'excellents hellénistes: *The Ideology of the Athenian Metic*; *Greek Comedy and Ideology*; *Athenian Identity and Civic Ideology*; *Slaves, Warfare and Ideology in the Greek Historians*; *Archaeology and Gender Ideologies in Archaic Greece*; etc.

XVII. *Séminaire du 27 mars 1985*

Page 245

a Sur la question de la phalange et la mise en cause du rapport causal entre nouvelles techniques militaires et changement social, *cf. CQFG 1*, p. 71-72; P. Vidal-Naquet, «La tradition de l'hoplite athénien» (1968) et «Une civilisation de la parole politique» (1970), repris in *Le Chasseur noir, op. cit.*, p. 125-149 et 21-35; ainsi que *CEL*, p. 60-61, et les travaux cités note j de la p. 61, en particulier A. Snodgrass (1965), M. Detienne (1968), K.A. Raaflaub (1997), H. Van Wees (2004). Mise au point récente de P. Krentz, «Warfare and Hoplites», *in* H.A. Shapiro (éd.), *The Cambridge Companion to Archaic Greece*, Cambridge, Cambridge University Press, 2007, p. 61-84.

b *Cf.* P. Vidal-Naquet: «[...] on chercherait en vain dans le monde phénicien, dans une cité phénicienne comme Sidon pour laquelle les premiers témoignages remontent à la première moitié du XIVe siècle, quoi que ce soit qui ressemble à une activité politique» (*Les Grecs, les historiens..., op. cit.*, p. 161). Ces cités ont d'ailleurs été tôt soumises aux grandes puissances régionales et n'ont connu que des phases d'indépendance toute relative (voir par ex. J. Elayi, «Les cités phéniciennes entre indépendance et sujétion», *Dialogues d'histoire ancienne*, vol. 16, n° 2, 1990, p. 93-113).

Page 246

c Chevaux de bronze laconiens: voir, dans l'excellente synthèse de J.-L. Zimmermann, *Les Chevaux de bronze dans l'art géométrique grec*

(Mayence, Phillip von Zabern, et Genève, Éd. archéologiques de l'université de Genève, 1989), les p. 123-175 et les pl. 27-38 (Laconie). D'après l'auteur, il existe un «type spécifique laconien» dans ce domaine (dont l'apogée se situe autour du milieu du VIIIe siècle et qui prend fin au début du VIIe siècle) qui témoigne de la maîtrise artistique des Laconiens et de l'importance culturelle de Sparte à l'époque (p. 123 et 173). En outre, il est même «possible de reconnaître les réalisations individuelles de certains artisans, dès la phase la plus ancienne de la production laconienne» (p. 167). Voir aussi le compte rendu de P. Cartledge, *The Classical Review*, nouv. série, vol. 41, n° 1, 1991, p. 173-175.

d «Le terme *homoioi*, sans impliquer une égalité économique et politique, suggère au moins une ressemblance. Pour Thucydide (I, 6, 4), qui évoque la simplicité de leur costume, c'est entre les Lacédémoniens que "s'est instaurée la plus grande égalité dans les genres de vie *(isodiaitioi malista)* entre les possédants et le grand nombre". [...] En fait, le statut de Spartiate de plein droit implique, comme l'avait souligné V. Ehrenberg, trois conditions : avoir reçu l'éducation collective que l'on désigne sous le nom d'*agôgè* [...], participer aux repas collectifs (les *syssities*) et posséder un domaine *(kléros)* permettant de payer son écot aux *syssities*» (E. Lévy, *Sparte*, Paris, Seuil, 2003, p. 49-50).

Page 249

e Ce sont par exemple des raisons essentiellement pratiques comme l'impossibilité de l'«unanimité des consentements individuels» qu'invoque Locke pour justifier la règle de la majorité (*Deuxième Traité*, 1690, VIII, paragr. 95-99). Sur cette justification, voir les commentaires de J. Dunn, *La Pensée politique de John Locke* (1969), trad. fr. Paris, PUF, 1991, p. 136-139.

f Paradoxe de Condorcet : Condorcet, *Essai sur l'application de l'analyse à la probabilité des décisions rendues à la pluralité des voix* (1785), présenté et commenté *in* B. Bru et P. Crépet (éd.), *Condorcet, arithmétique politique. Textes rares ou inédits (1767-1789)*, Paris, INED-PUF, 1994, p. 363-378. Sur son application aux choix économiques : K.J. Arrow, *Social Choice and Individual Values*, New York, Wiley, 1951, 2e éd. New Haven-Londres, Yale University Press, 1963.

Page 253

g «Il en va ici comme de l'origine de tant de guerres : l'on voit à peu près fonctionner la mécanique qui conduit à l'irréparable ; moins bien comment cette mécanique a été enclenchée. [...] Au demeurant, Thucydide en dit assez pour que nous puissions être convaincus que ce qui se trouva mis en cause entre 433 et 431, ce furent certaines assises de la puissance athénienne et de la puissance spartiate. Le seul et vrai problème – et insoluble – est de savoir si cette mise en cause remontait en réalité plus haut, si la seule existence des deux hégémonies rendait leur conflit nécessaire après 446/5, si la guerre eût éclaté même si le minime incident d'Épidamne n'eût pas mis le feu aux poudres. Bref, le seul et vrai problème demeure celui de la "cause la plus vraie", de l'*alèthestatè prophasis* thucydidéenne» (Ed. Will, *Le Monde grec...*, *op. cit.*, p. 306 et 310). J. de Romilly, à propos de l'impérialisme athénien «cause de la guerre» : « [...] la guerre est la conséquence d'un développement impérialiste, et non l'effet d'une volonté impérialiste» (*ThIA*, p. 23). Mais la distinction est peut-être un peu trop subtile. Voir aussi les ouvrages cités *supra*, note **d** de la p. 183.

Page 254

h Au cours de ces trente dernières années, Thucydide, considéré comme le premier des «réalistes», a été souvent mis à profit par certains spécialistes des relations internationales, parfois au-delà du raisonnable. Pour s'orienter dans une abondante littérature : L.M. Johnson Bagby, «The Use and Abuse of Thucydides in International Relations», *International Organization*, vol. 48, n° 1, hiver 1994, p. 131-153 ; S. Forde, «International Realism and the Science of Politics : Thucydides, Machiavelli, and Neorealism», *Internat. Studies Quarterly*, vol. 39, n° 2, 1995, p. 141-160 ; M.W. Doyle, *Ways of War and Peace*, New York-Londres, Norton, 1997, p. 41-92.

i L'importance respective chez Thucydide du calcul et de l'imprévu, ou de la *gnômè* et de la *tukhè*, est au cœur de nombreux débats. Pour certains auteurs, comme J.H. Finley Jr en 1942 : «*No one, perhaps more fully expressed this characteristically Greek confidence in the mind than Thucydides, and his idea of chance, therefore, while denoting a realm in which thought, or at least prognostic thought, cannot operate, only emphasizes the more clearly the greater and the more important realms in which it is successful*» (*Thucydides, op. cit.*, p. 314 et 312-313). La position de J. de Romilly (*ThIA*) n'est guère différente. Dans le même sens, A. Lesky (*Geschichte...*, *op. cit.*, p. 540) sur la *tukhè* non pas comme divinité ou irrationalité d'essence métaphysique, mais comme limite de la prévision et des projets humains. Voir aussi l'œuvre de L. Edmunds (un élève de J.H. Finley), *Chance and Intelligence in Thucydides*, Cambridge (Mass.), Harvard University Press, 1975. P. Huart (*ΓΝΩΜΗ chez Thucydide et ses contemporains*, Paris, Klincksieck, 1973) note la «prédilection de l'historien pour le terme» (p. 10) et analyse minutieusement ses emplois dans l'*Histoire* (p. 25-32, 68-89, 118-128, 145-161, 170-174). H.-P. Stahl (*Thucydides, op. cit.*), cependant : les calculs rationnels sont bornés non seulement par la *tukhè*, l'imprévisible, mais aussi par les passions, les espoirs et les peurs aveugles des hommes.

Dans «Les prévisions non vérifiées dans l'œuvre de Thucydide» (1990), repris dans *L'Invention de l'histoire...*, *op. cit.*, p. 79-88, J. de Romilly croit néanmoins voir à l'œuvre chez Thucydide «un effort, un désir, une tentative pour servir et développer la part du rationnel» (p. 87).

Page 255

j *Cf.* J. de Romilly, *ThIA*: le «désir du plus» *(pleionôn ôregonto)* est la «loi psychologique» de l'impérialisme à laquelle obéissent les Athéniens (p. 268-274). Sur *pleonexia* et empire, voir aussi S. Hornblower, *Thucydides*, *op. cit.*, p. 173-178 (et p. 188-189 sur *pleonexia* dans le contexte de la guerre civile à Corcyre). Sur la guerre comme *biaios didaskalos* chez Thucydide, voir *ibid.*, p. 156-159; et p. 188-189 sur le *«morally corrosive effect of war»*: la guerre renforce tout ce qu'il peut y avoir de négatif dans la *pleonexia*. Étude générale de R.K. Balot, *Greed and Injustice in Classical Athens*, Princeton, Princeton University Press, 2001 (sur Thucydide, p. 136-178.)

Page 256

k Thucydide sur les origines du conflit: voir surtout G.E.M. de Ste. Croix, *The Origins...*, *op. cit.*, chap. «Thucydides' Judgement on the Origins of the War», p. 50-63 (et G. Grote, *A History of Greece*, *op. cit.*, vol. V, p. 263-338, spéc. p. 441). Aussi: «The Problem of Thucydides I.23.6», *in* M. Ostwald, *ANAΓKH in Thucydides*, Atlanta, The American Philological Association-Scholars Press, 1988, p. 1-5; sur la traduction d'*anankasai* dans le passage: il ne faut pas *« to assume arbitrarily that the compulsion to go to war existed, in Thucydides' view, only for the Spartans. [...] [The] fact that [Thucydides] uses two present participles and connects them with* kai *shows that the process of Athenian growth had the process of Lacedaemonians fears as a concomitant, that, in other words, growing Athenian power gave* ipso facto *rise to Spartan apprehension. [...] Growth and fear combine to create the necessity of war »* (p. 3). K.J. Dover (*Thucydides*, *op. cit.*, p. 16, note 3): *« Whether or not Athens deliberately created a situation in which Sparta had no alternative to fight a war of self-preservation [...] is a historical question which different people answer differently; to the separate, linguistic question, "Do* phobon parekhein *and* anankazein *necessarily imply conscious intention?" the answer is certainly "No". »* Voir aussi *supra*, note **d** de la p. 183.

Page 261

l Le décret (*c.* 432/431, mais la date est incertaine) qui interdisait aux Mégariens l'accès aux marchés de l'Attique et de l'empire athénien. P.A. Brunt observait que si la plupart des historiens lui attribuaient un rôle déterminant dans le déclenchement de la guerre, « *from this* communis opinio *of eminent historians of the Peloponnesian war the only dissentient is Thucydides himself* » (« The Megarian Decree », *The Amer. Journ. of Philol.*, vol. 72, n° 3, 1951, p. 269-282, repris avec un post-scriptum in *Studies in Greek History and Thought*, Oxford, Oxford University Press, rééd. Clarendon Paperbacks, 2004, p. 1-16). Voir aussi Ed. Will, *Le Monde grec...*, *op. cit.*, p. 298-302, 306-311 (p. 298 : « Thucydide n'évoque l'affaire mégarienne que par allusions [I, 67, 139 *sq.*] et il est visible qu'il n'y voit pas une des causes, même immédiates, de la guerre »). Sur Athènes et Mégare : *HCT 1* (Gomme), 1945, p. 226-227, 447-452, 465-467. L'interprétation du décret (« des décrets » pour G.E.M. de Ste. Croix) est l'un des points essentiels de l'argumentation de *The Origins...*, *op. cit.* (voir surtout le chap. VII, « The Megarian Decrees », p. 225-289 ; et l'« Appendix XXXVI : Modern Opinions about the Megarian Decree », p. 381-383). Réserves de Ed. Will, *Historica...*, *op. cit.*, p. 589-592 : s'il est vrai qu'il ne faut pas voir dans le « décret d'exclusion » une provocation athénienne et que la question mégarienne ne figure pas parmi les « causes » de la guerre, on ne saurait dire pour autant, comme G.E.M. de Ste. Croix, qu'il n'avait aucun caractère économique. Voir également *supra*, la note **c** de la p. 229.

XVIII. Séminaire du 24 avril 1985

Page 263

a De nombreux travaux tendent à rendre aujourd'hui toute sa place à l'étude historique du rôle des affects. Sur cet aspect chez Thucydide, voir surtout l'ouvrage, qui a eu une très grande influence depuis sa publication en allemand en 1966, de H.-P. Stahl, *Thucydides*, *op. cit.*, par ex. p. 120-121, commentaire sur III, 45.5 : « *This human position (or disposition) turns out to be anything but rational, since the combination of life circumstances and the wishful fantasy that transcends those circumstances is not due to a process of reflection. [...] It is clear : desire dictates the goal of the action and only then does hope of success command the intellect to look for reasons that also make the undertaking seem practicable in respect to supposedly objective facts.* » *Cf.* W.R. Connor, *Thucydides*, *op. cit.*, *passim* ; R. MacMullen, *Les Émotions dans l'histoire, ancienne et moderne* (2003), trad. fr. Paris, Les Belles Lettres, 2004, p. 16-28. Dans un autre contexte : M.C. Nussbaum, *Upheavals of Thought. The Intelligence of Emotions*, Cambridge, Cambridge University Press, 2001. P. Huart, *Le Vocabulaire...*, *op. cit.*, consacre un chapitre (p. 59-164) aux émotions (sentiments, réactions et actions impulsives) dans l'œuvre, mais croit, comme J. de Romilly, à l'« intellectualisme» de Thucydide : l'historien accorde la prééminence à la «pensée» (p. 497-507).

Page 266

b C'est cette possibilité d'action rationnelle que permet la *gnômè* qui fait que certains auteurs refusent de parler d'un «pessimisme» de Thucydide (voir *supra*, note **i** de la p. 253) ; même si, comme l'écrit C. Macleod, *« the tragedy is that to see the truth is sometimes to see that all advice is futile »* (*Collected Essays, op. cit.*, p. 102). Sur les rapports entre *eleutheria* (au sens politique) et *autonomia*, voir Ed. Will, *Le Monde grec..., op. cit.*, p. 178-179 ; A.W. Gomme, «Concepts of Freedom», *More Essays..., op. cit.*, p. 139-155 ; autres aspects de la notion étudiés *in* M. Pohlenz, *La Liberté grecque. Nature et évolution d'un idéal de vie* (1955), Paris, Payot, 1956.

Page 267

c L'idée selon laquelle toute la guerre serait à interpréter comme une *stasis* a été pourtant avancée par J.J. Price, *Thucydides and Internal War*, Cambridge, Cambridge University Press, 2001. La *stasis* est la discorde, la lutte entre factions qui peut aller jusqu'à la guerre civile. Voir les observations de M.I. Finley sur cet «admirable mot fourre-tout» dans *L'Invention de la politique, op. cit.*, p. 156-157. Le cas le plus étudié chez Thucydide est, bien entendu, celui de Corcyre au livre III. *Cf. HCT 2* (Gomme), 1956, p. 372-386 ; Ed. Will, *Le Monde grec..., op. cit.*, p. 500-501 ; I.A.F. Bruce, «The Corcyraean Civil War of 427 B.C.», *Phoenix*, 25, 1971, p. 108-117 ; L. Edmunds, «Thucydides' Ethics as Reflected in the Description of Stasis (3.82-83)», *Harvard Stud. in Class. Philol.*, vol. 79, 1975, p. 73-92 ; C. Macleod, «Thucydides' on Faction (3.82-83)» (1977), repris *in Collected Essays, op. cit.*, p. 123-139 ; W.R. Connor, *Thucydides, op. cit.*, p. 95-105 ; S. Hornblower, *A Commentary..., op. cit.*, vol. I, p. 466-491. Études d'ensemble : A. Lintott, *Violence, Civil Strife and Revolution in the Classical City, 750-330 BC*, Londres-Canberra, Croom Helm, 1982 ; et la synthèse de H.-J. Gehrke, *Stasis. Untersuchungen zu den inneren Kriegen in den griechischen Staaten des 5. und 4. Jahrhunderts v. Chr.*, Munich, C.H. Beck, 1985. La question de la «cité divisée» est bien entendu l'un des principaux thèmes de l'œuvre de N. Loraux ; voir en particulier les articles cités *supra*, note **a** de la p. 225.

d Il ne faut pas non plus oublier qu'à Épidamne, avant que la guerre n'éclate, c'est le *dèmos* qui expulse les aristocrates, puis se tourne vers Corinthe dans son conflit avec les Corcyréens (Thucydide, II, 24.5).

Page 268

e Sur le mouvement de colonisation, voir *CEL*, p. 57-60, et les ouvrages cités note **g** de la p. 58, notamment : A.J. Graham (1964), M.I. Finley (1968),

C. Baurain (1997); auxquels il faut ajouter J. Bérard, *La Colonisation grecque de l'Italie méridionale et de la Sicile dans l'Antiquité* (1940), Paris, PUF, 1957.

Page 273

f Thucydide et Brasidas : A.L. Boegehold, « Thucydides' Representation of Brasidas before Amphipolis », *Classical Philology*, vol. 74, n° 2, avril 1979, p. 148-152 ; sur l'ambiguïté du traitement de Brasidas par l'historien : W.R. Connor, *Thucydides, op. cit.*, p. 126-140 ; et, dans l'introduction de S. Hornblower in *A Commentary...*, *op. cit.*, vol. II, la section « Thucydides' presentation of Brasidas : IV.11-V.11 as the *aristeia* of Brasidas », p. 38-61.

Page 274

g « *Free and slave-labour stood on the same economic level, and hardly any branch of economic life was entirely closed to slaves. This is the correct view of the part slavery played in the social life of Athens, and it, too, may be illustrated by the evidence of comedy* » (V. Ehrenberg, *The People of Aristophanes. A Sociology of Attic Comedy*, Oxford, Blackwell, 1943, rééd. Londres, Methuen, 1974, p. 183). Sur la participation des esclaves aux luttes de Corcyre, voir A. Lintott, *Violence...*, *op. cit.*, p. 106-109 (et p. 167 sur la participation à la lutte contre les Trente à Athènes), et S. Hornblower, *A Commentary...*, *op. cit.*, vol. I, p. 466-491. Voir aussi A.H. Jones, « The Economic Basis of Athenian Democracy » (1952), in *The Athenian Democracy, op. cit.*, p. 16-20.

Page 275

h Il est vrai que l'esclave « typique » de la comédie, note V. Ehrenberg (*The People of Aristophanes, op. cit.*, p. 170), « *is hardly to be considered as a true specimen of an actual slave* » ; mais en outre la « propension des éditeurs alexandrins à donner un nom à tous les personnages » (P. Thiercy, *Aristophane*, Paris, Les Belles Lettres, 2007, p. 61) fait qu'il n'est pas toujours facile de décider du nombre d'esclaves présents dans chaque pièce.

Page 282

i Thucydide et Alcibiade : voir J. Hatzfeld, *Alcibiade. Étude sur l'histoire d'Athènes à la fin du Ve siècle*, Paris, PUF, 1940, rééd. 1951 (« *the best book available on any individual of the period* » pour M.I. Finley) ; selon Hatzfeld, Thucydide, tout comme Xénophon, semble « n'avoir pas pu se défaire d'une sympathie secrète pour un homme de grande famille et de grande classe » (p. x). P.A. Brunt, « Thucydides and Alcibiades » (1952), repris in *Studies in Greek History...*, *op. cit.*, p. 17-46 : Thucydide « *drew on Alcibiades for information and was prone to exaggerate the importance of his activities»* (p. 25). Sur l'importance historique réelle du personnage, voir aussi les comptes rendus de Ed. Will (1967 et 1974), repris in *Historica..., op. cit.*, p. 557-559 et 555-556, sur deux études aux conclusions contradictoires : E. Delebecque, *Thucydide et Alcibiade*, Aix-en-Provence, Ophrys, 1965 (qui écrit p. 223 : parfois la documentation de Thucydide « ne semble pas pouvoir provenir d'un autre que d'Alcibiade en personne ; elle suppose des entretiens sans intermédiaire ») ; et E.F. Bloedow, *Alcibiades Reexamined*, Wiesbaden, Fr. Steiner, « Historia » Einzelschrifsten, Heft 21, 1973 (extrêmement critique sur Alcibiade ; Thucydide aurait eu un parti pris favorable à celui-ci mais aurait changé d'opinion au cours de la rédaction de son Histoire, à partir du livre VIII) ; et le compte rendu de H.D. Westlake (« What Alcibiades Told Thucydides », *The Class. Rev.*, nouv. série, vol. 17, n° 1, mars 1967, p. 24-26) : la thèse de Delebecque *« is too elaborate and fragile to be acceptable in its entirety»* ; *HCT 5* (Andrewes), 1981, p. 3, (Dover) p. 423-427 : contre Delebecque, Dover signale que K. von Fritz, *Die Griechische Geschichtsschreibung, op. cit.*, t. I, p. 778, *« concludes that Thucydides had not at the time of writing made up his mind about Alkibiades, and is sceptical about Alkibiades as a direct source ; and this less spectacular view may be found more convincing...»* (p. 3) ; J. de Romilly, *Alcibiade ou les dangers de l'ambition*, Paris, Éd. de Fallois, 1995, p. 185-187, est également beaucoup plus réservée que Delebecque sur l'hypothèse de contacts directs entre les deux hommes. Voir enfin M. Munn, *The School of History, op. cit., passim.*

Page 285
j L'influence des tragiques sur Thucydide, en particulier du point de vue stylistique, a été signalée depuis longtemps (*cf.* Croiset ou Cochrane). Contre l'interprétation de Cornford (Thucydide transforme le matériel historique pour l'adapter à sa conception tragique, qui pour Cornford vient surtout d'Eschyle), J.H. Finley Jr (*Thucydides, op. cit.*, p. 324-325) observe : «*[...] though Thucydides uses the means of tragedy to bring out the interplay between these [social forces] and their human agents and though the pattern that he draws is one of blindness ending in ruin, still the substance of that pattern is the substance of history, not of drama»* ; et H.-P. Stahl, *Thucydides, op. cit.* : il n'y a pas chez l'historien de sélection ni d'utilisation rhétorique de thèmes « tragiques » : « *On the contrary, it is only because the tragic outcome is part and parcel of the facts themselves that Thucydides takes advantage of the opportunity to rely on forms of expression borrowed from tragedy»* (p. 135-136). S. Hornblower, *Thucydides, op. cit.*, p. 110-120, note que cette influence directe de la tragédie a été remise en question ces dernières décennies, en renvoyant à la commune

influence de l'épopée. *Cf.* en particulier C. Macleod, *Collected Essays*, *op. cit.*, p. 158 : « *In Homer, too, suffering means also the flouting of wisdom or convention : in the* Iliad *mercy is never shown to the supplicants on the battlefield, and every effort is made to deny burial to the dead. The archi-tecture of the whole poem, which ends with a supplication granted and a burial performed, throws this horror into sharp relief and shows that Homer and his public were very far from taking it for granted. [...] Great artists and thinkers need great artists and thinkers : it was Homer more than any other poet or writer who taught the tragedians and Thucydides to express and interpret what they lived through in their own time.* » Et, dès 1971, H. Lloyd-Jones, *The Justice...*, *op. cit.*, p. 144 : « *Thucydides sees the history of the empire in tragic terms, not necessarily because he has been influenced by tragedy, but more probably because like the tragedians, like Herodotus, like most of his contemporaries his mind was profoundly condi-tioned by the epic and the whole attitude to human life that it expresses. In his presentation of the main action of the history, he gives weight with the impartiality of a great poet both to the empire's splendours and to its miseries ; most modern commentators incline the balance one way or the other, and so distort the picture. [...] The world as he presents it, like the world presented by Herodotus, is a hard and ruthless world ; it is the world of the traditional Greek religion.* » J. Jouanna, tout comme T.E. Morgan (« Plague or Poetry ?... », art. cit., p. 205-206), établit une comparaison entre la peste d'Athènes et celle d'*Œdipe Roi*, mais croit également à une influence ici du modèle épique sur Sophocle (*Sophocle*, Paris, Fayard, 2007, p. 39-42). Sur le rapprochement entre Sophocle et Thucydide, remarques de B. Williams, *La Honte et la Nécessité* (1993), Paris, PUF, 1997, p. 214-218 : chez les deux auteurs « [...] les êtres humains ont un comportement intel-ligent, ou stupide, parfois catastrophique, parfois noble, dans un monde qui n'est que partiellement intelligible aux entreprises humaines et qui, en lui-même, n'est pas nécessairement bien adapté aux aspirations éthiques. Dans cette perspective, la différence entre l'opacité du destin chez Sophocle et le sens thucydidéen d'une rationalité aux prises avec le hasard n'est pas significative ». Voir aussi le compte rendu de Williams par B. Knox repris dans *Backing to the Future. The Classical Tradition and Its Renewal*, New York-Londres, Norton, 1994, spéc. p. 241-243.

k D. Roussel traduit : « une école de violence ». Mais R. Weil (collab. Romilly) : « maître aux façons violentes » ; et il note : « En dépit de l'autorité qui s'attache à une interprétation répandue, il ne semble pas que l'expres-sion *biaios didaskalos* puisse signifier "un maître de violence". Sans doute Thucydide veut-il bien dire, dans tout ce passage, que les hommes appren-nent, dans de telles circonstances, toutes les formes du crime ; mais c'est parce qu'elle est violente, *biaios*, que la guerre enseigne cela... » C'est aussi, depuis Hobbes (*« a most violent master »*), le choix de la plupart des versions anglaises : *« rough »* (Crawley) ou *« stern »* (Warner) *« master »*.

XIX. Séminaire du 15 mai 1985

Page 293

a *Cf.* l'historien des sciences G. Sarton, qui, après une remarque guère discutable : *« It is childish to assume that science began in Greece ; the Greek "miracle" was prepared by millenia of work in Egypt, Mesopotamia and possibly in other regions »*, affirme : *« Greek science was* less an invention than a revival [nous soulignons]» (*A History of Science* [1952], New York, The Norton Library, vol. I, 1970, p. IX). Tendance également représentée, malgré quelques hésitations, par O. Neugebauer, *The Exact Sciences in Antiquity* (1951), 2ᵉ éd. Providence, Rhode Island, Brown University Press, 1957, rééd. New York, Dover, 1969 ; trad. fr. : *Les Sciences exactes dans l'Antiquité*, Arles, Actes Sud, 1990. Sur la nouveauté qu'ont représentée chez les milésiens, par rapport à l'Égypte et à la Mésopotamie, le refus des explications mythiques et la critique et la discussion rationnelles (que l'auteur met explicitement en rapport avec l'apparition de nouvelles formes politiques), voir G.E.R. Lloyd, *Une histoire de la science grecque* (1970), Paris, La Découverte-Seuil, coll. « Points », 1993, p. 22-30 (bibliogr. mise à jour par J. Brunschwig, p. 389-411 ; bibliogr. plus complètes dans les ouvrages de Lloyd *in* note **b** *infra*). Voir également les références à d'importants travaux plus anciens sur la nature de la science grecque (Tannery, Zeuthen, Heath, etc.) *in* A. Reymond, *Histoire des sciences exactes et naturelles dans l'Antiquité gréco-romaine* (1924), 2ᵉ éd. revue et complétée, Paris, PUF, 1955, ouvrage qui a vieilli mais où l'on trouvera des exposés clairs sur certains points. Sur la question des influences et des emprunts, *cf.* Castoriadis, *CQFG 1*, p. 74 : « [...] l'ancien ne peut être repris dans le nouveau qu'avec la signification que le nouveau lui donne » ; ainsi que les p. 73-81 et les remarques de W. Burkert citées dans la note complémentaire p. 319 du même ouvrage.

Page 294

b Sur ce point essentiel, voir surtout G.E.R. Lloyd, *Origines et développement de la science grecque. Magie, raison et expérience* (1979), Paris, Flammarion, 1990, rééd. coll. « Champs », p. 118-120, 235-276 ; *The Revolutions of Wisdom. Studies in the Claims and Practice of Ancient Greek Science*, Berkeley-Los Angeles-Londres, University of California Press, 1987, p. 74-78, 102-103 ; « La démonstration et l'idée de science », *in* J. Brunschwig et G. Lloyd (éd.), avec la collaboration de P. Pellegrin, *Le Savoir grec. Dictionnaire critique*, Paris, Flammarion, 1996, p. 276-302.

c «Ajoutons qu'il ne convient pas de tout réfuter, mais seulement les démonstrations fausses, si elles partent de principes; sinon, non; par exemple la réfutation de la quadrature du cercle à partir de segments relève de la géométrie, ce n'est plus vrai de la quadrature d'Antiphon» (trad. Carteron). Voir la note complémentaire de H. Carteron *ad* I, 185a 14-17, dans l'éd. «Budé» de la *Physique*, p. 163-164, et la note de la trad. Pellegrin p. 76 (Paris, Flammarion, coll. «GF», 2000). Voir également, chez Aristote, *Anal. prior.*, II, 25, 69a 32; *Anal. post.*, I, 9, 75b 41; de *Soph. Elench.*, 11, 171b 16 et 172a 2-7 (ainsi que les notes de la trad. Tricot de ces deux derniers ouvrages). Résumé commode de l'histoire de la question, du papyrus Rhind à Lindemann, *in* P. Dendron et J. Itard, *Mathématiques et mathématiciens*, Paris, Magnard, 1959, chapitre sur la quadrature du cercle, p. 403-423.

Page 299

d *Cf.* A. Heubeck, S. West et J.B. Hainsworth, *A Commentary on Homer's Odyssey*, Oxford, Oxford University Press, vol. I, 1988, p. 70-71: «*[…] this reading* [nomon] *has found some distinguished supporters*». Horace, par exemple, qui suit Zénodote («*Qui mores hominum multorum vidit et urbes*», *De arte poetica*, 142; aussi *Epist.*, I, 2.19-20), alors que «*mentem would have been the obvious rendering of* noon». Romilly observe: «La leçon *nomon* a été défendue par divers savants (Wilamowitz, Hirzel) mais le singulier s'y justifiait mal (Ehrenberg) et elle est aujourd'hui presque toujours rejetée» (J. de Romilly, *La Loi dans la pensée grecque…, op. cit.*, p. 13). Mais Jaccottet (1959) traduit encore: «[…] voyant beaucoup de villes, découvrant beaucoup d'usages».

Page 302

e Le terme *eunomia* n'aurait été rattaché à *nomos* qu'après coup, à l'époque classique. *Cf.* M. Ostwald, *Nomos and the Beginnings of the Athenian Democracy*, Oxford, Oxford University Press, 1969, rééd. Westport, Greenwood Press, 1979, p. 62-85; J. de Romilly: «[…] en fait le mot semble devoir être rattaché au verbe, *eu nemesthai*, avec son sens plus général d'"être bien administré", "vivre avec ordre"» (*La Loi dans la pensée grecque…, op. cit.*, p. 15).

Table analytique

V. 5 décembre 1984

La définition de la vertu par Aristote contient en germe toutes les apories de l'action des individus et des groupes, p. 57-58. – Il y a chez lui comme un balancement entre *phronèsis* et *logos* pour qualifier l'*aretè*, la vertu, p. 58-59. – L'aporie de l'*hexis proairetikè*, une habitude/disposition qui ne doit pas être telle que toute liberté du sujet soit abolie, p. 59-61. – Critique de l'idée de révolution comme retour à un ordre originaire ; mais peut-il y avoir légitimation d'un ordre nouveau ?, p. 61-63. – Sur ce qui légitime ou fonde un ordre social ; un autre « conflit des facultés », p. 63-68. – Le projet d'une société autonome ne saurait être fondé et repose sur une option ultime ; cela n'a rien à voir avec le « décisionnisme » d'un Carl Schmitt, p. 68-71. – La possibilité effective de la création d'une société autonome : ce projet n'est pas incohérent…, p. 71-72. – … mais il faut se demander s'il en existe des porteurs réels ou potentiels, p. 72-74. – À nouveau sur la question de la liberté humaine, p. 75-78. – *Questions.* Sur le rôle du christianisme dans l'émergence de l'autonomie, p. 78-80. – Sur la notion de création, p. 80-81.

VI. 19 décembre 1984

La question de la transformation radicale de la société ne saurait être formulée comme simple opposition entre réforme et révolution, p. 83-85. – On ne peut, la plupart du temps, déterminer *a priori* si une modification partielle du système sera intégrée par celui-ci ou contribuera à sa transformation radicale, p. 85-88. – Quand des populations font valoir sur un même territoire des principes ou légitimités qui s'opposent, il n'y a pas d'axiomes dont pourraient découler des solutions ; quelques exemples : Nouvelle-Calédonie, Chypre, Israël, p. 89-92. – Autonomie et hétéronomie, individuelle et sociale, p. 92-96. – De l'inégalité en Amérique : Arendt et Jefferson, p. 96-100. – La question de l'égalité quant au pouvoir est aussi celle de l'institution politique concrète, p. 100-103. – Autonomie et contenus substantifs,

p. 103-104. – *Questions*. Hétéronomie et aliénation, p. 105-108. – Y a-t-il hétéronomie de l'inconscient ?, p. 108-109.

XI. 6 février 1985
Il n'est pas étonnant que l'histoire, comme enquête sur le passé et les institutions, autant propres que des autres peuples, soit née chez les Grecs et non ailleurs, p. 111. – Hérodote et Thucydide n'ont pas eu de successeurs avant le XVIIIe siècle, à quelques exceptions près comme Polybe, p. 111-115. – La période où apparaît Thucydide, p. 115-116. – Sa méthode et sa conception de l'histoire ; en quel sens l'on peut parler d'une idée de «progrès» chez lui, p. 116-120. – Le moment de la réflexivité ; Thucydide, Sophocle et la double poussée vers le bien et vers le mal, p. 120-124.

XII. Séminaire du 13 février 1985
Nous cherchons à savoir, en particulier à travers les discours chez Thucydide, dans quelle mesure cette novation qu'est l'institution de la démocratie est une création consciente, p. 125-127. – Sur une opération de mystification, p. 127-129. – L'Oraison funèbre (II, 34-46), le deuxième discours de Périclès, est comme étrangère à la texture du récit, p. 129-131. – Ce discours n'est pas là pour mettre en relief le personnage de Périclès mais pour montrer ce qu'est Athènes, p. 131-133. – Le proème, p. 133-134. – Les façons de faire *(epitèdeusis)*, les institutions et façons de gouverner *(politeia)* et les mœurs *(tropoi)* qui font que les Athéniens sont ce qu'ils sont, p. 134-136. – Extraordinaire nouveauté de cette conception de ce qui fait la puissance d'un groupe humain, p. 136-137. – Une *dèmokratia*, une cité gouvernée en vue du plus grand nombre..., p. 137-138. – ... où la loi est égale pour tous pour ce qui est des intérêts particuliers, mais où, pour ce qui est des affaires communes, la préférence

rence est accordée selon l'œuvre accomplie par chacun…, p. 138. – … tolérante dans les rapports privés et soucieuse du cadre de vie des citoyens…, p. 139-140. – … ouverte aux échanges avec l'extérieur mais capable de se défendre, p. 140-144. – Digression sur les digressions, p. 144-145. – Une cité qui a forcé toute la mer et toute la terre à devenir viables à son audace et qui n'a pas besoin d'un Homère pour la louer, p. 145. – Une cité enfin où chacun peut se livrer à des activités multiples et les accomplir avec aisance et *meta kharitôn*, avec grâce, p. 145-147.

XIII. 27 février 1985
Quelques compléments sur la première partie de l'Oraison funèbre : Périclès ne prête guère attention aux aspects formels du régime mais parle des *tropoi* ou traits de caractère…, p. 149-150. – … de l'*eudokimein* ou capacité à réussir dans l'épreuve, des motifs d'obéissance à la loi, de tout ce que l'Athénien sait faire avec grâce, p. 150-153. – L'éloge de la ville est déjà l'éloge des morts, p. 153-154. – La mémoire s'attache à la *gnômè*, à l'état d'esprit des hommes illustres, et non pas à leur *ergon*, leur œuvre, p. 154-157. – Quelques notations d'ordre psychologique, p. 157-158. – Une allusion apologétique à l'usage des richesses, p. 158-161. – Qu'il est impossible de séparer les institutions assurant l'autonomie politique du reste de la vie sociale, p. 161-163. – Critique de la position de Hannah Arendt : on ne saurait défendre la démocratie comme le régime qui permet aux citoyens de manifester ce qu'ils sont par des paroles et des actes, p. 163-165. – La conception substantive de la démocratie ne nous est donnée que dans la totalité des œuvres de la *polis*, p. 165. – La réponse matérialisée de l'institution athénienne à la question de la finalité de l'institution, p. 166-167. – Intérêt et limites de la thèse de Cornford sur la structure tragique de l'*Histoire*, p. 167-168. – Le discours des Corinthiens (I, 68-71) présente les aspects de l'institution athénienne qui peuvent être décrits à travers le comportement des individus, p. 168-170. – Malgré l'outrance du portrait d'une temporalité athénienne

uniquement tendue vers l'avenir, nous avons bien affaire à un autre rapport au temps, p. 171-173.

sens la loi de la majorité est un acte de force, p. 222-223.
– Que les Lumières ne sont pas un point de passage obligé
pour l'humanité tout entière ; problèmes qui en découlent,
p. 223-224.

l'obligation de rendre compte et raison, et a donc une fonction pédagogique, p. 249-251. – Des créations comme la démocratie ou la philosophie dépassent l'horizon de leur époque, p. 251-253. – Retour à Thucydide ; sa théorie de la guerre : l'opposition entre les calculs rationnels d'êtres pourvus de *gnômè* est poussée à l'extrême dans le conflit ; des éléments, objectifs et subjectifs, qui sont *para logon*, contre la logique, font obstacle à ces calculs ; les effets particuliers de la guerre corrodent les composantes rationnelles, p. 253-256. – Il existe une dynamique propre de la puissance qui est à l'origine du conflit et de son extension, p. 256-260.

XVIII. 24 avril 1985
Extraordinaire force philosophique et poétique de Thucydide ; dans la guerre, la rationalité se tisse avec les passions et est la plupart du temps l'instrument de leur victoire ; mais ce qui n'est pas rationnel reste en un sens compréhensible par nous, p. 261-264. – Le contre-exemple de *La Guerre et la Paix* de Tolstoï, p. 264-267. – La guerre comme conflit entre le *dèmos* et les *oligoi*, p. 267-268. – La lutte du *dèmos* n'aboutit pas forcément à la démocratie, p. 269-270. – Parenthèse : il n'y a pas de privilège politique de la pauvreté ou du dénuement en tant que tels, p. 270-271. – La lutte sociale dans la guerre ; le rôle de Brasidas, p. 271-274. – L'attitude des esclaves, p. 274-275. – Le thème de la trahison ; que l'importance de celui-ci permet de récuser l'idée de la résorption de l'individu par la collectivité, p. 275-277. – À nouveau sur les motivations et les passions chez Thucydide, p. 277-278. – L'*hubris* athénienne et l'expédition de Sicile, p. 278-282. – Le cas d'Alcibiade, p. 282-284. – Une conception tragique de l'histoire : Sophocle et Thucydide, p. 284-286. – *Question*. Démocratie et passions, p. 286-289.

XIX. 15 mai 1985
Rappel : la crise de la démocratie et Platon, p. 291-293. – D'autres aspects de la création grecque : la mathématique et la question

de la démonstration, p. 293-295. – La chute du niveau de la réflexion historique après Thucydide, p. 295-296. – Un terme comme *nomos* permet de voir l'imaginaire à l'œuvre dans la langue elle-même, p. 296-303. – L'opposition *einai/phainesthai*, ce qui est et ce qui apparaît, p. 303-308. – Le mode d'être de l'eau de Thalès, p. 308-310. – *Questions*. Sur le déterminisme, en particulier dans l'action humaine, p. 310-313. – Qu'il est difficile d'imaginer une osmose entre Athènes et Sparte, p. 313-316. – Variations sur l'histoire ; et si Athènes avait gagné la guerre du Péloponnèse…, p. 316-317.

XX-XXII. 22, 29 mai et 5 juin 1985
(Séminaires non retenus)

Du même auteur

AUX ÉDITIONS DU SEUIL

L'Institution imaginaire de la société
« Esprit », *1975*
« Points Essais », n° 383, 1999

Les Carrefours du labyrinthe
« Esprit », *1978*
« Points Essais », n° 369, 1998

De l'écologie à l'autonomie
(avec Daniel Cohn-Bendit)
1981

Domaines de l'homme
Les Carrefours du labyrinthe, 2
« Empreintes », *1986*
« Points Essais », n° 399, 1999

Le Monde morcelé
Les Carrefours du labyrinthe, 3
« La Couleur des idées », *1990*
« Points Essais », n° 441, 2000

La Montée de l'insignifiance
Les Carrefours du labyrinthe, 4
« La Couleur des idées », *1996*
« Points Essais », n° 565, 2007

Fait et à faire
Les Carrefours du labyrinthe, 5
« La Couleur des idées », *1997*
« Points Essais », n° 600, 2008

Figures du pensable
Les Carrefours du labyrinthe, 6
« La Couleur des idées », 1999
« Points Essais », n° 621, 2009

Sur *Le Politique* de Platon
« La Couleur des idées », 1999

Sujet et vérité dans le monde social-historique
Séminaires 1986-1987
La Création humaine 1
« La Couleur des idées », 2002

Ce qui fait la Grèce
1. D'Homère à Héraclite
Séminaires 1982-1983
La Création humaine 2
« La Couleur des idées », 2004

Une société à la dérive
Entretiens et débats (1974-1997)
« La Couleur des idées », 2005
« Points Essais », n° 650, 2011

Fenêtre sur le chaos
« La Couleur des idées », 2007

La Cité et les lois
Ce qui fait la Grèce, 2
Séminaires 1983-1984
La Création humaine 3
« La Couleur des idées », 2008

Histoire et création
Textes philosophiques inédits
(1945-1967)
« La Couleur des idées », 2009

CHEZ D'AUTRES ÉDITEURS

Mai 1968
(avec Claude Lefort et Edgar Morin)
Fayard, 1968, 2008

La Société bureaucratique
1. Les Rapports de production en Russie
2. La Révolution contre la bureaucratie
10/18, 1973
Christian Bourgois, 1990

L'Expérience du mouvement ouvrier
1. Comment lutter
2. Prolétariat et organisation
10/18, 1974

Capitalisme moderne et révolution
1. L'Impérialisme et la guerre
2. Le Mouvement révolutionnaire
sous le capitalisme moderne
10/18, 1979

Le Contenu du socialisme
10/18, 1979

La Société française
10/18, 1979

Devant la guerre
1. Les Réalités
Fayard, 1981

Post-scriptum sur l'insignifiance
Entretien avec Daniel Mermet
L'Aube, 1998, 2004

Dialogue
L'Aube, 2003

L'Imaginaire comme tel
Hermann, 2008

Démocratie et relativisme
Entretiens avec le MAUSS
Mille et une nuits, 2010

RÉALISATION : PAO ÉDITIONS DU SEUIL
IMPRESSION : NORMANDIE ROTO IMPRESSION S.A.S. À LONRAI
DÉPÔT LÉGAL : JANVIER 2010. N° 103662 (104437)
IMPRIMÉ EN FRANCE